배달말 가르치기

배달말 가르치기

고치고 더한 국어 교육의 길

김수업 지음

Humanist

머리말

배달말을 가르치는 노릇으로 밥을 먹으며 평생을 살아왔다. 이제 내 삶은 해거름에 닿았는데 배달말 가르치는 길은 아직도 가마득하기만 하다. 《국어 교육의 원리》(청하, 1989)에서 《국어 교육의 길》(나라말, 1998)을 거쳐 다시 《배달말 가르치기》에 맴돌고 있으니 내 행색이 더욱 초라하다. 내가 맴도는 이것은 우리 배달말을 가르치는 첫걸음을 떼어 놓는 디딤돌에 지나지 않는 것이기 때문이다. 남들은 저 멀리 나아가서 뭐라고 높은 이야기를 하고 있는데 나는 홀로 평생토록 이런 첫걸음 언저리를 떠나지 못하는 까닭이 무엇인지 생각할수록 스스로 안타깝다.

할 말이야 없지 않다. 학문이 학문만으로 있기로만 하면 모르거니와 사람과 삶이 더 나은 쪽으로 가도록 돕기로 한다면 세상을 버리고 저만 내달릴 수는 없지 않은가? 배달말을 가르치는 학문이 교육의 현장을 보살피지 못하고 현장에서는 알아들을 수도 없는 논문과 책만 수북이 쌓아 놓으면 되는가? 그것이 학생과 교사의 삶을 이끌지 못하고 오히려 힘을 빼고 길을 막는 걸림돌이 되어서야 쓰겠는가? 현장과 함께 학생과 교사의 말벗이라도 되어 주면서 더불어 나아가는 학문이 되어야 하지 않는가? 무엇보다도 겨레의 말과 삶을 다루는 노릇이니 남의 흉내보다는 우리를 깊이 살펴서 남다른 집을 세워 보는 학문이 일어나야 하지 않겠는가? 우리 터전을 꼼꼼히 살펴서 우리 삶의 터를 고르고 주춧돌을 놓는 학문이 허술한 탓에 배달말 가르치기는 여태 올바른 길을 찾지 못하고 헤매는 것 아닌가? 이런 물음이 가슴에 똬리를 틀고 앉아 나를 이렇게 맴돌게 하는 것이다.

바야흐로 위성 방송 교육이니 원격 화상 교육이니 하면서 전자 매체로 교육을 바꾸려는 일들이 시간을 다투며 벌어지고 있는데 이런 책이 무슨 도움을 줄까 하는 생각도 든다. 그러나 방송과 컴퓨터가 놀라운 솜씨로 교육을 맡을수록 배달말 가르치기가 떠맡아야 할 사람 교육은 더욱 다급해진다는 마음도 생긴다. 배달말을 가르치는 노릇이 말을 살려서 사람을 살리고 세상을 살리기로 한다면 그것은 전자 매체가 눈부시게 새로워질수록 감당해야 할 몫이 더욱 크고 무거워진다는 말이다. 그런 뜻에서 보잘것없는 책을 다시 써 보기로 한 것이다. 배달말을 가르치는 일에 몸을 던지고 애를 태우며 살아가는 여러분에게 어떤 모로든지 도움이 된다면 바랄 것이 없겠다.

고달픈 교육 현장을 비집으며 배달말 가르치기를 제대로 해 보자고 뜻을 일으킨 선생님들이 세운 나라말 출판사가 문을 닫게 되었는데, 고맙게도 휴머니스트 출판사가 받아서 책을 다시 펴내게 되었다. 묻혀 버릴 수도 있었던 책이었는데, 마음을 다해 이처럼 아름답게 꾸며 주신 휴머니스트 출판사 여러분께 진심으로 고마운 인사를 드린다.

김수업

차례

둘째. 길

들머리

"말씀은 처음 천지가 창조되기 전부터 하느님과 함께 계셨다. 모든 것은 말씀을 통하여 생겨났고 이 말씀 없이 생겨난 것은 하나도 없다."

–《공동번역 성서》, 요한복음, 1장 2~3절.

들머리

1.

"뜻이 있으면 길이 있다." 하는 속담이 있다. 길을 찾을 수 없으면 먼저 뜻을 세우라는 말이다. 속담이 모두 그렇듯이 이 또한 참으로 마땅하고 올바른 가르침이다. 반세기 넘도록 배달말 가르치기를 해 왔으나 아직도 길이 잡히지 않아서 헤매고 있는 우리로서는 새삼 되새기지 않을 수 없는 말씀이다. 책의 속살을 '뜻과 길'이라는 두 낱말로 갈라 붙인 까닭이 거기 있다. 이제부터라도 새롭게 뜻을 세우고 길을 찾아보자는 생각이다.

교육이란 눈앞에 벌어지는 사회의 움직임과 흐름을 미리 내다보고 발맞추어야 마땅하고, 바람직한 교육을 잘하고 있는 나라들을 본뜨고 배우고자 하는 데서도 길을 찾을 수 있다. 그러나 세상의 흐름에만 떠밀리고 남의 흉내에 뒤따르는 것으로는 참된 교육을 이루어 내기 어렵다. 스스로 제 삶 안에서 교육의 됨됨이를 뉘우치는 데서 명분의 움이 트고, 깨어 있는 정신을 갖고 지난 교육의 길을 돌아보는 데서 참뜻의 싹이 돋아야 한다. 스스로의 역사와 현실 안에서 뼈저린 깨달음으로 솟아난 참뜻의 힘이 아니면 바람직한 교육의 길을 찾아내기 어렵다. 그게 아니면 뜻이 제대로 일어설 수 없기 때문이다.

그래서 우리는 무엇보다도 먼저 우리네 삶을 뉘우치며 교육의 길을 다시 묻지 않을 수 없다. 우리가 교육을 왜 하자는 것인지 어떻게 해야 하는 것인지 거듭 묻고, 우리의 삶과 교육이 걸어온 역사를 되돌아보며 마땅한 대답을 찾아야 한다. 거기서 찾은 대답이 정부, 교육청, 학교, 교사, 학생, 학부모 모두를 불러일으킬 수 있는 참뜻으로 일어설 때라야 비로소 올바른 교육의 길이 열릴 것이다. 교육의 뜻이 올바로 세워지고 그 길이 뚜렷하게 드러난 다음이라야 배달말 가르치기의 뜻과 길도 이야기할 수가 있다.

그러나 그런 이야기가 마땅하다고 하여 배달말 가르치기가 전체 교육의 뜻과 길이 올바로 드러나기만을 기다리고 있을 수는 없다. 오히려 배달말 가르치기가 앞장서 뜻을 세우고 길을 밝히면 그것이 전체 교육의 뜻을 세우고 길을 밝히는 디딤돌과 등불이 될 수도 있다. 어쩌면 여러 교과목이 저마다 먼저 뜻을 세우고 길을 찾은 다음이라야 전체 교육의 뜻과 길이 제대로 드러날 수 있는 것인지도 모른다. 아니, 그것이 더욱 마땅하고 바람직한 길일 것이다. 배달말 가르치기의 뜻과 길을 찾아 헤매는 까닭이 여기 있다.

2.

부끄럽지만 우리는 우리네 학교 교육이 맨 처음 언제 어떻게 비롯했는지 똑똑히 모른다. 구석기 시대에 이미 위로 대동강 언저리에서 아래로 영산강 언저리까지 사람들이 모여 살던 자취가 드러나고,[1] 그로부터 우리 겨레는 끊임없이 남다른 문화를 이루며 살아왔으니 어찌 교육 활동이 없었겠는가? 고조선이 이미 고대 국가를 이루고 청동기 문화를 누리며 넓은 땅을 다스렸으니 반드시 상당한 제도 교육이 있었을 것이며, 고구려, 신라, 백제가 빛나는 문화를 이룩하고 갖추어진 나라를 경영하였으니 더욱 가다듬은 교육이 있었을 터이다. 그런데도 우리네 학교 교육이 언제 어떻게 비롯했는지 밝게 드러나지 않는 것은 교육과 같은 정신 활동의 속내를 글말로 적어서 남긴 자료가 없기 때문이다.

또렷하게 글로 적히지는 않아도 고구려·백제·신라에 나라를 다스리고 문화를 가꿀 만한 제도 교육이 있었다는 자취는 있지만[2] 똑똑한 기록에 드러난 것으로는 고구려에서 '태학'을 세우고(372) 자제를 가르쳤다[3]는 것을 첫걸음으로 보는 것이 상식이다.[4] 그러나 고구려의 태학도 누구에게 무엇을 어떻게 가르쳤는지 속내를 알

1_ 1966년에 밝혀낸 대동강 유역의 검은모루 유적은 60만~40만 년 이전의 삶을 드러내고(사회과학연구원 역사연구소, 《조선문화사》, 오월, 1988, 33쪽), 1978년에 찾아낸 한탄강 유역의 전곡리 유적도 27만 년 이전의 삶을 드러내어(조유전 · 이기환, 《한국사 미스터리》, 황금부엉이, 2004, 29~39쪽) 이 땅의 문화가 얼마나 뿌리 깊은지 알 만하다. 인류 고고학과 생명 과학이 화석의 유전 인자로써 오늘의 인류는 20만 년쯤에 나타났다고 밝혔지만, 일만 년을 넘는 신석기와 오천 년을 넘는 청동기 문화의 자취로도 이 땅의 문화가 뿌리 깊다는 사실은 흔들리지 않는다.

2_ 이만규, 《조선교육사 1》, 거름, 1991, 42~45쪽. / 서울대학교 교육연구소, 《한국교육사》, 교육과학사, 1997, 39~59쪽. / 박재문, 《한국교육사》, 학지사, 2001, 37~76쪽.

3_ 김부식, 《삼국사기》 권18, 고구려본기 제6, 소수림왕 2년 여름 6월.

지는 못한다. 그것이 337년에 중국에서 세운 태학을 본뜬 것임이 틀림없고, 372년에 중국(전진, 前秦)에서 저들의 태학을 다시 수리하고 학자를 불러들여 유학을 크게 장려했던 것[5]에 비추어 보면, 고구려의 태학이 중국의 경전과 문학을 교육하여 유학을 드높이려 했으리라는 짐작은 쉽게 할 수 있다. 그리고 이것은 뒤로 오면서 여느 사람의 젊은이들까지 교육하던 경당으로 퍼져 나가[6] 중국의 경전을 교재로 삼는 교육의 길은 더욱 넓어졌다.[7] 고구려 사람들 스스로의 삶과 문화는 밀쳐 두고, 중국 사람의 삶과 문화를 교육의 내용으로 삼았다는 말이다.

백제에는 고구려의 태학 같은 학교를 세웠다는 기록이 없다. 그러나 고구려에 불교가 들어온[8] 열두 해 뒤(384)에 백제에도 불교가 들어왔고[9] 고구려에 태학을 세운 지 세 해 만(375)에 백제에서는 고흥이 《서기》를 펴낸[10] 사실로 보면, 백제는 중국의 문물과 종교를 받아들이는 길에서 고구려에 뒤지지 않았다. 신라는 이들 두 나라와 사뭇 달랐으니, 우선 불교도 거의 백 년 동안 씨름을 하고서 고

4_ 서울대학교 교육연구소, 앞의 책, 41~42쪽. / 박재문, 앞의 책, 42~44쪽.

5_ 《진서(晉書)》 권113, 재기(載記) 부견상(符堅上).

6_ 《구당서(舊唐書)》 권199, 동이전(東夷傳), 고려(高麗).

7_ 《구당서》에는 고구려의 경당 교육을 이렇게 소개했다. "자제들이 결혼하기 전에 밤낮 경당에서 책을 읽고 활쏘기를 익히는데, 그들이 읽는 책에는 《오경(五經)》과 《사기》, 《한서》, 범엽의 《후한서》, 《삼국지》, 손성의 《진춘추》, 《옥편》, 《자통》, 《자림》이 있었고, 또 《문선》이 있었는데 더욱 사랑하고 아꼈다." (앞의 각주와 같은 곳)

8_ 고구려는 태학을 세우던 바로 그때에 불교를 함께 받아들였다. 중국 진의 임금 부견이 사신과 함께 중 순도(順道)와 불상 · 경문을 보내와서 소수림왕은 고맙다는 뜻으로 사신을 보냈다고 한다. (김부식, 앞의 책, 소수림왕 2년 여름 6월.)

9_ 김부식, 앞의 책 권24, 백제본기 제2, 침류왕 원년.

10_ 김부식, 앞의 책 권24, 백제본기 제2, 근초고왕 30년 겨울 11월.

구려보다 일백오십 년이나 뒤늦게 받아들이고,[11] 중국 같은 학교도 고구려의 태학보다 삼백여 년이나 늦게 '국학'(682)의 문을 열었다.[12] 그만큼 신라는 나름대로 젊은이를 키워 나라를 북돋우는 교육의 전통을 따로 지니고 있었으니, 곧 최치원의 이른바 '풍류'[13]와 널리 알려진 화랑·원화의 교육이[14] 그것이다. 그런데 신라도 고구려와 백제가 무너진 뒤로는 하루가 다르게 당나라를 우러러보는 쪽으로 기울어지면서 교육 또한 중국을 본받으려 애쓰고 그래서 나타난 것이 다름 아닌 국학이다.

국학에서는 누구에게 무엇을 어떻게 교육했는지 대충 알려져 있다. 국학에는 대사(大舍) 아래로 벼슬 없는 귀족이면 누구나 입학할 수 있었는데, 육두품 사람들이 많이 들어갔다. 열다섯 살에서 서른 살까지 배울 수 있었으나 재학 기간은 아홉 해를 원칙으로 삼았다. 세 길로 나누어 '논어, 효경, 예기, 주역, 좌전, 모시, 상서, 문선' 같은 교과목을 가르쳤다. 거기서도 '논어'와 '효경'은 모든 길에 필수 과목이고, 나머지 '오경'과 '문선'은 길에 따라 선택 과목

11_ 신라의 불교는 처음 눌지왕 때(417~458)에 묵호자가 일선군 모례의 집에 들어와 씨를 뿌리다 돌아가고, 다음 비처(소지)왕 때(479~500)에 아도가 제자 셋과 함께 역시 모례의 집에 와서 싹을 가꾸다 죽었다. 남은 제자 셋이 선교에 힘을 쓴 나머지 마침내 이차돈의 순교를 딛고서야 법흥왕 15년(528)에 공인되었다.(김부식, 앞의 책 권4, 신라본기 제4, 법흥왕 15년)

12_ 신라가 국학을 세운 때는 이미 당나라를 끌어들여 고구려와 백제를 무너뜨리고 당나라의 문화를 우러러보는 사람들이 나라 살림을 주무르기 시작한 때였다.(김부식, 앞의 책 권8, 신라본기 제8, 신문왕 2년)

13_《삼국사기》 권지 4, 신라본기 제4, 진흥왕조에 최치원의 〈난랑비 서문〉을 인용한 데에 있는 말이다. "나라에 깊고 그윽한 길이 있으니 이를 '풍류'라 한다. 이 가르침이 이루어진 근원은 〈선교의 역사〉에 자세하게 실렸는데 사실은 '삼교(유불선)'를 싸잡은 것으로 목숨 있는 모든 것들과 서로 어우러지는 것이다."(國有玄妙之道 日風流 設敎之源 備詳仙史 實乃包含三敎 接化羣生)

14_ 이만규, 앞의 책, 46~52쪽. / 박재문, 앞의 책, 56~70쪽.

으로 하였으며, 어느 길이나 네 과목을 기본으로 삼았다.[15] 과목 이름만 보아도 훤히 알 수 있거니와 개교 35주년이 되던 해(717, 성덕왕 16)에 당나라에서 공자와 그의 제자들(10철과 72제자) 화상을 가져다가 학교에다 모신 사실[16]로도 무엇을 교육하고자 했던 것인지 똑똑히 알 만하다. 오로지 중국의 사상, 철학, 윤리, 역사, 문학, 풍속을 배우게 하려는 것이었고, 우리 겨레의 삶과 문화는 거기에 끼어들 틈조차 남겨 주지 않았다.

신라의 국학 뒤로 우리네 학교 교육은 중국 글을 익혀서 중국 책을 배우는 길로만 갈수록 힘써 나갔다. 고려의 국자감과 향교, 학당과 공도, 서당을 거쳐 조선의 성균관과 사부학, 향교와 서원, 마침내 산골 서당에 이르기까지 일천수백 년을 줄기차게 공자를 으뜸으로 하는[17] 중국의 사상, 철학, 윤리, 역사, 문학, 정치, 풍속을 배우고 가르치는 길로만 달려 나아갔다. 나를 살피고 우리의 삶을 밝혀서 그것을 배우고 가르치며 북돋워야 한다는 생각은 고구려 '태학'과 신라 '국학' 뒤로 우리네 학교 교육의 역사 안에서 찾아볼 수가 없다. 스스로 저와 제 삶을 버리고 중국의 모든 것을 속속들이 배우며 살아야 한다고 가르친 것이 우리네 학교 교육의 역사였다. 그런 교육에서 뛰어난 사람들이 겨레와 나라를 이끄는 자리를 차지하면서 마침내 우리가 닿은 곳이 바로 저 부끄러운 '소중화 정신'[18]

15_ 김부식, 앞의 책 권38, 잡지 제7, 직관 상.
16_ 김부식, 앞의 책 권8, 신라본기 제8, 성덕왕 16년 추9월.
17_ 국자감에는 신라 국학의 전통을 한결 드높여 공자와 그의 제자들을 받들어 모신 '문성왕묘', 곧 '문묘'를 거창하게 세워 교육의 길이 어디로 가야 하는지를 잃어버리지 않게 했다.(《고려사》 권74, 지 권28, 선거2, 학교) 이런 전통은 조선 왕조에서 더욱 거세져 온 나라 곳곳의 고을마다 향교를 세워 공자를 높이 모시고 교육했다.

이고 '동국 사상'[19]이다.

왕조 시대가 막다른 골목에 다다른 즈음, 중국이 서양 사람들 앞에 무릎을 꿇고 무너지는 역사를 지켜보며 놀라움과 두려움에 빠져서 독립을 부르짖으며 이른바 '신식 학교'를 시작했다. 신식 학교는 왕조 안에서 출발했으나 서양 교육을 본받아 민주 사회의 학교 교육을 꿈꾸며 출발했다. 그러나 스스로의 삶을 팽개치고 남의 삶을 본뜨자는 길은 바로잡으려 하지 않았다. 남을 우러르며 좇아가는 교육의 길이 그만큼 탄탄하게 닦여 있어서 신식 학교라고 쉽사리 돌아설 수가 없었다 하면 속은 편할까? 맨 첫 신식 학교로 꼽히는 '동문학'이 외국어 학교였고,[20] 신식 학교의 둘째 걸음인 육영 공원[21]도 마찬가지였다. 육영 공원의 산파 노릇을 한 민영익[22]이 내뱉은 다음 말로도 신식 학교의 길이 어디로 났는지 알 수 있다. "나

18_ '소중화 정신'은 스스로 '작은 중국'임을 자랑하는 정신이다. 중국의 아류임을 자처하며 그것을 자랑으로 여기던 정신이니, 중국을 내려다보던 옛적이나 마주 보던 때에는 꿈도 꾸지 못할 만큼 썩어 빠진 정신이다.

19_ '동국 사상'은 아예 우리를 버리고 중국으로 건너간 사람의 사상이다. 중국에 들어가지 않고서는 우리 땅을 '동국'이라 할 수 없는 것인데, 이 땅에 앉아서 스스로를 '동국'이라고 했으니 참으로 얼빠진 사상이다.

20_ 독일 사람 묄렌도르프가 '통리교섭통상사무아문협판'에 앉으면서 그 '통상아문'의 부속 기관으로 1883년에 세운 '동문학(同文學)' 또는 '통변학교(通辯學校)'를 말한다. 거기서는 '영어'와 '일어'와 '서국 필산' 따위를 가르쳤다.(손인수, 《한국 개화교육 연구》, 일지사, 1980, 39쪽) 그러나 그보다 앞서 청나라 사람들(오중현, 당소위)이 1882년부터 가르친 영어 학교가 있었다는 자료들이 없지 않아서(김기석, 〈한국 근대교육의 기원과 발달〉, 《한국교육사》, 교육과학사, 1997, 202~204쪽) '동문학'이 문을 연 때는 얼마간 흔들릴 수 있다.

21_ 1886년 미국의 교사들을 맞이하여 임금(고종)이 세운 이른바 왕립 학교다. 학교 이름을 한자 '育英公院'으로 보면 영재를 기르는 교육 기관일 듯하지만, 로마자 'Royal English School'로 보면 영어를 가르치는 학교임을 단박에 알 수 있다. 영어뿐만 아니라 자연과학, 수학, 경제, 지리 같은 과목도 있었지만 중심 목적은 영어로 서양을 가르치려는 것이었다. 1894년 갑오개혁으로 비롯하는 '신학제'에 따라 문을 닫았다.

는 암흑계에 나서, 광명계에 갔다가, 또다시 암흑계로 돌아왔다."[23] 민영익은 정부의 보빙 대사로 미국을 다녀와서 이런 말을 내뱉으며 광명계인 미국으로 나가자고 육영 공원을 세우는 일에 앞장을 섰다. 지난날 중국을 바라보고 좇아가던 교육이 이제는 미국 쪽으로 길을 돌렸으니 제 것을 버리고 남의 것을 좇아가는 길로는 조금도 달라지지 않았다. 학교 교육이 우리 삶을 버리고 남을 좇아가는 길은 일제 침략의 통치 교육에서 더욱 넓어지고 깊어졌다. 저들은 학교 교육을 온통 우리 전통을 내버리게 하는 일로 가득 채웠다. 지난날 우리네 삶은 모조리 미신이요 야만이요 미개라고 가르치며 한사코 그런 삶을 버리고 과학과 문명과 개화의 세상인 일본으로 따라가야 한다고 우겼다. 식민 통치의 길을 닦으러 들어온 앞잡이들이 경성제국대학에 앉아서 갖가지 학문으로 우리 겨레의 지난 삶을 미신과 야만과 미개로 가르칠 수 있도록 논리를 마련하여 그런 길을 열어 주었다.[24]

일제를 몰아내고 반세기를 넘겼지만 아직도 우리 교육은 이런 길에서 돌아서지 못하고 있다. 일제가 물러간 자리에 미국이 들어와 자리 잡고 우리의 군사와 정치와 경제에 틀을 씌우자 교육 또한 저들을 본뜨는 길에서 벗어날 수 없었다. 학교 교육을 우리 손으로 하고 있다지만 알고 보면 애초에 신식 학교에서 미국을 우러르며

22_ 민영익(1860~1914)은 민태호의 아들로 태어나 명성황후의 오빠인 민승호의 양자가 되고, 개화당에 맞서 청나라에 기대는 정책으로 파란에 휩싸인 삶을 살다가 상해로 망명하여 거기서 죽었다. 1883년 전권 대사로 미국에 가서 국서를 전하고, 우리나라 사람으로는 맨 먼저 서양 문물을 살펴보았다.

23_ 손인수, 앞의 책, 39쪽.

24_ 일제 식민지 교육이 이런 길로 내달린 사실에는 달리 증거를 보일 필요가 없으리라고 본다.

내디딘 걸음을 아직도 재촉하고 있을 뿐이다. 광복 뒤로 나라의 교육을 주무르는 사람 가운데 미국 가서 배우지 않은 사람이 누가 있는가? 지난날 일천오백 년을 넘게 중국을 따라잡고 중국과 같아져야 한다면서 기를 썼던 꼴을 오늘은 이렇게 미국을 따라잡고 미국과 같아져야 한다는 꼴로 바꾸어서 바라보고 있자니 참으로 마음이 서글프다.

3.

이처럼 잘못 나간 일천수백 년 동안의 학교 교육은 오늘 우리 배달말 가르치기에도 무거운 짐을 지워 놓았다. 무엇보다도 그처럼 긴 세월 동안 이어진 학교 교육에서는 배달말을 가르친다는 것이 애초에 없었다. 배달말을 배우고 가르치는 일을 일천수백 년 동안의 우리네 학교 교육에서는 전혀 생각해 보지도 않았다. 나를 버리고 남을 좇아가는 교육에서 우리 배달말을 돌보지 않은 것은 너무나 당연한 일이고, 배달말을 돌보았으면 나를 버리고 남을 따라갈 수가 없었을 것이다. 오늘날 배달말을 버리고 미국말을 그대로 우리말로 삼자는 사람들이 모두 그런 흐름에서 나타나는 가뜩똑이 지식인들이다.

이런 학교 교육은 지배층 지식인의 정신에 두 가지 마목을 만들었다. 첫째는, 우리 배달말을 생각하고 고민하는 이른바 의식화를 막아 버렸다. 눈만 뜨면 배달말을 주고받으며 살아가면서도 그것은 의식 없는 본능에서 이루어지는 삶의 자연 현상에 지나지 않았다. 그래서 우리 배달말을 생각하는 힘(국어 의식), 나아가 말을 생각하는 힘(언어 의식)이 지식인의 정신 안에 싹트지 않았다. 말이 사람을 사람이게 만들고, 말로써 삶을 이루며 가꾼다는 사실을 깨닫지 못하게 했다. 둘째는, 중국 글자와 글말, 곧 한자와 한문을 우리네 글자며 글말인 것처럼 착각하게 만들었다. 글말을 쓰려면 반드시 중국 글말을 써야 하는 세월을 일천오백 년이나 보내자니 어느새 그런 착각이 현실처럼 되었다. 우리 글자인 한글을 만들고 그것으로 글말을 부려 쓰는 세상이 열린 다음에도 그런 착각에서 깨어날 수가 없었다. 그래서 우리 한글로 쓴 글말을 '언문(하찮은 글)' 이라 하고 중국 한자로 쓴 글말을 '진서(참다운 글말)' 라고 부르면서 두 가지를 모두 우리 글말로 여겼다.[25] 학교 교육을 받고 나라를 이끌던 지식인들에게 뿌리내려 있는 배달말 업신여김과 한자와 한문 우러러보기는 아직도 우리네 배달말 가르치기에 커다란 걸림돌로 남아서 온갖 어려움을 빚어낸다.

잘못 나간 일천수백 년의 학교 교육이 배달말 가르치기의 걸림돌 노릇을 하는 까닭은 뭐니 뭐니 해도 배달말 업신여기기와 남의 말 우러러보기다. 벼슬아치와 지식인들이 할 수만 있으면 우리 토박이말을 버리고 중국 한자말을 배워서 쓰려고 애쓰면서 여느 백성에게도 갖은 수단으로 그렇게 하라고 가르쳤다. 토박이말은 더럽고, 뭇되고, 상스럽고, 하찮으니 입에 담지 말라고 가르치고, 한자말은 값지고, 고상하고, 유식하고, 훌륭하니 부지런히 배워서 쓰기

25_ 20세기로 넘어와서야 한자와 한문은 우리 글자와 글말이 아니라는 사람들이 나타났고 이제는 거의 모든 사람들이 그렇게 알게 되었다. 그러나 아직도 갖가지 핑계를 끌어다 그것이 우리 글자며 우리 글말이라고 우기면서 토박이말과 한글을 업신여기는 지식인들이 적지 않다.

를 힘쓰라고 가르쳤다. 틈만 나면 그런 가르침을 내린 탓에 수많은 우리 토박이 낱말이 한자말에게 눌리고 짓밟혀 죽어 갔다. '괴다'는 '사랑하다'에 짓밟혀 죽고, '녀름짓다'는 '농사짓다'에 짓밟혀 죽고, '그위'는 '관청'에게 짓밟혀 죽었다. 천 년에 걸쳐 한자말에 짓밟혀 죽은 우리 토박이말은 이루 헤아릴 수가 없고, 짓밟히면서도 살아남은 낱말들은 한자말에 눌려서 서글픈 세월을 견디며 버틴 것들이다. '어버이'는 '부모'에게, '사내'는 '남자'에게, '입성'은 '의복'에게 눌려서 오늘도 갖은 수모를 견디고 있다. 이렇게 한자말 밑에 깔려서 숨을 헐떡이며 버티는 토박이 낱말이 아직도 이루 헤아릴 수 없는데, 20세기로 넘어와서는 서양을 우러르는 학교 교육에 힘입어 서양말이 활개를 치며 밀려들어 덮쳤다. 중국이 서양에 무릎을 꿇는 것을 보면서 서양을 우러르게 되었으므로 서양말은 당연히 한자말보다 더 높은 자리를 차지했다. 그러니까 우리네 토박이말은 한자말 위에 다시 서양말이 올라앉아 내리누르는 바람에 괴로움이 곱절로 늘었다. 이처럼 그릇된 사태를 바로잡아 뒤집지 않고서는 겨레의 얼을 깨워서 삶을 살리기 어렵다.

잘못된 학교 교육의 역사에서 물려받은 유산이 이러한데, 이런 풍토에서 배달말 가르치기는 어떤 길을 걸어왔는가? 우선, 첫발을 내딛으며 반드시 묻지 않을 수 없는 물음, 곧 '무엇이 배달말 가르치기인가?' 하는 물음부터 갈피를 잡지 못했다. 중국 한자를 배우며 소리와 뜻을 배달말로 익히고, 중국 한문을 배우면서 배달말로 뒤치며 생각하는 것도 배달말 가르치기라고 보는 사람이 앞장을 섰기 때문이다.[26] 그들은 고구려 태학에서 비롯하여 중국 글말로 중국의 삶을 가르치고 배운 일천육백 년의 역사를 곧 배달말 가르치기의 역사라고 한다. 이런 주장은 중국 한문이 우리의 참글(진서)이라고 여기던 지난날의 풍토에서는 더없이 마땅하고 옳다. 이와는 달리, "우리나라가 우리글을 가지고 우리의 말을 잘 써낼 수 있는 교육, 곧 우리의 뜻과 정취를 우리말로 나타내고 우리글로 써낼 수 있도록 하는 데 있어 가장 올바르게, 가장 효과 높게 행사하는 국민을 길러 내는 교육"[27]이 배달말 가르치기라는 사람들이 뒤따랐다. 이들은 1880년대에 비롯한 이른바 신식 학교의 역사가 바로 배달말 가르치기의 역사라고 한다.[28] 또 한편에서는 우리 손으로 교육과정과 교과서를 마련하고 교사를 길러 내어 배달말 가르치기의 뜻을 바로 세운 데서부터 배달말 가르치기가 비롯했다고 하는 사람들이 있다.[29] 이들은 일제에서 광복한 다음에야 비로소 배달말을 가르치는 역사가 첫발을 내디뎠다고 본다.

이렇게 첫걸음부터 헷갈리는 배달말 가르치기의 길이니 여러 가지로 갈피를 잡지 못한 일들이 고스란히 쌓여 있다. 그렇게 쌓인 일들 가운데 가장 첫손 꼽아야 할 일은 무엇보다도 토박이말을 돌보고 가꾸는 일이다. 토박이말은 두말할 나위도 없이 배달말의 바탕이며 노른자위인데도 배달말 가르치기는 그것을 줄곧 돌보지 않았다. 배달말의 안방 주인인 토박이말은 돌보지 않은 채로 사랑방

26_ 이응백, 《국어교육사 연구》, 신구문화사, 1975.

27_ 박붕배, 《한국국어교육전사》 상, 대한교과서주식회사, 1987, 2쪽.

28_ 이렇게 보는 사람은 박붕배를 비롯하여 김민수(《국어정책론》, 고려대출판부, 1973), 정동화 외(《국어과교육론》, 선일문화사, 1984), 신헌재(〈국어교육사〉, 《국어교육학개론》, 삼지원, 2002) 같이 여럿이다.

29_ 김수업(《국어 교육의 원리》, 청하, 1989. / 《국어 교육의 길》, 나라말, 1998)과 이상태(《국어 교육의 기본 개념》, 한신문화사, 1978. / 《국어 교육의 길잡이》, 한신문화사, 1993)는 이런 뜻으로 국어 교육을 바라보고 있다.

손님인 한자말은 정성을 다해 돌보았다. 배달말 가르치기가 이렇게 제 길을 벗어나 헤매는 사이 조국 분단, 남북 전쟁, 군사 정변, 산업 개발, 외세 종속, 민주 투쟁, 이처럼 소용돌이치는 세월에 휩쓸려 토박이말은 쓰임새가 뒤죽박죽되어 버렸다. 이를테면, '얼' 과 '넋' , '속' 과 '안' 같은 이름씨 낱말이나 '쉬다' 와 '놀다' , '뛰다' 와 '달리다' 같은 움직씨 낱말이나 '기쁘다' 와 '즐겁다' , '무섭다' 와 '두렵다' 같은 그림씨 낱말이나 '매우' 와 '몹시' , '아주' 와 '너무' 같은 어찌씨 낱말의 뜻가림을 제대로 할 수 없게 되어 버렸다. 국어사전도 여러 가지 있지만 어느 것 하나 이런 우리 토박이 낱말을 제대로 살펴서 속살을 드러내어 뜻풀이를 해 놓은 것이 없다.[30]

알다시피 배달말의 노른자위인 토박이말은 '사투리' 라는 바탕에서 자라나고 살아가는 것이다.[31] 뿐만 아니라 말이라면 토박이말이든 들온말이든 곳곳의 사투리로서만 삶과 더불어 살아 숨 쉰다. 우리네 표준어 규정에서는 '서울말' 을 표준말로 삼는다고 하지만,[32] 정직하게 살아 숨 쉬는 서울의 말을 붙들어 보면 그것은 모두 저 나름의 사투리일 뿐이다. 마포에서는 마포 사투리, 청계천 근처에서

30_ 캄캄하던 일제 침략 시절에 '조선어학회' 라는 모임의 사람들이 피로써 마련한 원고를 광복 다음에 가다듬어 십 년(1947~1957)에 걸쳐 펴낸《우리말 큰사전》여섯 책은 자랑할 만하다. 그러나 그때에는 온 나라 곳곳에서 백성들이 나날이 주고받는 입말을 알뜰히 찾아 뜻가림을 할 수 있는 세월이 아니었다. 그 밖에도 여러 사전들이 나왔고 나라에서도 적지 않은 돈을 들여《표준국어대사전》이라는 것을 커다랗게 만들었지만 토박이말을 살뜰히 찾아서 뜻가림을 제대로 해 놓은 사전은 하나도 없다.

31_ 토박이말과 사투리는 같은 것을 서로 다른 잣대로 일컫는 말이다. 토박이말이란 들온말(외래어)과 맞서서 일컫는 것이고, 사투리는 대중말(표준어)과 맞서서 일컫는 것이지만, 토박이말과 사투리는 결국 참다운 배달말이고 겨레말이며 국어의 알짜배기다.

32_ "표준어는 교양 있는 사람들이 두루 쓰는 현대 서울말로 정함을 원칙으로 한다."(표준어 규정, 제1부 표준어 사정 원칙, 제1장 총칙, 제1항)

는 청계천 사투리, 양재에서는 양재 사투리를 주고받는다. 그러니까 표준말을 아무리 현실에 맞추어 규정한다 하더라도 삶의 현장에서 살아 숨 쉬는 것일 수가 없고 이상으로서 공중에 떠 있는 것일 수밖에 없다. 그런데도 우리네 배달말 가르치기는 이제까지 표준말에만 매달려 사투리를 돌보지 않았다. 사투리라는 낱말부터 부끄럽게 여기며 '방언' 이라 부르면서 마치 몹쓸 것이라도 되는 듯이 바라보았다. 그러니 저절로 배달말을 가르치는 현장에서 사투리는 입에 담을 수 없는 쓰레기로 여겨질 수밖에 없었다.

배달말 가르치기가 갈피를 잡지 못하여 쌓여 있는 또 하나의 큰 일은 나날이 살아가는 우리네 삶이다. 토박이말을 돌보지 않으니까 저절로 나날의 삶을 담아낼 수가 없었다. 초등학교에만 들어가면 나라 곳곳 어디에서나 표준말로 쓰인 교과서를 들고 배우게 했다. 모든 과목의 교과서에는 한결같이 사투리란 없으니까 교과서를 들고 배우는 그때부터 아이들은 어제까지 살아온 삶과는 동떨어지고 말았다. 단원 이름은 '즐거운 우리 집' 이라 해도 거기서 읽고 쓰고 말하고 듣는 말들이 모두 우리 집에서 쓰는 말과는 다르기 때문에 나날의 삶과는 다른 세상으로 끌려 들어가는 수밖에 없었다. 그래서 배달말 가르치기를 많이 받고 잘 받은 사람일수록 제 삶과는 동떨어진 다른 세상으로 멀리 떠나가도록 만들었다. 그뿐 아니라 단원이 '즐거운 우리 집' 이라 해도 거기서 몸으로 사는 우리 집의 삶을 돌아보며 배우려 하지 않았다. 삶을 배우려는 것이 아니라 말하기와 듣기와 읽기와 쓰기를 배우는 것이 배달말 가르치기라고 못박아 놓고 들어갔기 때문이다. 나날이 몸으로 살아가는 우리 집의 삶을 있었던 그대로, 있는 그대로 교과서에 담으려 하지 않고 누구의 집에도 뿌리내릴 수 없는 소리[33]-들만 실어 놓았다. 말하기와 듣기와 읽기와 쓰기를 가르치는 것이 배달말 가르치기니까, '우리 집'은 그냥 모양으로만 가져온 것일 뿐 실제의 삶이냐 아니냐는 따질 일이 아니라고 여겼다. 이런 잘못은 삶의 얼이면서 연모인 말을 우리네 배달말 가르치기가 올바로 알지 못한 데서 말미암았다. 말을 다룬다고 하면서 알맹이인 얼은 내버리고 껍데기인 연모에만 매달렸던 데서 비롯한 잘못이다. 이것은 두말할 나위도 없이 말의 얼을 다룰 겨를이 없는 미국의 국어 교육, 날마다 온 세상에서 사람들이 모여들어 국민이 되기 때문에 말하고 듣고 읽고 쓰는 말의 연모 쪽을 다루는 데도 시간이 모자라는 미국의 국어 교육을 무턱대고 따라가서 빚어진 잘못이다.

말을 얼과 연모로서 올바로 매김하고 나날이 몸으로 살아가는 삶을 다루려면 우리의 배달말 가르치기는 이제부터라도 해묵었지만 페스탈로치의 '생활 공간 확대의 원리'[34]-로 눈을 돌려야 한다. 배달말 가르치기의 내용과 방법을 뿌리부터 바로잡으려는 뜻을 세워서 삶의 터전을 교과서로 삼는 길을 찾아야 한다. 나날이 몸으로 살아가는 삶의 터전을 배달말 가르치기의 교과서로 삼는 길을 이른바 지역화[35]-라 부른다면, 서둘러 우리는 배달말 가르치기를 지역화

33_ 우리는 말 가운데 말답지 못한 말을 '소리'라 한다. 함부로 하는 말, 쓸모가 없는 말, 올바른 뜻을 담지 못한 말을 '소리'라 한다. 헛소리, 잔소리, 벌소리 같은 것이 그런 보기다.

34_ 김영석, 〈미국 초등 사회과 시퀀스 복합구조의 변천 과정〉, 한국교원대학교 박사학위논문, 1998.

35_ '지역화'란 낱말은 참으로 어름어름한 일본 한자말인데, 이미 제6차 교육과정을 '지역화 교육과정'이라 매김하면서 두루 퍼져 어쩔 수 없이 따라 쓴다. 그러나 이제부터라도 '지역화 교육'이란 말을 버리고 '삶터 교육'으로 바꾸었으면 참으로 옳겠다.(김수업, 〈지역 언어 문화와 국어 교육〉, 《국어교육학연구》 13, 국어교육학회, 2001)

해야 한다. 그래서 오래도록 나를 버리고 남을 좇아갔던 길을 돌려 세워야 한다.

4.

이래저래 나로서는 아직 우리가 배달말 가르치기의 뜻과 길을 제대로 찾지 못했다고 생각한다. 교육과정과 교과서를 일곱 차례나 바꾸면서 애를 쓰지 않은 것은 아니지만 지금 우리가 하고 있는 배달말 가르치기는 마땅한 뜻을 세우고 올바른 길로 나아가는 것이 아니라고 본다. 그렇게 된 까닭은 거듭 말하거니와 우리 삶을 깊이 살피며 헤아리지 않고 남의 말만 듣고 남의 삶만 우러르며 본뜨고 따라가기 때문이다. 맨 첫 교육과정(교수요목)은 아예 미국 사람이 만들었거니와 그 뒤로 일곱 차례나 바꿀 적에도 늘 우리 삶을 살피기보다 미국이나 일본을 곁눈질하며 본뜨기에 바빴다. 그래서 오늘까지 하고 있는 우리네 배달말 가르치기는 우리가 나날이 살아가는 삶을 다루어 내지 못한다. 교과서 속의 글자는 모두 우리의 한글이지만 거기 쓰인 말은 참다운 배달말이 아니고 거기 담긴 삶은 참다운 우리 삶이 아니다. 교과서의 틀거리와 짜임새부터가 서양과 일본 것을 본떴기 때문에 우리네 말과 삶을 거기 제대로 담을 수가 없다.

어떻게 하면 배달말 가르치기가 우리의 말과 삶을 속속들이 다룰 수 있을까? 우리에게 알맞은 길을 따라 다룰 수 있을까? 어떻게 하면 배달말 가르치기가 우리의 말과 삶을 북돋우며 가꾸는 노릇이 될까? 무엇을 어떻게 하면 우리네 배달말 가르치기가 말과 삶을 가꾸어서 마침내 사람을 살리고 세상을 밝히는 노릇이 될 수 있을까? 먼저 나와 우리 집을 살리고, 이어서 이웃과 마을을 살리고, 나아가 나라와 겨레를 살리고, 마침내 천하 세상을 두루 살리는 노릇이 되도록 할 수 있을까? 책을 읽으시는 분들이 이런 물음을 마음에 새기고 배달말 가르치기의 올바른 길을 스스로 줄기차게 찾아 나가 주기 바란다.

첫째. 뜻

뜻

말이란 무엇인가?

배달말 가르치기는 배달말을 배우고 가르치는 노릇이고, 배달말은 말이다. 그러므로 배달말 가르치는 이야기는 말이 무엇인가 하는 물음에서 첫발을 내딛는 수밖에 없다. 세상의 삼라만상은 모두가 놀랍고 신비스럽지만 그 가운데서도 가장 놀라운 것은 사람이다. 사람이 세상에서 가장 놀랍다는 사실을 드러내는 까닭도 여러 가지 있겠으나 첫손 꼽을 것은 틀림없이 말이다. 말 덕분에 사람은 다른 생물들이 따라올 수 없을 만큼 빠르게 진화할 수 있었다. 사람은 다른 생물과 견줄 수 없을 만큼 뛰어난 말을 갖고 마음을 묶고 머리를 묶어서 땅 위의 주인으로 자리 잡았다. 말로써 서로의 마음과 머리에 든 정보와 지식을 주고받아서 자기를 바꾸고 남을 바꾸고 세상을 모두 바꾸어 간다. 사람은 말로써 문명과 문화를 이룩하고, 쌓아 두고, 나누면서 끊임없이 더 좋은 세상으로 쉴 새 없이 바꾸어 나가는 놀랍고 신비스런 존재다.

세상에는 수없이 많은 사람들이 살고 있다. 그리고 그렇게 수많은 사람들은 말로써 서로를 얽어 동아리[36]를 이루고 살아간다. 같은 말을 쓰면서 얽혀 살아가는 동아리를 겨레[37]라 부른다면[38] 세상에는 사람의 겨레들도 수없이 많다. 하나인 사람과 동아리인 겨레, 그것들은 모두 한결같을까? 그렇지 않고 저마다 다르다. 별의별, 들쭉날쭉, 걷잡을 수 없이 갖가지다. 잘난 사람이 있는가 하면 못난 사람이 있고, 잘사는 겨레가 있는가 하면 못사는 겨레가 있고, 훌륭한 사람이 있는가 하면 불쌍한 사람도 있으며, 일어나는 겨레가 있는가 하면 주저앉는 겨레도 있으며, 존경받는 사람이 있는가 하면 멸시받는 사람도 있고, 남을 이끄는 겨레가 있는가 하면 남에게 끌려가는 겨레가 있다. 이런 사실은 우리가 날마다 경험하는 현실 안에서뿐만 아니라 지난날의 역사에서도 얼마든지 찾아볼 수 있다. 개인과 겨레를 이처럼 다르게 만드는 말미와 까닭은 어디 있는가? 씨앗과 종자가 애초에 다르게 마련되었을까? 오늘 우리 사람의 씨앗과 종자는 애초에 다르게 마련되지 않았고, 아프리카 대륙 어딘가에서 첫 사람이 나타나 온 땅으로 두루 퍼졌다는 것이 이제까지 과

36_ '동아리'는 20세기 말엽에 젊은이들이 새로 찾아내어 쓰게 된 낱말이다. 아직도 서양말 커뮤니티(community)를 일본인들이 뒤쳐 쓰는 공동체(共同體)를 빌려 와 쓰는 사람들이 많으나 영어 '커뮤니티'에는 배달말 '동아리'가 아주 잘 어울린다고 생각한다.

37_ '겨레'를 우리 지식인들은 아직도 굳이 '민족'이라 하지만 배달말을 버리고 굳이 한자말을 쓰면서 뽐내던 세월은 지나간 지 오래다. 쉬운 배달말을 살려 써서 가난한 사람들도 쉽게 알아들을 수 있도록 하는 것이 마땅하다.

38_ 무엇을 잣대로 겨레를 가르느냐 하는 물음에는 핏줄이다, 습속이다, 문화다 하는 여러 대답들이 있다. 그러나 가장 마땅하고 손에 잡히는 대답은 '말'이다. 핏줄은 섞이지 않은 것이 없고, 습속이니 문화니 하는 것은 아무리 해도 손에 잡히지 않기 때문이다.

학이 밝혀낸 진실이다.[39] 씨앗과 종자가 다르게 생겨난 것이 아니라 온 땅으로 두루 흩어져 살면서 자연 환경과 사회 여건이 달라지는 것에 따라 삶이 달라졌다. 삶이 달라지면서 사람도 갖가지로 달라져서 마침내 씨앗이 다르기나 했던 것처럼 보이기에 이르렀다.

사람이나 겨레의 삶을 다르게 만들어 놓은 환경과 여건 가운데 가장 손꼽히는 것은 다름 아닌 말이다. 말을 어떻게 쓰는가 또는 어떤 말을 쓰는가에 따라서 사람과 동아리의 환경과 여건은 크게 달라진다. 자연 환경이나 인문 여건이 그대로 있더라도 쓰는 말이 달라지면, 쓰는 말에 따라서 훌륭하던 사람이 불쌍하게 떨어져 버릴 수도 있었고, 쓰는 말에 따라서 못살던 동아리가 잘살게 일어설 수도 있었다. 이래서 깨어난 사람들은 일찍이 '말이 무엇인가?' 하는 물음을 던지며 해답을 찾으려고 애를 태웠다. 그리고 참으로 오랫동안 사람들이 살피고 따져서 너무나도 많은 것이 알려졌다. 말 그것만을 살피고 따지는 것이 하나의 학문으로 꼽힌 지도 이미 삼백 년을 지났고, 그 사이에 말의 연구는 갈수록 잘게 쪼개어져 이제는 수십 개의 학문으로 갈라져 있다. 그것은 사람들이 말을 얼마나 넓고도 깊게 들여다보려고 안간힘을 다하는지를 깨닫게 한다. 이와 같이 놀라운 관심으로 말미암아 우리는 말에서 많은 것들을 알게 되었다. 그러나 이제까지 우리가 말에서 알게 된 수많은 것들은 모두 곁가지에 지나지 않는다. 정작 우리가 알고 싶은 알맹이와 줄기들은 여전히 더욱 깊은 신비에 가려 그 모습을 드러내지 않고 있다.

39_ 오늘날 땅 위에 살아가고 있는 사람들의 으뜸 조상은 대략 20만 년 이전에 아프리카 중동부에서 살았던 '미토콘드리아 이브'라 부르는 한 여자라는 것이 화석으로 나타난 뼈들의 유전 인자를 분석하여 밝혀낸 유전학자들의 의견이다.

그만큼 말이란 그윽하고 신비스러운 무엇이다.

1. 말의 생김새

옛날 그리스 철학자들은 세상 만물이 모두 밖으로 드러나 눈에 보이는 '모습'과 안으로 감추어져 보이지 않는 '속살'로 이루어져 있다고 생각했다. 이런 생각은 세월이 지날수록 틀림없는 것으로 밝혀지고, 겉으로 드러나는 모습과 속으로 감추어진 속살은 갈수록 더 좋아지고 자라면서 세상 만물이 온전함에 가까워진다(진화한다)는 사실까지 알게 되었다.[40] 땅 위의 만물뿐 아니라 우주 안의 만물까지 모두 그렇다는 사실도 밝혀졌다.[41]

세상 만물 가운데 겉으로 드러나는 모습과 안으로 감추어져 보이지 않는 속살이 함께 가장 뚜렷한 존재는 사람이다. 사람은 모습을 몸이라 하고 속살을 마음이라 하여 이름을 따로 붙여야 하는 까닭도 거기 있을 것이다. 몸 한 낱말로 싸잡지만 우선 '살갗, 살, 뼈'란 낱말로 나누거나 마음 한 낱말로 싸잡지만 우선 '느낌, 생각, 뜻'이란 낱말로 나누거나 그것들의 속살 또한 들여다볼수록 깊고 그윽하다. 그만큼 사람의 속살은 깊고 그윽하면서도 뚜렷하기 때문에 사람을 다른 만물과 달리 값지고 보배롭다고 한다.

그런데 사실은 말도 굉장히 복잡한 것으로서 생김새가 사람과

40_ 19세기 중엽을 넘어서며 다윈(1809~1882)이 《자연 선택에 따른 종의 기원에 관하여》(1859)를, 멘델(1822~1884)이 《식물의 잡종에 관한 실험》(1865)을 내놓으며 밝혀낸 뒤로 수많은 과학자들이 그런 사실은 결코 흔들릴 수 없는 진실임을 굳혔다.

41_ 20세기 중엽에 들어서며 샤르댕(1881~1955)과 아인슈타인(1879~1955) 같은 이들이 밝혀낸 뒤로 수많은 과학자들이 진실임을 굳혔다.

다를 바 없다. 말도 사람처럼 몸과 마음으로 이루어졌고, 말도 사람에 못지않게 속살이 그만큼 깊고 그윽하다. 말에서 겉으로 드러나는 모습, 곧 말의 몸은 본디 소리였다. 그것은 세월이 흐르면서 가지를 쳐 이제는 소리에서 글자를 거쳐 전자까지로 넓혀졌다. 말도 사람과 자연과 우주와 더불어 쉬지 않고 더욱 좋은 쪽으로 진화하는 것이다. 말에서 속으로 감추어진 속살, 곧 말의 마음은 흔히 뜻이라 한다. 그러나 말의 뜻은 참으로 깊고 그윽해서 헤아리기 어렵다. 그것도 흔히 겉으로 드러나는 뜻(외연)과 속으로 감추어진 뜻(내포)으로 갈라보지만, 속으로 감추어진 뜻이라는 것이 또한 깊고 그윽하다. 함께 쓰이는 앞뒤의 말들(문맥)에 따라서, 그런 말들 하나하나를 떠받치고 있는 터전(관련 사항)에 따라서 속뜻은 아득한 세계까지 드러낸다. 그런 문맥이나 관련 사항을 제쳐 두더라도 말은 이른바 갖가지 뜻겹침(비유)과 뜻건넘(상징)으로써 놀라운 속뜻을 드러낼 수 있어서 참으로 신비롭다.

말이 사람처럼 몸과 마음으로 이루어졌다는 사실을 소쉬르(1857~1913)는 조금 새로운 눈으로 보았다. 그는 말을 사람의 마음을 드러내는 기호라고 하면서, 드러내는 사람의 마음속에 있는 기호(signifié)와 실제로 드러나서 듣는 사람에게 나타난 기호(signifiant)의 둘로 보아야 한다고 했다. 말의 마음을 '시니피에' 라 하고, 말의 몸을 '시니피앙' 이라 부르자고 한 셈이다. 그뿐 아니라 그는 또 말을 혼자 쓰는 것이 아니라 겨레 사람들이 함께 쓴다는 사실을 바탕으로, 겨레 동아리의 마음 안에 감추어진 말(langue)과 주고받을 적에 사람마다 밖으로 드러내는 말(parole)로 나누어 보아야 한다고 했다. 말의 몸에도 드러나는 몸과 감추어진 몸이 있고,

말의 마음에도 드러나는 마음과 감추어진 마음이 있다는 뜻으로 말한 셈이다.

보다시피 소쉬르의 이런 생각은 말이란 '사람들이 주고받는 무엇'이라는 사실을 바탕에 깔고 있다. 주고받을 적에 주는 사람과 받는 사람 사이에 빚어질 수 있는 어긋남을 밝혀낸 것이면서 또한 그런 어긋남을 뛰어넘어 신비롭게 주고받을 수 있는 어우러짐을 찾아낸 셈이다. 말은 이런 어긋남과 어우러짐으로 해서 주고받는 사람들 사이에 드러나는 모습과 감추어진 속살로 나누어 볼 수 있다는 것이다. 말을 주고받으며 쓰는 것이라는 생각을 바탕에 깔면서도 촘스키(1928~)는 또 다른 눈으로 말의 몸과 마음에 이름을 붙인다. 그는 말을 사람의 마음속에 가만히 감추어져 있는 능력(competence)과 그것이 밖으로 드러나는 행위(performance)로 나누어야 한다고 했다.

어떤 눈으로 바라보든 말을 밖으로 드러나는 모습(몸)과 안으로 감추어진 속살(마음)로 나누어 보는 것에서는 크게 다를 바가 없다. 말을 제대로 보려면 주고받을 적에 밖으로 드러나는 쓰임새와 함께 안으로 감추어지는 있음새를 놓치지 않아야 한다는 사실을 깨달을 수 있게 한다. 사람을 몸과 마음이라는 두 낱말로 쉽게 나누어 말하지만 그것은 나누어지는 것이 아니라 하나의 사람이듯이, 말 또한 '뜻과 소리, 시니피에와 시니피앙, 랑그와 빠롤, 능력과 행위, 있음새와 쓰임새'라는 두 가지 낱말들로 나누어 보지만 말 또한 둘이 아니라 하나다. 그래서 말이란 사람의 존재에 못지않게 신비하고 오묘하다.

2. 말의 몸

말의 몸[42]도 우주 만물이 그렇듯이 쉬지 않고 좋아지며 진화했다. 그 진화는 물론 사람의 진화에 따랐으니, 말이란 것이 사람의 존재 그 자체이며 사람의 존재 안에 있기 때문이다. 그러니까 사람의 진화를 이야기하자면 말의 진화를 이야기하지 않을 수 없고, 말의 진화를 이야기하면 사람의 진화를 이야기하게 된다. 사람의 진화에 발맞추어 말의 몸도 쉬지 않고 진화하며 자라났는데, 크게 보면 세 가지로 벌어지면서 자라났다. 본디는 입말의 몸인 소리 하나였으나, 글말의 몸인 글자를 만들어 두 가지로 벌어지고, 다시 전자말의 몸인 전자를 부려 쓰면서 세 가지로 벌어졌다. 입말의 몸인 소리는 소리대로 끊임없이 진화하고, 글말의 몸인 글자는 글자대로 쉬지 않고 진화하고, 전자말의 몸인 전자도 부려 쓰는 기술이 끊임없이 진화한다. 이렇게 말의 몸이 진화하는 것에 따라 말의 세계가 우주와 자연과 더불어 쉬지 않고 진화하는 것이다.

1) 목소리와 입말

말의 몸은 본디 목소리였다. 사람의 목소리는 사람이 짐승의 세계를 떠나 사람의 세계로 들어설 적에 말이 되었다. 그때는 대략

42_ 말의 몸에서 '몸'을 영어로는 'media'라 하고 이것을 일본인들이 '매체(媒體)'라고 뒤쳐서 쓴다. 그런데 알다시피 영어 'media'는 'medium'의 복수다. 말의 몸에 '소리'와 '글자' 두 가지가 있어서 복수형을 쓰는 것이다. 그런데 20세기에 와서 'media language'라는 말이 나타났다. '소리'와 '글자'와 '그림'을 함께 아울러 몸으로 삼는 말이기 때문이다. 이것을 '다중 매체 언어'라고 부르거나 또는 '다매체 언어'라 부르는 것은 좋지만, 그보다 '전자말(electron language)'이 더욱 올바르다. '전자'라는 물질을 부려서 그런 말을 만들었기 때문이다. 그러나 이것을 '매체 언어'라 부르는 것은 옳지 않다. 입말이나 글말이나 모두 '매체 언어'며 매체 언어 아닌 언어는 없기 때문이다.

사백만 년쯤 지난 것으로 과학자들은 짐작한다. 그 목소리의 말은 사람과 함께 천천히 진화하여 오늘날 쓰는 말로 복잡하게 자라난 때가 대략 이십만 년쯤 지난 것으로 본다. 그처럼 기나긴 세월에 걸쳐 목소리를 몸으로 삼았던 말을 '입말〔口語, oral language〕' 이라 부른다.

말의 몸인 목소리는 목청으로 만든 소리가 바탕이 되어 입과 코 안의 모든 움직임으로 만든 소리를 싸잡는다. 사실 사람은 바로 서서 걸으면서 울대뼈가 아래로 처져 내리자 입과 목과 코 안의 자리가 넓어지고 혀의 뿌리가 깊어지고 혀가 길어졌다. 그러면서 목소리를 만드는 혀의 움직임이 갈수록 불어날 수 있었다. 그래서 다른 짐승들과는 견줄 수 없을 만큼 갖가지 소리를 만들어 낼 수 있게 되었고, 이것이 사람의 말을 다른 짐승의 말과 견줄 수 없이 빼어나게 만든 바탕이다. 목소리의 입말은 이제 아우구스티노(354~430)가 다음과 같은 사색에 이르도록 했다. "내가 말할 바를 생각할 때 이미 내 마음속에 말이 있는 것입니다. 내가 그것을 당신에게 전하려고 할 때 내 마음속에 있는 것을 당신의 마음속에다 전달할 수단을 찾습니다. 그리고 내 마음속에는 이미 있는 말에게 소리를 주어, 그 소리를 통해서 당신에게 그 말을 전달하게 됩니다. 말의 소리는 그 말의 뜻을 전달하고 그 일을 마칠 때 사라집니다. 그러나 소리로써 당신에게 전달된 말은 내 마음을 떠나지 않은 채 이제 당신의 마음속에도 있게 됩니다."[43] 입말의 소리와 뜻이 사람과 사람의 마음을 하나로 묶어 주는 고리 노릇을 어떻게 해내는지 잘 보여 준다.

43_ 한국천주교중앙협의회, 《성무일도 I》, 1990, 242쪽.

사람이 만들어 낼 수 있는 소리는 거의 끝이 없지만 그 모든 소리를 모조리 말에다 쓰는 것은 아니다. 사람이 말을 만드는 데에 쓰는 소리는 기껏해야 홀소리 열 가지 안쪽과 닿소리 스무 가지 안쪽에 지나지 않는다. 그런데 그 서른 가지 안쪽의 소리를 겨레마다 조금씩은 다르게 가려서 쓴다. 그리고 어떤 소리를 가려서 말을 만드느냐에 따라 말의 속살과 모습이 달라지고, 그것이 곧 말의 겨레를 갈라지게 하는 잣대가 된다. 사람이 만들어 낼 수 있는 소리 가운데서 어떻게 겨레마다 남다른 서른 가지 소리를 가려 쓰는지 알 길이 없다. 그뿐 아니라 저마다의 소리에 저마다의 뜻을 어떻게 짝지어 담아내게 되는 것인지도 사람은 스스로 알아내지 못한다. 그래서 학자들은 '제멋대로(자의적)' 라는 소리를 할 수밖에 없었거니와 입말은 온통 신비로 가득한 것임이 틀림없다.

목소리는 사람의 뜻으로 만든 것이 아니니 조물주의 선물이라 할 수밖에 없다. 조물주는 모든 사람에게 이 선물을 공평하게 거저 주었다. 공평하게 거저 받은 선물이므로 몸이 온전하기만 하면 조물주가 만들어 준 입으로 말하고 조물주가 만들어 준 귀로 들으면서 아무런 힘을 들이지 않는다. 어떤 형식의 소리에는 어떤 내용의 뜻을 담도록 하겠다는 의식을 가지고 애쓰는 법도 없이 그저 사람들 가운데 태어나서 자라는 동안에 저절로 입말은 주고받을 수 있게 된다. 일부러 애써 배우고 가르치지 않아도 자연스럽게 주고받을 수 있는 까닭에 입말의 능력을 조물주의 은혜로운 선물이라고 할 수밖에 없다.

겨레마다 서로 다른 소리를 골라서 만들지만 조물주의 선물인 입말은 '언어 상대성 이론'[44]이 아니더라도 좋고 나쁜 것을 따질 수가 없다. 입말은 겨레 안에서 사람을 차별하지도 않고, 겨레 밖으로 모든 겨레를 두루 차별하지도 않는다. 세상 모든 입말은 사람이면 누구나 저절로 배워서 모자람 없이 부려 쓸 수 있어서 절대로 평등하다. 세상 모든 입말은 동아리지어 살아가는 자연과 풍토와 문화에 맞추어 가장 온전하고 바람직할 뿐 모자람이 없다. 사람마다 말씨가 다르고 빛깔이 다르고, 겨레마다 말본이 다르고 쓰임새가 다르지만 입말은 저마다의 삶에 스스로 모자람이 없다.

2) 글자와 글말

입말은 목소리를 몸으로 삼고 있어서 곧장 사라져 버린다. 눈 깜짝할 사이 좁은 자리에 간신히 머물다 사라져서 사람들을 안타깝게 했다. 오래 붙들었다가 먼 데 사람, 뒷날 사람들에게도 들려주고 싶지만 그럴 수가 없다. 사람들의 그런 바람은 곡절을 거쳐 글자를 만들기에 이르고, 마침내 글자로 입말을 붙들어 두는 데까지 왔다. 사람들이 글자를 만들어 쓴 것은 이제 칠천 년이 되었는데, 그동안 말의 몸은 목소리에서 글자[文字, letter]로 탈바꿈하였다. 글자를 몸으로 삼아 새로 나타난 말을 '글말[文語, written language]'이라 부른다. 사람들이 글말을 쓴 역사는 겨우 삼천 년 남짓하니, 입말의 기나긴 역사에 견주면 눈 깜박할 사이에 지나지 않는다.

44_ 독일의 빌헬름 폰 훔볼트(1767~1835)에게서 비롯하여 바이스게르버를 거쳐 미국의 사피어와 워프로 이어지는 이론이다. 말이란 사물을 뜻하고 뜻을 주고받는 연모일 뿐 아니라 삶의 연모이며, 겨레마다 말이 다른 것은 소리나 글자가 다르기보다 세상을 보는 눈이 다른 것이라 한다. 세상을 보는 눈이 달라서 말이 다르고 말이 다르면 생각과 삶이 달라지고, 그런 다름은 높고 낮음이나 좋고 나쁨으로 가늠할 수 없다고 해서 '언어 상대성 이론'이라 부른다.(정영근, 《빌헬름 폰 훔볼트-인간, 언어, 교육》, 문음사, 1999)

글말의 몸인 글자는 사람이 제 슬기로 만들어 낸 것이다. 그것은 애초에 돌이며 나뭇가지며 조개껍질이며 새끼줄 같은 것에다 말을 담으려는 데서 비롯하였다. 그러나 그런 것들은 불편하고 부족하여 견딜 수 없었고 마침내 사람들은 그림을 그리는 것에 닿았다. 그림을 오랜 세월에 걸쳐 간추리고 가다듬으며 말에로 끌어당겨 그림글자(상형문자)로, 그림글자에서 다시 한 걸음 말에게로 끌어당기고 가다듬어 뜻글자(표의문자)로, 뜻글자에서 아주 놀라운 깨달음으로 소리글자(표음문자)에 이르렀다. 그리고 소리글자에서도 처음에는 덩이 소리인 음절의 글자(음절문자)에서 마침내 조각 소리인 음소의 글자(음소문자)로 쉬지 않고 진화하였다.

글말의 몸인 글자가 음소글자까지 진화하자 비로소 글말은 입말에 거의 비슷할 만큼 가까워졌다. 글자 수가 적고 쉬워서 누구나 부려 쓸 수 있게 되었고, 입말의 모든 것을 고스란히 담아낼 수 있게 되었다. 그러나 조물주의 선물인 목소리에 견주면 음소글자도 여간 귀찮고 어려운 것이 아니다. 아무리 쉬운 음소글자라도 다른 도구의 도움을 적잖이 받아야 부려 쓸 수가 있기 때문이다. 글자를 쓸 바탕이 있어야 하고, 바탕에다 쓰면 없어지지 않을 물감이 있어야 하고, 물감으로 바탕에다 쓸 도구가 있어야 한다. 이른바 필기도구라는 이것들 때문에 글말은 입말처럼 모든 사람에게 두루 공평할 수가 없고, 도구를 마련할 수 있도록 가진 사람과 그럴 수 없도록 못 가진 사람 사이에 불공평이 생기게 마련이다.

음소글자에 와서 글말이 입말에 가까워졌다고 하지만 그러나 둘 사이의 거리는 역시 아득하다. 글말이 입말의 소리를 모두 날려 보내 버리고 간신히 뜻만 붙들었기 때문이다. 사실 말의 힘과 맛과 멋은 뜻보다도 소리에서 거의 빚어지는 것이다. 소리의 크기와 작기, 굵기와 가늘기, 길기와 짧기, 높기와 낮기, 세기와 여리기, 이런 소리결이 말의 힘과 맛과 멋을 빚어내면서 입말은 사람의 마음을 사로잡는 것이다. 한마디로 입말을 살아 숨 쉬게 하는 것은 소리인데, 이런 입말의 목숨 줄을 글말은 붙들지 못하고 모두 놓쳐 버린 것이다. 그러므로 보기에 따라서는 글말이란 입말의 주검이요 뼈대일 뿐이라고 할 수도 있다. 그래서 글말의 역사, 무엇보다도 글말을 갈고닦아 온 수사학의 역사는 소리를 붙들지 못한 그 빈 자리를 메우려는 몸부림이라고 해도 좋을 것이다. 이런 수사학으로 글말은 입말에서는 찾아볼 수 없었던 새로운 저만의 길을 열면서 사람의 삶을 끌어올려 왔던 것이다.[45]

또한 글자는 사람의 슬기로 만들어 낸 것이기에 좋고 나쁜 뜨레가 뚜렷하다. 그림은 거기 담긴 뜻을 똑똑히 가늠할 수 없다. 울산 반구대에 그려 놓은 그림을 보면서 아직도 우리는 거기 담긴 뜻을 제대로 읽어 내지 못하여 답답하다. 그림글자로 넘어오면 그림보다는 훨씬 낫게 뜻을 알아볼 수 있지만 수수께끼를 푸는 것과 비슷한 숨바꼭질을 해도 본디 뜻을 찾기는 어렵다. 뜻글자로 넘어오면 이제 뜻을 알아보는 데서는 크게 헤매지 않아도 좋지만, 세상 만물과 사람의 생각으로 나타낼 뜻을 글자로 담아내려면 글자가 무한정으로 많아야 한다. 중국의 한자가 팔만 자나 된다지만 한 글자에 얼마나 많은 뜻을 포개어서 쓰는지 한자 사전을 찾아보면 환히 드러난

45_ 입말과 글말이 서로 어떻게 다르면서 저마다 사람의 삶을 다른 모습으로 가꾸어 왔는지는 옹의 이야기를 들어 보면 어지간히 가늠할 수 있다.(월터 J. 옹 지음, 이기우·임명진 뒤침, 《구술문화와 문자문화》, 문예출판사, 1995)

다. 소리글자로 넘어오면 입말을 만드는 소리만큼 글자가 있어야 한다. 사람이 쓰는 입말의 소리를 소리덩이인 음절로 보면 얼마나 될까? 이제는 그것이 이천에서 삼천 사이라는 사실을 학자들이 알아내었다. 그러므로 입말을 제대로 적으려면 음절글자는 적어도 이천 개가 넘어야 한다. 너무 많아서 놀랄지 모르지만 뜻글자에 견주면 말할 수 없이 줄어진 것이다. 그런데 입말의 소리를 소리 조각인 음소로 보면 스물에서 서른쯤이면 넉넉하다고 한다. 음소글자 스물남짓이면 입말의 모든 소리를 적을 수 있으니 음절글자보다는 일백곱절이나 줄어진 셈이다. 이렇게 글자는 사람의 슬기가 자라는 것에 발맞추어 입말을 고스란히 담으면서도 손쉽게 쓸 수 있는 쪽으로 진화해 온 것이다.

소리는 달아나고 뜻만 붙들어 담은 글말은 입말과 다른 규칙을 지니게 마련이다. 그래서 사람들은 글말의 규칙을 밝히려 애를 썼고, 글말의 규칙을 밝히려는 말본(문법, 그람마티카)이 이른바 언어학의 바탕이 되었다. 바탕이 되었을 뿐만 아니라 언어학은 이제까지 거의 꼼짝하지 않고 머물러 있는 글말을 가지고 살피고 밝힌 것으로 채워졌다. 그뿐 아니라 모든 학문이 글말로 이루어지면서 문명을 이끌어 온 까닭에 입말은 학문의 관심에서 밀려나 버렸다. 입말이 삶의 터전에서는 한결같이 힘을 떨치며 살아 있었으나 글말에 매달리는 지식인들이 돌보지 않아 학문의 빛을 쬘 수가 없었다. 그래서 아직도 입말의 규칙은 제대로 밝혀지지 않았고, 철없는 학자들은 글말의 규칙을 그대로 입말에 들이대면서 이러쿵저러쿵하기 일쑤다.

3) 전자와 전자말

사람들은 마침내 물질 안에 들어 있는 전자를 말의 몸으로 쓰기에 이르렀다. 전자로 소리의 파동을 보내서 글말로 바꾸고(전신), 목소리를 그대로 줄에 실어 보내고(전화), 목소리를 키워서 널리 퍼지게 하고(확성), 목소리를 붙잡아 두었다가 다시 되살려 내고(축음·녹음), 드디어 입말과 글말을 손쉽게 붙잡아 두었다 다시 되살려 내고(컴퓨터), 이것을 눈 깜박할 사이에 어디든지 주고받게 하는(인터넷, 손전화) 일들을 전자의 힘을 빌려 해내게 되었다. 입말이나 글말을 붙들어 두고 되살려 내고 주고받고 하는 기술로부터 이제는 전자 기계가 스스로 말하고 듣는 기술에까지 이르렀다. 전자 기계가 사람의 말을 그대로 알아듣고 말하기도 하는 날이 여느 사람의 삶 안에 들어오는 날도 머지않은 듯하다. 이처럼 전자 공학의 힘으로 입말과 글말을 함께 아울러 쓸 수 있게 된 이들 기계의 말을 통틀어 '전자말〔電子語, electron language〕'이라 부른다.

전자말은 말의 진화에서 세 가지 놀라운 탈바꿈을 일으켰다. 첫째는, 입말과 글말을 하나로 아우를 수 있게 했다. 입으로 주고 귀로 받는 소리의 입말과 손으로 주고 눈으로 받는 글자의 글말을 함께 아우르게 되었다. 말하면서 곧장 사라지던 입말을 고스란히 붙들어 주고받으면서 동시에 그것을 눈으로 읽어 볼 수 있는 글말로 주고받을 수 있게 되었다는 말이다. 목소리로써만 담아낼 수 있는 살아 숨 쉬는 느낌의 결까지 고스란히 지닌(입말) 채로 시간이 지나고 공간이 바뀌어도 사라지지 않고 그대로 남아 있는(글말) 새롭고 놀라운 몸으로 탈바꿈했다.

둘째는, 주고받을 적에 걸리는 시간과 공간의 담을 헐어 버렸다. 겨우 백 년 동안 갈고닦았을 뿐인데 전자말은 입말이나 글말로는 꿈조차 꿀 수 없이 넓은 공간을 눈 깜짝하는 시간에 주고받을 수 있는 말이 되었다. 공간으로는 지구 구석구석은 말할 나위도 없고 지구 바깥을 떠도는 위성을 지나 다른 행성까지 가는 위성과도 주고받을 수 있게 되었다. 시간으로는 아무리 멀리 떨어져 있어도 빛의 속도로 주고받을 수 있게 되었다. 입말과 글말이 갇혀 있던 시간과 공간의 담을 헐어 내고, 빛의 속도로 한없는 공간을 오가는 말로 탈바꿈했다.

셋째는, 그림과 사진을 말의 몸으로 끌어들였다. 입말의 몸인 소리와 글말의 몸인 글자를 아우르는 데서 그치지 않고, 전자말은 온갖 그림과 사진으로 세상의 모든 사물을 끌어들여 제 몸으로 만드는 일을 서슴지 않는다. 이른바 이미지니 영상이니 하는 것들을 말의 몸으로 끌어들여 전자말은 사람의 경험 세계를 엄청나게 넓혀 나갈 수 있는 길을 열었다. 세상에 있는 모든 사물을 사진으로 찍어서, 세상에 없는 사물까지 그림으로 그려서 몸으로 삼아 전자말은 엄청난 세계까지 담아내는 말로 탈바꿈했다.

이처럼 놀라운 전자말의 탈바꿈은 인류의 문명사에 새로운 세상을 열었다. 글말을 쓰면서 인류의 문명이 새로운 세상으로 들어선 것보다 훨씬 더 놀라운 세상을 전자말에 이끌려 인류의 문명이 들어선 것이다. 그러나 아직 아무도 다가오는 전자말의 문명이 어떤 것일지 가늠하지 못한다. 전자말의 가능성이 너무나 크기 때문이다. 어쩌면 그런 전자말이 글말에게는 커다란 위협이 될지도 모른다. 곧장 사라져 버리는 입말을 붙들어 두려고 생겨난 것이 글말이라면 전자말이 그 몫을 훨씬 더 잘 해내기 때문이다. 글말이 담아

낼 수 없었던 입말의 소리까지 담아내면서 글자는 물론이고 그림과 사진까지 담아내는 전자말이 널리 쓰이면 글말은 설 자리를 잃어버릴 수도 있다는 말이다.

그러나 전자말이라고 아쉬움이 없는 것은 아니다. 무엇보다도 만만치 않은 기계 장치에 기대지 않을 수 없는 것은 가장 커다란 아쉬움이다. 글말도 도구에 기대야 하지만 전자말의 기계는 그것과 견줄 수 없이 복잡하고 거창하다. 기계가 복잡하고 값비싸기 때문에 누구나 손쉽게 쓸 수 없어 불평등이 또한 글말보다도 훨씬 두드러진다. 기계 장치를 끊임없이 개량하여 손쉽게 쓸 수 있도록 안간힘을 다하지만 그것이 조물주의 선물인 입말처럼 손쉬운 것에 이를 수는 도무지 없다. 다만 사람의 슬기가 전자말의 아쉬움을 어디까지 없애 갈 수 있을지 내다보기 어려울 따름이다.

입말과 글말을 아우르고 시간과 공간을 뛰어넘으며 새로운 세상을 끌어들인 전자말은 입말과 글말과는 또 다른 규칙으로 살아갈 수밖에 없다. 소리와 글자와 그림과 사진이 함께 어우러지는 전자말의 몸이 입말과 글말이 입던 단순한 옷을 입고 살아갈 수 없는 것은 지극히 당연하다. 글말을 끌어들인다 해도 일단 전자말이 되고 보면 글말의 규칙은 그대로 배겨나지 못한다. '샘, 방가, 추카' 따위처럼 음절이 줄여지거나 'ㅋㅋㅋ, ㅎㅎㅎ' 따위처럼 음소만으로 줄어지거나 심지어 'ㅜ~ㅜ, ㅠㅠ, ^^, *^*, *^^*' 같은 부호를 끌어들이기도 한다. 이것은 전자말의 본질이 글말과 다르기 때문에 일어나는 것이므로 글말의 규칙을 들이대며 이러쿵저러쿵할 수 없는 일이다. 서둘러 해야 할 일은 전자말의 규칙을 제대로 밝혀내는 것일 뿐이다.

3. 말의 힘

말은 사람처럼 힘을 지녔다. 말의 힘이 사람을 바꾸고, 사람과 사람 사이를 바꾸고, 사람의 삶을 바꾸고, 마침내 삶의 터전인 세상을 바꾼다. "혀 아래 도끼 들었다." "천 냥 빚도 말 한마디로 갚는다." 하는 속담이 있다. 말이 사람을 죽일 수도 있고, 말이 사람을 살릴 수도 있다는 속담이다. 말이 얼마나 무서운 힘을 지녔는가를 삶에서 깊이 깨달은 우리 겨레의 슬기가 담긴 속담이다. 말이 무슨 힘으로 사람을 바꾸고 세상을 바꾸는 것인지 두어 가지 보기를 가지고 생각해 보자.

1) '털 없는 원숭이'[46]가 앞선 까닭

땅 위에 살아 있는 온갖 것들은 지구의 역사와 발맞추어 진화의 마라톤을 벌이고 있다. 맨 앞에는 사람이 홀로 멀리 앞장서 달리고, 멀찍이 뒤떨어져 유인원 원숭이들이 갖가지 짐승을 이끌며 앞서거니 뒤서거니 무리를 지어 따라오고 있다. 물속과 땅 위와 공중에서 온갖 짐승들이 떼 지어 진화해 달려 나가고, 헤아릴 수도 없이 많은 벌레들도 진화의 마라톤을 벌이기는 마찬가지다. 그뿐 아니라 한 자리에 뿌리박아 살아가는 갖가지 푸나무들도 물속과 땅 위에서 저마다 진화의 마라톤을 벌이며 살아간다. 이처럼 살아 있는 모든 것들이 벌이는 진화의 마라톤에서 사람만 홀로 아득히 앞장서 내달리고 있으니 어떻게 그럴 수가 있었을까? 《털 없는 원숭이》 안에는 당

46_ 영국의 동물학자가 사람을 두고 쓴 책의 이름이다. 그는 이 책에서 사람이 온갖 동물을 멀리 뒤로 제치고 진화의 마라톤에서 앞장서 내달리는 까닭은 두말할 나위도 없이 '말' 때문이라고 서슴없이 말했다.(데즈먼드 모리스, 《털 없는 원숭이》, 영언문화사, 2001)

연히 이런 물음을 담고 있다.

그리고 지은이는 스스로 대답하기를 "말, 뭐니 뭐니 해도 말이 그럴 수 있게 했다."라고 장담한다. 사람의 말은 이미 사백만 년 이전부터 다른 짐승들의 소리와는 달리 복잡해지기 비롯하여 이십만 년 이전에는 짐승들의 소리와는 전혀 달리 오늘처럼 복잡한 상징으로 자라났다.[47] 이처럼 갈수록 복잡해지는 말을 통하여 사람은 세상을 더 깊이 꿰뚫어 볼 수 있게 되었고, 사람들끼리 갈수록 더욱 가깝고 튼튼하게 묶여지면서 자연과의 싸움을 손쉽게 이겨 내는 힘을 자랑하였다. 말이 사람을 바꾸고, 사람이 세상을 바꾸고, 다시 세상이 말을 바꾸고 사람을 바꾸면서 말과 사람과 세상은 함께 진화해 왔다는 것이다.

말이 이처럼 쉬지 않고 발달하면서 진화의 마라톤도 놀라운 가속도를 붙일 수 있었다. 말 때문에 일어나는 이 가속도가 진화의 마라톤에서 사람과 다른 짐승들 무리 사이의 거리를 갈수록 벌어지게만 했다. 말이야말로 사람과 세상의 진화를 부채질하는 놀라운 힘이라 하지 않을 수 없다. 사람이 자연을 이기고 환경을 이기며 진화의 맨 첫 자리를 차지하였으나 그것은 실상 말의 힘이 이루어 낸 일이다. 이것이 동물학자 데즈먼드 모리스의 증언이다.

2) 브로카와 베르니케 영역

살아 있는 것은 무엇이나 저들끼리 정보를 주고받는다. 짐승이

47_ 이런 말을 쓰기 비롯한 사람이 바로 오늘날 이 땅 위에 흩어져 살아가는 사람들(현생 인류)의 으뜸 조상이 되는 것이다.

며 벌레는 말할 나위도 없고 푸나무들까지도 저들끼리는 정보를 주고받는다. 그들 가운데서도 동물은 골(뇌)을 지니고 거기서 소리를 내어 정보를 주고받는 노릇을 한다. 소리에 뜻을 담아 주고받는 노릇을 말이라 한다면 짐승과 벌레들도 말을 하는 셈이다.

그런데 짐승이나 벌레의 말과 사람의 말은 하늘과 땅처럼 서로 다르다. 유인원을 비롯하여 모든 짐승과 벌레들이 소리로 정보를 주고받는 일은 골 안에서도 뇌수와 뇌간에서 맡고 있다. 그러나 사람이 소리를 내어 정보를 주고받는 노릇은 왼쪽 대뇌 피질에 자리잡은 브로카[48]와 베르니케[49] 영역에서 맡고 있다. 뇌수와 뇌간에서 맡는다는 것과 대뇌 피질에서 맡는다는 것은 그것이 본질에서 다르다는 사실을 뜻한다.

동물의 골은 진화의 차례와 발맞추어 '뇌수 → 뇌간 → 소뇌 → 중뇌 → 대뇌 → 피질' 로 자라났다. 뇌수 쪽으로 갈수록 목숨의 본질과 기초를 맡고, 피질 쪽으로 갈수록 본능에서 멀어지는 추상과 상상을 맡는다. 짐승들이 정보를 주고받으려고 내는 소리는 모두 뇌수와 뇌간에서 만든다는 것은 저들의 소리가 숨을 쉬는 것과 마찬가지로 목숨의 본질 현상이며 기초 활동이라는 뜻이다. 사람은 말을 큰골(대뇌)의 껍질(피질)에서 만들어 내니 그것은 목숨의 바탕

48_ 프랑스의 신경해부학자인 폴 브로카(P. Broca)는 1861년에 실어증 환자였던 사람들이 죽은 다음에 골을 해부하여 왼쪽 큰골 셋째 전두회(前頭回)에 손상이 있음을 찾아내고, 이것이 실어증의 원인이라고 했다. 이제는 거기서 말의 소리, 곧 말의 표현을 맡는다는 사실을 밝혀냈다.

49_ 독일의 신경학자인 카를 베르니케(C. Wernicke)는 1874년에 실어증 환자였던 사람의 왼쪽 큰골 셋째 전두회 뒤쪽에 손상이 있음을 찾아내고, 실어증 환자는 브로카 영역뿐만 아니라 또 다른 영역의 손상에서도 나타난다는 사실을 밝혔다. 이제는 베르니케 영역에서 말의 뜻, 곧 말의 이해를 맡는다는 사실을 밝혀냈다.

을 멀리 뛰어넘은 추상과 상상의 세계까지 떠나왔음을 뜻한다.

사람의 말은 있는 세상을 밝히고 드러내는 연모일 뿐만 아니라 없는 세상까지 사로잡을 수 있는 연모라는 말이다. 없는 세상을 만들어 내는 예술이나 죽음 너머 세상을 살아가는 종교와 같은 상상의 세계가 말의 세계다. 종교나 예술이나 경험한 적이 없는 영원의 세계를 다루는 노릇은 모두 말의 힘을 빌려서 이루어질 수밖에 없다. 말이야말로 현실 너머 세상을 살아가게 하는 길을 밝히게 하는 힘이며, 사람으로 하여금 없는 세상까지 만들게 하고 거기서도 살게 하는 힘이기 때문이다.

3) 바벨탑 이야기

바벨탑 이야기는 본디 바빌로니아 지방에 내려오던 신화였다가 히브리 겨레의 《성서》(창세기 11, 1~9)에 올려졌다. 동쪽에서 흘러오던 사람들은 시날 지방에 모여서 '낱말도 같은 한 가지 말'을 쓰면서 돌을 벽돌로, 흙을 역청으로 바꾸어(자연을 문화로 바꾸었다는 뜻이다.) 도시를 세우고 하늘에 닿는 탑을 쌓았다. 하느님이 이런 도시와 탑을 보고 걱정스러워 '말을 뒤섞어' 버리자 사람들은 세우던 도시와 쌓던 탑을 버리고 뿔뿔이 흩어져 버렸다는 이야기다.

> 온 세상이 한 가지 말을 쓰고 있었다. 물론 낱말도 같았다. 사람들은 동쪽에서 옮아오다가 시날 지방 한 들판에 이르러 거기 자리를 잡고는 의논하였다. "어서 벽돌을 빚어 불에 단단히 구워 내자." 이리하여 사람들은 돌 대신에 벽돌을 쓰고, 흙 대신에 역청을 쓰게 되었다. 또 사람들은 의논하였다. "서로 도시를 세우고 그 가운데 꼭대기가 하늘에 닿게

탑을 쌓아 우리 이름을 날려 사방으로 흩어지지 않도록 하자."
야훼께서 땅에 내려오시어 사람들이 이렇게 세운 도시와 탑을 보시고 생각하셨다. "사람들이 한 종족이라 말이 같아서 안 되겠구나. 이것은 사람들이 하려는 일의 시작에 지나지 않겠지. 앞으로 하려고만 하면 못 할 일이 없겠구나. 당장 땅에 내려가서 사람들이 쓰는 말을 뒤섞어 놓아 서로 알아듣지 못하게 해야겠다." 야훼께서는 사람들을 거기에서 온 땅으로 흩으셨다. 그리하여 사람들은 도시를 세우던 일을 그만두었다. 야훼께서 온 세상의 말을 거기에서 뒤섞어 놓아 사람들을 온 땅에 흩으셨다고 해서 그 도시의 이름을 바벨이라고 불렀다.[50]

모든 자연과 환경은 물론 사람의 육신 조건까지 그대로 있더라도 '말'을 바꾸어 쓰면 동아리의 삶이 달라진다는 사실을 깊이 깨우쳐 주는 이야기다. '낱말까지 같은 한 가지 말'을 쓰니까 하느님도 두려워할 만한 문명을 이루었는데, 잡동사니처럼 '뒤섞인 말'을 쓰니까 아무 일도 못하고 마침내 흩어질 수밖에 없었다는 것이다. 사람의 삶을 바꾸고 세상의 모습을 바꾸는 힘이란 다른 것이 아니라 오직 말이라는 사실을 환하게 보여 주는 이야기다.

이런 이야기를 경전에 끌어들여 믿음으로 삼고 살아온 사람들의 삶은 남다를 수밖에 없었다. 이런 믿음에 뿌리를 둔 사람들은 말을 함부로 다루거나 업신여길 수 없다. 끊임없이 말을 갈고닦아서 동아리의 삶을 가꾸는 열쇠로 삼았다. 이런 동아리들이 살아온 서유럽 세상의 삶이 지난 삼천 년 동안 어떠했는지는 역사가 밝혀서

50_ 재단법인 대한성서공회, 《공동번역 성서》, 1977, 13~14쪽.

말해 주고 있다. 말이 사람의 동아리를 뭉쳐서 힘을 북돋울 수도 있고 흩어서 힘을 뽑아 버릴 수도 있는 열쇠임은 의심할 나위조차 없는 일이다.

4) 야콥슨의 생각

말을 과학으로 다루는 언어학은 삼백 년에 걸쳐 여러 모로 말의 힘을 밝혀냈다. 야콥슨(1896~1982)이 내놓은 이론도 말의 힘을 속속들이 헤쳐서 보여 주기에 귀담아들어 볼 만하다. 말이란 주고받는 사람의 인격과 문화를 송두리째 어우러지게 하는 엄청난 만남이라는 것이다. 이 만남은 적어도 다섯 가지, 여섯 가지로 헤집어 이야기할 수 있다고 한다.

6. 관련 상황 (알기와 깨우치기)

5. 메시지 (아름다움 맛보기)

1. 주는 사람 (드러내는 시원함) ⟺ 2. 받는 사람 (받으면서 다잡음)

4. 부딪침 (하나로 묶여지기)

3. 신호 체계 (말을 풀이하기)

말이란 그림표에 나타난 여섯 가지를 모두 싸잡는 것이라고 보았다. 1과 2를 말에다 싸잡아야 한다는 생각은 말을 이전보다 한결 넓게 보도록 해 주었다. 3과 4는 밖으로 드러나는 말의 몸이고, 5와 6은 안으로 감추어진 말의 마음이라 하겠는데, 그것들을 둘씩 헤쳐서 좀 더 헤집어 보게 했다.

이렇게 헤집어 놓고 보니까 말은 주는 사람과 받는 사람에게 저마다 다섯 가지의 일을 일으킨다는 사실을 알겠다. 주는 사람에게는 '① 드러내는 시원함, ② 알기와 깨우치기, ③ 아름다움 맛보기, ④ 받는 사람과 묶여지기, ⑤ 말을 풀이하기' 같은 일들을 일으킨다. 받는 사람에게는, '① 받으면서 다잡음, ② 알기와 깨우치기, ③ 아름다움 맛보기, ④ 주는 사람과 묶여지기, ⑤ 말을 풀이하기' 같은 일들을 일으킨다.

이런 일들이 일어나기 때문에 말을 주고받는 사람은 줄곧 사람됨이 새로워질 수밖에 없다. 말을 주면서 드러내는 시원함을 맛보고 말을 받으면서 스스로를 다잡기 때문에 말이 사람을 바꾼다. 말을 주고받으면서 알기와 깨우치기를 되풀이하니까 쉬지 않고 세상을 깊숙이 들여다보고 더 나은 세상을 찾아갈 수 있다. 말을 주고받으면서 서로의 마음을 묶어 가기 때문에 사람과 사람 사이가 깊어지게 마련이다. 이렇게 사람과 사람 사이가 새로워지면서 세상을 바꿀 수 있는 길을 열어 가게 되는 것이다. 사람이 바뀌면 세상이 바뀌는 것이므로 결국은 말이 사람과 세상을 바꾸는 힘을 지녔다고 말할 수 있게 된다.

4. 말과 삶

사람은 말로써 살아간다. 사랑도 말로써 하고, 싸움도 말로써 하고, 놀이도 말로써 하고, 잔치도 말로써 한다. 교육도 말로써 하고, 정치도 말로써 하고, 경제도 말로써 하고, 마침내 신앙도 말로써 한다. 말이 삶의 연모라고 하는 것은 이런 사실을 두고 하는 말이다. 그러므로 말과 삶, 삶과 말은 떨어질 수 없는 하나의 운명 공동체다. 말이 고우면 삶이 고와지고, 말이 거칠면 삶이 거칠어진다.

말이 쉬우면 삶이 쉬워서 편안해지고, 말이 어려우면 삶이 어려워 고달파진다. 말이 곧 삶이다.

1) 입말과 삶

입말은 입에서 나오는 바로 그때 사라지기 때문에 매우 짧은 시간과 좁은 공간에만 머문다. 그래서 입말로 주고받는 정보는 널리 퍼뜨려지기 어렵고 아주 불안한 창고(머리)에 담아 보관하고 다시 꺼내 쓰는 수밖에 없다. 그 정보는 머리의 기억 장치에 따라 얼마든지 빠지거나 보태지며 바뀌게 마련이다. 주고받는 동안에도 환경의 간섭에 부대끼며 흔들리고 흐트러질 뿐 아니라 시간이 흐르면 흔적조차 희미하게 사라져 버린다. 그만큼 입말에 담긴 정보는 불안하고 위태롭다.

그래서 입말로만 살던 때에는 사람들의 삶이 늘 칠월에 잣던 그 가락을 되풀이하는 수밖에 없었다. 지난날의 경험이 쌓여 앞날을 멀리 내다보도록 도와주지 못하기 때문에 언제나 눈앞에 벌어지는 환경과의 싸움을 비슷하게 되풀이하며 허덕허덕 살아야 했다. 진화의 달리기는 더디고 느렸으며 그런 사정은 어디서나 어느 겨레나 비슷했기 때문에 문명 진보가 남달리 빠른 겨레가 따로 있을 수도 없었다. 사람들은 세상 어디서나 자연과 어우러져 싸우느라 비슷비슷한 삶을 누리며 살았고, 진화의 수레바퀴는 눈에 띄지도 않는 속도로 천천히 돌아가고 있었다.

그러나 한편, 사람들끼리는 자유롭게 마음을 주고받으며 편안하게 살 수 있었다. 마음을 주고받는 말의 길이 만인 앞에 평등하게 열려 있었으므로 누구나 마음껏 제 느낌과 생각과 뜻을 드러낼 수 있었다. 비록 몸집이나 힘의 뜨레가 신분을 가른다 하더라도 말은 사람과 사람 사이를 막힘없이 오가면서 마음을 주고받을 수 있게 해 주었다. 그것은 신분을 뛰어넘어 삶을 올바로 저울질해서 공평한 세상을 만들어 주었다. 참말을 하는 사람과 거짓말을 하는 사람, 옳은말을 하는 사람과 그른말을 하는 사람, 할말을 하는 사람과 못할말을 하는 사람이 뚜렷하게 가려져서 마땅한 대접을 곧장 받으며 살 수 있었다.

2) 글말과 삶

글말은 사람의 삶을 크게 바꾸었다. 글자가 정보를 담고 머무르기 때문에 시간과 공간을 뛰어넘어 주고받을 수 있었다. 정보가 잇달아 쌓이고 멀리까지 주고받으며 언제든지 다시 꺼내 쓸 수 있게 되면서 글자와 글말을 쓰는 사람들의 삶은 입말만 쓰는 사람들의 삶과는 사뭇 달라져 나갔다. 글말을 쓰는 사람들의 삶이 눈에 띄게 달라져서 뒷날 사람들은 거기를 '문명 발상지'라고 부르게 되었다.

그러니까 글자와 글말을 쓰는 겨레의 진화는 갈수록 눈에 띄게 빨라졌다. 입말만 쓰는 겨레의 삶이 개미 쳇바퀴 돌듯이 제자리에 머물러 있을 적에 글자와 글말을 쓰는 겨레의 삶은 하루가 다르게 새로운 삶으로 나아갈 수 있었다. 그래서 세상 사람들의 삶이 한결같지 않고, 입말만 쓰는 사람들과 글말까지 쓰는 사람들의 삶이 뚜렷하게 달라졌다. 그리고 그런 다름은 세월이 흐를수록 커지고 멀어졌다.

글말이라 하지만 그 그릇인 글자는 사람의 진화에 발맞추어 진화하였다. 그림글자, 뜻글자, 음절글자, 음소글자로 진화하면서 갈수록 입말을 고스란히 담아내고 쉽게 배워 쓸 수 있는 글말이 되었다. 글말이 입말에 가까워지면 질수록 글말을 쓰는 사람의 수효도 많아지고 글말을 주고받는 길도 넓어지면서 삶의 진보도 빨라졌다. 많은 사람들이 손쉽게 글말을 쓰면서 넓은 길로 내달리는 겨레와 적은 사람들끼리 간신히 쓰면서 좁은 길로 나가는 겨레의 삶이 달라지는 것은 당연하다. 그래서 글말을 쓴 지난 오륙천 년 사이에 땅위의 사람들은 아래와 같은 여러 뜨레로 삶의 모습이 달라졌다. 그리고 앞으로 전자말 시대에는 더욱 빠르게 달라질 것이다.

(1) 글말이 없는 겨레

아직도 지구 위에는 글말이 없는 겨레가 적지 않다. 그런 겨레는 거의가 아프리카, 남아메리카, 오세아니아의 산골과 수풀 속에 모여 사는 겨레들이고, 아시아의 높은 산골과 얼음 덮인 북극에 흩어져 사는 겨레들이다. 이들은 글말을 쓰지 않기 때문에 이른바 문명에서 멀리 뒤떨어진 원시 사회의 모습을 지니고 자연에 의지하여 살아가고 있다.

(2) 나쁜 글말을 쓰는 겨레

글말을 쓰면서 문명의 세상으로 넘어오기는 했으나 글말이 겨레의 입말을 제대로 적은 것이 아니어서 갖가지 괴로움을 견디며 살아가는 겨레다. 세 갈래로 나누어 볼 수 있다.

① 남의 글말을 빌려 쓰는 겨레

글말을 쓰면서도 가장 안타까운 삶을 사는 겨레는 남의 글말을 빌려 쓰는 겨레들이다. 이들은 입말로는 제 겨레의 말을 하지만 학교에 가서 교육을 받으면 남의 글말을 배우고 그것으로만 사람다운 사회생활을 할 수 있다. 그러므로 저들 겨레는 제 겨레의 입말로만 사는 보잘것없는 사람들과 남의 글말을 배워서 두 가지 말을 쓰는 잘난 사람들이 서로 다른 신분으로 갈라질 수밖에 없다. 그리고 세월이 흐를수록 사람답게 산다는 사람들은 시나브로 제 겨레의 입말까지 잊어버리고 글말의 입말만을 온전히 쓰기에 이른다. 아프리카, 아메리카, 오스트레일리아 대륙의 본디 주인 겨레들이 거의 그렇고, 인도 대륙과 필리핀이 그런 겨레들이다. 그뿐 아니라 지금 중화인민공화국에 싸잡힌 수많은 겨레들, 이른바 소수 민족들도 그러하다.[51]

② 뜻글자로 글말을 쓰는 겨레

제 겨레가 저들 입말에 맞추어 제 손으로 만들었지만 먼 옛날에 만들었던 뜻글자를 그대로 쓰고 있는 겨레들이다. 뜻글자는 본디 그림글자로부터 발전하여 꽤나 간추려진 상징 기호에 이르렀지만 사람이 글자로 드러내고 싶은 사물과 생각의 뜻이 거의 무한하기 때문에 글자의 수가 너무 많아서 아무나 배워서 나날이 쓸 수가 없다. 가장 손꼽히는 뜻글자는 바로 이웃 나라 중국의 한자인데, 옹은 중국 사람들이 저들의 글말을 상당히 통달하기 위해서는 이십 년 정도 걸려서 배워야 한다고 했다.[52] 알다시피 이십 년 동안이나 부

51_ 우리 겨레도 한글을 만들어 글말살이를 온전히 하기까지 거의 이천 년 동안 중국 글말을 빌려서 이런 겨레들과 같은 삶을 살았다.

지런히 글말을 배울 수 있는 사람은 먹고사는 일에서 벗어난 특권 계층일 수밖에 없고, 그런 계층의 사람들은 대를 이어서 글말을 쓸 수 있기 때문에 특권을 쉽사리 빼앗기지 않고 지킬 수 있다. 결국 뜻글자는 한번 특권 계급으로 올라선 소수의 사람들을 지켜 주는 방패가 되고, 한번 특권 계급에서 밀려난 다수의 사람들을 다시는 올라설 수 없도록 붙들어 매는 올가미가 된다. 뜻글자는 소수의 귀족에게는 사탕이 되고 다수의 백성에게는 독약이 되어 겨레 동아리를 속속들이 갈라놓고, 세상을 쉽사리 바뀌지 못하도록 붙들어서 딱딱하게 굳혀 놓는다.

③ 음절글자로 글말을 쓰는 겨레

음절글자는 뜻글자보다 배우기가 훨씬 쉽다. 우선 글자 수가 뜻글자에 견주어 아주 적기 때문이다. 그러나 지금 쓰고 있는 음절글자는 사람들이 입말에서 쓰는 음절을 제대로 적을 만큼 만들어 내지 못한 것들이다. 일테면 음절글자로 손꼽히는 일본의 가타카나는 쉰 개에 지나지 않는데 사람이 실제 입말에서 소리 내는 음절은 이천에서 삼천 개에 이른다. 그만큼 글자가 턱없이 모자라기 때문에 '〃(흐린소리)'를 찍기도 하고, 글자꼴을 달리 만들어(히라가나) 쓰기도 하고, 마침내 한자를 빌려서 그것도 소리와 뜻의 두 가지를 섞어 쓰면서 괴로움을 견딘다. 일본 글자보다 더 못한 나이지리아 바이인의 음절글자는 글자와 소리가 제대로 맞지 않아서 글자는 소리를 내는 일종의 암시에 지나지 않는다. 그러므로 글말을 잘한다

52_ 월터 J. 옹, 앞의 책, 137쪽.

는 전문가라도 제대로 읽기가 몹시 힘들다고 한다.[53]

④ 닿소리글자만으로 글말을 쓰는 겨레

음절글자를 넘어서 음소글자로 건너가는 디딤돌이 자음글자뿐인 음소글자였다. 음절보다 작은 소리 조각을 찾기는 했으나 쉽게 귀에 들리지 않는 홀소리를 붙들지는 못한 닿소리글자만으로 입말을 적었다. "사람이 옵니다."를 적는다는 것이 "ㅅㄹㅁㅇㅂㄴㄷ."로만 적고 마는 글말인 셈이다. 손꼽히는 닿소리글자 글말은 히브리말과 아라비아말이지만 오늘날에도 히브리말은 닿소리글자와 반닿소리글자(j와 w)만으로 신문과 책을 펴내고 있다. 물론 뒤늦게 홀소리를 알게 되어 닿소리글자의 위와 아래에 홀소리점이라는 작은 점과 작대기를 덧붙여서 좀 더 쉽게 읽을 수 있도록 돕는다. 그보다도 사실은 히브리말이 본디 홀소리를 두드러지게 쓰지 않아서 닿소리글자만으로도 쉽게 입말로 읽혀질 수 있는 말이었다.[54] 어쨌거나 이들 닿소리글자는 그리스 사람들에게로 와서 홀소리글자까지 갖추어진 음소글자를 만들 수 있도록 하는 징검다리 노릇을 했다.

(3) 좋은 글말을 쓰는 겨레

입말을 붙들어 달아나지 못하게 하여 글말살이로 문명을 일으키며 살아가는 겨레 가운데 가장 복된 삶을 사는 겨레는 입말 소리

53_ 월터 J. 옹, 앞의 책, 138쪽.
54_ 월터 J. 옹, 앞의 책, 139쪽.

를 마지막까지 쪼개서 음소를 찾아내고 서른 개에도 못 미치는 음소글자로 입말을 온전히 적는 겨레다. 이들 겨레는 글자를 배우는 것이 너무 쉽기 때문에 겨레 동아리 모든 사람이 글말살이에서 조금도 밀려나지 않고 저마다 가진 바를 남김없이 드러내며 살아갈 수 있다.

① 음소글자를 풀어서 글말로 쓰는 겨레

우리 겨레가 한글을 만들기 전에는 세상에서 가장 좋은 음소글자가 다름 아닌 알파벳 곧 로마자였다. 알다시피 알파벳이란 그리스 사람들이 닿소리와 홀소리를 제대로 찾아서 글자를 갖추었을 적에 첫째(알파)와 둘째(베타) 글자의 이름을 따서 부르는 낱말이다. 이것이 다시 로마로 건너와서 이탈리아 사람들의 라틴말에 맞추어 더욱 간추려져서 마침내 '로마자'라는 이름으로 서양 문명의 그릇이 되어 오늘에 이르렀다. 오늘날 지구 위의 사람들이 누리고 살아가는 문명의 거의 모두는 따지고 보면 이 알파벳이며 로마자인 음소글자로 지난 삼천 년에 걸쳐 저들이 이루어 낸 문명이다. 이탈리아 사람들이 저들의 입말에 맞추어 가다듬어 낸 스물여섯 음소글자만으로 서유럽 여러 겨레들은 한결같이 저마다의 입말을 적어서 저마다 남다른 문명을 이룩한 것이다.[55] 이들은 어느 겨레든지 너무나

55_ 그러나 제 말에 맞추어 손수 가다듬은 이탈리아말과 그것과 가장 비슷한 스페인말과 포르투칼말은 로마자 그대로 입말을 고스란히 적을 수 있다. 그러나 프랑스말, 독일말, 영국말, 그 밖에 여러 겨레의 말들은 로마자 그대로 입말을 고스란히 적을 수가 없다. 그래서 다른 기호를 덧붙이기도 하고, 그보다도 아예 발음 기호를 만들어 낱말마다 발음 기호를 밝히는 사전을 가지고 익혀야 한다. 남의 말에 맞추어 가다듬은 글자를 빌려 와서 쓰는 겨레의 괴로움이 어떠한지를 환히 알아볼 만하다.

쉬운 글자 덕분에 동아리에서 어떤 사람도 따돌리지 않고 문명을 일으키는 일꾼으로 저마다의 몫을 다할 수 있었기 때문이다.

② 음소글자를 모아서 글말로 쓰는 겨레

서유럽의 로마자는 우리 한글에 견주면 모자람이 적지 않다. 무엇보다도 로마자는 음소글자를 낱낱이 풀어서 길다랗게 나란히 쓴다. 거기 견주면 한글은 음소글자를 위아래와 왼쪽 바른쪽으로 한 음절씩 묶어서 네모가 반듯하게 쓴다. 그러므로 읽는 데 걸리는 시간이 로마자보다 한글이 훨씬 짧다. 게다가 로마자는 반드시 왼쪽에서 바른쪽으로 한 자씩 써 나가야 하지만 한글은 바른쪽에서 왼쪽으로 써 나갈 수도 있고 또는 위쪽에서 아래쪽으로 내리달아 쓸 수도 있다. 글쓰기의 길이 이렇게 여러 가지일 수 있다는 사실과 음소글자를 음절에 맞추어 모아 쓸 수 있다는 사실이 전자말 세상에서는 굉장한 것이다. 전자말이란 속도와 영상 효과에 커다란 몫이 있기 때문이다. 속도와 영상 효과에서 로마자는 한글에 따라올 수 없는 글자다. 그뿐 아니라 로마자는 낱자가 스물여섯이고 한글은 스물넷이라 거기서도 한글이 로마자를 앞지른다. 그런데 요즘 들어 손전화를 만들면서 우리는 한글의 낱자가 본디 닿소리 열넷에다 홀소리 셋이었다는 사실을 새삼스럽게 깨달았다. 그래서 한글의 낱자는 스물넷이 아니라 열일곱이니 스물여섯인 로마자의 절반에 가까운 셈이다. 그러므로 앞으로 벌어질 전자말 세상에서 한글과 로마자의 경쟁에서는 갈수록 한글의 뛰어남이 드러날 것이다.

이렇게 지난 오륙천 년 사이에 글말은 지구 위 여러 겨레의 삶을 서로 달라지게 만들었다. 한편으로 글말은 같은 겨레 동아리 안에서도 사람의 삶을 한결같지 않게 만들었다. 입말과 달리 도구의 도움을 받아야 하는 글말은 아무나 마음대로 부려 쓸 수가 없기 때문이다. 가진 사람들은 도구를 갖추고 시간을 바쳐서 글말을 배워 쓸 수 있지만 가지지 못한 사람들은 그럴 수가 없다. 이런 불평등은 글자가 어려운 것일수록 커지게 마련이고, 아무리 쉬운 글자라도 시간이 흐르면 불평등은 두드러진다. 글말은 같은 동아리 안에서 사람의 신분을 만들어 낼 뿐 아니라 한번 만들어진 신분을 굳히는 노릇을 부채질한다. 이것은 사람들에게 글자와 글말의 무서운 힘을 깨닫게 했다. 글자와 글말이 사람의 신분을 드높이며 출세의 문을 여는 열쇠라고 여기게 만들었다. "책 안에 온갖 벼슬이 들어 있다(書中有千種祿)." 하는 소리가 격언이 되었거니와 글자와 글말을 배우는 일이야말로 삶의 맨 첫 자리에 놓였다. 사람을 가꾸고 삶을 배우는 교육이 글자와 글말을 배우는 것에 맞추어 자리를 잡았고, 이런 사정이 글말을 우러르고 입말을 업신여기는 풍토를 만들어 내기에 이르렀다.

3) 전자말과 삶

전자말의 역사는 이제 겨우 일백 년 남짓하다. 그렇게 짧은 기간이지만 글말보다 더욱 빠르게 사람의 삶을 바꾸어 놓고 있다. 전자말은 주고받는 시간과 공간이 크게 달라서 사람의 삶을 놀랍게 바꾼다. 전자말은 공간의 한계를 벗어나서 한꺼번에 땅 위에 사는 모든 사람들과 느낌과 생각을 나눌 수 있고(라디오, 텔레비전, 인터넷), 또한 시간의 한계를 벗어나서 빛의 속도로 입말과 글말을 주고받을 수 있다(손전화를 비롯한 갖가지 컴퓨터 통신). 이것은 입말이나 글말로 살던 때에는 꿈도 꾸지 못하던 삶으로서 문명 진화의 마라톤이 갈수록 빨라지고, 앞서고 뒤선 사람들의 거리가 더욱 멀어지게 만들고 있다.

그뿐 아니라 전자말은 입말과 글말을 모두 싸잡고 게다가 그림과 사진까지 싸잡을 수 있기 때문에 말의 힘이 무섭게 커졌다. 주는 사람도 손으로는 글말을 주면서 입으로는 입말을 주고 그런 모습을 사진으로 찍어서 함께 주지만, 받는 사람 또한 글말과 그림을 눈으로 받으면서 입말을 귀로 받는다. 주고받으며 써야 하는 감각 기관이 늘어나면서 정신의 운동이 입말과 글말을 주고받을 때와는 견줄 수 없을 만큼 커질 수밖에 없다. 이것은 전자말이 삶의 겉모습뿐만 아니라 사람의 속살인 정신까지 바꾸게 만드는 힘으로 떠올랐음을 뜻한다.

전자말의 진화는 전자를 부리는 기술의 발달에 크게 힘입는데, 디지털과 반도체로 대표되는 전자 기술은 눈 깜짝할 사이를 다투며 발전한다. 그러므로 그런 기술과 기계의 개량과 발달은 곧장 전자말의 발전으로 이어지고, 전자말을 앞장서 발전시키는 사람들이 전자 기술과 기계도 앞장서 개량해 나갈 수밖에 없다. 이것은 전자말이 겨레와 사람 사이의 삶을 글말이 그랬던 것보다 훨씬 더 깊고 넓게 뜨레지워 버린다는 뜻이다.

또한 전자말의 진화는 글말의 성질에 적잖이 매여 있다. 전자말은 유난히 시간을 다투는 것인데, 글말에 쓰이는 글자가 까다로우면 그만큼 속도는 떨어질 수밖에 없다. 일테면 뜻글자를 쓰는 중국 사람들은 먼저 입말의 소리를 남의 로마자에 빌려 적어 넣은 다음 다시 번역하는 단추를 눌러야 전자글말이 나타나니 시간이 얼마나 걸리며 번거로움은 어떠한가. 한글은 닿소리 열넉 자에 홀소리 석 자 해서 열일곱 자만으로 전자글말을 넉넉히 쓰지만, 로마자는 닿소리 스물한 자에 홀소리 다섯 자 해서 스물여섯 자로 전자글말을 쓸 수 있으니 한글이 로마자보다도 삼분의 일만큼은 더 빠를 수 있다. 그러므로 전자말의 문명은 아래와 같은 갈래로 갈수록 뜨레가 뚜렷해질 것이다.

(1) 전자말을 쓰지 못하는 겨레

전자말은 복잡한 기계와 장비를 갖추어야 주고받을 수 있기 때문에 글말보다도 더욱 불공평한 말이다. 그러므로 경제와 기술이 뒤떨어지는 겨레는 전자말을 아예 쓸 수가 없다. 이 땅 위에는 아직도 전자말을 쓰지 못하는 겨레가 적지 않고, 시간이 흐를수록 그런 겨레들이 앞선 겨레를 따라잡기가 더욱 어려워질 것이다.

(2) 글말이 전자말에 걸림돌인 겨레

전자말은 입말과 글말을 아우르는 것이기에 입말과 글말의 성격에 따라 좋고 나쁨이 갈라진다. 그런데 입말은 본디 좋고 나쁨이 없는 것이기 때문에 결국은 글말의 좋고 나쁨에 따라 전자말의 쓰임이 달라지게 마련이다. 그럴 때에 나쁜 글말은 전자말의 발목을 잡아서 걸림돌이 될 수밖에 없다.

① 뜻글자로 전자말을 쓰는 겨레

뜻글자는 무엇보다도 글자 수가 너무 많다. 그러므로 그렇게 까다롭고 수많은 글자를 전자말로 부려 쓰려면 기술과 시간이 그만큼

들어가야 한다. 이웃한 중국이 전자말을 쓰면서 글자의 수를 줄이려고 이른바 간자를 만들어 있는 힘을 다하지만, 저들이 컴퓨터와 손전화를 쓰면서 얼마나 커다란 어려움을 견디며 살아가는지 우리는 잘 알고 있다.

② 음절글자로 전자말을 쓰는 겨레

음절글자는 뜻글자와 견주어 글자 수가 엄청나게 줄어진다. 그렇다 하더라도 음소글자와 견주면 너무나 많은 글자를 부려 써야 한다. 이웃한 일본이 오십 개의 음절글자를 쓴다지만[56] 그것으로는 도무지 제대로 뜻을 드러낼 수 없기 때문에 적어도 일천팔백 개의 한자를 함께 쓰지 않을 수가 없다. 저들이 컴퓨터와 손전화를 쓸 적에 얼마나 어려움을 겪는지 쉽게 알 만하다.

(3) 글말이 전자말에 어울리는 겨레

음소글자는 전자말에 가장 잘 어울려서 주고받는 것이 더없이 손쉽다. 그러므로 음소글자를 쓰는 겨레는 전자말에서 음절글자나 뜻글자를 쓰는 겨레보다 훨씬 빠르게 새로운 삶의 세상으로 내달릴 수 있다. 그러나 음소글자 사이에도 전자말로 쓰기에 좋고 나쁨의 뜨레는 없지 않다. 글자 수에서도 많고 적음이 있고, 쓰는 방식에서도 주고받는 시간의 길고 짧음이 생기기 때문이다.

56_ 오십 개에다 흐린소리(탁음)를 나타내는 '〃'을 붙인 글자를 덧보태야 하고, 이른바 가타카나와 히라가나라는 두 가지 글꼴을 함께 써야 하므로 실제로는 백 개를 넘는다.

① 음소글자 수가 많고 풀어쓰는 겨레

로마자는 음소글자 가운데 뛰어나고 가장 널리 쓰인다. 그러나 한글과 견주면 글자 수도 훨씬 많고, 쓰는 방식도 풀어쓰기를 하므로 눈에 들어오는 빠르기가 모아쓰기를 하는 한글보다 훨씬 늦어진다.

② 음소글자 수가 적고 모아쓰는 겨레

한글은 로마자보다 더욱 뛰어난 글자다. 이제는 세상의 모든 사람이 이런 사실을 알게 되었다. 한글은 글자 수를 스물넉 자라 하지만 홀소리 열 개는 본디 석 자(· ㅡ ㅣ)에서 말미암는 것이기에 사실은 모두 열일곱 자에 지나지 않아서 로마자의 절반에 가깝다. 게다가 음절을 하나의 덩이로 모아서 쓰기 때문에 눈에 들어오는 빠르기가 풀어쓰는 로마자보다 훨씬 빠르다.

이제 지구는 하나의 가정이 되었다. 아무 데도 막히지 않고 마음대로 오고가는 전자말이 그런 세상을 재촉하였다. 그러나 그 가족의 삶은 곳곳이 다르고, 세월이 흐를수록 전자말의 좋고 나쁨 때문에 더욱 달라질 것이다. 마땅히 달라야 할 삶의 속살은 오히려 하루가 다르게 뒤섞이면서 다름을 잃어 가고, 한결같아지기를 바라는 삶은 갈수록 좋고 나쁨이 벌어질 것이다. 삶의 좋고 나쁨을 벌어지게 만드는 첫째 열쇠는 물론 말이다. 이제 말이라는 열쇠는 입말, 글말, 전자말로 불어나서 그 힘이 공룡처럼 무서워졌다. 삶을 달라지게 만드는 말의 힘이 무섭게 커지면서 사람들의 삶은 쓰는 말에 따라 뜨레가 더욱 뚜렷하게 갈라져 나갈 것임이 틀림없다. 입말로만 사는 겨레, 입말과 글말로 사는 겨레, 입말과 글말과 전자말로 사는 겨레는 삶의 뜨레가 갈수록 달라진다. 입말과 글말로 사는 겨레에서도 제 입말에 남의 글말을 섞어 쓰는 겨레와 제 입말에 제 글말을 쓰는 겨레는 삶의 뜨레가 갈수록 벌어질 수밖에 없다. 입말과 글말과 전자말로 사는 겨레에서도 글말이 전자말에 걸림돌이 되는 겨레와 글말이 전자말에 어울리는 겨레의 삶은 갈수록 뜨레가 달라지게 마련이다.

5. 우리 겨레의 말과 삶

우리 배달겨레가 살아온 자취는 여러모로 살펴서 제법 밝혔다. 지난날에는 글로 적힌 자료로 살피는 것에 매달려 그것을 역사학이라 했다. 그런 역사학은 어쩔 수 없이 글말을 쓸 수 있었던 상류 지배층의 삶을 중심으로 밝힐 수밖에 없었다. 왕조를 따라 정치의 흐름을 다루는 일이 그런 역사학의 알맹이였다. 그러나 머지않아 글로 적히지 않은 삶의 자취를 찾아서 살피는 일이 일어나 고고학 또는 인류학이라 했다. 이런 일은 글말로 적힌 것을 살피는 일보다 훨씬 힘들지만 글말에서는 알 수 없던 넓고도 깊은 삶의 자취를 밝힐 수가 있었다. 이런 흐름에 힘입어 상류 지배층과는 다른 하류 백성층의 삶을 알맹이로 삼아서 밝히려는 민속학이 일어났다. 이제는 이런 여러 학문이 서로 어우러져 우리 배달겨레의 지난날 삶을 나날이 새롭게 밝혀내고 있다. 그러나 아직 말로써 겨레의 삶을 살피고 밝히는 일은 크게 일어나지 못한 실정이다. 하지만 우리는 말로써 겨레의 삶을 거칠게나마 이야기하지 않을 수가 없다. 배달말 가르치기라는 것이 말과 삶을 함께 다루어야 하는 것이기 때문이다.

1) 입말로만 살던 때

우리 겨레가 이 동북아시아와 한반도에 자리 잡아 살아오면서 문화의 자취를 남긴 역사는 아득히 멀다. 대동강 유역에서는 육십만 년, 한강과 금강 유역에서는 삼십만 년 이전부터 사람들이 동아리를 이루어 살았던 자취를 고고학 자료는 말하고 있다. 저들이 바로 오늘 우리의 선조라 보기는 어렵겠지만 삼사만 년 이전부터 돌을 갈아서 도구를 만들어 쓰던 신석기 시대의 사람들은 우리의 선조가 아닐 수 없다. 신석기에서 청동기로 넘어오는 동안에 우리 선조들은 고인돌 무덤과 비파꼴 청동칼로 발해만 북쪽에서 만주와 한반도를 싸잡아 넓은 터전을 누비며 살았음을 환히 보여 준다.

우리가 흔히 고조선이라 부르는 커다란 제국이 바로 이 터전에서 동북아시아의 중심으로 수천 년을 누렸다. 뒷날 글말로 적힌 자료로만 이야기하자고 하는 답답한 역사학에서는 쉽사리 받아들이려 하지 않으나, 우리 겨레는 예로부터 환웅 임금이 세우고 다스린 한나라(큰 나라, 환국)와 단군 임금이 세우고 다스린 배달나라(단국)의 역사를 말로써 전해 왔다.[57] 이런 시절 우리는 중국과 일본으로 앞장선 문명을 건네주며[58] 몇천 년을 누렸으며[59] 삶의 터전은 동북으로 흑룡강 언저리를 싸잡고 서로는 발해만 북쪽을 남김없이 싸잡았다. 한반도 모두와 그것을 둘러싼 삼면의 바다를 모조리 우리 삶의 터전으로 삼았던 것은 말할 나위조차 없다.

57_ 모자라지만 《환단고기》 같은 책에서 그런 사실의 끄트머리를 짐작할 수는 있다.

2) 입말과 글말로 살던 때

신석기에서 청동기로 넘어서는 즈음에는 우리 겨레도 입말을 붙들어 정보를 쌓으려고 많은 애를 태웠다. 바위에다 그림을 그리고,[60] 그림을 간추려 글자를 새긴 유적들[61]이 그것을 말하고 있다. 그밖에도 글자와 글말을 썼으리라 짐작할 만한 자취는 적지 않다.[62] 그뿐 아니라 중국으로 끌려가 중국말을 적는 글자로 자리를 잡아버린 한자도 본디는 우리 겨레가 배달말 소리에 맞추어 만들었다는

58_ 우리 겨레가 이룩한 신석기와 청동기와 철기 시대의 기마(騎馬) 문화가 일본으로 얼마나 많이 건너갔는가 하는 사실은 이미 널리 알려졌으나 우리 겨레가 중국으로 고대 문명을 건네주었다는 사실은 아직 널리 알려지지 않았다. 그러나 중국 황하 유역의 청동기 문화보다 우리의 청동기 문화가 앞섰다는 사실도 제법 드러났거니와, 중국의 고대 신화를 들여다보아도 한족의 문화가 일어나기에 앞서 우리 겨레의 문화가 중원을 지배했다는 자취를 알아보기 어렵지 않다.(정재서, 《이야기 동양신화》, 황금부엉이, 2004) 황제(黃帝)에 앞서 불을 쓰게 하고 농사를 가르쳐 중원을 다스린 염제(炎帝) 신농(神農)이 우리 겨레이며, 주나라에 앞서 글자를 만들어 중원 문명의 터전을 닦은 은나라를 세우고 다스린 사람들이 우리 겨레이리라는 사실도 알 만한 사람들은 두루 알고 있는 사실이다.(유창균, 《문자에 숨겨진 민족의 연원》, 집문당, 1999)

59_ 중원을 처음으로 통일한 진(秦)나라 시황제(始皇帝)가 서둘러 만리장성을 새로 쌓은 사실도 눈여겨볼 만하다. 진시황제는 중원 통일을 이루자마자 우리 겨레와의 접경에 높은 성벽을 가다듬었는데, 있는 힘을 다하여 그 일을 마치고는 나라가 주저앉고 말았다. 무엇 때문에 그처럼 무리하게 나라 힘을 다 쏟아 그곳에다 높고 튼튼한 성벽을 쌓아야 했을까? 두말할 나위도 없이, 말을 타고 활을 멘 우리 겨레〔동이(東夷)〕가 늘 그리로 넘어가서 괴롭혔던 지난날의 아픔 때문이다. 성벽이란 막아 내자고 쌓는 것이지 쳐들어가자고 쌓는 것이 아니라는 이치로 보아도 쉽게 짐작할 수 있다.

60_ 우리 겨레도 아득한 옛날부터 그림인지 글자인지 분간하기 어려운 원시의 글말살이를 했다. 그런 자취로서 이제까지 드러난 것만 경북, 경남, 전남 지역에 걸쳐 열다섯 군데나 있다. 꼽아 보면, 경북에 영주 가흥동, 안동 수곡리, 포항 인비리와 칠포리, 경주 상신리와 석장동, 영천 보성리, 고령 양전리와 안화리 이렇게 아홉 곳이 있고, 경남에 울산 천전리와 대곡리 반구대, 함안 도항리, 남해 양아리 이렇게 네 곳이 있고, 전남에 남원 대곡리와 여수 오림동이 있다.

61_ 알다시피 남해 양아리 일대에 흩어져 있는 유적들의 것은 더러 글자라 해야 할 만큼 단순하게 간추려진 것들이 있다.

사실까지 꼼꼼하게 밝혀낸 연구조차 없지 않다.[63] 그런데 철기 시대로 넘어온 다음부터 한족과 부딪치는 모습이 지난날과 달라지기 시작했다. 우선 다시 중원을 주름잡은 한(漢)나라에 밀려 고조선은 무너지고, 갈라진 열국(列國)들이 서로 다투느라 한족에게 누리던 지난날의 우위를 지키지 못했다. 다시 일어선 고구려와 백제가 옛날의 영향권을 적잖이 되찾기는 했으나 우리가 애써 만들던 글자를 던져 버리고 중국의 글자를 끌어들였다. 이로부터 지난날에 한족을 내리누르며 문화를 건네주던 자리에서 완전히 떠나 저들을 우러르는 자리로 옮아앉았다. 고구려와 백제가 무너지면서 우리 겨레의 처지는 더욱 눈에 띄게 내려앉았다. 발해가 고구려를 이었다고는 하나 서쪽 땅을 절반 넘게 한족에게 빼앗겼고, 신라가 백제 땅을 차지했으나 황해 서쪽의 중국 대륙에 누리던 지배권을 되찾을 수는 없었다. 게다가 신라 사회는 한족을 우러르며 본뜨고자 하는 사람들만이 큰소리를 치는 세상이 되면서 내리막길로 서둘러 들어서게 되었다.

발해와 신라의 남북국이 무너진 뒤, 고려에 오면 한족에 대한 관계는 아주 기울어지고 말았다. 고려는 고구려의 옛 모습을 되찾겠다는 결의를 다지며 일어섰지만 반도 안에 갇혀서 한 발짝도 나

62_ 우리 겨레도 일찍이 글자를 썼다는 주장이 적지 않다. 나무에다 글자를 새겨 뜻을 주고받더라는 중국인의 기록, 옛날에 두루 쓰인 글자가 있었다는 신경준(1712~1781)의 《훈민정음운해》, 환단 시대(桓檀時代)에도 글자를 썼다는 이맥(李陌)의 《태백일사(太白逸史)》, 삼세 단군 가륵의 시대에 만들었다는 가림토(加臨吐) 글자를 보여 주고 있는 이암(李巖)의 《단군세기(檀君世紀)》에다, 권덕규(1890~1950)는 《조선어문경위(朝鮮語文經緯)》(1923)에서 옛글자 열한 가지를 드러내 보이기도 했다.

63_ 유창균, 앞의 책.

가 보지 못했고, 세월이 지날수록 소중화(小中華)로 만족하려는 사람들만 머리를 쳐들게 되었다. 겨레의 형편이 여기에 이르자 섬나라 왜족조차 틈틈이 우리에게 덤벼들었다. 우리 겨레의 마지막 왕조였던 조선은 그 위신이 가장 아래로 굴러떨어졌다. 16세기 말에는 왜족에게 칠 년 동안이나 분탕질을 당하고, 17세기 초에는 청나라 황제 앞에 끌려 나간 임금이 죄인으로 항복하는 신세가 되었다. 마침내 19세기 말에는 다시 건너온 왜족에게 왕조를 빼앗기고, 20세기 절반은 온 겨레가 저들의 종살이를 하면서 참으로 뼈저린 부끄러움까지 겪고야 말았다.[64]

역사 사실이 이렇다면 마음에 물음이 생기지 않을 수 없다. 청동기 시대까지 동북아의 주인 노릇을 하던 우리 겨레가 어째서 철기 시대를 지나면서 힘이 빠지는 길로 들어섰는가? 그리고 무슨 까

64_ 우리 겨레의 역사를 이렇게 보는 눈은 국사학계의 일반 통설과는 사뭇 달라서 낯설 듯하다. 역사학의 통설은 알다시피 인류의 삶이 끊임없이 진보했다는 원칙 위에 서 있다. 그래서 우리 겨레의 역사도 고조선보다는 열국 시대가, 열국 시대보다는 삼국 시대가 더 나아졌다고 보면서, 뒤로 올수록 차차로 좋은 세상이 되었다고 전제한다. 그러나 그런 역사관은 히브리즘과 헬레니즘이 로마제국에서 결합하여 한 세계를 이루고, 그것이 중세에 걸쳐 자라난 다음 르네상스로 나타나 근대 각국으로 꽃피워 나간 그 문명, 이른바 서유럽 문명을 살펴서 마련한 것이다. 따라서 그 세계 안에서는 어김없이 들어맞는 관점이지만 다른 세상에서도 두루 그런 역사가 진행된 것은 아니다. 물론 모든 사람의 슬기는 어디에서나 나날이 진화해 온 것이 사실이니까 자연과의 갈등을 극복하여 얻는 인류의 생활 상태는 두루 곳곳에서 차차 나아졌음이 틀림없다. 그러나 나라 또는 겨레라는 동아리가 만들어 가는 조직과 체제의 상태, 그 안에 사는 사람들의 삶이 모두들 한결같이 진보한 것은 결코 아니다. 이웃한 동아리들과 다투며 겯고트는 역사에는 반드시 성쇠가 뒤섞이기 마련이었다. 지구 위에 널려 있는 수많은 겨레들의 삶은 앞으로 나아가기도 하고, 그 자리에 머물기도 하고, 뒷걸음질하다가 자취 없이 사라지기도 했던 것이 사실이다. 따라서 우리 겨레의 역사학에도 안으로 동아리 구성원들의 능력을 얼마나 자유롭게 펼칠 수 있었던가를 살피고, 밖으로 이웃한 겨레들과의 다툼에서 어떻게 밀고 밀렸던가를 따지면서 올바로 바라보는 눈을 새롭게 가다듬는 일이 절실하다.

닭으로 이천 년이라는 긴 세월에 걸쳐 갈수록 더 힘을 쓰지 못하는 겨레로 굴러떨어졌는가? 하늘과 땅이 달라진 것도 아니고 산천과 초목이 바뀐 것도 아닌데 어찌 된 일인가? 천재지변이 일어나지 않았으니 달라질 수 있는 것은 오직 사람뿐이다. 사람이 달라진다 해도 육신은 철기 시대를 지났다 해서 달라질 까닭이 없다. 결국 달라질 수 있는 것은 사람의 정신뿐이다. 그렇다면 우리 겨레의 정신이 왜 고조선이 무너지던 철기 시대부터는 지난날보다 약해진 것인가? 어째서 이천 년의 기나긴 세월을 두고 우리 겨레는 정신의 힘이 갈수록 빠져나가기만 했는가? 이것이야말로 우리네 삶을 가슴 아프게 되돌아보는 사람이면 누구나 가장 궁금한 물음이 아닐까 싶다.

이 물음의 정답을 찾으면 그것으로 우리 겨레의 힘을 철기 시대 이전으로 되돌려 놓는 길도 나타나지 않을까? 그런 바람은 헛된 꿈일까? 돌이켜보면, 철기 시대를 들어서면서 공교롭게도 우리는 고조선 연맹이 무너져 내리고 한족은 한나라를 일으켜 중원을 다시 아우르게 되었다. 그래서 한나라 무제(武帝)는 발해만 북쪽의 넓은 땅으로 밀고 들어와 저들의 네 군으로 만들었고, 우리는 쫓겨서 동쪽과 반도로 들어와 쪼개진 나라(열국)들을 세우지 않을 수 없었다. 우리는 오랜 세월에 걸쳐 문화를 건네주며 얕잡아보던 한족에게 처음으로 난데없는 침략을 받은 것이고, 이 경험은 우리 겨레의 지도자들에게 커다란 충격이 되었을 것임이 틀림없다. '언제나 얕잡아보았던 한족에게 어쩌다가 보배로운 삶의 터전을 모두 빼앗기고 이처럼 쫓겨 왔단 말인가?' 이런 탄식을 되씹었을 것이다. 여기에 대답의 실마리가 있을 듯하다.

알다시피 한족은 이미 그때에 글[65]-을 제법 널리 쓰고 있었다.

그러나 우리 겨레는 한족만큼 간추려진 글자를 갖지 못했으므로 글말을 쓰지 못하고 살았다. 한나라에게 쫓겨 발해만 북쪽의 문화 중심지를 빼앗긴 우리의 지도자들은 저들의 글자와 글말을 부러워하지 않을 수 없었을 듯하다. 그래서 고조선이 무너지고 고구려와 백제와 신라가 일어나던 즈음의 지도자들이 그것을 들여와서 배워 쓰려고 애쓴 사실이 똑똑히 드러나 있다. 바로 이것이다. 이것이 앞의 물음에서 찾던 답이다. 한족의 글을 들여와 배우면서 우리 겨레의 정신이 달라지기 시작한 것이다.

그것은 우리네 느낌과 생각을 제대로 적을 수 없었으며, 무엇보다도 우리의 입말을 그대로 적을 수 없었으므로 힘들고 괴로운 싸움을 하지 않을 수 없었다. 어떻게 하든지 그것으로 우리의 입말을 적어 보려고 무척이나 애를 쓴 나머지 오륙백 년이 지난 뒤에는 제법 우리 입말을 적을 수 있도록 만들기까지 했다.[66] 그러나 그때는 이미 고구려와 백제가 무너지던 때였고, 신라 사회는 한족을 배우고 본뜨는 것에 얼이 빠진 사람들이 판을 치는 시대가 되어 가고 있었다. 이로부터 한나라의 글말[漢文]은 우리네 지배 계층에게 마치 자신들의 글말인양 자리 잡기 시작하였다. 지배 계층이 독점하던 정치와 문화와 교육뿐만 아니라 사람과 땅의 이름까지 모조리 한족의 그것으로 바꾸는 지경에 이르렀다. 이처럼 한족에게서 들여온

65_ '글'은 '글자'와 '글말'을 싸잡는 말이니까 '한족의 글'이라면 한나라의 글자인 한자(漢字)와 한나라의 글말인 한문(漢文)을 싸잡는 말이다.

66_ 이렇게 만들어 낸 글자를 10세기 사람 최행귀는 '향찰(鄕札)' 곧 '우리 글자'라고 불렀다. 얼핏 보면 중국 글자로만 적혀 있지만 중국 사람은 읽을 수가 없었고 우리 겨레만 읽을 수 있었으니 그런 이름은 지나친 것이 아니다. 그러나 그것이 최행귀가 처음 지어 부른 이름인지 일찍이 그렇게 부르던 것을 따랐는지 밝힐 수 없어서 아쉽다.

한문이 우리 겨레의 지배 계층 사회에 글말로 자리 잡는 현상이 고려와 조선으로 내려올수록 심해진 사실은 여기서 새삼 설명할 필요가 없다.

이렇게 중국의 한자를 들여와 지배 계층 사람들이 글말살이를 하면서 우리 겨레 동아리에는 차차로 틈이 생길 수밖에 없었다. 우선 지도자 개인들의 정신 안에 생겨난 다툼과 찢겨짐이다. 상류층 사람 자신들은 입으로 우리 입말을 하면서 손으로 중국 글말을 쓰자니까 스스로의 정신 안에 눈에 보이지 않으나 두 세상이 들어앉을 수밖에 없다. 입으로는 배달말을 하면서 손으로는 중국 글말을 써야 하는 사람들의 정신이 어떻게 어긋났을지를 짐작하기는 어렵지 않다. 무엇보다도 아무리 배워도 중국 사람을 따라가기 어렵다는 사실에 부딪쳐 사로잡히는 열등의식이다. 그것은 남의 글말을 배우는 사람이면 반드시 빠지는 함정인데, 거기 한번 빠지면 어쩔 수 없이 스스로의 사람과 삶을 보잘것없는 것으로 여기게 된다. 저와 저의 겨레를 업신여기고 하찮게 여기는 것이다.

그보다 더 큰 문제는 한자를 배워서 한문을 쓸 수 있는 소수의 상층 사람들과 그러지 못하는 다수의 하층 사람들 사이에 생기는 틈이다. 입말밖에 쓸 수 없는 다수의 사람들과 남의 글자를 배워서 글말을 쓰는 소수의 사람들 사이에 감정과 생각과 경험을 주고받을 수 없는 벽이 생기게 되는 것은 당연한 이치다. 그 틈과 벽은 한문을 글말로 쓰는 지배 계층 사람들이 거기에 매달리는 정도에 발맞추어 깊어지고 높아졌을 것이다. 그리고 그 틈과 벽은 수많은 백성들, 한문으로 이루어지는 글말을 알아들을 수 없는 거의 모든 사람들을 열등의식과 체념에 빠질 수밖에 없도록 만들었다. 거꾸로 남의 글말을 배워 쓰는 상류층 사람들은 저절로 뻐기고 뽐내며 잘난 체 한다. 이래서 우리 겨레 동아리의 정신은 시간이 지날수록 갈라지고 흩어지고 약해지는 수밖에 없었다.

고조선 시대까지는 동북아에서 가장 앞서 가던 우리 겨레가 열국 시대 뒤로는 이웃한 한족에게 차차로 밀리다가 조선 시대에는 왜족한테도 수모를 겪어야 하는 지경으로 힘이 빠져 버린 까닭이 무엇보다도 '글말살이' 때문이었다는 말이다. 한족의 글자를 들여와서 글말로 쓴 역사, 겨레 동아리의 정신 안에 틈과 벽을 만들어 벌어지게 한 역사, 동북아의 넓디넓은 땅을 모두 빼앗기고 반도 안에 갇혀서 살아온 역사, 이 역사가 바로 우리 겨레의 힘이 빠져나가고 그 삶이 아래로 굴러떨어져 나간 역사다.

그런데 조선 초(15세기 중엽)에 우리는 우리 입말에 기막히게 들어맞는 글자, 곧 '훈민정음(한글)'을 스스로 만들었다. 우리 입말의 소리를 음절, 자모, 음운으로 분석하고 거기에 맞는 소리글자를 온전하게 만들어서 입말과 글말이 하나 되는 길을 열었다. 이것은 동북아뿐만 아니라 세계 어디에서도 비슷한 일을 찾을 수 없는 인류 역사를 통틀어서도 놀라운 사건이다. 우리 겨레의 뛰어난 능력을 늦게나마 다시 꽃피운 장한 일이다. 그러나 이 놀라운 보물은 오래도록 버려진 채 제대로 쓰이지 못했다. 똑바로 말하자면 한글을 만들고 오백 년이 지난 오늘에도 아직 한글만으로 글말살이를 온전히 하지는 못하고 있는 형편이다. 그것은 지난 이천 년에 걸쳐 겨레의 지도자들이 너무나 지독하게 한문에 중독되어 버렸던 탓이고, 한문을 알지 못해서 온갖 창피와 아픔을 참아야 했던 수많은 백성들이 그것을 본능적으로 부러워하게 되어 버린 때문이다. 겨레의 정신에 깊은 골병을 들인 이 상채기를 다스리는 일이야말로 겨레를 되살리는 일의 디딤돌이다.

그러나 왜족의 종살이에서 벗어난 지난 반세기 남짓은 우리 겨레의 글말살이에 새로운 세상이 열렸던 것이다. 정부의 공문은 한글로만 써야 한다는 법률을 만들고, 모든 글말은 한글로만 써야 한다는 사람들이 나서서 끊임없이 싸우고, 학교와 교과서를 한글만으로 써서 가르치면서 새로운 세상은 나날이 열려 나갔다. 이제는 이른바 '한글세대' 라는 사람들이 나라를 다스리는 자리까지 올라가는 세월에 이르렀다. 그러면서 글자 모르는 국민이 세상에서 가장 적은 나라, 전자말살이에 뛰어든 국민이 가장 많은 나라로 손꼽히게 되었다. 유네스코에서 해마다 세상에서 글 모르는 장님의 눈을 가장 많이 뜨게 해 준 사람을 뽑아 '세종대왕상' 을 주고, 글자가 없어서 글말을 쓰지 못하는 겨레에게 한글을 쓰게 하자는 운동을 벌이기까지 하는 세월이 되었다. 밑바닥까지 굴러떨어졌던 겨레의 삶이 이제부터 살아나 이천 년 이전의 자리로 다시 올라가는 오르막길에 들어섰다는 증표라 하겠다.

3) 입말과 글말과 전자말로 사는 때

이천 년 동안의 어리석은 꿈에서 깨어나 우리 겨레의 입말과 글말, 겨레를 겨레답게 하는 배달말에 비로소 눈을 뜨고 소중함을 깨닫는 지금은 바로 전자말 시대다. 이제 우리 겨레는 입말과 글말의 보배로움을 깨달은 바탕에서 남자와 여자, 어른과 아이, 배운 사람과 못 배운 사람 할 것 없이 서로의 느낌과 생각과 삶을 얼마든지 주고받을 수 있게 되었다. 그런데 때마침 새로운 전자말이 나타나서 우리 겨레의 앞날은 더욱 밝아졌다.

앞서 말했듯 한글은 가장 적은 열일곱 글자로 입말의 모든 소리를 적을 수 있고, 자모를 모아서 음절 덩이로 적기 때문에 눈에 들어오는 속도가 가로로 늘어세우는 로마자에 견줄 수 없이 빠르고 정확하다. 전자말의 생명인 속도와 정확성에서 세상의 어떤 글자도 우리 한글을 따라올 수 없다.

전자말로 사는 세상은 이제 바야흐로 열리고 있어서 그 앞날을 아무도 내다볼 수 없다. 이제 첫걸음을 떼어 놓았기 때문에 달려 나가는 빠르기도 아직은 눈에 띄지 않는다. 그러나 반세기만 지나면 전자말살이 때문에 겨레 동아리들의 삶은 눈에 띄게 달라져 있을 것이다. 그리고 우리 겨레의 삶이 그런 달리기에서 맨 앞장서 나갈 것임이 틀림없다. 지난날 글말살이를 잘못한 탓으로 겪어야 했던 고달픔을 벗어던지고 겨레의 힘을 마음껏 풀어내며 빛나는 문화를 꽃피울 수 있을 것이다.

배달말이란 무엇인가?

1. 국어라는 낱말

'배달말[67]-이란 무엇인가' 하는 물음의 알맹이로 들어서기에 앞서 '국어'라는 낱말부터 잠시 따져 볼 일이다. 우선 국어라는 말은 나라말이라는 뜻이니 임자가 드러나지 않는다. 누구의 나라말인지, 어느 나라의 말인지가 드러나지 않아서 그저 임자 없는 나라말이다. 이 세상의 모든 나라들은 모두 제각기 나라말을 가지는 것이기에 세상의 모든 말은 다 나라말, 곧 국어다. 프랑스어는 프랑스의 나라말이요, 중국말은 중국의 국어이니 국어란 땅 위의 모든 말을

67_ 배달말에서 '배달'은 우리 겨레를 이르는 말이다. 지난날 조상들이 줄곧 쓰던 낱말인데 일제 때에 갑자기 줄어지고 광복한 뒤로 거의 쓰지 않았다. 그러나 중국을 우러르던 왕조 시대의 한문 기록에서는 찾아보기 어렵다. 왕조가 무너지고 나라를 빼앗기면서 겨레의 뿌리에 마음이 쏠리던 1914년 대종교 본사에서 김교헌이 펴낸 《신단실기(神檀實記)》의 〈고속습유(古俗拾遺)〉에 "단군 시절에 백성들이 '단(檀)'을 '배달'이라 불렀다. '배'는 '할아버지'요 '달'은 '빛난다'는 것이니, 하늘 할아버지의 빛이 천하를 비춘다는 뜻이다." 했다.

다 가리킬 뿐 어느 한 나라의 말을 짚어서 뜻할 수가 없다.[68] 그러니까 우리가 '우리'의 나라말 또는 '우리' 나라의 말, 나아가 '우리' 겨레의 말을 뜻하고자 하면서 '국어'라고만 해서는 그런 뜻을 담아낼 수가 없다.

애써 우리가 국어를 '우리나라에서 공용으로 쓰는 말'쯤으로 알아듣는다 하더라도 이때 '우리나라'는 무엇을 뜻하는가? 1948년에 정부를 세우고 헌법을 만들어 열세 번씩이나 고치고 정권을 여섯 번씩이나 바꾸고 국회와 행정부와 사법부를 운영하면서 한반도의 중간에 그어진 휴전선 남쪽에만 통치력을 미치고 있는 현재의 '대한민국'을 뜻하는가?[69] 그러나 우리는 헌법에서 휴전선 북쪽의 한반도 모두를 우리나라로 못 박아 놓고 이북 오도청까지 운영하고 있다. 그러면 우리 정부의 행정력도 미치지 못하고 딴 나라에서도 대한민국이라고는 인정하지도 않는 북녘을 우리나라에 싸잡아 넣는 것이 마땅한가? 만약 국어라고 하면서 말을 바탕으로 생각하기 때문에 정부의 통치권에 관계없이(우선은 통치권에서 벗어나 있으나 언젠가는 통일을 이루어 낼 것이기에) 북녘도 우리나라라고 할 수 있다면, 배달말을 일상생활에서 쓸 뿐 아니라 학교에서도 배달말을 가르치고 우리 한글로써 신문과 잡지를 펴내는 만주 땅의 조선인 자치구나 일본이나 미국이나 러시아 교포들은 어떻게 되는가? 그

68_ 이런 뜻으로 국어사전들도 ① 나랏말(한글학회, 《우리말 큰사전》), ② 한 나라의 공용어로 국가가 제정하여 쓰고 있는 언어(사회과학연구원, 《조선말 대사전》), ③ 한 나라의 국민이 쓰는 말(국립국어연구원, 《표준국어대사전》)이라고 풀이하여 임자 없는 '한 나라'의 말이라 했을 뿐이다.

69_ 2005년 1월 27일에 공표하고 7월 27일부터 시행에 들어간 '국어기본법'에는 "'국어'라 함은 대한민국의 공용어로서 한국어를 말한다."(제3조 1항)라고 해 놓았다.

밖에도 온 세계에 널리 퍼져 살면서 배달말을 쓰고 있는 우리 교포들은 어떻게 생각해야 하는가? 이처럼 말을 두고 우리나라를 뜻매김하려고 할 때에 부딪히는 공간의 문제만도 생각해 보면 실타래처럼 얽히고설켜 있다는 사실을 알게 된다.

문제는 거기서 그치지 않고 역사로 이어지는 시간의 문제도 마찬가지 어려움을 안고 있다. 말을 잣대로 보지 않고 우리나라라고 했을 때에는 시간에 따라 대한민국 정부를 세운 1948년 8월 15일부터라고 할 수 있을는지 모른다. 그러나 말을 잣대로 우리나라를 매김하려고 할 때에는 광복 뒤에 세운 대한민국만을 우리나라라고 하기가 어렵다. 말이란 그것을 쓰는 사람들의 동아리가 그대로 있는 동안 어느 날에 금을 그어 가를 수가 도무지 없기 때문이다. 도대체 대한민국의 말과 일제 침략 시절의 말이 어떻게 다르며, 또 나라 빼앗긴 때의 말과 조선 시대의 말은 어떻게 다른 것인가? 조선 시대의 말과 고려 시대의 말, 남북국 시대의 말과 삼국 시대의 말, 삼한 시대의 말과 고조선 시대의 말을 어떻게 갈라놓을 수 있는가? 지난날 우리 겨레는 여러 '나라'를 세웠다가 무너뜨리곤 했으므로 오늘 우리가 '우리나라'라고 할 때에 그것이 어디까지를 뜻하는 것인지 가늠할 수가 없다. 이처럼 국어라는 말을 살피자고 우선 우리나라라는 말의 뜻매김이라도 해 보려고 하면 공간과 시간부터 얼안을 올바로 지우는 일이 쉽지 않다는 사실을 깨닫는다. 말이란 애초에 어떤 나라와 맺어지는 것이 아니기 때문이다. 말이란 본디 겨레와 맺어져 있는 것이고, 말이 겨레를 만들고 겨레가 말을 만드는 것이기 때문이다.

국어라는 말을 버리고 '한국어'라 하자는 사람들이 있다. 한국어는 국어라는 말에 견주어 임자가 뚜렷하고 뜻도 한결 또렷하다. 그러나 이 말은 남의 나라 사람들이 배달말을 가리키거나, 우리가 딴 나라 사람에게 배달말을 가리키면 어울리는 말이다. 우리끼리 쓰더라도 남의 처지에 서서 다른 나라의 말들(일테면 영국어, 러시아어, 태국어 따위)과 가지런히 세워 부를 때에 알맞은 말이다. 실제로 나라 바깥에 사는 사람들을 겨냥하여 한국어라는 말을 이미 널리 쓰고 있는 것이 현실이기도 하다. 이제 국경은 사라지고 지구 가족을 이루어 사는 세상이 되었으니 너와 나를 따질 것이 없다고 하면서 쓰자면 그것 또한 그럴 수도 있다. 하지만 우리가 우리의 나라말, 우리의 겨레말 곧 배달말을 뜻하면서 우리끼리 쓰기에는 한국어가 도무지 마땅하지 않다. 그뿐 아니다. 우리 겨레가 남북 두 나라로 갈라져 남에서는 한국어라 하고 북에서는 조선어라 한다. 같은 말을 쓰면서 나라가 갈라졌다고 말의 이름까지 다르게 부르고 있다. 우리 모두의 바람대로 겨레의 통일이 오는 그날에는 어느 쪽을 버리고 어느 쪽을 쓸 것인가? 어느 쪽은 버리고 어느 쪽은 쓰고 그러지는 못할 것이다.

국어는 임자가 드러나지 않는 이름이고 한국어는 남에게로 가버리면서 북에서는 쓰려 하지 않는 이름이니 이런 데서 벗어날 마땅한 이름이 없을까? 이런 고민 끝에 내세우고 싶은 말이 '배달말'이다. 이 말은 새로 만든 것이 아니라 예로부터 우리 선조들이 익히 쓰던 이름인데 근래에 와서 부려 쓰지 않은 탓에 낯설어져 버렸다. 이미 낯설어진 말을 이제 와서 되살려 쓸 수가 있는가 싶기도 하지만 배달말은 임자도 또렷하고, 우리끼리 쓰던 말이고, 남들이 쓰기에도 모자람이 없는 이름이다. 배달말은 국어나 한국어나 조선어를

모두 뛰어넘어 남북이 함께 영원토록 우리말의 이름으로 쓰기에 마땅한 낱말이다.[70]

2. 세 가지 몸

이미 앞에서 말이란 세 가지 몸으로 탈바꿈해 왔다는 사실을 이야기했다. 입으로 내는 소리에다 신비스럽게 뜻을 담아 실어 나르는 입말, 손으로 그리는 글자에다 입말을 담아 실어 나르는 글말, 전자를 기계로 부려서 입말과 글말을 함께 담아 실어 나르는 전자말, 이렇게 소리를 몸으로 하던 입말에서 글자를 몸으로 하는 글말이 태어나고 다시 그들로부터 전자를 몸으로 하는 전자말이 태어나 말은 마치 삼형제처럼 되었다는 사실을 이야기했다.

이러한 역사는 우리 국어, 곧 배달말에서도 물론 마찬가지다. 우리 겨레도 먼저 입말만으로 살다가, 나중에 글말도 곁들여 살다가, 마침내 전자말도 곁들여 살게 되었다. 이제 우리가 '국어란 무엇인가' 하는 물음을 들으면 무엇보다도 먼저 이들 세 가지 몸으로 드러나는 삼형제를 모두 싸잡아 생각해야 마땅하다. 어느 하나라도 놓치고 국어를 이야기하면 그것은 국어를 온전히 다루지 못하는 것임을 마음에 깊이 새겨야 한다. 무엇보다도 이제 막 나타나서 정체가 과연 무엇인지 밝히기도 어려운 전자말이 새로운 말의 한 가지

70_ 이치는 마땅하지만 당장 '국어'나 '한국어'나 '조선어'를 버리고 '배달말'로 바꾸어 쓰자니 망설임이 없지 않다. 하지만 이치가 마땅하다면 누군가는 앞장서 써 버릇 해야 옳지 않을까 싶다. 그래서 다른 사람들도 이치를 따져 보고 써 버릇 하면 말과 세상이 새로워지는 것이다.

라는 사실을 올바로 받아들이는 일이 긴요하다.

우리 겨레의 입말은 어떻게 흘러 오늘 우리에게 닿았을까? 우리는 이런 물음에 제대로 대답하지 못한다. 무엇보다도 입말이 곧장 사라져 버리는 것인지라 지난날의 자취를 더듬을 수가 없기 때문이다. 게다가 글자에 붙들린 우리 입말이 너무 뒤늦어서 먼 옛날의 자취와 흐름을 가늠할 수 없기 때문이다. 한글을 만든 뒤로 반천년의 흐름은 한글에 적힌 자취로 어지간히 알아볼 수 있지만, 그것은 우리 겨레의 기나긴 역사에 견주면 너무나 짧은 세월에 지나지 않는다. 이런 어려움 가운데서 몇몇 국어학자들이 우리 겨레의 입말 흐름을 밝히려 애썼으나 내놓은 대답이 한심하기 그지없다. 그들은 거의 오늘 우리가 쓰는 입말은 왕건이 후삼국을 통일하여 고려를 세운 다음부터 이루어진 것이라 하고, 어쩌다 고구려, 신라, 백제가 있던 시절에도 저들 세 나라 사람들이 서로 입말을 주고받았다는 자취가 있다는 주장을 하는 것이 고작이다.

그러나 가만히 생각해 보면, 우리 겨레가 서로 주고받을 수 있는 입말을 쓰면서 동아리를 이루어 살아온 역사는 까마득히 먼 옛날부터임을 알 수 있다. 그 먼 뿌리를 알아볼 수 있는 자취는 우선 고고학에서 찾아내는 유물과 유적이고, 다음은 겨레의 신앙이었던 무교의 굿이나 도교의 초례에 담겨 살아남은 서낭이야기(신화)다.[71] 우리는 고고학의 유물과 유적에 힘입어 신석기와 청동기 시대, 곧 부족과 씨족을 아울러 고대 국가로 나아가던 그때부터 하나의 문화

71_ 안동준, 〈고구려계 신화와 도교〉, 《백산학보》 제54호, 백산학회, 2000. / 안동준, 〈북방계 신화의 신격 유래와 도교신앙〉, 《도교문화연구》 제21집, 2004.

를 누리며 겨레를 이루었다는 사실을 짐작하게 되었다. 온갖 유물을 모두 들 수 없으니 고인돌과 비파꼴 청동칼로만 이야기하더라도 우리 겨레는 적어도 오륙천 년 이전부터 동북아의 드넓은 땅을 차지하고 하나의 문화를 누리는 동아리를 이루어 살았음을 짐작할 수 있다. 우두머리의 주검을 한결같은 고인돌 무덤으로 장사지내고, 불에 녹인 청동으로 한결같은 무기와 도구를 만들어 문화를 일구어 내며 사는 사람들이 어떻게 서로의 마음을 주고받는 하나의 말을 쓰지 않았겠는가?

우리 겨레가 같은 입말을 쓰면서 동북아 넓은 땅을 주름잡던 시절의 역사는 앞으로 고고학과 인류학과 신화학의 도움으로 밝혀야 할 일로 남길 수밖에 없다. 그러나 적어도 단군이 고조선을 세워 다스리기 시작한 사오천 년 이전부터 겨레의 입말이 하나로 어우러지는 길을 걸었다고 생각한다. 그리고 적어도 청동기 이천 년 동안에 걸쳐 배달겨레의 입말은 서로 주고받기 어렵지 않을 만큼 하나의 말로 자라났으리라 믿는다. 다만 끝까지 그 터전과 삶을 고스란히 그대로 이어받지 못하고 동아리가 흩어지고 땅을 빼앗기는 역사를 겪으면서 말도 다시 흩어지고 갈라지지 않을 수 없었을 따름이다. 삶의 터전을 잃고 땅을 빼앗기는 안타까운 역사로 들어서는 길에 다름 아닌 글자와 글말이 있다.

우리 겨레의 글말은 어떻게 흘러 오늘 우리에게로 왔을까? 이 물음에도 우리는 제대로 대답하지 못한다. 기원 어름까지 발해만 북쪽에서 만주 대륙을 거쳐 한반도를 두루 싸잡고 하나의 동아리를 이루어 살던 때에 그림에서 글자까지 만들어 썼던 글말의 자취를 제대로 읽어 내지 못하기 때문이다. 지금 우리가 그런대로 알고 있는 것은 고조선이 무너지고 열국으로 흩어졌다가 고구려, 백제, 신라, 가야가 일어나던 즈음부터 중국의 글자를 끌어들인 다음의 자취다. 그 시절부터 우리 겨레의 지도자들은 중국의 글말을 빌려서 고구려에서는 《유기(留記)》, 백제에서는 《서기(書記)》, 신라에서는 《국사(國史)》 같은 책에다 삶을 담았다. 그러나 뜻있는 사람들은 중국 글말이 우리 입말에 맞지 않아 괴로워하며 맞추려고 안간힘을 다하고 그것이 이두나 향찰 같은 이름으로 우리 입말을 적는 글자로 탈바꿈까지 했다. 향찰은 우리 입말의 노래를 적는 데까지 나아갔으나 중국 글말에 맛들인 지도자들이 한문에 매달렸기 때문에 고려로 넘어와서 자취를 감추었고, 이두는 조선 왕조가 끝날 때까지 하급 관리들이 부려 썼으나 왕조가 무너지면서 사라졌다.

중국 글자를 우리 입말에 맞추려는 일천오백 년의 싸움 끝에 하늘이 내린 세종대왕의 힘으로 한글을 만들었다. 제 겨레의 입말에 맞추어 이만큼 온전한 소리글자를 제 손으로 짧은 기간 안에 만들어 낸 사람들이 인류 가운데 우리 말고는 달리 없다. 뿐만 아니라 하려고만 하면 어떤 겨레의 입말이라도 소리 그대로 적어 글말로 바꿀 수 있는 것이 한글이다. 소리를 내는 입 안의 곳곳이 소리를 낼 때에 움직이는 모양을 그대로 본떠서 글자로 만들었기 때문이다. 우리 한글이 가장 온전한 소리 기호라는 이런 우수성이 이제야 세계의 학자들에게 알려지면서 놀라는 사람들이 날이 갈수록 늘어나고 있다.

다만 한탄스러운 것은 이처럼 훌륭한 글자를 만들고도 오백 년이 지나도록 지배 계층 사람들로부터 외면당하여 제대로 쓰이지 못하고 썩혀 있었다는 사실이다. 그뿐 아니라 아직도 우리나라에서 잘났다는 사람들이 한글의 값어치를 올바로 깨닫지 못하고 지난날 우러르던 한자에 매달리거나 오늘날 세계화에 휩쓸려 로마자를 떠받들고 있다는 사실이다. 재벌, 국회, 정부, 법조, 대학, 교육, 언론을 막론하고 상층 사람들의 이름쪽지(명함)를 받아 보면 한글로 적어 다니는 사람을 백에 하나도 찾기가 어렵다. 앞에는 한자로 뒤에는 로마자로 적어 다니는 것을 떳떳하고 자랑스럽다고 여긴다. 나날이 온 국민이 읽고 사는 신문들이나 온 나라의 서점을 메우고 있는 책들을 훑어보아도 한글과 한자와 로마자가 어지럽게 뒤섞여 있다. 길거리에 나서서 내걸린 상점의 간판을 둘러보아도 사정은 다르지 않다. 우리 겨레의 글말은 언제나 깨끗한 우리 글자로 제 모습을 찾아갈 수 있을는지 참으로 걱정스럽다.

우리 겨레의 전자말은 어떤 모습으로 흘러가고 있는가? 전신, 전화, 확성, 녹음, 방송, 영화, 텔레비전까지만 해도 전자말은 새로 나타난 말이라는 생각을 크게 일으키지 않았다. 그러나 컴퓨터가 나타나고 인터넷이 나타나고 손전화가 나타나면서 사람들은 전자말을 참으로 놀랍고 새로운 말로 알아보게 되었다. 무엇보다도 새로운 세상을 이끌어 갈 어린이와 청소년들이 정신을 못 차리며 전자말 세상으로 빨려 들어갔다. 그러나 전자말의 모습은 나날이 새로워지는 전자 기기의 발전과 함께 앞으로 어떻게 탈바꿈하며 내달릴 것인지 가늠하기 어렵다. 그러나 불을 보듯이 빤한 것은 날이 갈수록 전자말이 사람의 삶과 정신 안으로 깊숙이 파고들 것이라는 사실이다.

우리가 '국어란 무엇인가?' 하는 물음에 올바로 대답하려면 무엇보다도 배달말의 몸, 곧 소리(입말)와 글자(글말)와 전자(전자말)

의 쓰임이 어떤 길을 걸어왔으며 걸어가고 있는가를 제대로 꿰뚫어 보는 일이 반드시 필요하다. 그리고 언제나 이들 세 가지 몸을 마음에 새기면서 국어, 곧 배달말을 이야기하고 다루어야 한다.

3. 토박이말과 들온말[72_]

어느 겨레의 말이든 모든 말은 토박이말과 들온말로 이루어져 있다. 우리 배달말에도 그것이 섞여 있는 것은 말할 나위가 없다. 토박이말이란 애초에 우리 겨레에게서 생겨난 말이다. 어떻게 해서 생겨나는지를 아직 아무도 밝히지 못하지만 쉼 없이 줄곧 생겨나고 있다. 아득한 옛날에 생겨난 말도 있고, 몇천 년이나 몇백 년씩 된 말도 있고, 아주 요즘에 생겨났거나 지금 생겨나고 있는 말도 있다. 들온말이란 본래는 다른 겨레의 말이었으나 우리에게 쓸모가 있거나 좋아 보여서 끌어들인 것이다. 몸으로나 마음으로나 우리 겨레와 만나고 부딪혀서 뭔가를 주고받았던 모든 겨레로부터 말을 끌어들였다. 그것 또한 아득한 옛날에 끌어들인 말도 있고, 몇천 년이나 몇백 년씩 지난 말도 있고, 아주 요즘에 끌어들인 말도 있다. 들온말은 토박이말의 모자람을 메우려고 하는 것이지만 낱말뿐 아니라

72_ '들온말'은 흔히 일본식 한자말 '외래어'라는 그것이라 보기 쉽다. 그러나 외래어란 외국어와 달리 남의 말이 들어와서 배달말로 익어 버린 것을 뜻해야 올바르다. 일테면 '백채'가 '배추'로 되었다든지 '다바꼬'가 '담배'로 되었다든지 '노 텃치'가 '노다지'로 되어서 그것이 본디 남의 말이었다는 사실조차 잊어버린 것을 뜻하는 것이다. 그런데 지금 우리는 배달말로 익기는커녕 생판 외국어인 그대로를 배달말에다 뒤섞어 쓰는 말들이 사태를 이룬 속에 살고 있다. 그러므로 여기서도 이런 것들, 곧 배달말로 익어 버린 것과 그렇지 않은 것을 두루 싸잡아 '들온말'이라고 했다.

월을 짜는 낱말의 차례나 짜임새까지도 토박이말의 그것들을 바꾸게도 하는 것이다.

토박이말은 애초에 생겨나면서 우리 겨레의 느낌과 생각과 뜻과 얼에 어울리는 것이다. 어떤 말을 누가 새로 만든다 하더라도 쓰는 사람의 마음에 걸려 어울리지 못하면 그것은 살아남지 못하고 사라져 버린다. 까닭을 풀어 밝히기 어려운 이 겨레의 마음에 어울리어 생겨난 것이 토박이말이기 때문에 그것은 사람들 사이를 더없이 매끄럽게 오고 간다. 아무런 풀이를 덧붙이지 않아도 거칠 것도 막힐 것도 일어날 구석이 없다. 말들이 지닌 이를 데 없는 온갖 속내들, 이미지, 연상으로 빚어지는 속살〔內包, connotation〕의 세계 모두가 겨레 사람들 사이에서는 저절로 물 흐르듯 오고 갈 수 있다.

이러한 토박이말의 매끄러운 흐름 속으로 들온말이 끼어들면 크든 작든 배달말은 아픔을 겪게 마련이다. 아픔의 크기는 들온말의 크기와 성질, 그리고 겨레 사람들의 느낌에 따라 달라질 것이다. 사람들의 느낌이 나쁘면 한동안 우리 말살이에 아픔만 남기고 끝내는 쫓겨나고 만다. 다른 겨레의 말이 들어오는 것은 언제나 우리 가운데서 다른 겨레들과 남 먼저 깊숙이 만나는 사람들로 말미암기 때문에 그들이 들여온 말은 그들을 우쭐거리게 만들기 쉽다. 그래서 다른 사람들을 공연히 주눅 들게 하여 겨레의 동아리에 금이 나게 하는 수도 없지 않고, 그렇지 않다 하더라도 배달말의 식구로 자리 잡을 때까지 적잖은 시간에 걸쳐 많은 사람을 괴롭히게 된다. 그것의 뜻과 쓰임을 제대로 모르거나 적어도 그 말이 지니고 있을 속살을 알지 못하여 두려움도 주고 속상함도 안긴다. 그래서 말이 무엇인지를 깊이 깨닫고 있는 겨레들은 모두 들온말을 여러 가지 체로 걸러서 조심스럽게 끌어들인다.

그러나 들온말이란 이미 있는 배달말의 모자람을 메우려 끌어들이는 것이고 그로 말미암아 배달말의 세계가 더욱 넉넉해질 수가 있는 것이다. 그러므로 들온말을 제대로 부리려면 먼저 우리 배달말을 좀 더 잘 알고 우리 배달말의 좋은 세계는 다치지 않으면서 모자람을 기우고 메울 수 있도록 한다는 뜻을 살려야 하는 것이다. 이런 뜻에서 우리가 풀어내야 할 매듭이 하나 있다. 그것은 남의 것을 무턱대고 부러워하는 마음, 곧 우리 것을 자랑스럽게 여기지 못하고 업신여기기까지 하는 마음이다. 이런 열등의식은 하루아침에 생긴 것이 아니라 우리 겨레의 오랜 삶에서 깊은 뿌리를 내리고 있어서 쉽게 다스리기 어려울 듯하다. 부지런히 들추어내고 가르치면서 애를 쓰고 힘을 쏟아야 할 정신이기 때문이다. 아마도 발해(대진국)가 무너지던 어름부터 부쩍 자라나서 지난 일천여 년 동안 뿌리내린 모화 사대 정신, 곧 중국의 삶은 우리네 삶보다 훌륭하다고 믿고 그것을 섬기며 본뜨려던 마음에서 가장 크게 말미암은 것으로 보인다. 그리고 이런 마음의 병은 신분 제도가 뚜렷했던 일천여 년의 왕조 사회에서 높은 자리에 앉은 사람들이 갖가지 방법으로 백성들에게 가르치고 강요한 나머지 더욱 튼튼히 뿌리내린 것으로 보인다.

사대 모화 정신은 지금도 우리 겨레의 마음 구석구석에 두루 배어 있고, 가장 깊이 배어 있는 구석의 하나가 바로 말이다. 우리 토박이말은 상스럽고 뭇되어서[73] 할 수 있으면 쓰지 말아야 하는 말이요, 중국서 들온말은 점잖고 아름다우니까 될 수 있으면 많이 써야 하는 말이라고 여기는 그것이다. 우리 토박이말은 나쁜 것이라는 '말의 열등의식'과 중국서 들온말은 좋은 것이라는 '말의 사대주의'는 지배층 사람들이 잘났음을 드러내려고 끊임없이 되풀이하여 백성들에게 가르쳐 왔던 것이다. 그러니까 배달말의 모자람을 기우려고 중국 한자말을 끌어들이는 것이 아니라 좋은 배달말이 있는데도 잘났음을 뽐내고 계층을 넘보지 못하도록 막으려고 들온말을 내세운 것이다. 그래서 마침내 너도나도 토박이말은 버리고 한자말을 써야 더 점잖은 사람이 된다는 착각에 사로잡혀 배달말은 버리고 일부러 한자말 쓰기를 다투게 되어 버린 것이다.

그래서 수많은 우리의 토박이말은 한자말에 짓밟혀 죽어 가고 말았다. 토박이말들이 한자말에 짓밟혀 죽어 가고 있는 모습은 오늘날에도 얼마든지 볼 수 있다. 일테면 '오누이'는 '남매'에게, '말'은 '언어'에게, '뫼'와 '가람'은 '산'과 '강'에게 짓밟혀 우리들 눈앞에서 죽을 지경이 되어 있는 것들이다. 이렇게 해서 우리 토박이말의 이름씨(명사) 낱말은 지난 일천여 년 사이에 한자말에 짓밟혀 수없이 잡아먹혔다. 이러한 사정을 올바로 헤아리며 꿰뚫어보지 못하고 '배달말은 애초에 뜻말(개념어, 명사)이 모자라게 되어 있었으나 한자말 덕분에 그 모자람을 메우게 되었다.' 하고 생각하는 학자들조차 적지 않다. 학문하는 사람들 가운데는 토박이말에는 이름씨가 모자라 학문을 할 수 없다고 탄식하는 사람들조차 없지 않다. 학문을 하자면 뜻이 또렷한 말을 써야 하는데 토박이말은 그렇지 못해서 어쩔 수 없이 한자말이나 일본말이나 서양말을 들여와

73_ '뭇되다'는 말은 사전에도 오르지 못했으나 지난 세기 중엽까지 적어도 우리 고장에서는 널리 쓰이던 토박이말이다. 사람이 제대로 배우지 못한 탓에 함부로 말하고 행동하는 것을 이르는 그림씨(형용사) 낱말이다. 한자말로 '천박하다', '조잡하다' 같은 말들과 비슷하지만 거기에다 '순박하다'는 말이 보태어져야 좀 더 가까운 뜻이 된다.

서 쓸 수밖에 없다고도 한다. 그럴듯하게 들릴지도 모르겠으나 그 것은 우리 토박이말을 모르고 하는 소리에 지나지 않는다. 지금 당장 학문에 쓰이는 토박이말이 모자라는 것은 사실이지만 그것은 배달말 탓이 아니다. 지난날 학자들이 한문으로만 학문을 하면서 토박이말을 부려 쓰지 않았기 때문에 지금 당장 학문에 쓰이는 말이 없다. 왕조가 끝나고 일백 년이 넘었지만 그동안의 학자들도 토박이말로는 학문을 하지 않았기 때문에 지금 당장 학문하는 데 쓸 만한 토박이말이 없는 것이다.

말도 모든 자연물과 마찬가지로 많이 쓰면 살아서 불어나고 쓰지 않으면 시들어서 죽는다. 우리 토박이말은 농사짓고 고기잡이 하는 일에 많이 쓴 까닭에 그쪽에는 아주 푸짐하고 가멸지다. 일테면 쌀농사를 적게 하는 서양 사람에는 '쌀(riso, rice)' 이라는 낱말 하나로 여러 뜻을 싸잡는데, 우리 토박이말은 그것을 이름씨만으로도 '씻나락', '볍씨', '모', '벼', '나락', '짚', '우케', '쌀', '겨(왕겨, 등겨)', '뉘', '싸라기', '밥', '메', '고두밥', '죽', '미음' 같이 놀랍도록 가려서 낱말을 마련해 쓴다. 거기서도 '벼' 와 '쌀' 과 '밥' 과 '죽' 은 또 더욱 자잘하게 나누고 가려서 쓴다. '찹쌀', '멥쌀', '쌀가루', '쌀겨', '쌀기름', '쌀눈기름', '쌀깻묵', '쌀뜨물' 같은 것은 모두 '쌀' 에서 어떤 속살을 다잡아 나타내는 낱말들이다. 이처럼 우리 토박이말은 마음을 갖고 부려 쓰기만 하면 그 어떤 학문이라도 넉넉히 감당하고 남을 만큼 얼마든지 또렷하고 섬세한 뜻을 담아낼 수 있는 말이다.

당장 불편하니 손쉽게 들온말을 쓰자고 할 것이 아니라 학문하는 사람이라면 학문하는 사람답게 배달말을 찾고, 살리고, 만들어 쓰려는 마음을 갖는 것이 마땅하다. 학문이란 마음의 어둠을 밝히고 삶의 길을 넓히려는 일이지만, 마음을 밝히고 삶을 넓히는 학문은 말로써만 할 수 있다. 우리 마음을 밝히고 우리 삶을 넓히려는 학문이라면 우리 마음을 담고 우리 삶을 다룰 수 있는 배달말로 하지 않을 수 없다. 우선 손쉽다고 들온말로 하는 학문은 우리 마음과 우리 삶을 제대로 다룰 수가 없다.[74] 학문하는 말이라고 해서 애초부터 따로 마련되어 있는 것이 아니라 학문하는 사람들이 학문의 뜻을 담아 쓰다 보면 저절로 학문하는 말이 되는 것이다. '입말(구어)', '글말(문어)', '들머리(서론)', '마무리(결론)', '갈래(장르)', '놀이(극)', '노래(시가)', '이야기(서사)' 같은 낱말은 이제 우리 국어국문학자들 사이에 제법 널리 쓰이는 학문의 말이 되었다. 이삼십 년 전만 하더라도 비웃음을 받던 낱말들이다.

오늘날 우리말 사전들이 싣고 있는 낱말을 품사별로 보면 어찌씨(부사)나 그림씨(형용사)는 놀라울 만큼 넉넉하면서도 그것들이 거의 토박이말이다. 그것은 조금도 기이한 현상이 아니다. 어찌씨나 그림씨 낱말은 소리결과 짜임을 뜻글자인 한자말이 잡아먹을 수 없었던 까닭에 그대로 살아남아 있는 것이다. 일테면 '게슴츠레하다' 든가 '노르스름하다' 와 같은 그림씨 또는 '어슬렁어슬렁' 이라든지 '산들산들' 과 같은 어찌씨 낱말들은 어떤 한자말로도 바꿔치기할 수가 없다. 그래서 아무리 한자말을 추켜세워도 이런 낱말을 잡

74_ 학문하는 사람이라고 이런 사실을 아무나 쉽게 깨닫는 것은 아니다. 그런데 몇 해 들이께 우리 학자들 가운데서 '우리말로 학문하는 모임' 이 생겨났다. 갖가지 학문에 몸 바친 사람들이 두루 모여서 배달말로 학문하는 길을 찾아 애를 태우는 것이다. 참으로 반가운 일이다.

아먹을 수 없었던 것이다. 이름씨를 비롯한 뜻말의 토박이말도 한자말에 잡아먹히지 않았으면 이들 느낌말과 마찬가지로 넉넉했을 것임을 짐작할 수 있다. 어느 겨레의 말이든지 그 낱말밭 안에서 이름씨와 대이름씨(대명사)는 턱없이 모자라는데 그림씨와 어찌씨만 달리 넉넉한 그런 불균형이 있을 수가 없기 때문이다.

토박이말이 뚜렷이 있는데도 사대주의나 열등의식에 사로잡혀 분별없이 남의 말을 끌어들이는 짓은 이미 있는 배달말을 밟아 죽이는 일일 뿐만 아니라 겨레의 얼을 짓밟는 바보짓이다. 그런데 이런 고질병이 고쳐지는 기미가 없고 오늘날 더욱 들떠 일어나는 듯하다. 옛날에는 중국 쪽으로 바라보던 사대주의가 오늘날에는 미국 쪽을 바라보게 되어 그 방향만 바꾸었다. 이제는 미국말이 중국말보다 한층 더 위에 자리 잡고 위세를 부린다. '집과 건물과 빌딩', '소젖과 우유와 밀크', '밥집과 식당과 레스토랑', 이렇게 배달말이 세 겹으로 눌리는 세상으로 바뀌었다. 토박이말보다는 한자말이 더 좋은 것을 나타내고, 한자말보다는 서양말이 더 좋은 것을 뜻한다고 생각하면서 이층의 들온말을 모시게 되었다. 말뿐만 아니라 글자조차 그렇다. 한글보다는 한자, 한자보다는 로마자를 우러러보는 풍토가 판을 치는 현실이니, 지난날 한문을 자랑스럽게 쓰던 선조들과 조금도 다르지 않다. 나쁜 물이 깊이 들면 씻어 내기가 얼마나 어려운가를 뼈저리게 느끼지 않을 수 없다.

이처럼 뿌리 깊이 박힌 정신의 병을 치료하지 못하면 우리 토박이말에 생기를 불어넣을 수 없다. 우리 토박이말에 생기가 살아나지 않으면 들온말이 배달말을 넉넉하게 하는 본디의 몫을 하지 못한다. 토박이말은 떳떳하게 제 몫을 다하지 못한 채 주눅이 들어 있고, 들온말은 으스대고 뽐내며 활개를 치고 있는 상태에서는 겨레의 얼과 삶이 살아나기 어렵다. '배달말이란 무엇인가?' 하는 물음에는 반드시 토박이말이 알맹이며 노른자위라는 사실을 먼저 알고서 대답해야 한다. 토박이말이 주인 노릇을 하는 바탕 위에서 들온말이 귀한 손님 대접을 받을 때에만 배달말이라는 집안이 복되다는 사실을 똑똑히 깨달아야 한다. 그처럼 마땅한 상식이 안타깝게도 우리에게서는 제대로 지켜지지 않으므로 배달말 가르치기가 힘써 가르치고 바로잡아야 할 일이다.

4. 사투리와 대중말[75]

배달말을 생각할 때에 또 하나 빼놓을 수 없는 것이 사투리와 대중말이다. 대중말이란 말의 동아리인 겨레에서보다 정치 동아리인 '나라'에서 사람들이 더 나은 말살이를 하도록 거울로 삼는 말이다. 나라에서 국민이 두루 막힘없이 마음을 주고받을 수 있도록 약속하고 가꾸는 말이 대중말이다. 사투리란 흔히 어느 지역이나 계층 안에서만 쓰는 말이라 한다. 그러나 대중말에 싸잡히지 못하고 그 바깥에 남은 말 모두를 뜻한다.[76] 지역이나 계층만 아니라 가문

75_ '대중말'은 '대중어(大衆語)'가 아니라 표준어를 뜻하는 토박이말이다. '대중'은 잣대라는 뜻으로 '대중없다'느니 '눈대중이 맵다'느니 하면서 아직도 쓰는 토박이말이다. 이것의 '대'는 소리가 높고 짧아서 '대중(大衆)'의 '대'가 낮고 긴 소리인 것과 또렷이 다르다. 대중말을 북쪽에서는 '문화어'라 하고 남쪽에서는 '표준어'라 하여 남북이 서로 다른 일본식 한자말을 쓰는데, 토박이말을 살려서 '대중말'이라 하면 두루 좋지 않을까 싶다.

76_ 나라에서 펴낸《표준국어대사전》에는 "어느 한 지방에서만 쓰는, 표준어가 아닌 말"이라고 풀이해 놓았다.

이나 가정이나 마침내 한 사람 한 사람의 말씨까지 따지고 보면 모두가 사투리다. 일부러 사람이 손을 대서 가꾸거나 다듬지 않아서 자연 그대로 살아 숨 쉬는 말이고, 대중말의 뿌리와 바탕이며 고향이고 어머니인 말이 바로 사투리다.

사람의 삶이 얼마쯤의 좁은 지역 안에서만 갇혀서 이루어지던 원시 사회의 기나긴 세월 동안에는 자그마한 동아리들이 나름대로 자기들의 말을 조물주로부터 허락받아 쓰고 있었을 것이다. 시간이 지나면서 사람이 살아가는 터전이 넓어짐에 따라 작은 동아리들이 뭉쳐지고, 더욱 큰 동아리를 이루면서 드디어는 나라 동아리에까지 이르렀다. 이러한 인류 역사의 기나긴 흐름 안에서 말도 또한 그와 같은 길을 걸었다. 애초에는 따로 떨어졌던 말의 동아리들이 세월의 흐름에 따라 몇씩 뭉쳐지면 그 가운데서 크고 앞선 동아리가 임자 노릇을 하면서 그들의 말이 뭉쳐진 동아리 모두의 대중말로 쓰이는 것이다. 그러면 그 밖의 다른 동아리들이 예부터 써 오던 그들의 말은 저절로 사투리로 밀려나게 된다. 그러니까 사람의 말이란 애초에는 모두 사투리였던 것이고, 그런 사투리 가운데 하나가 대중말이 되어서 동아리를 하나로 묶게 하는 것이다. 그래서 동아리를 다스리는 사람들에게는 대중말이 곧 저들의 사투리인지라 아무 어려움도 없지만 그 밖의 사람들은 저들의 사투리와는 얼마간 다른 대중말을 새로 익혀야 하는 어려움을 겪게 마련이다. 그들은 저들의 사투리에다 새로 익히는 대중말을 보태서 두 가지 말을 쓰게 되는 것이고, 그래서 사투리는 나라말의 뿌리라고 할 만하다.

나라라고 하는 커다란 삶의 동아리가 이루어지고 나면 여러 가지 까닭으로 해서 다져진 하나의 대중말이 절실해진다. 커다란 동아리 안의 모든 사람들이 서로 굳게 뭉쳐 하나로 어우러져 살아가려면 무엇보다도 말이 온전한 하나로 굳어져야 하기 때문이다. 그런데 동아리를 뭉치는 통로와 수단인 말이 갈라져서 소통이 제대로 이루어지지 않으면 서로에게 주는 불편은 말할 나위도 없다. 지나치면 마침내 나라라는 동아리가 쪼개지는 지경에 이를 수도 있다. 거꾸로 동아리 안의 모든 사람에게 조금도 막히지 않고 시원히 뚫린 말의 통로가 열리게 되면 그 동아리의 구성원은 모두 속이 후련한 삶을 살 수 있다. 모든 사람의 마음을 하나로 묶을 수 있도록 말의 통로가 잘 가다듬어져 있으면 그 동아리는 무서운 힘을 발휘할 수 있게 된다. 이러한 말의 통로를 마련하려고 나라마다 '대중말'을 가다듬는 것이다.

그러나 우리 겨레는 일찍이 이런 대중말을 마련해 보려고 생각해 보지도 않았다. 20세기 초까지 내려온 이천 년의 왕조 사회에서는 동아리 안의 모든 백성이 하나의 동아리로 어우러지는 것을 지배층에서 바라지도 않았다. 오히려 신분 제도를 두고 여러 계층으로 나누어 하나 되는 통로를 막으려 애썼고, 까다로운 중국 글자와 글말을 들여와서 아래 층 사람들이 지배층을 넘보지 못하게 막았다고 해야 옳다. 지배층 사람들은 겨레 동아리가 하나 되어 뛰어난 힘을 떨치는 것보다 지배권을 오래 지키는 것을 더욱 소중하게 여겼다. 그래서 겨레는 점점 힘이 빠지고, 만주벌 드넓은 땅을 세월이 흐를수록 중국에게 빼앗기고, 20세기에 들어와서는 남은 땅덩이 모두를 일제에게 빼앗기는 길로 역사가 굴러떨어지는 빌미가 되었다. 이처럼 왕조는 무너지고 겨레 생긴 이래 가장 눈물겨운 시절을 맛보면서 '대중말'에 눈을 뜨게 되었다. 나라를 빼앗기니까 나라의 값어치에 눈을 뜨고, 나라의 값어치를 깨달으니까 저절로 나라말과 대중말을 걱정하기에 이른 것이다. 주시경(1876~1914) 선생[77]이 씨를 뿌리고 그것이 '조선어학회'라는 나무로 자라나서 우리 겨레 생기고는 처음으로 1936년에 일제의 등쌀 가운데서 '대중말(《사정한 조선어 표준말 모음》)'을 마련한 까닭이 거기 있다. 그러고는 광복을 하고, 나라를 다시 세우고, 국민 교육을 해 온 지가 사십 년이 되어서야 겨우 우리나라로서는 처음으로 '표준어 규정'을 마련하였다.[78]

그러나 대중말만을 지나치게 내세우는 일은 바람직하지 않다. 자칫하면 자연스럽고 자유로운 말살이를 가로막는 걸림돌이 될 수도 있기 때문이다. 실제로 서양에서는 대중말 가꾸기가 이른바 국가주의(Nationalism)가 떨치던 시절에 일어나서 그런 흐름이 수많은 사람을 짓밟는 제국주의로 이어지는 역사를 겪었다. 그런 역사의 발자취가 아니더라도 대중말은 본디 하나의 사투리였을 뿐만 아니라 나라 안의 모든 사투리에서 자라난 것임을 잊지 말아야 한다. 대중말이 힘차고 푸짐하고 넉넉하려면 모든 사투리 안에 감추어져 있는 갖가지 힘을 받아들이지 않으면 안 된다. 그저 받아들이기만 하는 것이 아니라 사투리를 아끼고 사랑하며 북돋우고 가꾸는 일을

77_ 황해도 평산에서 태어나 배재학당을 마쳤으며 《독립신문》의 교정원을 거쳐 학부(교육부)의 국문연구소 위원을 했다. 《국어문법》, 《국어문전음학》, 《말의 소리》 같은 책을 짓고 훌륭한 제자들을 길러서 조선어학회의 주추를 놓았다.

78_ 1970년 2월 국어심의회의 건의에 따라 문교부(이제는 교육부)가 국어조사연구위원회, 학술원의 어문연구위원회, 국어연구소에 차례로 위촉하여 표준어 규정을 고쳐 만들게 했다. 1987년 국어심의회의 의결을 거쳐 1988년 1월 19일에 고시하고 1989년 3월 1일부터 시행하게 했다. 제1부는 표준어 사정 원칙 3장, 제2부는 표준 발음법 7장, 이렇게 모두 2부 10장으로 되었다.

게을리 하지 않아야 한다. 사투리를 업신여기거나 몰아내는 대중말은 스스로 튼튼할 수가 없을 뿐만 아니라 대중말다울 수도 없다. 대중말의 값어치를 깨달으면 깨달을수록 사투리를 아끼고 가꾸어야 한다. 대중말이란 나라 안의 모든 사람을 더욱 도타운 하나의 동아리로서 깊이 어우러져 살아갈 수 있게 하려는 말이기 때문이다. 사람을 하나의 동아리로 묶어 서로 사랑하게 하려면 의사소통에 머무는 말로는 모자란다. 살을 맞대는 것과 같은 느낌과 마음이 오고 가야 하고 나아가서는 얼의 깊은 속살까지 하나가 될 수 있어야 한다. 말로써 사람을 그런 경지까지 하나 되게 하자면 토박이말의 뿌리인 사투리에 기대지 않을 수 없다. 사투리야말로 말의 뿌리와 고향으로서 마음의 깊은 속내인 얼까지도 주고받을 수 있게 하는 말이기 때문이다. 나라의 말을 언제까지나 살아 있고 푸짐하게 하려면 먼저 사투리를 사랑하면서 북돋우지 않을 수 없는 까닭이 거기 있다. 사투리와 대중말은 서로 밀어내야 하는 것이 아니라 한쪽을 아끼면 다른 쪽도 사랑하게 되고 한쪽을 키우면 다른 쪽도 자라게 되는 그런 성질의 것이다.

5. 있어야 할 말과 있는 말

위와 같은 몇 가지 일들만 살피더라도 '배달말이란 무엇인가' 하는 물음이 결코 단순하지 않다는 사실을 알겠다. 그저 그냥 '배달말은 우리나라 말이다.' 하고 뜻매김할 수는 있지만 그것은 별로 쓸모가 없다. 오늘 우리가 주고받는 말은, 그것이 입말이든 글말이든 전자말이든 지난날 오래도록 자라온 말이요 앞으로도 그렇게 자라

나갈 말이다. 오늘 우리가 쓰는 말이 오늘에 있는 말임이 틀림없다 하더라도 그것은 어쩔 수 없이 시작을 알 수 없는 지난날의 말을 싸안은 것일 수밖에 없다. 그리고 그런 지난날의 말은 한 순간도 가만히 머무른 적이 없이 줄곧 살아 움직이며 바뀌어 온 것이다.

그 사이 우리 겨레의 삶은 얼마나 엄청나게 흔들리고 바뀌었는가. 나라는 수없이 갈라졌다가 합쳐지고 합쳤다가는 다시 갈라졌으며, 헤아릴 수 없을 만큼 여러 차례 다른 나라와 싸우면서 세상을 뒤흔들었다. 그런 흔들림과 달라짐을 거칠 때마다 사람들의 신분 높낮이가 뒤집어지고 정치 세력과 권력 구조가 뒤바뀌었다. 따라서 신앙과 사상, 철학과 도덕 같은 마음의 깊은 바탕도 달라지고 바뀌지 않을 수 없었다. 이런 모든 뒤흔들림을 고스란히 간직한 채로 배달말이 오늘 우리에게 다다른 것이다. 말하자면, 오늘 우리가 쓰고 있는 배달말은 입말이든 글말이든 전자말이든 지난날 '있었던 배달말'이며 그것의 자람이기 때문에 '있는 배달말'은 '있었던 배달말'을 싸잡게 되고 만다는 말이다.[79]

그런데 배달말이라면 또 지난날 있었거나 오늘날 있는 배달말만으로 끝나는 것이 아니다. 앞으로 있어야 할 배달말, 이상이며 바람인 배달말도 반드시 함께 싸잡아야 한다. 싸잡아야 한다기보다도

79_ '있었던 배달말'을 생각할 때에 한문에 대하여 다시 짚어 두지 않을 수 없다. 우리 조상들이, 우리 땅에서, 우리 삶을 적었으니 '있었던 우리 글말'이라고 여길 수도 있겠기 때문이다. 그러나 우리 입말을 적으려고 중국 글자를 빌렸던 우리 글말은 '향찰'이다. 향찰은 한자를 우리 입말을 적는 기호로 쓴 것이지만 '한문'은 중국 입말을 적은 글말일 뿐이다. 우리 조상들이 중국의 글말에다 우리의 삶을 담아 적은 것이기에 중국 사람들이 그것을 보면 곧바로 읽어 낸다. 거기에는 우리의 학문과 예술이 있어서 우리의 유산이지만 어디까지나 외국어로 적힌 유산이다. '있었던 배달말'로서 '있었던 글말' 안에 넣을 수 없고, 배달말 유산과는 달리 외국어로 적힌 유산이라는 사실을 또렷하게 가려 보아야 한다.

있어야 할 바람인 배달말도 실제로 이미 있는 배달말에서 떨어질 수 없는 하나다. 그러나 그것은 현실로서 있는 배달말이 아니라 겨레의 얼 안에, 겨레의 마음 안에, 겨레의 머릿속에 예언자처럼 꿈과 등불로서만 있는 것이다. 겨레의 얼과 마음이라는 자궁 안에서 태어날 때를 기다리며 자라고 있는 배달말이다. 배 속에 있는 배달말에 아무런 생각이 없거나 관심이 없는 것은 곧 배달말을 사랑하는 마음이 모자란다는 증거일 뿐이다. 태어나야 할 아기에게 희망을 걸고 애정을 쏟고 있는 가정에서는 산모가 잉태를 하면 곧바로 온 가족이 그런 사실을 알고 정성을 모아 태교에 힘쓰게 된다. 그러나 배 속의 아이에 아무런 관심이 없는 남들은 출산하는 날까지 아무것도 모르고 지내게 되는 것이다. 이제 우리는 더 이상 우리의 배달말에 무관심하고 냉담한 가족일 수가 없기 때문에 '있어야 할 배달말', '바람으로 그리며 꿈꾸는 배달말'에 마음을 기울이지 않을 수 없다.

우리에게 '있어야 할 배달말'은 어떤 것인가? 이것은 커다란 물음이고 만만찮은 연구가 뒤따라야 풀어질 물음인지 모른다. 그러나 참된 길(진리)은 언제나 삶 안에 가까이 머무른다. 첫째는 입말과 글말과 전자말이 하나로 어우러지는 것이다. 온 겨레가 글 쓰듯이 말하고, 말하듯이 글 쓰고, 말하며 글 쓰듯이 보이는 것이 '있어야 할 배달말'의 첫째 모습이다. '말하듯이 글 쓰는 자리'에 가려면 글자가 한글 아닌 한자나 로마자일 수가 없다. 말하는 소리에 로마자나 한자가 담겨 있지 않고 한글이면 소리를 넉넉히 담아내기 때문이다. '버스'라고 말하면 '버스'라 쓰고 '학교'라고 말하면 '학교'라 쓰는 것이 '말하듯이' 쓰는 첫걸음이다. '버스'라고 말했는데

'bus' 라 쓰고, '학교' 라 말했는데 '學校' 라 쓰는 것은 입말과 글말이 아직 하나 되지 못한 자리다. 입말과 글말과 전자말이 하나 되고, 말하듯이 쓰고 글 쓰듯이 말하고 말하며 글 쓰듯이 보일 적에 반드시 그 바탕과 잣대는 입말이다. 글말과 전자말이 입말을 따라와야 하고, 글쓰기와 보이기가 말하기를 따라와야 한다는 말이다. 입말이 말의 바탕이며 입말만이 영원한 말이기 때문이다.

둘째는 토박이말을 배달말의 알맹이로 살려 쓰는 것이다. 있는 말이면 모두 한결같은 배달말이 아니라 토박이말이 가장 알맹이며 들온말은 가장자리임을 잊지 말아야 한다. 들온말 가운데도 일찍이 들어와서 배달말로 녹아 버린 것이 알맹이에 가깝고 아직 외국어 티를 벗지 못한 것이 가장 언저리로 밀려나 있다는 뜨레를 알아야 한다. 그래서 할 수 있는 데까지 들온말을 줄이고 이미 들어온 말이라도 토박이말을 찾거나 만들어서 그것과 바꾸어 가는 것이 올바른 길이다. 옛날에 쓰이다가 짓밟혀 죽어 버린 토박이말을 되살려 쓰는 슬기도 있어야 한다. 토박이말은 거칠고 더럽고 품위가 낮아서 쓰기가 부끄럽다는 그릇된 생각을 바로잡아야 한다. 농어촌 전통 사회에 아직도 근근이 살아 있는 토박이말들을 모두 떳떳하게 되살려 쓰는 교육이 일어나야 한다.[80] 그래서 '소젖' 보다는 '우유' 가 좋고 '우유' 보다는 '밀크' 가 더 좋다는 생각을 바꾸어 '밀크' 보다는

80_ 우리는 지금 21세기를 살아가고 있지만 국어에 대한 정신은 프랑스의 16세기를 배우지 않을 수 없다고 본다. 쟝 도라(Jean Dorat)와 그의 제자들이 '북두칠성' 이라는 모둠을 만들어 연구하고 토론한 결과로 그때의 프랑스말을 키우고 가꿀 방안을 찾아낸 〈프랑스말의 옹호와 현양〉(1549)이라든지 몽떼뉴(Montaigne M. E. de)가 〈수필(Essais)〉(1580)을 쓰면서 "나는 빠리 시장 바닥에서 사람들이 지껄이는 말만을 쓰고자 했다."라고 한 그런 자세와 작업들을 배워야 한다는 말이다.

'우유'가 낫고 '우유'보다는 '소젖'이 훨씬 좋은 것으로 대접받는 세상으로 돌아가야 한다. 이런 세상으로 돌아가는 것이 '있어야 할 배달말'의 둘째 모습이다.

셋째는 사투리와 대중말을 함께 일으키고 드높일 일이다. 소리결이 아름다운 중부 지역 교양 있는 사람들의 사투리를 대중말로 삼았으면, 다른 지방의 사투리들이 지닌 좋은 낱말들도 싸잡아 넣으면서 더욱 넉넉하고 아름다운 대중말이 되도록 쉬지 말고 힘써 가꾸어야 하겠다. 이제 '표준어 규정'이 마련되었으니 끊임없이 토박이말과 사투리를 찾아 살려 내어 그 모자람을 기우면서 대중말을 늘려 나가야 한다. 온 겨레가 함께 쓰는 대중말이라면 마땅히 사투리와 토박이말이 제 힘을 떨칠 수 있는 것이라야 한다. 이렇게 하자면 학교 교육의 틀을 크게 고치는 일을 서둘러야 한다. 초등학교에 입학하면 곧바로 모든 교과에서 대중말로만 적힌 책을 들고 공부해야 하는 현실을 바꾸어야 한다. 입학한 첫날부터 집에서 가족과 주고받던 말이며, 골목에서 동무들과 주고받던 말은 입에 담을 수 없게 하는 것은 어린이들에게 씌우는 말할 수 없는 멍에다. 적어도 초등학교 중급까지는 삶터의 사투리를 마음 놓고 부려 쓸 수 있도록 해야 하고, 학년이 올라가면서 차차 대중말에 맛들이며 익히도록 해야 한다. 이것이 '있어야 할 배달말'의 셋째 모습이다.

이런 세 가지 모습들은 우리 겨레의 남다른 역사 때문에 더욱 부르짖고 싶은 것들이다. 거기에다 이미 말의 값어치를 잘 깨달아 자기네의 국어를 아름답게 가꾸어 온 서양 여러 나라들이 일찍부터 애써 온 길도 반드시 넘겨다보아야 할 듯하다. 서양 사람들이 닿고자 하는 말의 모습은 네 가지다.[81]- 첫째는 쉬운 말이다. 겨레의 모든 사람들이 누구나 마음대로 주고받을 수 있는 말이 되려면 무엇보다도 어렵지 않고 까다롭지 않아야 한다. 말은 입말이든 글말이든 전자말이든 쉬우면 쉬울수록 사람 사이를 마음대로 오갈 수가 있다. 그것이 동아리를 더욱 온전히 하나 되게 하는 길이고, 다 함께 기쁘고 즐겁게 살면서 큰 힘을 떨칠 수 있게 하는 길이다. 둘째는 또렷한 말이다. 뜻이 어름어름하거나 소리가 흐리멍텅한 말은 쓰지 말고, 바로 거기에 꼭 들어맞는 말을 제대로 찾아 또렷하고 똑똑하게 쓰도록 해야 한다. 사람의 마음, 곧 느낌과 생각과 뜻은 그것의 속살이 한없이 그윽하고, 사람들이 알아내는 우주와 자연의 속내도 더없이 신비스럽기 때문에 그런 것들을 드러내고 실어 날라야 하는 말이 흐릿하고 어름해서는 제 구실을 해낼 수가 없다. 셋째는 올바른 말이다. 이치에 맞지 않는 말, 말법에 어긋나는 말을 쓰지 않도록 하는 것이다. 입말이든 글말이든 전자말이든 말할 때에는 언제나 사리를 생각하면서 거기 어긋나지 않은 말을 하는 것이다. 넓고 깊게 생각하지 않거나, 느낌에 치우치거나, 제 뜻에 매달리면 올바른 말을 할 수가 없다. 올바르지 못한 말, 그릇된 말은 세상을 어지럽히는 쓰레기와 같다. 넷째는 아름다운 말이다. 노래처럼 아름다

81_ 이 요건은 서양에서 비교적 뒤늦게 말의 소중함에 눈뜬 독일 사람들이 마련하여 널리 퍼진 것이다. "누구든지 두 개의 조국이 있는데 그것은 자국과 프랑스다." 또는 "이미 프랑스말은 프랑스말에 그치지 않는다. 그것은 인류의 언어다." 이런 이야기가 유행을 하던 18세기, 정확히는 1783년에 독일 사람들은 저희 나라말을 드높이고자 하면서 베를린 아카데미를 통하여 '무엇이 프랑스말을 세계어로 만들었을까?' 하는 문제를 걸고 우수한 해답을 현상 모집한 바가 있었다. 그 현상 공모에서 최우수로 당선한 논문이 밝혀내었던 해답이 '또렷함(정확성)', '쉬움(평이성)', '올바름(합리성)'이란 세 가지였다고 한다. 프랑스말이 또렷하고, 쉽고, 올바르기 때문에 세계어가 되었다고 본 것이다. 그로부터 거기에다 '아름다움'이라는 하나를 더 보태서 서양 사람들은 말을 갈고닦는 길잡이로 삼아 왔다.

운 배달말을 쓰면 사람의 마음도 그렇게 아름다워진다. 배달말 안에 감추어진 아름다운 소리와 뛰어난 힘을 찾아내고 드높여야 한다. 음성학과 수사법 같은 학문이 일어나서 우리 입말 소리의 속살을 더욱 넓고 깊게 밝혀내고 우리 글말 쓰기의 속내를 더욱 넓고 깊게 펼쳐 내야 한다. 배달말의 아름다움을 깊숙이 파헤쳐 밝히는 학문도 힘써 일으켜야 하겠지만 무엇보다도 우리 말꽃을 힘써 가꾸고 드높여야 한다. 말꽃이야말로 말의 아름다움을 뽐내는 예술이기 때문이다.

끝으로 우리에게 '있어야 할 배달말'을 생각하면서 빼놓을 수 없는 것은 한글 글자의 자모 체계다. '표준어 규정'에 따르면 배달말에는 열아홉의 닿소리(자음)와 스물하나의 홀소리(모음)가 쓰이는 것으로 되어 있다. 그렇다면 우리 글자의 자모 체계는 자연의 이치에 어긋난다고 할 수 있다. 왜냐하면 사람이 말소리를 만들어 내는 이치가 홀소리를 닿소리보다 더 갖가지로 소리 낼 수는 없게 되어 있기 때문이다. 알다시피 닿소리는 목소리를 소리 내는 곳에 닿게 해서 갖가지로 다르게 만들어 내는 소리지만 홀소리는 그렇게 갖가지로 달리 만들어진 닿소리를 드러나게 해 주려고 밑에서 떠받치는 소리다. 닿소리의 소리를 밀어 주고 드러내 주는 지렛대 노릇을 하는 소리가 홀소리다. 혀와 입술의 모양을 바꾸어 홀소리도 여러 가지로 달리 내기는 하지만 그것은 닿소리에 견주면 더없이 단조롭다. 한마디로, 닿소리란 말의 소리를 가려 쓰도록 하려는 차별 인자이고, 홀소리는 그런 닿소리를 드러내도록 받쳐 주는 도움 인자이다.

그러므로 어떤 겨레의 말이라도 하나의 홀소리에 여러 낱의 닿소리가 달라붙어서 소리덩이(음절)를 만든다. 따라서 사람의 말은 홀소리의 수가 닿소리의 수보다 훨씬 적게 마련될 수밖에 없는 것이 자연의 이치다. 그런 이치는 우리 입말에서 나는 실제 소리에서도 다를 바가 전혀 없다. 구태여 음성 분석기로 살펴보지 않고 귀로 듣기만 하더라도 그런 실상은 쉽게 알아볼 수 있다.[82] 그런데 우리 '표준어 규정'의 글자 체계는 홀소리를 닿소리보다 더 많도록 마련해 놓고 있으니 자연의 질서에 어울리지 않는 것이다. 현실에서도 우리는 '표준어 규정'에서 내놓은 홀소리 모두를 제대로 소리 내어 쓰지도 못할 뿐 아니라 여러 홀소리의 소리가 비슷해서 또렷하게 가려내지도 못한다.

물론 한글의 자모 체계를 고치는 일은 말처럼 쉬운 일이 아니다. 하지만 글자 체계는 고치지 말아야 한다거나 고치지 못할 일이라고 못 박아 놓는 생각은 더욱 옳지 않다. 소리 내는 기관은 조물주가 마련한 것인지라 사람이 고칠 수 없으나, 거기서 내는 소리를 적는 글자는 사람이 만든 것이므로 언제든지 더 마땅한 것으로 고쳐 갈 수 있고 또 고쳐 가야 하는 것이다. 소리를 적자는 글자가 소리 나는 기관의 생리 조직과 자연스럽게 어울리지 못하면 그런 글말은 그만큼 올바르지 못한 것이다. 그런 글자로 글말을 써서 읽으

82_ 오랜 세월에 걸쳐 말의 소리를 따라 적으면서 오늘의 로마자에까지 다다른 서양의 소리글자 역사에서도 그 사실을 얼마든지 증명할 수 있다. 저들이 뜻글자를 버리고 소리글자로 넘어오던 처음에는 오랫동안 닿소리를 나타내는 글자밖에 만들어 쓰지 못했다. 그때 저들의 귀에는 뚜렷하게 구별되는 닿소리밖에 들리지 않았던 까닭이다. 닿소리밖에 들리지 않았으므로 닿소리글자만을 만들었던 것은 바로 닿소리가 소리를 달리 내게 하는 자질을 그만큼 크게 지닌 때문이었다. 홀소리는 훨씬 뒤에야 소리로 확인되었고, 따라서 홀소리글자도 뒤늦게 나타날 수밖에 없었다. 그것은 물론 변별 자질이 그만큼 흐릿한 때문이었다.

며 오래 세월을 보내면 사람의 소리 내는 기관이 망가질 수도 있어서 낼 수 있는 소리를 못 내게 된다.[83] 소리 내는 기관을 골고루 써서 더욱 뚜렷하고 아름다운 갖가지 소리를 내는 우리의 '있어야 할 배달말'을 바란다면, 우리 한글의 자모 체계도 곰곰이 짚고 따져 보아야 한다. 그래서 있는 글자를 버릴 수도 있고 없는 글자를 만들 수도 있다는 생각을 지니고 그런 일을 해내야 한다.

6. 뜻매김

이쯤만 이야기해도 '배달말이란 무엇인가?' 하는 물음에 한마디로 대답할 수가 없다는 사실을 깨달을 수 있다. 《표준국어대사전》처럼 "한 나라의 국민이 쓰는 말" 또는 "우리나라의 언어"라고 책임 없이 대답할 수도 없고, '국어기본법' 처럼 "대한민국의 공용어로서 한국어를 말한다." 하고 좁디좁게 분질러 대답할 수도 없다. 적어도 앞에서 지루하게 이야기한 몇 가지를 하나하나 꼽아서 대답하지 않을 수가 없는 것이다.

첫째, 배달말은 우리 배달겨레가 기나긴 역사를 거쳐 쓰면서 살았고 앞으로 길이 쓰면서 살아갈 말이다.

둘째, 배달말은 우리 배달겨레가 쓰는 입말을 바탕과 알맹이로 삼아서 글말과 전자말까지 함께 싸잡는 말이다.

83_ 보기로 들기가 미안하지만, 이웃 일본은 오십 음절의 글자를 만들어 써 온 세월이 일천 년에 이르렀는데 벌써 발성 기관을 골고루 쓰지 않아 소리 내는 영역이 아주 줄어졌다. 일본말과 배달말이 갈라진 세월은 육천 년쯤이라고 언어연대학은 보는데, 겨우 일천 년도 되지 않은 일본 글자 쓰기로 일본과 우리의 발음 영역은 눈에 띄게 달라진 것이다.

셋째, 배달말은 우리 배달겨레가 만든 토박이말을 바탕과 알맹이로 하여 중국에서 들온말, 일본에서 들온말, 서양에서 들온말이 가장자리를 이루는 말이다.

넷째, 배달말은 우리 배달겨레가 살고 있는 곳곳의 사투리를 바탕과 알맹이로 삼아서 나라 공동체를 하나 되게 하려는 대중말을 함께 싸잡는 말이다.

다섯째, 배달말은 우리 배달겨레가 지난날 썼고 지금 쓰고 있는 말을 바탕으로 하면서 앞으로 써야 할 말까지 내다보는 말이다.

'배달말이란 무엇인가?' 하는 물음을 일으키지 않을 수 없는 사람들, 곧 배달말을 연구하는 학자나 배달말 가르치기에 몸담은 사람이라면 적어도 이런 정도의 뜻매김을 마음에 새기고 일을 해 나가야 한다. 그리고 이런 물음을 일으키고 이만한 대답을 할 수 있는 사람이 많아지면 많아질수록 우리의 삶은 깊고 넓어질 것이다. 그러므로 배달말 가르치기는 마땅히 그럴 수 있도록 힘을 다해야 한다.

교육이란 무엇인가?

아마도 교육은 사람들이 가장 먼저 관심을 가진 사회 활동일 것이다. 사람이 아닌 짐승들도 무리를 지어 살면서 배우고 가르치는 짓을 끊임없이 한다는 사실이 깊숙이 밝혀졌다. 그러니 사람이 배우고 가르치는 일, 곧 교육을 한 역사가 얼마나 오래일 것인지 짐작하고도 남을 만하다. 그런 뜻에서 보면 교육이란 하늘이 사람의 마음 안에 미리 심어 놓은 어떤 본능의 활동이라 보아야 하겠다. 교육이란 사람에게 그만큼 뿌리 깊고 벗어날 수 없는 삶의 몸짓이라는 뜻이다.

사람은 하늘이 하나하나 다른 모습으로 점지해서 오직 한 차례 이 세상에 태어나는 절대의 존재다. 비슷한 모조품이나 꼭 같은 복제품은 결코 있을 수 없고 영원히 하나뿐인 존재이기 때문에 아무것과도 서로 견줄 수가 없다. 사람과 사람끼리도 물론 서로 견줄 수 없다. 그래서 사람이면 누구나 저만의 값어치를 지니고 남다른 모습과 소질과 능력을 갖고 있어서 이를 우리는 '인격(persona)' 이라 한다. 교육이란 사람들이 저마다 다르게 타고난 이 인격을 억눌리지 않고 온전하게 피워 내면서 보람차게 살아가도록 돕는 일이다.

사람은 그가 하늘로부터 받은 인격을 제대로 꽃피워 낼 수 있을 때에 가장 큰 기쁨과 즐거움을 느낀다. 그것을 흔히 행복이라는 낱말로 나타내면서 사람들은 이것을 맛보며 살기를 줄기차게 바란다. 그렇지 못하면 슬픔과 괴로움을 느끼고 곧 불행에 빠져 견딜 수 없어 한다. 그것은 바로 인격이 부서지는 것이고 무너지는 것이기 때문이다. 그러니까 교육이란 인격을 온전히 가꾸도록 돕는 일이고, 가장 큰 기쁨과 즐거움을 누리면서 살아갈 수 있도록 돕는 일이다. 그것은 곧 삼라만상을 가꾸는 하늘의 섭리를 사람과 사람 사이에서 이루어 내도록 돕는 일이다. 과연 우리 교육이 그런 본디의 몫을 올바로 해내고 있는가?

1. 교육의 뿌리

자연 세계 안에 목숨 있는 모든 존재에게는 '자란다' 는 신비스러운 생명 현상이 있다. 그것은 모든 생명에게 두루 주어진 자연의 현상이고, 한편으로는 버릴 수 없는 본능이며, 누를 수 없는 욕망이다. 무엇보다도 만물의 영장이라고 하는 사람에게는 '자라남' 이라는 이 본능과 욕구가 유달리 뚜렷할 뿐만 아니라 놀랍게도 사람은 그것을 느끼고 알면서 살아간다. '자라나야 한다' 는 이 본능과 바람을 알고 산다는 것, 여기에 교육이라는 인간 활동의 뿌리가 내려져 있다고 생각한다.

식물이나 동물은 '자라나는' 생명 현상을 살아 있는 동안 꾸준히 계속하면서도 스스로 그것을 깨닫지는 못하고 있는 듯하지만, 사람은 스스로 그것을 깨달아 알면서 놀라워하고 기뻐하고 즐거워한다. 어린 애기가 자라는 길을 지켜보면 뒤집기를 지나 배밀이를 하다가 무릎으로 기는 때를 거쳐 어느 날 뭔가를 붙잡고 두 발로 일어서게 되는데, 그런 고비마다 스스로 놀라면서 기뻐하고 즐거워하는 모습을 우리는 얼마든지 볼 수 있다. 애기에서 아이로 넘어들면 이런 모습은 훨씬 두드러진다. 몸집이 커지고 키가 자라고 힘살이 튼튼해지고 힘이 세어지는 따위의 '자라남'에 청소년들이 얼마나 마음을 곤두세우고 살아가는지 모르는 사람은 없을 것이다. 스스로 잘 자란다고 느끼는 아이는 나날의 삶이 더없이 기쁘고 즐겁지만 자라남이 더디고 잘못된다고 생각하는 아이는 그 때문에 얼마나 괴로워하고 슬퍼하는가도 누구나 잘 알고 있다. 어서 자라나서 어른처럼 되고 싶다는 바람 때문에 그들은 끊임없이 어른의 흉내를 내는 것이고, 그것이 때로는 청소년 비행이라는 것으로까지 나아가 어른들에게는 걱정거리가 되기도 한다. 어린이들이 저희끼리 모여서 더없이 즐겁게 노는 '소꿉장난'은 어서 자라서 어른이 되고 싶다는 그들의 본능과 바람을 이루어 내는 하나의 예술 행위이며 놀이임이 틀림없는 것이다.

자라나기를 간절히 바라고 자라나는 것을 알고 깨달으면서 커다란 놀라움과 기쁨을 맛보는 것은 몸에만 그런 것이 아니다. 마음의 속살, 곧 내면의 세계가 자라나는 것도 사람들은 예민하게 느끼고 깨달으면서 더없는 기쁨과 즐거움을 맛본다. 몰랐던 사실을 알게 되면서, 겪어 보지 못했던 세계를 겪어 보면서, 깨닫지 못했던 바를 깨닫게 되면서, 앎과 깨달음의 터전이 넓혀지고 기름져 갈 때마다 사람들은 다시없는 기쁨과 즐거움을 느낀다. 그래서 사람들은 말을 비롯한 갖가지 매체와 수단을 찾아서 정보를 나누고, 장난을 치고, 놀이를 하고, 여행을 하고, 탐험을 하고, 책을 읽고, 심지어는 꿈을 꾸고 상상을 함으로써 앎의 터전을 넓혀 그로부터 오는 기쁨과 즐거움을 맛보려고 애쓴다. 사람의 몸이란 이십여 년이면 자라는 것이 거의 끝나지만 마음은 훨씬 오랫동안 쉬지 않고 자라는 까닭에 사람의 각오와 노력에 따라서는 거의 죽을 때까지도 자라는 것으로 보인다. 이렇게 오래도록 자라남에서 오는 기쁨과 즐거움을 맛볼 수 있다는 것이야말로 사람만이 누리는 커다란 특권이고 은혜가 아닌가 싶기도 하다.

사람됨의 속살 깊은 곳에 자리 잡고 있는 이 '자라남'에 관한 날카로운 관심과 뜨거운 바람, 여기에 '교육'이라는 인간 활동의 뿌리가 내려져 있다. 교육이란 바로 이 자라남을 바라는 본능의 욕구를 도우며 채우려고 사람들이 벌이는 활동이다. 따라서 교육은 어디까지나 스스로 하고 싶어서 하는 활동이며 따라서 그 어떤 힘으로도 누르거나 막아 낼 수 없는 활동으로 여겨야 마땅하다. 그것은 지극히 자연스러운 인간 본성이 누를 길 없이 나타나는 것이다. 인간 교육의 첫걸음은 자기 교육에 있고, 교육 활동의 임자는 그 누구보다도 먼저 자기 자신이 될 수밖에 없는 까닭이 여기에 있다.

한편 사람의 관심은 제 한 몸에만 갇혀 머물지 않는다. 우선 제 몸을 이어서 태어난 아들딸과 후손에게로 스스로에게 못지않은 애착과 관심을 갖는다. 나아가서는 핏줄로 맺어지는 사람들로부터 이웃과 겨레에까지 그 관심은 넓혀지고, 드디어는 모든 사람의 앞날까지도 걱정하게 되는 것이 사람이다. 사람이 다른 짐승보다 값지고 거룩한 존재라는 것도 따지고 보면 이처럼 남들에게 쏠리는 관심에 말미암는 것이고, 개인으로도 그가 남들에게 얼마만한 깊이와 넓이로 관심을 갖고 사느냐에 따라 인격의 값어치가 달라진다. 자기 한 몸의 삶에만 관심이 갇혀 있는 사람들도 있고, 자녀나 가족들의 삶 정도까지 겨우 미치는 사람들도 있고, 나라나 겨레의 동아리 모두의 삶에까지 또는 온 인류 전체의 삶에까지 깊은 관심을 쏟으며 사는 사람들도 있다. 사람을 넘어서 살아 있는 모든 것과 존재하는 모든 것에까지 관심을 쏟으며 드디어는 자기 자신의 삶조차 잊어버리는 사람들도 있다. 이러한 관심의 깊이와 넓이의 차이가 결국 그 사람의 사람됨을 값 매기게 하는 잣대가 되는 것이다.

제 스스로의 몸을 떠나 자손이나 남들에게 보내는 이러한 애정과 관심이란 곧 저들의 자라남을 돕는 것이다. 그들의 자람을 도와주고 길러 줌으로써 그들에게 한결 더 나은 삶을 약속해 주고 싶어하는 사랑이다. 자기가 아닌 남들도 더욱 잘 '자라기'를 바라는 이 희망과 사랑이 '교육'이라는 인간 활동의 또 다른 뿌리다. 제 자라남에 쏠리는 관심이 교육이라는 인간 활동의 첫째 뿌리라면, 남의 자라남에 쏠리는 관심은 그것의 둘째 뿌리라 할 것이다. 이들 두 뿌리가 하나로 만나 어우러지는 곳에서 온전한 뜻의 '교육'이 이루어진다고 보아야 하겠다.

2. 배움과 가르침

우리 토박이말에는 교육의 두 뿌리를 뜻하는 낱말, 곧 '배움' 과 '가르침' 이 따로 갈라져 있다. 제 스스로 자라나는 것에로 쏠리는 마음에서 일어나는 활동을 우리는 '배움' 이라 부르고, 남이 자라나는 것에로 쏠리는 마음에서 일어나는 활동을 우리는 '가르침' 이라 부른다. 따지고 보면 서양말 '에듀케이션(education)' 이나 한자말 '교육(敎育)' 이나 모두 가르침 쪽만을 뜻하는 것인데, 우리가 여기서 쓰는 '교육' 이라는 낱말은 배움과 가르침이 하나로 만나 어우러져서 이루는 것을 뜻한다고 보아야 마땅하다.

그런 뜻의 교육에 있어서 배움이 더 앞서는 첫째 뿌리고 가르침은 어디까지나 거기 뒤따르는 둘째 뿌리라는 사실은 앞에서 이야기한 바와 같다. 그래서 지나치게 말하자면 사람에게는 가르침이 전혀 없다고 하더라도 스스로 배움으로써 교육에서 얻는 자라남을 이루어 가는 힘이 있다고 말할 수도 있다. 눈으로 보고 배우고, 귀로 듣고도 배우고, 그 밖의 감각 기관을 통하여 바깥세상의 모든 것들을 받아들임으로써 사람은 끊임없이 새로운 것을 배운다. 다른 사람의 말과 행동에서도 배우고, 뛰어난 사람들은 사물과 자연과 우주의 신비 속에서도 많은 것들을 혼자서 배운다. 어쩌면 사람이 세상에 나타난 뒤로 오래오래 이 배움만으로 성장과 진보를 이루어 왔을지도 모른다.

"세 사람만 모이면 나의 스승이 거기 있었다." 이렇게 말한 공자뿐 아니라 인류의 큰 스승인 모세나 석가나 소크라테스나 마호메트 같은 이들이 모두 가르침 없이 배움만으로 그처럼 놀랍게 자란 분들이 아닐까 싶기도 하다. 그러니까 두고 일러 제 자라남에 말미암은 배움이라는 교육의 뿌리와 남 자라남에 말미암은 가르침이라는 교육의 뿌리 가운데서 어느 하나가 빠질 수 있다면 그것은 마땅히 가르침이 될 것이다. 가르침은 없어도 배움만 있다면 그것으로 교육이라는 것이 모자랄지라도 이루어질 수 있다는 말이다. 그러나 만약 배움이 빠지고 없다면 아무리 불같은 가르침이 있다 하더라도 그건 교육이 되기 어려울 것이다.

그러나 한편 사람들이 교육의 값어치, 다시 말하면 자기든 남이든 더욱 나은 상태로 자라나야 한다는 사실의 값어치를 깊이 깨달으면 깨달을수록 가르침 쪽에 더 많은 관심을 기울이게 되는 듯하다. 자라나야(진보해야, 향상해야) 한다는 마음이 커질수록 배움과 가르침은 본디 가진 뜻의 자연 상태에만 머무르지 않고 천천히 틀을 갖추어 나가는 듯하다. 마음을 써서 틀을 짜고 속살을 채우며 흔들림이 없도록 만들어 나가는 것이다. 그러면 사람들은 저절로 배움보다는 가르침에 더 많이 마음을 쏟게 되는 것이 아닌가 싶다. 그것은 이렇게도 말할 수 있을 듯하다. 곧 교육의 값어치를 깨달은 사람이 바로 교육의 틀을 애써 세우고 길을 마련하는 사람일 수밖에 없고 그들은 배움을 많이 쌓은 사람이 아닐 수 없다. 제 스스로 이미 쌓은 배움으로 교육의 값어치를 깨달은 것이고 그래서 더욱 잘할 수 있는 틀과 길을 마련해야 하겠다는 마음을 갖게 된 사람들이다. 그러므로 이제 그들은 이미 맛보고 얻어 낸 배움보다는 아직 배우지 못한 사람들에게 가르침을 베풀 일에 마음을 쏟게 되는 것이다. 아직 제 배움에 정신이 팔려 있는 사람은 남의 가르침의 값어치를 깨닫기에도, 그것을 틀 지우고 길 닦기에도 모자람이 있는 아이들이다. 몸으로는 아이가 아니라 하더라도 마음으로는 아이일 수밖에 없다. 그래서 교육이 하나의 짜임새와 틀을 갖추기에 이르면 배움보다는 가르침이 훨씬 더 큰 관심 속으로 떠오르는 것이 아닌가 싶다.

가르침이 더욱 뚜렷이 떠오르고 더 잘 가르치려는 교육이 틀을 갖추기에 이르면 어쩔 수 없이 교육의 첫째 뿌리인 배움은 슬그머니 뒷자리로 밀려나기 쉽다. 그래서 둘째 뿌리인 가르침이 훨씬 다부지게 나서서 앞자리를 차지하게 되는 수가 많다. 그러나 이러한 흐름이 지나치게 되면 교육은 제 길을 벗어나서 마땅한 열매를 거둘 수 없게 된다. 스스로 자라나려는 배움의 힘을 꺾어 버릴 수도 있고, 스스로 자라 나가는 길을 막아 버릴 수도 있어서 차라리 교육하지 않는 것만 못하게 되는 수도 없지 않다. 그처럼 나쁜 쪽으로 빠지지는 않는다 하더라도 가르치는 처지에서 내리는 저만의 잣대에 따라 교육의 속살과 솜씨를 마음대로 주무르면 알맹이 없는 껍데기만 주워 담고 말 수도 있다. 그래서 인류의 역사 안에 나타났던 뛰어난 스승들은 늘 이런 사실을 깨우치고, 교육이 어디까지나 배움을 앞세워 이루어지도록 본을 보였던 것이라 하겠다.

3. 우리 교육 유산

우리 겨레는 마음을 먹고 틀을 갖춘 교육을 매우 일찍부터 베풀어 왔다. 고구려의 태학이라든지 신라의 국학 같은 것이 학교 교육임이 틀림없으니 세계 어느 겨레보다 뒤지지 않는 것이다. 그리고 그로부터 고려의 국자감과 향교, 학당과 공도, 서당을 거쳐 조선의 성균관과 사부학, 향교와 서원, 마침내 산골 서당에 이르기까지 교육의 길은 끊임없이 넓혀지면서 이어졌으므로 경험의 역사도 아주 긴 셈이다. 그러나 지난날 왕조 시대의 교육은 반갑지 않은 유산만을 우리에게 안겨 주었다.

무엇보다도 왕조 시대의 교육은 지배 계층이 나라 다스리는 능력을 기르자는 것이 과녁이었다. 소수의 지배 계층이 나라를 이끌어 가도록 하는 사회 제도 안에서 그들의 통치 능력을 드높이자고 교육에 힘을 쏟았다는 말이다. 모든 사람에게 하늘이 내린 능력을 찾아내어 키우도록 하려는 것이 아니라 지배 체제를 굳건하게 지키며 사회를 통치하는 능력을 기르자는 것이 왕조 시대의 교육이었다. 신분 제도로 가려 뽑힌 소수에게만 주어진 통치 교육은 쓸모 있는 사람(인재)을 기르자는 노릇이었는데, 뒤로 내려올수록 열리고 풀어지는 것이 아니라 왕조 사회가 쉽게 바뀌지 않는 것과 발맞추어 굳게 닫힌 채로만 이어졌다. 이런 교육은 우리에게 '인재 양성'이라는 이름의 유산을 안겨 주었다. 그 낱말 안에는 적어도 세 가지 가시가 들었다. 첫째는 사람을 이른바 자원으로 보는 것이다. 사람을 쓸모에 따라 수단과 도구로 보는 것이다.[84] 둘째는 겨루기(경쟁)를 마땅한 노릇으로 보는 것이다. 쓸모에 따라 교육해 놓고 쓸 곳이 모자라니 겨루기를 해서 뽑아 쓰는 길밖에 수가 없었다. 셋째는 뽑힌 사람은 좋은 것을 마음대로 차지하는 것이다. 높은 신분에다 시험에서 뽑히었으니 좋은 것은 모두 차지해도 나무랄 수 없다고 여

84_ 이런 눈으로 언젠가는 "우리는 민족중흥의 역사적 사명을 띠고 이 땅에 태어났다"는 소리를 학생들이 외우도록 했다. 사람을 민족중흥의 도구로 보았던 것이다. 그러더니 요즘은 아예 교육부를 '교육인적자원부'라고 바꾸었다. 깨놓고 사람을 자원으로 보자는 것이다. 참으로 위험한 인간관을 가진 사람들이 나라의 교육을 주무르고 있는 것이다.

기고, 사람들은 부러운 눈으로 쳐다보았을 뿐이다. 이런 유산이 오늘 우리네 교육에서 어떤 모습으로 똬리를 틀고 있는지는 조금만 생각해도 알 만한 일이다.

게다가 일천수백 년이나 이어지며 굳어진 왕조 시대의 통치 교육은 속내가 그야말로 '외국어 학교'에 지나지 않았다. 중국 글자(한자)를 익혀서 중국 글말(한문)로 쓴 중국 경전을 읽고 쓰며 거기 담긴 중국 세상을 배우는 것이었다. 외국어인 중국 글말을 익혀서, 중국 사람들이 써 놓은 저들의 역사, 문학, 정치, 철학, 종교의 고전을 가르치는 것이 교육과정의 처음이며 끝이었다. 신라 국학의 교육과정이 역사책에 남아 있어서 처음을 알고, 왕조가 무너진 뒤까지 서당이 자취를 감추지 않아서 끝을 아는 일이다. 교과서가 중국 글말의 원전뿐이었으니 그것을 교육하는 방법도 교사가 읽어 주고 풀어 주는 이른바 주입식 하나밖에 길이 없었고, 외국어 가르치기에서 학생이 할 수 있는 학습이란 오직 읽고 쓰고 외우는 길밖에는 달리 방도가 없었다.

학교를 세우고 교육을 이끌어 온 지배 계층의 사람들은 중국 문화를 속속들이 담고 있는 저들의 고전을 깊이 익히는 것이야말로 우리 문화를 드높이고 왕조 사회를 다스리는 데 가장 절실하다고 여겼다. 그래서 중국의 학교에서 가르치는 그대로 본떠 교육과정을 짜고 교과목을 잡아서 가르치는 것이 가장 좋다고 생각했다. 이런 흐름은 왕조가 바뀌면서도 일천수백 년 내내 흔들리지 않고 그대로 이어졌다. 그런 교육의 역사가 지배 계층 사람들의 정신을 어떻게 바꾸어 갔을지 짐작하기는 어렵지 않다. 저들의 정신은 끊임없이 중국을 바라고 우러르며 우리 삶의 바탕에서는 멀리 떠나가게 마련이었다. 제 삶은 벗어나야 할 굴레로서 갈수록 낮추어지고, 중국의 삶은 받아들여야 할 이상으로 자꾸만 드높아졌다. 우리 삶과 중국 삶은 서로 달라야 마땅한 것으로 보지 못하고, 중국은 진보하였으나 우리는 그러지 못했다고만 여겼다. 삶이 다르고 문화가 다른 것은 우리가 진보하지 못한 까닭이니까 어떻게든지 우리도 진보해서 중국을 닮아야 한다고 생각하였다. 비록 땅덩이는 작더라도 중국과 같은 모습의 세상을 만들어 이른바 소중화[85]를 이루자는 것이 그들의 한결같은 바람이었다. 그래서 교육을 많이 받으면 받을수록 제 삶과 고향과 나라를 버리고 몸과 마음이 당나라로, 송나라로, 명나라로 멀리 떠나가기만 했다. 교육을 받는 보람은 소중화인을 만드는 것이었다.

소수의 지배 계층에게만 교육의 문이 열려 있던 왕조 사회가 아니라 모든 사람에게 배움의 문이 열린 뒤의 학교 교육도 반갑지 않은 유산을 물려주기는 마찬가지다. 왕조가 무너지면서 우리는 이른바 '신식 학교'를 열었는데 안타깝게도 우리를 앞질러 서양 사람과 일본 사람이 열었다. 그들은 우리네 삶과 전통을 모조리 바꾸고 고쳐야 마땅한 것으로 진단해 놓고 그것을 떠나도록 가르친다는 점에서 왕조 시대의 교육과 조금도 다르지 않았다. 지난날 중국을 바라보던 것에서 이제는 일본과 서양을 바라보도록 하는 것만 달라졌을 뿐이었다. 본받고 찾아가야 할 고향이 중국에서 일본·서양으로 바

85_ 중화란 '가운데 꽃송이'라는 말이니, 중국은 저들이 세상의 한가운데 자리를 잡았고 가장 꽃다운 문화를 이룩했다는 뜻으로 스스로를 그렇게 불렀다. 그러면서 다른 나라와 겨레는 모두 저들의 언저리를 둘러싸고 있는 오랑캐라고 했다. 그런데 우리는 우리도 세상의 가운데 자리 잡아 또 다른 중화라고 내세우지 못하고, 다른 오랑캐들과는 달리 중국을 닮아서 작은 중화나마 되려고 안간힘을 다한 것이다.

꿔고, 바라보는 사람들의 수효가 소수에서 다수로 불어난 것만이 신식 학교 교육의 새로운 모습이다. 따라서 신식 학교 교육 또한 많이 받으면 받을수록 나를 떠나고, 가족을 떠나고, 고장을 떠나고, 삶의 뿌리로부터 점점 더 멀리 떠나가게 되었다는 사실을 우리는 현실에서 얼마든지 겪어서 알고 있다.

뭐니 뭐니 해도 우리의 신식 학교 교육이 잘못된 빌미는 일본 제국주의자들의 침략 술책으로 태어났다는 사실에 있다. 서양 사람이 선의로 시작하거나 깨어난 우리 겨레가 세운 얼마간의 신식 학교들도 머지않아 모두 손아귀에 넣고, 저들은 우리 땅을 길이 식민지로 삼겠다는 헛된 꿈으로 모든 학교 교육을 꼼꼼하게 틀어쥐고 나갔다. 그러면서 섬사람다운 조급함을 숨기지 않고 짧은 시간에 우리를 일본 사람으로 바꾸어 보려고 발버둥쳤기 때문에 교육의 과녁과 솜씨가 모두 강제였다. 과녁은 우리의 삶과 정신을 버리고 일본의 삶과 정신으로 바꾸도록 하겠다는 것이었고, 솜씨는 철저하게 교사의 주입식이었다. 우리를 우리의 지난날 삶과 정신으로부터 떠나도록 하겠다는 목적은 주입식 방법을 쓸 수밖에 다른 길이 없었을 것이다. 물음이 있고 토론을 하면 진실을 뒤집고자 하는 저들의 목적을 결코 이룰 수 없는 것이기 때문이다. 학생은 꾸어다 둔 보릿자루처럼 가만히 앉아 있게 만들어 놓고, 교사 혼자 검은 것도 희다고 가르치면서 주입할 수 있을 때에만 침략 교육의 목적이 이루어질 수 있기 때문이다.

일천수백 년 동안에 걸친 왕조 시대의 교육이나 그것을 이어받은 침략자의 신식 학교 교육이나 모두 오늘날 우리의 눈으로 볼 때에는 참다운 교육이라고 말하기 어려운 것이었다. 교육이란 사람이 지니고 태어난 바를 거침없이 펼칠 수 있게 북돋우고, 그래서 마침내 세상이 더 살기 좋은 쪽으로 바뀌도록 하는 노릇을 이른다면, 지난날의 교육은 모두 거꾸로 가는 것이었다. 목적으로 보아도 거꾸로 가고, 방법으로 보아도 거꾸로 가는 것이었을 뿐이다. 그런데 이런 유산이 오늘 우리의 학교 교육에 거의 그대로 들어와 있을 뿐 아니라 우리의 정신과 삶 안에도 무서운 힘을 지닌 채 자리 잡고 있는 것으로 보인다.

4. 오늘 우리 교육

이러한 바탕 위에서 우리의 학교 교육 현실을 가늠해 보면 뉘우쳐야 할 일들이 너무도 많다. 무엇보다도 오늘날 우리 학교 교육에는 학생의 '배움'이 얼마만큼 열려 있느냐 하는 것부터 뉘우쳐야 할 일이다. 학생이 스스로 배워야겠다고 느끼는 것들을 배울 수 있도록, 제가 나서서 팔 걷고 힘써 배울 수 있도록 돕는 길을 열어 놓았는가? 초·중·고등학교 교육이 두루 하나같이 외길로 가르침만 내세우며 이루어지고 있어서 배움은 예나 다름없이 갇히고 눌려 있는 것이 아닌가? 전국 어디나 하나같은 교실 생김새, 전국 어디서나 한결같은 짜임새와 속살로 가득 찬 교과서, 전국 어디 가나 거의 다르지 않은 학습 방법, 전국 어디서나 꼭 같은 물음과 잣대로 재는 평가, 무엇보다도 온 나라 고등학생이 모두 꼭 같은 문제로 시험을 쳐서 그것으로 대학을 골라잡게 하는 대학 입시, 이런 것들이 '교육 평준화'라는 이름으로 학생의 참된 배움을 짓누르고 있지 않은가? 교육의 현장에 도사리고 있는 이런 현실이 학생에게 감추어져 있는 배움의 본능조차 죽이지 않는가?

대학 입시, 이것을 바로잡지 않고는 우리네 학교 교육을 올바른 길로 되돌리기 어렵다. 이런 사실을 모르는 사람은 거의 없어서 수많은 사람들이 여러 가지 방책을 내놓기도 한다. 그러나 뒤틀린 대학 입시에 붙어서 피를 빨며 살아가는 이른바 사교육 시장의 무서운 세력이 그것들을 모두 쓸모없게 만들어 버린다. 사교육 시장이라는 무서운 거머리를 떼어 내지 않고는 우리네 학교 교육이 올바른 길로 들어서기 어려울 것으로 보인다. 사교육 시장을 떼어 버리고 학교 교육을 올바른 길로 끌어올릴 대학 입시 방안은 없을까? 당연히 있다. 그것은 한마디로 '제대로' 하는 것이다. 학교 교육을 제대로 하고, 대학 입시를 제대로 하면 된다. 학교 교육과 대학 입시를 제대로 하면 사교육 시장은 저절로 시들어 떨어져 나가고 만다.

대학 입시를 제대로 하는 길은 무엇인가? 그것은 대학이 해야 하는 연구와 교육을 '제대로' 할 수 있도록 길을 찾으면 된다. 대학은 연구와 교육을 학과 또는 학부에서 한다. 대학교에서 연구와 교육을 하는 것이 아니고, 대학에서 연구와 교육을 하는 것도 아니고, 학과(학부)에서 저마다 남다른 연구와 교육을 한다. 그러므로 학과(학부)에서 마땅한 학생을 가려 뽑을 수 있어야 한다. 생물학과에서 공부할 사람은 생물학과 교수들이 뽑아야 하고, 국어교육과에서 공부할 사람은 국어교육과 교수들이 뽑아야 제대로 뽑을 수가 있다. 다 같은 생물학과라도 미생물학과나 유전자공학과가 옆에 있는 생물학과와 그런 학과가 곁에 없는 생물학과에서는 공부할 교육과정이 같을 수가 없다. 그러므로 대학 교육을 제대로 하려면 저마다 제 학과에 마땅한 사람을 학과의 교수들이 뽑아야 하고, 그 밖에는 어는 누구도 마땅한 사람을 뽑을 수가 없는 것이다. 온 나라에 있는 모든 대학의 입시를 학과(학부)에다 맡겨서 저마다 남다른 잣대로 알맞은 학생을 뽑도록 하면 고등학교는 그제야 대학 입시를 준비하는 굴레에서 벗어날 수 있다. 그날부터 교육법에서 하자고 해 놓은 고등학교의 교육을 자유롭게 할 수 있을 것이다. 이것이 대학 입시를 제대로 하는 길이다.

학교 교육을 제대로 하는 길은 무엇인가? 그것은 모든 학교가 해야 하는 교육을 '제대로' 할 수 있도록 길을 찾으면 된다. 우리에게는 초등학교가 해야 하는 교육, 중학교가 해야 하는 교육, 인문계 고등학교가 해야 하는 교육, 실업계 고등학교가 해야 하는 교육, 특수 목적 고등학교가 해야 하는 교육이 따로 있다. 그것은 교육법을 비롯한 법령에도 있지만 그보다 훨씬 가까이 국가 교육과정 안에 뚜렷하게 밝혀 놓았다. 법령과 교육과정에 밝혀 놓은 학교의 교육 목적은 상급 학교에 진학을 시키자는 것이 결코 아니다. 초등학교와 중학교뿐만 아니라 인문계든 실업계든 특수 목적이든 모든 고등학교가 해야 하는 교육의 목적도 대학에 진학을 시키자는 것이 아니다. 학생들이 저마다 가고 싶어 하는 일류 대학으로 진학을 하도록 돕는 것이 고등학교가 맡은 교육의 몫이 아니다. 학교 교육이 입시 교육, 진학 교육이라는 길에서 빠져나와 본연의 몫으로 돌아가게 하는 것이 제대로 하는 길이다. '창의적인 인간', '유능한 인간', '마음이 따뜻한 인간'을 만드는 본디의 몫으로 돌아가는 것이다.

대학 입시를 대학의 연구와 교육의 단위인 학과 또는 학부에게 맡겨서 제대로 하게 하면 입시 교육이니 진학 지도니 하는 그릇된 교육을 할 수가 없다. 학생들마다 가고 싶은 학과(학부)가 다르기 때문에 모든 학생에게 다른 교육을 시켜야 하기 때문이다. 그래도 사교육 시장이라는 무서운 거머리는 서울대학교 인문대학 종교학과를 가고 싶은 학생들만 불러 모아서 입시 준비를 시킬 수도 있을 것이다. 그러나 종교학과 교수들은 사교육 시장에서 배운 것으로는 대답할 수 없는 문제를 물어서 학생을 가려 뽑을 것이므로 머지않아 학생들이 사교육 시장을 기웃거려도 아무런 도움을 받을 수 없다는 것을 깨달을 것이다. 이렇게 사교육 시장조차 돕지 못하는 입시를 고등학교에서는 더욱 도울 수 없을 터이니 이제 어쩔 수 없이 교육과정이 하자는 대로 본디의 몫인 교육으로 돌아가는 수밖에 없을 것이다.

이런 걱정을 가슴속에 묻어 두더라도 오늘 우리네 학교 교육을 생각하면 걱정해야 할 일들이 너무도 많은데, 가장 다급한 두어 가지만 더 꼽아 보기로 한다. 우리네 학교 교육에서 무엇보다도 먼저 고쳐야 할 일은 학급 크기다. 요즘 들어 우리의 학급 크기는 줄곧 작아지고 있지만 아직도 한 사람의 교사로서는 학생의 배움을 북돋우는 교육을 할 수 없는 크기다. 학생이 스스로 배움을 마음껏 펴나갈 수 있도록 하려면 한 사람의 교사가 돌보는 학생이 열다섯을 넘지 않아야 한다는 사실을 일찍이 많은 사람들이 밝혀 놓았다. 한 교사가 제대로 돌볼 수 있는 학생의 수는 열둘이 가장 알맞다는 사실은 널리 알려졌다. 그리고 지난 수백 년 동안 인류 문화의 진보를 주도해 왔고 앞으로도 그 주도권을 빼앗기지 않으려고 교육에 온갖 정성을 쏟고 있는 유럽의 여러 나라들이 이미 학급 크기를 여기에 맞추면서 교육을 해 온 지가 오래다. 우리도 나라와 겨레의 장래를 생각한다면 다른 무엇보다도 학급 크기를 줄이도록 큰돈을 교육에

넣어야 한다.[86] 이 매듭을 풀지 않고는 교육을 바로잡는 일들이 제대로 이루어지기 어렵다.[87]

우리네 학교 교육에서 가장 서둘러 고쳐야 할 또 다른 일은 교사다. 교사의 능력을 끌어올리는 일, 이것이야말로 오늘날 우리 교육에서 가장 크게 걱정해야 할 숙제다. 다른 모든 여건이 좋아져도 교사가 나쁘면 교육은 좋아질 수 없다. 누구나 알다시피 교육은 교사의 손에 달렸기 때문이다. 지금 초·중등학교 교사를 길러 내고 있는 교육대학과 사범대학, 교사의 재교육을 맡고 있는 연수원의 값어치를 눈을 씻고 다시 보아야 한다. 무엇보다도 교사를 길러 내는 교육대학과 사범대학의 교육 시설, 교육 내용, 교수 자질을 모두 크게 고쳐야 한다. 우선 교사를 길러 내는 대학의 실상을 나라와 겨레의 앞날을 걱정하는 마음으로 온 국민이 들여다보아야 한다. 그

86_ 국민의 정부(김대중 정부) 때에 학급 크기를 줄이려고 큰 돈을 마련하고 애쓴 적이 있었다. 그러나 어리석게 하는 바람에 소란밖에는 아무것도 얻지 못했다. 학급 크기를 줄이려면 함께 준비해야 할 일이 많다. 학급 크기가 줄어지면 늘어나야 할 만큼 교사를 양성하고, 학급 크기에 맞추어 교실을 조그맣게 고치고, 학급 크기를 줄여서 학생들이 저마다 활발하게 공부할 수 있도록 도서실이며 보조 교재 같은 것을 넉넉하게 갖추어야 한다. 그러면서 한 해에 한두 사람씩 차근차근 줄여서 십여 년을 지나면 저절로 학급마다 열다섯 사람씩 되도록 꼼꼼한 계획을 세워야 한다. 그런 계획은 아예 없이 느닷없는 공문 한 장으로 단박에 서른 사람으로 맞추라고 했으니 야단법석밖에 얻을 것이 없었다.

87_ 지난 1981년에 열세 사람의 학생을 두 사람의 교사가 교육하고 있는 이탈리아의 북부 어느 초등학교 3학년 수업 현장을 구경한 적이 있다. 학생이 열셋뿐이지만 그 가운데 두 아이가 학업에 뒤떨어진다고 특별 교사 한 사람을 더 배정해서 교사가 둘이었다. 그나마 두 아이가 그런 사실을 알고 상처라도 받을까 봐 학생들에게는 만들기(공작) 교사라고 알려 놓았다. 하필 거기서 한 학생에게 한국에는 한 학급의 학생이 몇 사람이냐는 질문을 받았다. 생판 거짓 대답은 할 수가 없어서 오륙십 명 된다고(실제로 그때 우리 초등학교의 학급 크기는 거의 예순 사람을 넘었다.) 했더니 교사 아이 할 것 없이 모두들 눈이 휘둥그레졌다. 어안이 벙벙해서 입을 벌리고 있는 아이들은 말할 나위도 없고 두 사람의 교사와 나와 함께 자리하고 있던 교장의 궁금증을 그럴듯한 설명으로 달래느라고 정말 쩔쩔매었다. 그만큼 우리네 학급 크기는 유럽 사람들이 상상할 수조차 없는 것이다.

래서 훌륭한 교사를 길러 낼 수 있도록 뒷받침하는 일을 모든 국민의 몫으로 여기게 되어야 한다.

길러 내는 기관보다 더욱 심각한 것은 아예 양성하지 않고도 수많은 자격증을 마구 주고 있는 제도다. 교육대학이나 사범대학에서 교사가 되겠다는 마음으로 교육받는 것은 그나마 나은 편이고, 일반대학과 교육대학원에서 교육학 몇 강좌만 들으면 교사 자격증을 받을 수 있는 길이 두루 열려 있다. 양성하지 않으면서 자격증만 마구 주는 데서 임용 시험이 나왔다. 교사 자격증을 받은 사람은 쌓여 있고 교사가 설 자리는 적으니 시험을 거쳐 고르는 수밖에 없었다. 많은 사람 가운데서 골라 뽑으니 유능한 사람을 교단에 세울 수 있으리라고 생각하기 쉽다. 그러나 실상을 알고 보면 놀라지 않을 수 없을 것이다. 현재의 임용 시험은 단지 두서너 시간의 필기시험으로 교사의 능력을 분별하고 있기 때문에 대학에서 사 년 동안 익힌 지식과 인격보다 학원에서 돈벌이를 목적으로 하는 시험 요령을 배우는 것이 훨씬 쓸모 있게 되었다.

게다가 참다운 교육 능력이란 본디 시험 문제로 평가하기 어려운 데다가 출제 환경이 바람직한 문제를 만들 만한 터전이 아니다. 출제 환경을 개선한다 하더라도 시비와 분란이 없어야 한다는 시험 관리 관청의 원칙이 삼엄하기 때문에 쓸모없는 부스러기 지식을 물을 수밖에 없다. 그뿐 아니라 그런 시험을 치르며 내놓은 답안지만이라도 제대로 평가할 터전이 전혀 마련되지 않았다.

이런 엉터리 임용 시험을 거쳐도 그럴듯하게 옷을 차려 입은 교사가 교단에 서고, 겉으로 아무 일도 없는 것처럼 보이니까 어떤 사람도 시비를 걸지 않는다. 그러나 교실 안에서 자라는 아이들에게는 무서운 일이 얼마든지 벌어지고 있다. 한 사람의 엉터리 교사가 정년을 할 때까지 얼마나 많은 아이들에게 눈에 띄지 않으면서도 무서운 죄악을 저지를 수 있는지를 곰곰이 생각하면 참으로 끔찍하다. 교사 한 사람의 양성과 임용을 어떻게 다루어야 할지 우리 모두가 함께 깊이 깨달아야 한다.

우리네 학교 교육에서 좀 더 안쪽으로 들어가 바로잡아야 할 속살로 첫손 꼽을 것은 지역화 교육이다. 삶터를 교과서로 삼아서 배우게 하는 교육이란 우리에게는 그게 무슨 소린가 할 만큼 낯설다. 그러나 교육학 하는 사람들은 이미 반세기 이전부터 미국 사람들이 힘쓰던 지역 사회 학교를 해야 한다고 부르짖으며 이른바 지역 사회 학교 운동을 벌였다. 그리고 이런 운동이 장면 정부 때에는 '향토 학교' 라는 이름으로 문교부의 장학 방침으로 올라서고, 박정희 정부에 와서는 '한국 지역 사회 교육후원회' 도 생기고 새마을운동과 어우러져 '학교와 지역 사회' 라는 소리가 온통 시끄러웠다. 그러다가 제5차 교육과정 때에는 사회과에서 지역화 교육을 한다고 전국 교육청 단위로 교재까지 만들고, 마침내 제6차 교육과정에서는 모든 교과에서 지역화 교육을 해야 한다고 했다. 제7차 교육과정에서도 그것을 더욱 강화하라고 했는데, 아직까지 학교 교육 현장에서는 그게 무슨 소린가 하고 있으니 이게 어찌 된 일인가?

두 가지 까닭이 있다. 하나는 우선 교육학 하는 사람들이 미국에서 하는 것을 배워서 그대로 본받으려 했기 때문이다. 우리나라는 미국과 다르고, 우리 사회는 미국 사회와 다르고, 우리 문화는 미국 문화와 너무 다르다. 우리가 삶터를 교과서로 삼아서 배워야 하는 까닭은 미국뿐만 아니라 서양이나 일본이나 중국과도 다른 곳에 있다. 그런데도 교육학 하는 사람들은 우리가 왜 삶터를 교과서로 삼지 않으면 안 되는가를 밝혀서 모두가 그것을 깨닫도록 하지는 않고 미국에서 하는 소리를 그대로 되풀이하면서 본받아야 한다고 했다. 그래서 정권 근처의 높은 사람들은 죽이 맞아서 맞장구를 쳤지만 삶터에 뿌리를 내리고 사는 사람들에게는 귓등으로 들릴 수밖에 없었다. 또 하나는 학생과 교사가 만나는 교육의 고리는 교과 교육인데 여러 교과 교육이 어떻게 삶터를 교과서로 삼아서 배우게 할 수 있을지를 고민하지 않았다. 그것도 물론 미국을 본뜨다가 저지른 잘못이지만, 우리는 교과마다 교과서를 만들어서 그것을 사이에 놓고 학생과 교사가 만나는 교육밖에는 할 줄을 모른다. 고구려 태학 이래로 책을 사이에 놓고 선생과 학생이 만나는 교육 말고는 해 본 경험이 없기 때문이다. 그런데 지역화 교육을 부르짖은 사람들은 줄곧 교과를 내버리고 지역 사회 속으로 들어가는 교육을 부르짖은 것이다. 제5차 교육과정에 와서야 '사회과' 라는 교과에 눈을 돌렸지만, 알고 보면 우리는 모든 교과 교육이 삶터를 교과서로 삼지 않으면 안 되는 것이다.[88]

우리가 삶터를 교과서로 삼아 배워야 하는 까닭은 여태까지 우리네 학교 교육이 그걸 돌아보지 않고 남만 쳐다보며 좇아가는 교육을 했기 때문이다. 나와 내 집안의 삶을 돌아보지 않고, 우리와 우리 마을이나 고을의 삶을 살펴보지 않고, 우리나라와 우리 겨레의 삶을 내던져 놓은 채로 한사코 남만 우러르며 배우려고 했기 때

88_ 그런 뜻에서 경상대학교 사범대학 부설 교육연구원에서 국어, 역사, 지리, 사회, 생물, 음악 같은 교과들이 함께 손잡고 삶터를 교과서로 삼는 교육을 하도록 길을 찾아본《한국 교육의 지역화 연구》(2004) 상·하 두 책은 매우 뜻이 깊은 것이다.

문이다. 고구려 태학으로부터 조선 왕조가 끝날 때까지 일천수백 년 동안 어쩌든지 중국을 배워야 한다며 안간힘을 다하다가, 지난 한 세기 동안은 어쩌든지 일본과 미국을 배워야 산다면서 나와 우리를 내팽개치는 교육을 했기 때문이다. 이런 길을 바로잡아서 먼저 나와 내 집안의 삶을 배우고, 차차로 눈을 넓혀서 마을과 고을을 넘어 온 나라를 배우고, 마침내 세상 천하를 모두 배우는 데까지 나아가야 한다. 학교 교육의 속살 넓이는 학생들이 살아가는 세상의 넓이와 나란히 나아가야 하는 것이다. 이것이 이른바 환경확장법[89]이라 부르는 학교 교육의 올바른 길이다.

이제 나날이 달라지는 눈앞의 세상을 따라가기조차 어렵고, 십 년 뒤의 세계라면 아무도 예측할 수 없는 놀랍고 무서운 시대가 되었다. 그런데 우리는 학교 교육의 제도와 환경도 개선하지 못한 채 머뭇거리기만 하고, 학교 교육의 열쇠인 교사의 양성과 공급 또한 이런 상태로 뒷걸음질만 하고, 여전히 나를 돌보지 않은 채로 남만 쫓아가려 안간힘을 다하니 참으로 안타깝다. 이런 세 과제 가운데서도 가장 걱정스러운 것은 물론 교사다. 교사가 교육의 열쇠이기에 그렇기도 하지만, 제도와 환경 같은 바깥 조건들은 투자만 늘리면 하루아침에라도 쉽게 바로잡힐 수 있으나 교사를 비롯한 교육의 안쪽 사정들은 투자를 늘리고 제도를 바로잡는다고 해서 쉽게 고쳐지는 것이 아니기 때문이다. 무능한 교사가 한번 교단에 서고 나면 적어도 삼사십 년 동안은 바로잡을 길이 거의 없다.

89_ 이것은 페스탈로치가 주장하여 서양 근대 교육의 길잡이로서 굳건히 자리 잡은 것이기도 하다.

요즘 '교사평가제'라는 것으로 온 나라가 시끄럽다. 교사를 제대로 저울질하여 훌륭한 교사와 엉터리 교사를 가려내는 일은 참으로 어렵다. 그러나 평가를 하지 말자는 소리는 들을 만한 것이 아니다. 어떻게 하든지 엉터리 교사는 사라지거나 적어도 숨을 죽일 수밖에 없도록 만들고, 훌륭한 교사는 불어나고 활개 치며 살도록 만들 수 있어야 한다. 훌륭한 교사로 교단을 채우고 엉터리 교사는 교단에 설 수 없도록 만들자면 교사를 저울질하는 길밖에 없다. 문제는 올바로 저울질하는 일이다. 어떻게 하면 올바른 평가를 해낼 수 있을까? 거기에 대답을 찾는 길은 뜻밖에도 쉬울지 모른다. 교사들에게 온 몸으로 배움을 받는 학생들이 평가하도록 하는 길이 바로 곁에 있기 때문이다. 학생들은 아직 철이 없고 학생들은 감정에 치우쳐 교사를 제대로 평가할 수 없다는 소리는 믿을 것이 아니다. 사람은 태어나는 그날부터 누가 저에게 사랑을 베풀며 누가 저에게 미움을 가지고 있는지를 알아차리는 신령스러운 존재이기 때문이다. 말할 나위도 없이 학생에게 사랑을 베푸는 교사는 훌륭한 교사고 학생에게 미움을 가진 교사는 엉터리 교사다. 그뿐 아니라 어쩌다 한두 학생이 올바르지 못한 평가를 내린다 하더라도 몇십 명이나 몇백 명이 함께 평가하는 것을 모으면 그것은 반드시 올바름에서 벗어나지 않는다.

우리는 어떻게 하든지 이런 여러 가지 걸림돌을 치워 내고 한시바삐 학교 교육을 제대로 해야 한다. 지난 반세기 사이에 남들이 놀랄 만큼 새로운 세상을 만들어 왔고, 그것을 학교 교육의 공으로 돌리려는 사람들이 없지 않다. 그러나 그런 판단은 받아들이기 어렵다. 그런 공로는 학교 교육보다 한글에 있다고 보아야 옳을 것이다.

한글이 너무 쉬워서 누구나 공문과 광고를 읽고, 신문을 보고, 책을 읽어서 세상 돌아가는 셈판을 꿰뚫어 보게 되었기 때문이고, 길거리를 청소하는 환경미화원도 수필을 쓰고, 택시를 모는 운전기사도 시를 쓰고, 농사를 짓거나 고기잡이를 하는 사람도 소설을 쓸 수 있게 되었기 때문이다. 차라리 학교 교육은 새로운 세상으로 나아가는 길을 막는 걸림돌이 되었을지도 모른다. 학교 교육 때문에 수많은 사람이 자식을 키우려고 이민을 가고, 조금이라도 낫다는 학교에 보내려고 이사를 하고, 있는 돈을 털어서 사교육 시장으로 몰리고, 안간힘을 다하여 대안학교를 세워야 했다. 이처럼 해야 할 몫을 다하지 못한 학교 교육의 한가운데 배달말 가르치기가 자리 잡고 있다는 사실이 가슴을 짓누르지 않는가!

배달말 가르치기란 무엇인가?

이제까지 우리는 '배달말'이라는 낱말의 속뜻과 '교육'이라는 낱말의 그것을 우리의 현실 안에서 더듬어 보았다. 그것들은 모두 만만치 않은 속살을 담고 있을 뿐 아니라 얽히고설킨 과제들마저 지니고 있다는 사실을 새삼 깨달았다. 그런 모두를 눈감아 버리고 배달말 가르치기만을 이야기할 수는 없기 때문에 어쩔 수 없는 일이었다. 이제 그런 바탕을 살펴 둔 터전에서 우리의 몫인 배달말 가르치기를 붙잡고 살펴보아야 하겠다. 그러나 여기서도 먼저 짚어 두지 않을 수 없는 두어 가지 문제가 있다.

1. 넓은 뜻과 좁은 뜻

한 사람이 태어나서 부모와 가족 가운데 자라며 말을 배우고 익히는 길은 모두 넓은 뜻의 배달말 가르치기라 할 수 있다. 아기는 학생이고, 부모와 형제·자매 같은 가족은 교사며, 가정은 학교다. 아기가 점점 자라 어른이 되는 동안 교사는 늘어나고 학교는 넓어진다. 나이가 들수록 삶의 터전은 넓어지고 부딪히는 사람은 많아지는데, 이러면서 마침내 나라 동아리 사람 모두가 국어 교사 노릇을 하고 나라 전체가 학교가 된다. 사람은 누구나 이 커다란 학교에서 그 수많은 교사들로부터 나라말을 배우며 살게 되는 것이다. 이처럼 넓은 뜻의 배달말 가르치기는 인류의 역사와 더불어 아득한 예로부터 이어진 것이다. 그것은 마음먹지 않고서도 그저 본능으로 이루어지지만 오랜 경험에서 이어져 오는 나름대로의 길이 있다. 거기서는 '배움'과 '가르침'이 가장 바람직하게 어우러지는 훌륭한 길로 움직이기 때문에 아무런 길도 없는 것처럼 보일 뿐이다. 그만큼 더없이 온전한 방법을 쓰는 까닭에 몸만 온전하다면 누구나 나라말을 자유롭게 쓰는 데에 모자람이 없도록 익힐 수가 있다.

그러나 이처럼 저절로 이루어지는 배달말 가르치기는 입말만으로 살았을 때에만 그러했다. 글말을 쓰는 때에 와서는 그럴 수가 없다. 글말로 이루어지는 나라말은 입말의 그것처럼 살면서 그저 모르는 사이에 배우고 익힐 수가 없다. 글말은 입말처럼 하늘이 모든 사람들에게 두루 내려 준 은혜로운 선물이 아니라 사람들이 스스로 만들어 쓰는 것인지라 애를 쓰고 공을 들여서 배우고 익혀야만 한다. 별도로 시간을 내고, 공부할 알맹이를 가려잡고, 쓸모 있는 재료를 만들고, 배움과 가르침이 만나도록 기회를 마련해야 한다. 사람들이 나라말 가르치기를 눈에 뜨이게 시작한 것은 바로 이렇게 글말이 나타난 다음부터라 해야 마땅하다.

그런데 글말을 가르치기가 입말을 가르치기처럼 태어나면서부터 자연스럽게 이루어질 수 없는 것은 글말의 기호인 글자가 입말의 기호인 소리보다 어렵기 때문이다. 논리로만 말하자면, 글자가 소리처럼 어렵지 않으면 글말도 입말과 마찬가지로 저절로 배우고 익힐 수 있다는 뜻이다. 다만 사람들이 아직 그런 글자를 만들지 못했을 뿐이다. 그래서 글말이 나타난 다음의 가르치기는 글말을 이루는 글자가 얼마나 어렵고 쉬우냐에 따라 크게 달라질 수밖에 없었다. 일테면 한자는 너무 어렵기 때문에 어지간히 애를 써서 가르쳐도 여느 사람은 제대로 배우기 어렵다. 우리 겨레가 한자를 빌려 쓴 지가 이천 년이 되어도 먹고사는 일에서 놓여난 소수의 상층 사람들 말고는 도무지 그것을 배워 쓰지 못했다. 그러나 한글을 만든 다음에는 그것을 쓰지 못하도록 오히려 막았지만 날이 갈수록 거의 저절로 배운 사람들이 늘어났다. 먹고사는 일에서 풀려난 상층의 사람들뿐만 아니라 그 일에 얽매어 겨를이 없는 여느 사람들도 시나브로 읽고 쓸 수 있게 되어 갔다. 15세기 중엽에 한글을 만들고 16세기 말에 왜란이 났을 때 선조 임금이 한글로 백성들에게 애국을 호소하는 글을 내린 바 있다. 나라에서 백성에게 한글을 가르쳐 본 바 없으면서도 선조는 백성이 그걸 읽을 수 있다고 보았기에 그런 호소를 했던 것이다. 18~19세기에는 여느 백성이 한글로써 글말살이를 하여 우리 겨레의 이른바 근대화를 재촉하는 힘이 되었던 사실은 널리 알려진 바와 같다.

한글을 연모로 삼는 글말살이가 여느 백성 사이에 퍼지면서 소설을 비롯한 갖가지 읽을거리가 나타났다. 그것은 곧 인쇄 문화를 발전시키고, 여러 가지 지식을 담은 책들이 나타나고, 마침내 신문과 잡지까지 불러와서 글말살이는 눈에 띄게 불어났다. 때맞추어 새로운 학교 교육을 시작하면서 교과서가 여러 가지 쏟아져 나왔고, 그런 교과서로 여러 교과 교육은 모두 읽고 쓰는 것을 바탕으로 이루어졌다. 이래서 오늘 우리는 한글이라는 쉬운 글자 덕분으로 홍수처럼 넘쳐흐르는 글말살이에 파묻히게 되었다. 그리고 이런 세상 삶 안에서 우리는 알게 모르게 글말살이를 배우고 있으므로, 넓은 뜻의 배달말 가르치기는 이런 글말살이의 모든 활동 안에서도 이루어지는 것이다. 이렇게 볼 때 한글을 만들어 낸 일은 넓은 뜻의 배달말 가르치기 역사에서도 매우 커다란 사건이었음이 틀림없다. 입말로만 살던 시대와는 아주 다른 세상으로 나아가게 한 것은 말할 나위도 없고, 한자를 빌려 쓰면서도 글말 교육이 전혀 이루어지지 않던 시기로부터 벗어나게 만들었고, 쉬운 한글을 너나없이 쓰면서 쉬지 않고 사회를 새롭게 바꾸도록 해 주었기 때문이다.

뿐만 아니라 이제 우리의 말살이는 입말과 글말에서 또 하나의 새로운 말을 마주하게 되었다. 그것이 곧 전자말이다. 입말이면서 공간과 시간의 제약을 뛰어넘고, 글말이면서 소리와 감정까지 더부르는 전자말이 우리 시대에 나타났다. 전자 매체로 담고 주고받는 전자말은 영상까지 곁들여 말의 모든 환경조차 전달할 수 있어서 더없이 온전한 말이다. 그리고 이 전자 매체의 말은 방송으로 필름으로 인터넷으로 시간과 공간을 뛰어넘어 얼마든지 되풀이하여 주고받을 수 있어서 무서운 힘을 드러낸다. 이들 전자 매체로 오고 가는 모든 말살이도 넓은 뜻에서 배달말 가르치기의 하나임은 말할 나위가 없다.

사회라는 담장 없는 학교에서 언중(言衆)이라는 수도 없이 많은 교사가 이루어 내는 배달말 가르치기보다는 좁지만 또 다른 뜻의 넓은 배달말 가르치기가 있다. 학교 교육에서 이루어지는 여러 교과목의 교육이 바로 그것이다. 도덕(윤리)과 사회, 수학과 과학, 예체능과 실업, 심지어는 외국어 같은 교과목들이 모두 얼마씩의 배달말 가르치기를 맡고 있기 때문이다. 그 교과목의 교과서들이 우선 거의 배달말로 쓰여 있고, 학생과 교사가 그 교과서를 읽으며 배달말로 이야기하고 토론하는 교육 활동을 벌인다. 그러니까 그런 교과목들이 전달하고 깨우치려는 지식의 속살은 배달말일 수 없겠지만, 그런 지식을 교육하는 활동의 수단과 방법과 과정은 배달말 가르치기에서 동떨어지는 것이 아니다. 그러므로 그런 교과목들의 교육은 어쨌거나 배달말 가르치기에서 이루고자 하는 바를 이룰 수 있도록 적건 많건 이바지하고 있는 셈이다. 이탈리아에서는 중학교 역사, 지리, 사회 과목을 이탈리아말 교사가 맡아서 교육하고 있었는데,[90] 이것은 곧 사회 교과가 그만큼 이탈리아말 가르치기와 가까운 성질을 지니고 있기 때문이라고 보아도 좋을 듯하다.

그러나 우리가 이 책에서 다루는 '배달말 가르치기'는 그렇게 넓은 뜻의 배달말 가르치기를 싸잡을 수 없다. 우리는 그보다 훨씬 좁은 뜻의 배달말 가르치기, 곧 학교 교육 안에 '국어'라는 하나의 교과목으로서 이루어지는 교육만을 두고 이야기하는 것이다. 학교 교육 안에서 이루어지는 여러 교과 교육 가운데 하나인 '국어' 과목의 교육만을 한정하여 배달말 가르치기라 한다. 교육과정이 있고,

90_ 김수업, 〈이탈리아의 모국어문 교육과 라틴어문 교육〉, 《모국어교육 1》, 모국어교육학회, 1983.

교과서를 비롯한 여러 가지 교재가 있고, 교실을 비롯한 여러 가지 교구가 있고, 전문으로 길러 낸 교사가 있어서, 정해 놓은 시간에 학교에서 이루어지는 국어 과목의 교육만을 뜻한다. 이것은 틀림없이 아주 좁은 뜻의 배달말 가르치기다. 넓은 뜻의 배달말 가르치기에도 마땅히 관심을 기울여야 하지만, 우선 여기서는 이렇게 좁은 뜻의 배달말 가르치기에만 마음을 맞추고 이야기한다는 사실을 밝혀 두어야겠다.

2. 모국어 교육과 한국어 교육

오늘날 우리의 배달말 가르치기에는 아주 새로운 터전이 열리고 있다. 그것이 바로 모국어 교육과 한국어 교육이다. 모국어 교육이란 알다시피 남의 나라에 나가서 사는 우리 겨레에게 배달말을 가르치는 몫을 뜻한다. 그리고 한국어 교육이란 우리 겨레가 아닌 다른 겨레 사람들에게 배달말을 가르치는 일을 말한다. 이들 두 가지 몫은 이제까지 우리가 크게 마음을 쓰지 못한 것들이지만 이제부터는 새로운 관심을 갖고 힘쓰지 않으면 안 되는 것이다. 이들 두 가지 몫은 시간이 흐를수록 빠르게 크고 무거워질 것이다.

우리 겨레가 남의 나라에 나가서 살아온 역사는 아득히 멀고 길다. 하지만 여기서 배달말 가르치기와 더불어 이야기하는 모국어 교육의 대상은 조선 왕조가 무너지던 때로부터 남의 나라로 나간 사람들과 그들의 후손이다.[91] 나라를 일본 침략자에게 빼앗기자 저들과 싸워 나라를 되찾고자 떠난 사람들도 있고, 살기가 힘겨워 밀려서 떠난 사람들도 있다. 광복한 뒤로도 겨레가 남북으로 갈라져 싸우는 바람에 이런저런 사정으로 우리 겨레는 제 나라를 버리고 떠난 사람들이 줄어들지 않았다. 이래서 지난 한 세기 남짓한 세월에 걸쳐 나라를 떠난 겨레들이 차차로 늘어나 이제는 온 세상에 두루 퍼져 있다.[92] 그러니까 그런 사람들 가운데는 이미 우리 겨레라고 보기 어려울 만큼 오래된 사람들도 있고, 아직 우리 겨레라고 볼 수는 있으나 이미 우리나라 사람이 아닌 사람들도 있고, 우리 겨레이면서 우리나라 사람이지만 살기를 남의 나라에서 사는 사람들도 있다. 어느 쪽이든 이들은 우리 배달말을 마음에 간직한 채 남의 나라 말의 세계 안에 떨어져 살아가는 사람들이다. 이들의 형편은 마치 적진에 포위된 아군의 처지와 비슷한 것으로, 우리 배달말이 그

91_ 알다시피 남의 나라에 나가 사는 우리 겨레는 법적으로 두 가지로 나눌 수 있다. 하나는 우리 국민의 신분을 갖고 그쪽 나라의 거주 허가를 받아 사는 사람들로서 흔히 '교민(僑民)'이라 부른다. 다른 하나는 아예 우리 국민의 신분을 버리고 그 나라의 국민으로서 자격을 갖추어 사는 사람들로서 흔히 '교포(僑胞)'라고 한다.(1999년에 마련한 '재외동포의 출입국과 법적 지위에 관한 법률'에서는 앞쪽을 '재외국민' 뒤쪽을 '외국국적동포'라 했다.) 그러니까 '국민'을 기준으로 보면 '교민'은 우리 국민이지만, '교포'는 그쪽 나라 국민이다. 그러나 '겨레'라는 기준으로 보면 구분이 까다로워진다. 교민이야 국민이니까 우리 겨레에 절로 싸잡히지만, 교포는 흔히 교포 1세, 교포 2세, 교포 3세같이 구분해도 어디까지를 우리 겨레라고 해야 할지 쉽게 가늠이 서지 않기 때문이다.
그럴 때에 '말'이 하나의 잣대일 수 있다. 우리 겨레의 말, 곧 모국어를 완전히 잊어버린 사람은 우리 겨레라고 보기 어렵다. 교포는 누구나 살고 있는 나라의 국어를 일상으로 쓰지만 상당한 기간 두 가지 말을 쓸 수밖에 없다. 겉으로 자기 나라 말을 하면서도 속으로 배달말의 흔적을 지니고 있는 이 겹말 상태 동안은 그가 아직 우리 겨레라고 보아야 한다. 그 기간은 사람마다 달라서 어떤 이는 교포 1세에서 이미 배달말 기억을 온전히 지울 수도 있고, 어떤 이는 교포 3세나 4세가 되어도 배달말을 잊지 않을 수도 있다. 어느 만큼이든 배달말 뿌리가 빠지지 않아서 그의 정신 안에 자기 나라말과 다툼을 하는 사람은 우리 겨레지만 배달말 기억을 온전히 지워 겹말 상태가 가셨으면 그는 이제 우리 겨레가 아니다.

92_ 2005년 1월에 나라 바깥에 나가 사는 우리 겨레는 백일흔다섯 나라에 육백육십삼만 팔천삼백서른여덟 쯤이라 한다.(민현식, 〈한국어 세계화의 과제〉, 한겨레말글연구소 창립 학술발표회 '국어 발전과 언론의 사명', 2005, 29~30쪽)

나라와 겨레의 말에 완전히 포위되어 나날이 싸우고 있는 셈이다. 특별한 도움을 주지 않으면 그런 사정에 빠진 배달말은 오래 살아남기 어렵다.

이들은 모두 애초에 우리 배달말에다 마음과 얼의 뿌리를 내린 사람들이므로 그것을 가꾸고 북돋우도록 교육하는 일은 마땅히 우리의 몫이다. 그것이 곧 우리 겨레를 지키는 일이기 때문이다. 그런데도 현실에서 우리는 여러 곳의 교포들이 스스로 모국어 교육에 안간힘을 쓰고 있다는 사실을 알면서도 아직 이렇다 할 도움을 주지 못하고 있다. 지금 세계 여러 나라에서 이루어지고 있는 해외 교포의 모국어 교육은 알게 또는 모르게 늘어나고 있고, 지난 몇십 년 사이에 우리나라의 힘이 솟아오르는 것에 따라 눈에 띄게 늘어났다. 우리 겨레는 지난 세기 중엽부터 줄곧 해외로 떠나가서 이제는 세계의 구석구석 교포들이 있고 그들이 자녀에게 모국어 가르치는 노력을 나름대로 하고 있지만 우리나라에서 주는 도움은 너무나 보잘 것이 없었다. 그런 가운데서 가장 전통이 깊고 틀을 갖춘 교육이 이루어지는 곳은 중국의 동북 삼성 조선족 자치구의 유·초·중·고등학교와 일본의 조총련 교포들이 운영하는 유·초·중·고등학교가 아닐까 싶지만, 중국 동북 삼성은 요즘 들어 중국의 정책 변화로 하루가 다르게 모국어 교육의 터전이 무너지고 있다. 그 밖에도 옛 소련 연방의 여러 곳에 있는 고려 사람들 사회를 비롯하여 미국의 여러 도시들과 캐나다와 멕시코 같은 북미주, 브라질과 아르헨티나 같은 남미주 여러 나라, 호주와 동남아 여러 나라, 아프리카와 유럽의 여러 나라까지 그야말로 온 세상에 흩어져 있는 교포 사회는 나름대로 모국어 교육을 애써 해 나가고 있는 곳들이다.

남의 겨레 사람에게 배달말을 가르치는 한국어 교육은 우리의 삶이 딴 나라 사람들의 눈길을 끌면서 떠오른 것이다. 우리는 불행하게도 제국주의 시대에는 침략의 대상으로서, 한국전쟁 앞뒤로는 지원의 대상으로서 남의 눈길을 끈 바 있었다. 그러나 요즘 들어 우리 배달말을 공부하려는 외국 사람들이 부쩍 늘어나는 것은 우리의 살림이 넉넉해지고 외국 사람과 더불어 공장을 돌리고 장사를 벌이는 일이 많아졌기 때문이다. 1988년에 여름철 올림픽대회를 서울에서 열었던 일과 2002년에 월드컵 축구대회를 일본과 손잡고 열었던 일은 온 세계 사람들에게 우리나라를 알리는 기회가 되었다. 이런 저런 일들로 우리 배달말을 배우는 외국 사람이 늘어나고 있는데, 우리나라 안에서 가르치는 것과 외국에서 가르치는 것으로 나누어 볼 수 있다.

우리나라 안에서 남의 나라 사람에게 우리 배달말을 가르친 세월은 꽤 오래되었다. 일본 사람들이 19세기 후반에 침략을 꾀하면서 배달말을 연구하고 교육한 것은 제쳐 두더라도, 한국전쟁 뒤에 외국 선교사를 비롯한 여러 외국 사람들이 적잖이 우리나라에 와서 활동하면서 그들을 위한 한국어 교육이 비롯되었다. 우리나라 안에서 상당한 크기와 짜임새를 갖추어 교육을 맡아 온 기관을 세운 차례대로 들어보면, '연세대학교의 한국어학당(1959), 미팔군의 메릴랜드대학 한국어강좌(1963), 성프란치스코 수도회의 명도원(1964), 서울대학교 어학연구소 한국어과정(1969), 평화봉사단(1969), 언어교육연구원(1972), 서강대학교 한국어 교육연구원(1990)' 같은 것들을 꼽을 수 있고, 그런 뒤로는 대학마다 외국 학생들을 불러들여 배달말을 가르치는 일을 다투어 벌이고 있다.

그리고 남의 나라에서 이루어지는 한국어 교육도 날이 갈수록 늘어나고 있다. 그것들은 대개 고등 교육 기관에서 한국어를 가르치는 시간을 마련하는 때문인데, 요즘 들어 배우려는 사람들이 눈에 띄게 불어났다. 미국의 하바드, 예일, 와싱턴, 하와이, 일리노이, 켄저스, 피츠버크, 서 미시간, 켈리포니아 주립대학 들이 한국어 가르치는 시간을 연 지 오래되었고, 요즘 들어 새로 여는 대학들이 계속 늘어난다고 한다. 캐나다에서도 토론토, 브리티쉬 컬럼비아, 몬트리올 맥길, 워털루, 앨버타대학에서 한국어 강좌를 열고 있다. 영국의 런던대학 동양·아프리카 연구학부, 프랑스의 파리 제3대학과 제7대학, 독일의 보쿰, 본, 자유 베를린, 뮌헨, 함부르크, 프랑크푸르트, 훔볼트대학 들에도 한국어 강좌가 열려 있다. 핀란드의 헬싱키대학, 스웨덴의 스톡홀름대학과 웁살라대학, 이탈리아의 나폴리 동양학대학, 오스트리아의 비엔나대학, 네델란드의 라이덴대학에서도 한국어를 가르치는 시간이 열려 있다. 옛 소련의 페테르부르크대학의 동방학부에서는 1897년에 벌써 한국어 강좌를 열었고, 모스크바대학과 레닌그라드대학에도 한국어 강좌가 유명하다. 폴란드의 바르샤바대학과 체코 프라하의 까렐대학에서는 한국어문학과를 석사 과정으로 운영하고 있다. 이웃 아시아 지역에서도 대만의 문화학원과 대만정치대학이 한국학 분야의 강좌를 갖고 있으며, 일본의 천리대학과 대판외국어대학에 한국어문학과가 설치되어 있다. 말레이지아에서도 페낭시의 과학대학교에 한국어와 한국문화 강좌가 열려 있다.[93]

이처럼 외국인을 대상으로 하는 한국어 교육은 갑자기 떠오르고 빠르게 번져 나간다. 그러나 우리(정부거나 단체거나 개인이거나)

가 그런 상황을 미리 내다보고 추세를 이끌어 오지 못하고 오히려 상황에 쫓기고 떠밀려 가는 형편이다. 1988년에 한글학회에서 '세계 각국의 한국어 교육 현황'을 점검한 뒤로 일부 사람들에게 관심이 높아지기는 했으나 체계적인 연구와 조직적인 대책을 마련하지는 못하고 있는 실정이다. 이런 일은 성격으로 보아 정부에서 좀 더 많은 돈과 힘을 넣어야 하는 일인데도 그런 움직임이 너무도 보잘것없고 더디다. 20세기 중반을 넘어서면서 선진국들이 불꽃 튀기는 '말의 전쟁'을 치르면서 새로운 방식으로 세계 지배를 꾀하고 있다는 사실, 이런 '말의 싸움'에서 이기고 지는 것이야말로 이전의 군사 전쟁이나 경제 전쟁에서 이기고 지는 것보다 훨씬 심각한 결과에 부딪힌다는 사실을 아직 우리 정부는 제대로 알지 못하는 것이 아닌가 하는 서글픈 생각이 든다. 갈수록 거세어질 말의 싸움에서 이기지 못하면 물질과 정신의 세계를 남김없이 지배당하면서 마침내는 겨레 자체가 영원히 사라지고 말게 될는지도 모른다는 사실을 우리 모두가 좀 더 깊이 헤아려야 할 것이다.

이제 해외에 나가 사는 우리 동포에게 베풀 모국어 교육과 온 세계 사람들에게 베풀 한국어 교육을 우리 모두가 힘써야 할 일로 여겨야 하는 시대가 되었다.[94] 한시바삐 정부가 앞장서고 학자들이

93_ 2004년 3월에 나라 바깥에서 배달말을 가르치는 대학은 예순 나라에 육백예순한 대학이라 한다.(서아정, 〈해외 각급학교별 KFL 교육 현황〉, 국제한국언어문화학회 제1차 국제학술대회논문집, 2005)

94_ 2003년에 나라 바깥에서 배달말을 가르치는 기관은 '한글학교'라는 이름으로 아흔여섯 나라에 일천구백예순셋, '한국학교'라는 이름으로 열네 나라에 스물넷, '한국교육원'이라는 이름으로 열네 나라에 서른다섯이라 한다. 거기서 배우는 학생은 육백십팔만 오천사백쉰여덟 사람이다.(조항록, 〈국내외 한국어 교육사 개관〉, 《한국어 교육론 1》, 한국문화사, 2005)

지혜를 모으고 기업인들이 돈을 보태서 모두가 힘을 쏟아야 하겠다. 먼저 모국어 교육과 한국어 교육에 관련되는 모든 사항들을 정밀하게 조사 연구하고, 단기·장기 정책의 뼈대를 정부 차원에서 세우고, 초·중·고급으로 나누어진 교육과정을 마련하고, 교육과정에 맞추어진 교과서와 각종 교재를 개발하고, 교육을 담당할 수 있는 교사를 제대로 양성하고, 교사들이 다룰 교육 방법을 다양하게 찾아내는 일이 시급하다. 이런 일들은 모두가 이미 때를 놓친 것이지만 서두르지 않으면 갈수록 사태가 어려워질 것임은 두말할 나위조차 없다. 흩어진 교포를 돕는 모국어 교육과 세계인을 돕는 한국어 교육이야말로 이 시대의 배달말 가르치기가 새롭게 맞이한 또 하나의 커다란 과제이다.

그러나 여기서는 이렇게 지적하는 정도를 넘어서 더 깊은 이야기를 할 수 없다. 내가 이제 이런 문제에 힘을 쏟을 나이를 넘어선 탓도 있지만, 그보다는 모국어 교육과 한국어 교육에서 맡아야 할 몫을 좁은 뜻의 배달말 가르치기의 몫과 함께 싸잡기는 어려운 까닭이다. 모국어 교육과 한국어 교육은 우리나라 안에서 국민에게 베푸는 배달말 가르치기와는 과녁(왜 하는가), 속살(무엇을 하는가), 솜씨(어떻게 하는가)가 모두 달라야 하기 때문이다. 말하자면 오늘의 배달말 가르치기는 나라 안의 국민에게 하는 것과 나라 밖의 동포와 외국인에게 하는 것으로 크게 나누어야 하고, 그들 두 길은 과녁과 속살과 솜씨에서 서로 다른 길을 찾아 이루어져야 마땅하다는 말이다.

3. 뜻매김

이제 이 책에서 다루어야 하는 좁은 뜻의 배달말 가르치기가 무엇인지를 붙잡을 계제에 이른 듯하다. 학교에서, 모든 국민에게, '국어' 라는 과목으로 베푸는 배달말 가르치기는 다잡으면 무엇인가? 이 물음도 여기서 한마디로 대답하기는 쉽지 않다. 이 책에서 앞으로 여러모로 따져 보려고 하는 과제들이 바로 이 물음에 보내는 대답이기 때문이다. '왜 하는가? 무엇을 하는가? 어떻게 하는가?' 이렇게 나누어 살피려는 앞으로의 일이 마침내 '배달말 가르치기란 무엇인가?' 하는 이 물음에 해답을 주자는 것에 지나지 않는다고 말할 수 있다는 말이다.

그러나 그렇게만 미루고 넘어가는 것은 너무 무책임한 듯하다. 우선 깊은 속셈을 알아듣기 어렵다 하더라도 그런대로 해답을 마련해 보는 것이 도리라고 생각한다. 그렇다면 나는 '배달말 가르치기란 '배달말' 을 배우고 가르치는 노릇이다.' 이렇게 말할 수밖에 없다고 생각한다. 하나 마나 한 소리같이 들리지만 '배달말' 이 무엇인가만 똑똑히 알고 있다면 이보다 더 온전한 해답은 없을 것이다. 따라서 이렇게 말할 때에 우리가 정신을 바짝 차려야 할 대목은 물론 '배달말' 이다. 이때의 배달말은 앞에서 길게 이야기한 바와 같이 매우 얽히고설킨 실타래들을 싸잡고 있다는 사실을 단단히 붙들고 있어야 한다. 시간으로 보아 현재 우리가 쓰고 있는 배달말만이 아니라 지난날 썼던 배달말과 앞으로 써야 할 배달말을 모두 싸잡아야 하고, 행위로 보아 실제 활동으로 나타나는 수행뿐만 아니라 정신 안에 숨어 있는 능력까지 모두 싸잡아야 한다는 사실이다.[95-] 이런 뜻매김은 앞으로 이어지는 이야기에서 거듭 드러나리라 보지만 우선 간추려 보자면, '배달말 가르치기란 시간으로 과거와 현재와 미래를 싸잡고 행위로 수행과 능력을 싸잡는 '배달말' 을 배우고 가르치는 노릇이다.' 이렇게 말할 수 있겠다.

이렇게 말해도 그것이 무슨 소린지 어리둥절할 사람들이 많을 것이다. 누구나 아는 소리, 하나 마나 한 소리를 되풀이한 것이 아니냐 할는지도 모르겠다. 그러나 지난 반세기에 이루어진 우리네 배달말 가르치기를 두고 얼마간 고민해 본 사람들에게는 짚히는 바가 없지 않을 것이다. 왜냐하면 여태까지 우리의 배달말 가르치기에서는 시간으로 보아 현재 쓰고 있는 배달말에만, 행위로 보아 활동으로 나타나는 수행에만 좁게 매달려 있었기 때문이다. 따라서 '과거와 미래를 싸잡는 배달말, 수행과 능력을 싸잡는 배달말을 배우고 가르치는 것이 배달말 가르치기' 라는 뜻매김은 나름대로 새롭게 내세우는 몫이 없지 않다.

이런 뜻매김은 이제까지 해 온 배달말 가르치기의 터전을 그만큼 넓혀 줄 뿐만 아니라 또한 그 알맹이를 한결 뚜렷하게 드러내기도 한다. 배달말 가르치기는 능력을 키우는 것인가 지식을 넓히는 것인가, 배달말 가르치기 교과는 목적 교과인가 수단 교과인가, 이

95_ 알다시피 '수행(performance)' 과 '능력(competence)' 이란 촘스키가 말이 지닌 두 면을 두고 쓴 말이다. 그러나 그가 쓴 뜻에만 꼭 얽매일 필요는 없다. 이 말은 알다시피 소쉬르의 '나타난 말(parole)' 과 '감추어진 말(langue)' 에 뿌리를 두고 있지만, 이 세상에 있는 삼라만상과 어천만사는 모두 겉으로 드러나는 '현상(phenomenon 또는 mythos)' 과 속에 감추어져 있는 '이념(idea 또는 logos)' 으로 이루어져 있다는 사실을 일찍이 희랍 철학자들이 생각해 낸 바 있다. 그리고 세월과 더불어 수많은 사람들이 그런 관점을 거듭 이어받았다. 시간과 공간이 달라지는 데 따라 쉬지 않고 바뀌면서 나타나 사람의 지각 능력에 붙잡히는 활동으로서의 국어가 있는가 하면, 그런 겉모습 안에 감추어져서 시간과 공간이 달라져도 쉽게 바뀌지 않고 사람의 지각 능력에도 붙잡히지 않는 존재로서의 국어가 있다는 사실을 받아들여야 한다는 것일 뿐이다.

런 혼동과 논란은 배달말 가르치기의 알맹이가 뚜렷하지 않아서 거듭 일어난 것들이다. '배달말 가르치기는 '배달말'을 배우고 가르치는 노릇이다.' 하면 교육의 알맹이가 뚜렷이 드러나서 그런 논란을 잠재울 수 있다고 생각한다. '배달말' 이라는 세계에 매달려 그것을 더욱 온전하게 교육해야 한다는 목적이 뚜렷하게 잡히고, 그런 결과로 얻어지는 효능들은 다른 차원에서 생각할 수 있을 터이기 때문이다.

이런 뜻매김은 말을 바꾸어 '배달말 가르치기란 더 나은 배달말의 세계를 만들어 가는 노력이다.' 라고 할 수도 있다. 이것은 "국어과가 다루는 '국어'는 즉 '사용으로서의 국어' 이다."(제7차 교육과정의 초등학교 교사용 지도서) 또는 "국어 교과는 '인간의 언어 사용'을 다루는 교과이다."(제7차 교육과정의 중학교 교사용 지도서) 해 온 이제까지 우리네 국어 교육의 목적과는 크게 다른 것이다. 과거와 현재와 미래를 싸잡고 수행과 능력을 싸잡는 '배달말'을 제대로 배우고 가르치면 '배달말' 이라는 말의 세계 그것은 물론이고, 배달말을 쓰면서 드러나는 개인의 사람됨과 배달말을 주고받으면서 만들어 내는 동아리의 세상됨까지 더 나은 것으로 만들어 갈 수 있기 때문이다. 그래서 배달말 가르치기를 배달말로써 있는 세계를 버리고 있어야 할 세계로 나아가도록 하는 노력이라고 해도 좋다는 말이다.

사람의 삶 안에서 이루어지는 모든 일은 그 첫걸음이 중요하다. 첫 단추를 잘못 끼우면 모든 단추가 잘못 끼워져서 입은 옷이 볼썽사납게 되고 만다. 지리산 천왕봉에 떨어지는 빗방울은 터럭 같은 차이로 동쪽으로 흘러 낙동강 물이 될 수도 있고, 남쪽으로 흘러 섬

진강 물이 될 수도 있고, 서쪽으로 흘러 영산강 물이 될 수도 있다. 매사를 그르치지 않고 온전하게 이루려면 바탕을 제대로 잡아야 하고 또 바탕을 제대로 잡으려면 하려는 일이 무엇인지를 똑똑하게 알아야 한다는 것을 모르는 사람은 아무도 없다. 그런 뜻에서 배달말 가르치기를 온전하게 이루려고 할 때에 먼저 '배달말 가르치기가 무엇인가'를 곰곰이 살펴서 밝혀 두지 않을 수 없는 것이다.

그러나 알다시피 우리는 이미 반세기를 넘게 배달말 가르치기를 해 왔지만, 안타깝게도 '무엇이 배달말 가르치기인가?' 하는 물음을 알뜰하게 물어보지 못했던 것이 사실이다. 그것이 무엇인지를 제대로 알아보지도 않은 채, 정부가 앞장서고 헤아릴 수 없이 많은 학자와 교육자들이 덮어놓고 달려들어 배달말 가르치기를 반세기도 넘게 해 왔다고 하면 참으로 기이하다고 할 수도 있겠으나 속일 수 없는 사실이라고 본다. 바탕을 다지고 주추를 놓으면서 그것이 무슨 집인지를 꼼꼼히 따지지 않는 버릇, 이것은 오늘날 우리의 모든 문화에 두루 배인 무서운 병폐로서, 꼭 배달말 가르치기에만 그런 것도 아니다. 내 삶을 곰곰이 따져 보지 않고 다짜고짜 일본과 미국만 따라가며 본뜨고 흉내 내는 지난 세기 우리 문화의 부끄러운 병집이다. 이제는 이를 악물고 뿌리치며 벗어나야 할 굴레다.

오랜 왕조 사회에서는 만사를 윗자리의 몇 사람이 결정하고, 수많은 아래 사람들에게는 그저 따라가는 일만 맡겨졌다. 그런 세상에서는 일의 바탕이나 첫걸음뿐 아니라 처음부터 끝까지 거의 모든 삶의 문제에서 대부분의 사람들이 쫓겨나 있었다. 수많은 아래 사람은 아무리 묻고 따져도 소용이 없을 뿐 아니라 묻고 따지다가는 오히려 치도곤만 당하게 마련이었다. 게다가 모든 사람에게도 결정할 권리가 주어지는 민주 사회가 되는 마당에 침략자 일제가 달려들어 사정을 더욱 나쁘게 만들었다. 만사의 결정은 저들이 틀어쥐고 우리 겨레의 옛 삶과 문화는 모두 쓸모없는 것이라 가르치면서 일본과 서양의 것은 무조건 좋아하도록 부추겼다. 문화의 식민과 종속을 튼튼하게 다지려고 물음을 일으키지 못하도록 다잡았다. 기초와 근본에 대한 물음은 침략자들의 계략과 속셈을 건드리기 쉽기 때문에 금지될 수밖에 없었고, 그런 물음에서 돌아오는 무서운 보복을 받지 않으려면 그저 만사를 대충 아는 체하고 넘어가는 것이 상책이었다. 그렇게 길들여진 정신의 버릇은 광복한 뒤에도 쉽게 씻기지 않고 줄곧 남아서 우리의 모든 현대 문화가 서양의 신기한 첨단 이론들만 들여와서 바탕과 주추는 없이 겉만 번지르르한 껍데기가 되어 버린 것이다.

'배달말 가르치기란 무엇인가?' 하는 이 어린애 같은 물음을 이제부터라도 꼼꼼하게 물어보면서 배달말 가르치기를 해야겠다고 다짐하는 까닭이 거기 있었다. 이것을 '배달말이란 무엇인가?' 하는 것과 '교육이란 무엇인가?' 하는 둘로 다시 나누어 놓고 생각해 본 것이야 물론 '배달말 가르치기'가 '배달말'과 '교육'의 두 가지 문제를 싸잡아 담고 있기 때문이다. 그러나 그 또한 바탕과 터전을 좀 더 꼼꼼하게 물어보자는 뜻이었다. 그들 두 주제를 생각한 바탕 위에서 배달말 가르치기가 무엇인지 그 해답을 더듬어 보았으나 이런 정도로 알맹이를 제대로 붙잡았다고 장담할 수는 없다. 앞으로 이 책에서 이어지는 이야기가 모두 이 물음에 내놓는 대답이라고 할 수도 있으므로 이쯤에서 다음 할 일로 넘어가기로 하는 것이다.

둘째. 길

길

긴

왜 하는가?

'배달말 가르치기를 왜 하는가?' 이 물음은 마땅히 '학교 교육을 왜 하는가?' 하는 물음에 싸잡힌다. 배달말 가르치기는 학교 교육 안에 싸잡히는 하나의 교과목이기 때문이다. 그러므로 '배달말 가르치기를 왜 하는가?' 하는 물음의 해답은 '학교 교육을 왜 하는가?' 하는 물음의 해답에서 찾을 수 있다. 그러나 그 해답을 학교 교육에다 떠넘기고 배달말 가르치기 스스로 겨냥하는 과녁은 따질 일도 아니라는 뜻은 물론 아니다. 배달말 가르치기는 수학 교육, 과학 교육, 사회 교육, 예능 교육, 외국어 교육 같은 여러 교과목과 서로 다른 목적으로 이루어진다. 그리고 이들 여러 교과 교육이 서로 도우면서 커다란 인간 교육의 목적을 이루고자 한다. 그러니까 배달말 가르치기를 왜 하느냐는 물음에는 그것이 마침내 다다르고 마는 전체 교육의 과녁을 내놓아도 안 되고 다른 여러 교과 교육이 다

다르고자 하는 목적을 내놓아도 안 된다. 배달말 가르치기에서만 겨냥해야 할 과녁을 뚜렷이 세워 두는 것이 배달말 가르치기의 길에서 맨 먼저 해야 할 일이다. 무슨 일을 하든지 사람은 그것을 '왜' 하는지 먼저 똑똑히 알아야 한다. 그렇지 않고서는 그 일을 올바로 할 수도 없고, 신명나게 할 수도 없고, 잘할 수는 더욱 없기 때문이다.

배달말 가르치기를 왜 하는가? 우선 광복 뒤로 우리 배달말 가르치기가 무엇을 겨냥하여 왔는가를 더듬어 보는 것이 차례겠다. 그러려면 무엇보다도 배달말 가르치기의 과녁을 글로 드러내고 있는 교육과정을 살펴보는 것이 지름길이다. 그리고 그런 교육과정의 목표가 교육 현장인 교실에서 어떻게 실현되었는지도 살펴볼 수 있으면 더욱 좋을 것이다.

1. 교육과정에서는

우리는 광복 뒤로 여덟 차례에 걸쳐 교육과정을 고쳐서 오늘에 이르렀다.[96] 보다시피 줄잡아 일곱 해를 사이로 바뀐 셈인데 뒤로 올수록 빠르게 바뀌었다. 이처럼 교육과정을 자주 고친 까닭은 물론 우리네 학교 교육이 그만큼 뒤흔들리고 자리 잡히지 못한 데에

96_ 미군정청 학무국에서 1946년 3월 20일에 공포한 '교수요목', 우리 정부에서 1955년 8월 1일에 펴낸 이른바 '제1차 교육과정', 1963년 2월 15일에 고시한 '제2차 교육과정', 1973년 2월에서 이듬해 12월에 걸쳐(초·중·고등학교의 것을 따로) 고시한 '제3차 교육과정', 1981년 12월 31일에 고시한 '제4차 교육과정', 1987년 3월에서 1988년 3월에 걸쳐 고시한 '제5차 교육과정', 1992년 6월에서 10월에 걸쳐 고시한 '제6차 교육과정', 1997년 12월 30일에 고시한 '제7차 교육과정'이 그것들이다.

있다고 하겠고, 교육을 잘해 보자는 마음이 뜨거웠다고 할 수도 있다. 그러나 그것이 학교 교육 안에서 바꾸지 않을 수 없는 말미가 두드러지게 드러나 이루어졌다고 보기는 어렵다. 그보다는 오히려 바깥 정치 변동, 곧 정권이 바뀌면서 밀어붙인 것으로 보아야 정직하다. 박정희 군사 정권이 나타나서 '제2차 교육과정'을, 유신 체제를 굳히느라 '제3차 교육과정'을, 전두환 신군부가 '제4차 교육과정'을, 이렇게 '제5차 교육과정'과 '제6차 교육과정'과 '제7차 교육과정'도 정권이 바뀌면서 돌림병처럼 잇달아 마련한 것들이다. 뒤로 올수록 정치의 힘이 물러지기는 했지만, 정권 핵심에서 방향을 마련하고 담당 기관에 지시하여 실무 작업을 추진하는 것이 하나의 관례가 되었다. 그러므로 새로운 교육과정은 언제나 현장의 교사들에게 낯선 잠꼬대처럼 들리는 빌미가 되었다.

그러나 그런 사정을 받아들이더라도 교육과정은 역시 교육과정이기 때문에 교육 현실에 미치는 영향이 적을 수 없다. 교육과정을 바탕으로 교과서를 마련하고 교과서가 교육 활동을 거의 틀어쥐는 것이 우리네 현실이기 때문이다. 그런 뜻에서 우리네 교육과정에서는 배달말 가르치기를 '왜' 하는 것이라 했는지 알아볼 값어치가 있는 셈이다. 잇따르는 교육과정에서 배달말 가르치기의 목적(또는 목표)을 어떻게 세워 놓고 있었던 것인지를 요지만이나마 살펴보기로 하겠다.[97]

> 가. 국어는 일상생활에 필요한 말과 글을 익혀, 바른 말과 맞는 글을 잘 깨쳐 알게 하고, 또 저의 뜻하는 바를 바르고 똑똑하게 나타낼 수 있도록 힘을 길러 주고, 아울러 지혜와 도덕을 북돋우어, 국민된 도리와

책임을 깨닫게 하며, 우리 국민성의 유다른 바탕과 국문화의 오래 쌓아 온 길을 밝히어, 국민정신을 담뿍 길러 내기에 뜻을 둔다.

이것이 '교수요목'에서 내놓은 국어과의 '교수 요지' 대목이다. 속살을 좀 더 알아보기 쉽도록 가닥을 잡아 간추리면 이렇다.

국어는

1. 일상생활에 필요한 말과 글을 익혀,
   1) 바른 말과 맞는 글을 잘 깨쳐 알게 하고,
   2) 저의 뜻하는 바를 바르고 똑똑하게 나타낼 수 있도록 힘을 길러 주고,
2. 지혜와 도덕을 북돋우어,
   1) 국민된 도리와 책임을 깨닫게 하며,
3. 우리 국민성의 유다른 바탕과 국문화의 오래 쌓아 온 길을 밝히어,
   1) 국민정신을 담뿍 길러 내기

에 뜻을 둔다.

'국어'라는 교과목은 우선 세 가지에 뜻을 둔다고 했다. 그리고

97_ 알다시피 우리네 교육과정은 본디 학교 급별로 마련했다. '교수요목'은 초등학교와 중학교로만 나누었는데, 그때에는 중·고등이 나뉘지 않았던 까닭이다. 제1차 교육과정에서부터는 줄곧 초·중·고등학교에 따로 교육과정을 마련하다가 제7차 교육과정에 와서 '국민 공통 기본 교육과정'이라 해서 1학년(초등학교 1학년)에서 10학년(고등학교 1학년)까지 하나로 묶었다. 그러니 제대로 하자면 모든 학교 급의 교육과정을 살피는 것이 마땅하다. 그러나 교과 교육의 목표라는 것이 학교 급에 따라 크게 달라질 수 없기 때문에 여기서는 가장 기초가 되는 초등학교의 교육과정만을 살펴보기로 하겠다.

그런 세 가지를 모두 전제와 결과로 나누어서 이야기해 놓았다. 위에서 1, 2, 3은 전제고, 1)과 2)는 결과임을 알 수 있을 것이다. 그런데 보다시피 첫째 것에서는 전제 하나에 두 가지 결과를 묶어 놓았고, 둘째와 셋째 것에서는 전제 하나에 결과 하나씩을 묶어 놓았으나 속내를 들여다보면 하나로 보이는 전제가 두 가지 내용을 담고 있다. 그러니까 첫째 것은 전제 하나에 결과 둘을 묶고, 둘째와 셋째는 결과 하나에 전제 둘을 묶어 놓은 셈이다. 그만큼 문맥이 어지럽고 뜻을 잡기가 쉽지 않다.

이렇게 전제와 결과로 나누어 이야기하는 바람에 참다운 목표가 과연 어느 쪽인지 가늠하기가 어렵다. 논리로만 따지자면 마땅히 뒤쪽의 결과가 목표라고 하겠으나, 교육이란 어디까지나 활동이기 때문에 오히려 앞쪽의 전제가 교육 활동의 참된 과녁일 듯도 하다. 뒤의 결과는 저절로 뒤따라 얻어지는 열매에 지나지 않는다고 할 수도 있다는 말이다.

이런 점들을 생각하면서 위의 세 가지를 살펴보면, 전제와 결과의 두 쪽이 모두 배달말 가르치기에 마땅하다고 할 만한 것은 첫째 것 하나뿐이다. 둘째 것은 전제와 결과 두 쪽이 모두 배달말 가르치기에 곧바로 닿지 않는 것이고, 셋째 것에서는 전제의 일부만이 배달말 가르치기와 닿는다고 할 수 있기 때문이다.

2. 지혜와 도덕을 북돋우어,

1) 국민된 도리와 책임을 깨닫게 하며,

3. 우리 국민성의 유다른 바탕과 국문화의 오래 쌓아 온 길을 밝히어,

1) 국민정신을 담뿍 길러 내기

보다시피 2에서 '지혜와 도덕을 북돋우어' 하는 전제나 '국민된 도리와 책임을 깨닫게 하며' 하는 결과가 모두 배달말 가르치기에만 걸리는 것이 아니다. 3에서도 '국문화의 오래 쌓아 온 길을 밝히어' 하는 대목을 빼고 나면, '우리 국민성의 유다른 바탕을 밝히어, 국민정신을 담뿍 길러 내기' 라면, 이것은 모두가 우선 '말' 에 바로 닿는 것이 아니다. 사회, 도덕, 윤리와 같은 교과목에서 직접 다루어야 할 몫이고, 다른 모든 교과목에서도 다룰 수 있는 학교 교육 전체의 몫이다.

이러한 것들을 배달말 가르치기의 과녁으로 내세운 까닭은 반세기 동안 일제의 어이없는 침략과 지배에 시달리면서 잃었던 '국민성의 유다른 바탕' 과 '국민정신' 을 하루빨리 되살리고 싶은 의욕에 있었다는 점을 짐작하고도 남는다. 그러나 이것은 배달말 가르치기를 참다운 제 몫과 올바른 제 길을 찾지 못한 채 헤매게 만든 씨앗이 되었다. 배달말 가르치기가 마땅히 책임져야 하고 배달말 가르치기가 아니면 다른 어느 교과목에서도 맡을 수 없는 몫을 뚜렷이 붙잡지 못하게 만든 걸림돌이 되었다.

나. 국어 학습 지도의 목표는 전기와 같은 기능을 가진 국어의 사용을 효과적으로 하는 데 있으며, 말하기, 듣기, 읽기, 쓰기에 연하여 좋은 습관과 태도와 기능을 기르고, 일상생활에 필요한 이해와 지식과 감상하는 힘을 증대하여 올바른 국어 생활에의 향상을 꾀하는 데 있다.

이것은 제1차 교육과정에서 내놓은 배달말 가르치기의 목표다. 교육과정의 설명이 '교수요목' 에 견주어 매우 많이 늘어났으므로 전모를 모두 보일 수는 없어서 핵심이 가장 잘 드러난 대목만을 따왔는데, 이 또한 알아보기 쉽도록 간추려 보면 이렇다.

국어 학습 지도의 목표는
1. 국어의 사용을 효과적으로 하는 데 (있으며),
 1) 말하기, 듣기, 읽기, 쓰기에 연하여 좋은 습관과 태도와 기능을 기르고,
 2) 일상생활에 필요한 이해와 지식과 감상하는 힘을 증대하여
2. 올바른 국어 생활에의 향상을 꾀하는 데 있다.

이제 '교수요목'에서 내놓았던 군더더기는 보다시피 모두 사라졌다. 그러면서 아주 철저하게 '국어의 사용'과 '국어 생활'이라는 곳에다 초점을 맞추어 놓았다. '국어'라는 교과목만의 몫을 내세우려고 애쓴 흔적을 뚜렷이 찾아볼 수 있다. 이러한 목표는 제2차 교육과정에도 그대로 이어졌다.

다. 국어과의 목표는 전기와 같은 기능을 가진 국어의 사용을 효과적으로 하여 말하기, 듣기, 읽기, 쓰기에 있어서 좋은 습관과 태도와 기능을 기르며, 일상생활에 필요한 이해와, 지식과, 감상하는 힘을 넓힘으로써 올바른 국어 생활에의 향상을 꾀하는 데 있다.

제2차 교육과정의 목표는 제1차 교육과정을 고스란히 이어받았다는 느낌을 받을 만큼 달라진 것이 거의 없다. 다만 낱말을 좀 더 간추리고 글월의 졸가리를 가다듬었을 뿐이다. 알아보기 쉽도록 간

추려 보면 다음과 같다.

국어과의 목표는

1. 국어의 사용을 효과적으로 하여

  1) 말하기, 듣기, 읽기, 쓰기에 있어서 좋은 습관과 태도와 기능을 기르며,

2. 일상생활에 필요한 이해와, 지식과, 감상하는 힘을 넓힘으로써

  1) 올바른 국어 생활에의 향상을 꾀하는 데 있다.

역시 '국어의 사용'과 '국어 생활'을 알맹이로 잡고 있는데, 문장의 졸가리가 제1차 교육과정과는 눈에 띄게 달라져 있다. 제1차 교육과정에서는 1을 목표의 한 부분으로 하고, 1)과 2)를 전제로 삼은 2가 또 다른 한 부분이었다. 그러나 여기서는 하나의 전제에 하나의 결과로 맺어지는 두 부분으로 균형을 맞추었다. 국어과의 목표는 '말하기, 듣기, 읽기, 쓰기의 습관과 태도와 기능'을 기르는 것과 '국어 생활의 향상'을 꾀하는 것의 둘로 좀 더 뚜렷이 잡은 셈이다. 그런데 이처럼 두 가지로 좀 더 뚜렷하게 잡은 목표에다 여기에 보일 수는 없지만 지루한 설명을 덧붙여서 흐트려 놓았다. 종잡기 어려운 설명 끝에 "이상 서술한 국어과의 목표를 간단히 요약하면 다음과 같다." 하면서 이렇게 다시 적어 놓고 있다.

(1) 일상생활에 필요한 국어의 경험을 넓히고, 바르게 생각하는 힘을 길러, 원만한 민주 생활을 할 수 있도록 한다.

(2) 국어 생활을 효과적으로 할 수 있는 말하기, 듣기, 읽기, 쓰기의 기

능을 길러 문제를 해결하도록 한다.

(3) 체험을 이해하고 표현하며, 지식을 얻고 취미를 높이기 위한 기능, 태도를 기른다.

(4) 바르게 말하고, 듣고, 감상하는 습관을 길러 국어를 순화하는 자각을 가지도록 한다.

일찍이 제1차 교육과정에서 끊어 버렸던 국어 바깥의 일들을 다시 끌어들여서 '교수요목'과 비슷한 곳으로 되돌아가는 모습이다. '원만한 민주 생활'을 하게 한다는 것은 말할 나위도 없고, '문제를 해결하도록' 한다든지, '국어를 순화하는 자각을 가지도록' 한다는 것들도 배달말 가르치기의 과녁에서는 벗어난 가장자리 일들에 지나지 않는 것들이다. 게다가 그런 항목들의 뜨레[98]나 차례를 이렇다 할 잣대도 없이 베풀어 놓았다. 제3차 교육과정에서는 뭐라고 했을까?

라. (가) 일상생활에 필요한 국어의 경험을 넓히고 정확하게 이해하며 적절하게 표현하는 기능을 길러서, 언어생활을 원활히 할 수 있게 한다.

(나) 국어를 통하여 지식을 넓히고 문제를 해결하는 힘을 길러서,

98_ '뜨레'는 국어사전에 오르지 못한 토박이말이다. "사람이라고 모두 다 같은 줄 아느냐? 사람에도 뜨레가 있는 것이다!" 집안 어른들이 자라는 아이들에게 훌륭한 사람이 되라고 이렇게 훈계하고, "아무렇게나 마구 싸잡아 담지 말고, 크고 작은 것으로 뜨레를 지어서 담아라." 밭에서 감자나 고구마를 캘 적에 어른들이 일을 거드는 아이들에게 이렇게 쓰는 말이다. 쓰는 보기로도 뜻을 가늠하기 어렵지 않을 듯하지만 굳이 한자말로 바꾸면 '우열, 수준, 등급' 같은 낱말과 비슷하다.

발전하는 사회에 적응하게 하고, 앞길을 개척해 나가는 바탕을 마련하게 한다.

(다) 국어를 통하여 바르게 사고하고 자주적으로 판단하는 힘과 아름다운 마음씨를 길러서, 건실한 국민으로서 자라게 한다.

(라) 국어에 대한 관심을 높이어, 국어와 국어로 표현된 우리 문화를 사랑하고 나아가 민족 문화 발전에 이바지하려는 마음을 가지게 한다.

제3차 교육과정에서 내세운 목표는 속살을 기워 더하고 문장의 졸가리를 간추려 세웠지만 본래 뼈대는 앞의 제2차 교육과정에서 마지막에 요약한 그것을 바탕으로 삼았다는 사실을 한눈에 알아볼 수 있다. 이것도 알아보기 쉽도록 추려 보면 다음과 같이 된다.

1. 일상생활에 필요한 국어의 경험을 넓히고, 정확하게 이해하며 적절하게 표현하는 기능을 길러서

   1) 언어생활을 원활히 할 수 있게 한다.

2. 국어를 통하여 지식을 넓히고, 문제를 해결하는 힘을 길러서

   1) 발전하는 사회에 적응하게 하고,

   2) 앞길을 개척해 나가는 바탕을 마련하게 한다.

3. 국어를 통하여 바르게 사고하고 자주적으로 판단하는 힘과 아름다운 마음씨를 길러서

   1) 건실한 국민으로서 자라게 한다.

4. 국어에 대한 관심을 높이어

   1) 국어와 국어로 표현된 우리 문화를 사랑하고

2) 나아가 민족 문화 발전에 이바지하려는 마음을 가지게 한다.

글월의 짜임새부터 다시 전제와 결과로 이어지게 하여 완전히 '교수요목'의 그것과 비슷하게 되었다. 그리고 2와 3항에서는 '국어'가 하나의 수단으로 떨어지고 목표는 모두 '사회 적응', '앞길 개척', '건실한 국민'이라는 인간 능력에 맞추어졌다. '우리 문화 사랑'이니 '민족 문화 발전'이니 하는 것도 대단히 폭넓은 뜻이라 반드시 배달말 가르치기에서만 목표로 세워야 할 것이 아니다. '왜' 배달말 가르치기를 하는지 그 과녁이 더욱 흐릿하게 되고 말았다. 차라리 1항뿐이었다면 초점이 한결 뚜렷했을 것이다. '일상생활에 필요한 국어의 경험을 넓히고' '정확하게 이해하고 적절하게 표현하는 기능을 길러서' '언어생활을 원활히 할 수 있게 한다'는 것이라면 두 가지 수단으로 하나의 결과를 얻고자 하는 진술로서도 뚜렷하고 국어 교과의 몫으로도 또렷했을 것이라는 말이다.

마. 일상의 국어 생활을 바르게 하고, 국어를 소중히 여기게 한다.

1) 말과 글을 통하여 생각과 느낌을 바르게 표현하고 이해하며, 논리적인 사고력을 기르게 한다.

2) 국어에 관한 초보적인 이해를 가지게 한다.

3) 상상의 세계를 표현한 글을 즐겨 읽고, 아름다운 정서를 기르게 한다.

제4차 교육과정에서 내놓은 배달말 가르치기의 목표다. 모두를 싸잡은 과녁을 앞에 내세우고, 거기 담기는 속살을 셋으로 갈라 뒤에 세웠다. 1)은 '표현과 이해'의 목표며, 2)는 '언어'의 목표고, 3)은 '문학'의 목표다. 그 밖에 뒤따를 수 있는 것들은 모두 사라졌다. 말을 가다듬어 놓아서 따로 헤집어 간추리지 않아도 알아보는 데 어려움이 없을 듯하다.

바. 국어 생활을 바르게 하고, 국어를 소중히 여기게 한다.
  1) 말과 글을 통하여 생각과 느낌을 바르게 표현하고 이해하게 한다.
  2) 국어에 관한 초보적인 지식을 익히고, 국어를 올바르게 사용하게 한다.
  3) 문학 작품을 즐겨 읽고, 아름다운 정서를 기르게 한다.

이것은 제5차 교육과정에서 내놓은 배달말 가르치기의 목표다. 보다시피 제4차의 그것을 거의 그대로 이어받았다. 둘을 견주어 보면 1)에서 군더더기를 더욱 잘라 내었고, 3)의 앞부분에서 에둘러 말한 것을 곧바로 말해 버렸다. 눈에 띄는 것은 2)의 뒷부분이 새로 덧붙었다는 점이다. '언어'를 '지식 익히기'에만 두지 않고 '국어 사용'에 도움을 주도록 하겠다는 뜻을 드러낸 것이다.

사. 국어 생활을 바르게 하고, 국어를 소중히 여기게 한다.
  1) 말과 글을 통하여 생각과 느낌을 바르게 표현하고 이해하게 한다.
  2) 국어에 관한 초보적 지식을 익히고, 국어를 올바르게 사용하게 한다.

3) 문학 작품을 즐겨 읽고, 아름다운 정서와 풍부한 상상력을 기르게 한다.

이것이 제6차 교육과정이 내놓은 배달말 가르치기의 목표다. 제5차의 그것을 그대로 이어받았는데, 다만 3)항, 곧 '문학'의 목표에 '풍부한 상상력'이 덧붙여졌을 뿐이다. 그러고 보면 제6차 교육과정의 목표는 제4차 교육과정에서 내세운 목표의 겉모습과 알맹이를 거의 그대로 이어받았다. 이로써 제4차, 제5차, 제6차 교육과정의 배달말 가르치기 목표는 한결같아 하나의 틀로서 자리 잡은 셈이다. 세 차례나 교육과정의 틀이 바뀌는데도 끄떡없이 바뀌지 않고 십오 년 이상을 견뎌 온 힘을 지닌 것이다. 그만큼 이 목표는 이제 배달말 가르치기를 '왜' 하는가 하는 물음에 올바른 해답을 내놓은 것으로 받아들인다는 뜻이라 할 수 있다.

아. 언어 활동과 언어와 문학의 본질을 총체적으로 이해하고, 언어 활동의 맥락과 목적과 대상과 내용을 종합적으로 고려하면서 국어를 정확하고 효과적으로 사용하며, 국어 문화를 바르게 이해하고, 국어의 발전과 민족의 언어 문화 창달에 이바지할 수 있는 능력과 태도를 기른다.

1) 언어 활동과 언어와 문학에 대한 기본적인 지식을 익혀, 이를 다양한 국어 사용 상황에서 활용하는 능력을 기른다.
2) 정확하고 효과적인 국어 사용의 원리와 작용 양상을 익혀, 다양한 유형의 국어 자료를 비판적으로 이해하고 사상과 정서를 창의적으로 표현하는 능력을 기른다.

3) 국어 세계에 흥미를 가지고 언어 현상을 계속적으로 탐구하여, 국어의 발전과 국어 문화 창조에 이바지하려는 태도를 기른다.

이것은 제7차 교육과정의 것이다. 보다시피 기본 목표와 영역 목표의 틀은 제4차 교육과정 뒤로 이어진 것을 그대로 따르고 있으나 말이 눈에 띄게 많아졌다. 말만 많아진 것이 아니라 담아 놓은 것들도 아주 많아지고 문맥도 이리저리 얽혀서 알아듣기가 몹시 어려워졌다.

우선 기본 목표를 보면 "능력과 태도를 기른다."가 마지막 풀이 말이니 이것이 목표인 셈인데, 어떤 능력과 태도를 기르자는 것인가에 네 가지 대답까지 내놓았다. ① 언어 활동과 언어와 문학의 본질을 총체적으로 이해하고, ② 언어 활동의 맥락과 목적과 대상과 내용을 종합적으로 고려하면서 국어를 정확하고 효과적으로 사용하며, ③ 국어 문화를 바르게 이해하고, ④ 국어의 발전과 민족의 언어 문화 창달에 이바지할 수 있는 능력과 태도를 기르는 것이 배달말 가르치기의 목표라고 했다. 말 그대로라면 참으로 엄청난 능력과 태도를 기르자고 한 셈이다. 솔직히 말하면 여기 끌어다 쓴 낱말들의 뜻을 제대로 알기는 하고 이렇게 썼을까 싶다. ①에서만 보더라도 '언어 활동', '언어', '문학'이 모두 얼마나 넓고 깊은 뜻을 지닌 낱말들인가? 게다가 그것들의 '본질'을 '총체적으로 이해'하는 능력과 태도라니 너무나 어마어마하다. ②와 ③과 ④가 모두 그에 못지않은 뜻을 지녔으니 참으로 놀라운 능력과 태도를 기르자고 해 놓은 것이다. 말로 할 수 있는 데까지 모조리 해 놓아 보자고 한 것 같다.

그리고 영역 목표는 틀만 제4차 교육과정에서 이어 온 것을 따랐을 뿐 알맹이는 아주 달라졌다. 본디 1)은 '표현·이해', 2)는 '언어', 3)은 '문학'으로 나누어 목표를 내세웠던 것인데, 여기서는 그런 틀을 아주 허물어 버렸다. 그러고는 기본 목표 안에 싸잡았던 네 가지 능력과 태도를 이리저리 바꾸어서 1)과 2)와 3)이라는 틀에 맞추어 갈라놓았다. 1)은 언어 활동과 언어와 문학의 기본 지식을 활용하는 '능력'을 기르고, 2)는 이해하고 표현하는 '능력'을 기르고, 3)은 국어 발전과 국어 문화 창조에 이바지하려는 '태도'를 기른다고 했다. 능력을 기르는 것과 태도를 기르는 것으로 나누었다고 본다 해도 1)의 능력과 2)의 능력은 어떻게 다른 것인지 모르겠다. 영역을 허물었을 뿐 아니라 도무지 졸가리를 찾아볼 수 없는 말들에다 다만 '능력'과 '태도'를 갈라 붙여 놓았을 뿐이다.

이제까지 여덟 차례 바뀐 교육과정에서 내놓은 배달말 가르치기의 과녁을 살펴보았다. 무엇을 알았는가? 첫째는 아직도 과녁을 제대로 붙들지 못했다는 사실을 알았다. 말을 이리 바꾸고 저리 고치면서 뭔가를 맴돌고 있으나 손에 잡히는 과녁을 찾지 못하고 있음을 알았다. 그렇다면 참으로 어처구니가 없는 일이 아닌가? 배달말 가르치기를 반세기 넘게 해 오면서 아직도 왜 하는 것인지를 제대로 모른다는 말인가? 배를 타고 바다 한가운데로 나왔는데 아직도 어디로 가는 배인지를 모른다니! 둘째로 '국어 생활'과 '국어 사용'에서만 줄곧 맴돌고 있다는 사실을 알았다. 이 두 마디 말은 알다시피 같은 것을 다른 낱말로 나타냈을 뿐인데, 맨 처음 교수요목에서 맨 마지막 제7차 교육과정까지 빠지지 않고 줄곧 그대로 나타나 있다. 그렇다면 그것이 배달말을 가르치는 참된 과녁인가? 생활은 '살이' 며 '삶' 이고, 사용은 '쓰기' 며 '씀' 이니, 배달말 가르치기를 줄곧 국어의 '삶' 과 '씀' 으로 보고 있음을 알겠다. 그것이 올바른 과녁인가?

2. 교육 현장에서는

우리가 교육 현장인 교실에서 배달말 가르치기가 어떤 목표를 바라고 이루어졌는가를 살피려고 할 때 그 증거가 될 만한 자료는 적지 않다. 우선 그사이 쓰인 교과서와 교사용 지도서를 훑어보아도 좋고, 갖가지 자습서와 참고서를 살펴볼 수도 있겠다. 무엇보다도 평가의 자료인 시험 문제집들을 더듬어 보면 현장의 배달말 가르치기가 무엇을 목표했던가를 쉽게 알아볼 수 있다. 그러나 그 어떤 것보다도 지난 육십 년 사이에 학교 교육을 거친 우리 모든 국민의 실제 경험이 눈에 보이지는 않으나 가장 속일 수 없는 자료다. 말하자면 우리 학교 교육 현장에서 '국어' 라는 교과목이 무엇을 목표로 교육하고 있는가를 묻는다면 학교 교육을 거친 사람들은 누구나 자신의 경험을 자료 삼아 자신 있게 대답할 수 있다는 말이다. 그 대답은 무엇일까? "시험에서 좋은 점수를 얻으려는 것이 배달말 가르치기의 목표다." 하는 것이 가장 정직한 대답이 아닐까? '주중 고사, 월중 고사, 중간 고사, 기말 고사' 이런 이름의 온갖 교내 평가에서 좋은 점수를 받게 하겠다는 것이 배달말 가르치기의 목표였고, 높은 학교로 올라가는 입학 시험에서 '국어' 의 점수를 높게 받고자 한다는 것이 배달말 가르치기의 목표였다고 하면 지나친 말일까? 교육 현장의 학생과 교사가 한결같은 마음으로 겨냥하던 배달말 가르치기 과녁은 시험에서 좋은 점수를 받겠다는 것이었다. 그밖에 다른 목표를 내세웠다가는 무서운 교육 현장에서 쫓겨날 수밖에 다른 길은 없었을 것으로 나는 생각한다.

그런데 "시험에서 좋은 점수를 얻겠다." 하는 그것을 곧장 잘못된 목표였다 할 수는 없다. 시험이 교육의 과정과 결과를 평가하는 수단이라고 할 때에, 시험에서 좋은 평가를 받는 것은 바로 교육을 그만큼 잘 받았다는 증거가 되는 것이고, 그만큼 누구나 그 평가에 최선을 다해 좋은 결과를 얻으려는 것이 잘못된 목표일 수는 없다. 문제는 그런 시험을 치게 하는 바탕과 시험의 속살과 솜씨다. 우리는 그사이 국어 시험을 무엇에 바탕하여 치렀으며 무엇을 묻고, 어떻게 물었던가? 국어 시험의 바탕이 교과서에만 있었으며 물음들이 배달말 가르치기의 목표를 엉뚱한 데로 끌고 갔다는 사실을 문제로 삼아야 마땅한 것이다. 알다시피 그동안 국어 시험의 문제는 거의가 교과서에 실린 글의 한 도막 또는 몇 도막을 주고 그 안에 들어 있는 지식을 제대로 알고 있는가를 물었다. 학생이 스스로 알아내도록 하는 것도 아니고, 이미 찾아 둔 것들 가운데서 가장 옳은 것을 골라 보라는 방식이 큰 흐름을 이루었다. 말하자면 "다음 글을 읽고 물음에서 맞는 답을 찾으라." 하는 것이 고작이었다. 그리고 나머지 얼마쯤은 '언어(곧 문법)'와 '문학'의 도막 지식을 묻는 것이었다. 지난날의 시험 문제집들을 들추어 보면 얼마든지 확인할 수 있는 사실이다. 그러니까 그 사이의 국어 시험은 '읽기'에만 거의 매달렸고, '언어'와 '문학'에 관한 부스러기 지식을 건드리는 데에 그쳤을 뿐이라 해도 지나치지 않는다.

배달말 가르치기 현장의 이러한 실정은 어디에서 왔는가? 말할 나위도 없이 국어 교과서에서 왔다. 국어 교과서의 짜임과 속살이 배달말 가르치기 현장을 그렇게 만들었다. 오랫동안 우리네 국어 교과서는 여러 가지 형식과 내용의 글들을 끌어모아 단원으로 묶어 놓은 '글모음(문집)' 이었다. 일본말로 '독본(讀本)' 그것이었다. 교사도 '읽고', 학생도 따라 '읽고', 거기 담긴 내용을 찾아내 보려고 이리 뒤적이고 저리 쪼개고 하도록 마련해 놓은 읽기책(독본)이었다. 물론 그런 글들 가운데는 반드시 한두 개의 '언어' 와 '문학' 에 관한 글이 끼어 있기 마련이었다. 이래서 그사이의 국어 교과서와 시험의 내용과 방법은 서로 잘 어울려서 배달말 가르치기의 현장을 그런 모습으로 만들고, 교육과정이 내세워 놓은 과녁(목적과 목표)에는 도무지 마음과 눈을 돌리지 않았던 것이다.

그런데 알다시피 이러한 흐름은 제5차 교육과정에 와서 눈에 띄게 달라졌다. 무엇보다도 이때부터 교과서의 짜임과 속살을 바꾸었기 때문이다. 갖가지 글을 모아 묶은 읽기책(독본)이 아니라 교육과정에서 내놓은 내용을 따라 담아내는 그릇으로 만들었다. 제5차 교육과정에서는 국어과의 교육 내용을 '말하기', '듣기', '읽기', '쓰기', '언어', '문학' 의 여섯이라고 했으므로 교과서는 그들 내용에 맞추어 알뜰하게 담으려고 했다. 초등학교에서는 영역에 따라 책을 따로 엮어 내고, 중·고등학교에서는 한 책 안에서 단원을 영역에 따라 달리 마련했다. 이런 교과서는 교육 현장을 적잖이 바꾸었다. 교사나 학생이 교과서를 무시하고 달리 교육을 해 볼 길이 없는 까닭에 읽기만 하던 지난날의 배달말 가르치기에서 벗어나지 않을 수 없었다. '말하기·듣기' 가 책이 되고 단원이 되어 나와 있으니 그것을 배우고 가르치지 않을 수가 없는 것이다. 이래서 읽기만을 배달말 가르치기의 목표로 삼을 수 없다는 사실을 체험으로 익히게 되었다. 이런 현상은 물론 제6차 교육과정에도 그대로 이어졌고, 제7차 교육과정에도 말할 나위 없이 그대로 이어졌다.

그렇다고 해서 제5차 교육과정 뒤로 배달말 가르치기 현장이 교육과정에서 내세우는 목표를 제대로 이루어 내고 있다는 말은 아니다. 교육과정에서는 "국어 생활을 바르게 하고, 국어를 소중히 여기게 한다." 이렇게 목표를 세웠으나 교육 현장에서는 교사나 학생이나 그 과녁을 올바로 내다보고 나아가는 것은 아니다. 제4차 교육과정 시기까지는 교육과정이 내놓은 배달말 가르치기의 목표를 현장에서는 아예 거들떠보지도 않았던 것에 견주면 그래도 한 걸음 나아갔다는 뜻일 뿐이다. 교육과정에서 내세우는 목표를 겨냥하여 교육 현장이 돌아가는 것이라기보다 사실은 교육 현장이 교과서에 매달려 있는 것일 뿐이다. 그런데 교과서의 내용이 교육과정의 내용을 기계처럼 담고 있어서 현장도 교육과정에로 눈을 돌린 것처럼 보이는 것에 지나지 않는다는 말이다.

그러나 제7차 교육과정에 들어와서 교육 현장에는 새로운 바람이 일어났다. 이제까지 반세기 넘도록 해 온 배달말 가르치기, 교육과정뿐만 아니라 교과서와 교육 현장의 방법까지 뿌리부터 뉘우치며 새롭게 해 보자는 국어교사모임이 나타났기 때문이다. 이 모임은 일찍이 나타나 나름대로 배달말 가르치기의 새로운 길을 찾고 있었으나 제7차 교육과정에 와서 교사에게도 틈을 내준 교육과정에 빌미를 잡고 좀 더 다잡고 나선 것이다. 사실 교육과정은 이미 제6차에서부터 지방 자치 정신에 맞추어 광역 자치 교육청이 교육 지침을 마련하고 학교마다 지역의 문화 전통에 알맞은 학교 나름의 교육과정을 마련하라고 했다. 제7차 교육과정에서는 그것을 더욱 강조하면서 학생 중심 교육의 정신으로 교사가 마땅한 교재를 개발하여 활용하도록 권고하였다. 이런 교육과정의 틈을 빌미로 잡고 전국국어교사모임은 국정 교과서에 맞서는 국어 교과서를 만들어 낸 것이다.[99] 《우리말 우리글》이라는 저들의 국어 교과서는 국가 교육과정이 내놓은 교육 목표, 곧 "국어 생활을 바르게 하고, 국어를 소중히 여기게 한다."를 알뜰하게 담으면서도 그것이 바람직하지 않다는 사실을 숨김없이 드러냈다. 국어 생활을 바르게 하자면 그보다 먼저 국어의 세계를 잘 알아야 하고, 국어를 소중히 여기려면 그보다 먼저 국어 문화와 유산을 잘 알아야 한다는 사실을 교육의 목표로 인식하고 있었다. 무엇보다도 학생들이 스스로 생각하고 행동하면서 자라날 수 있도록 학생들이 나날의 삶에서 마음에 두고 눈길을 던지는 일에다 초점을 두었다. 학생들의 삶과 말살이를 가꾸고 끌어올리는 것을 배달말 가르치기의 과녁으로 삼고자 했다는 말이다.

그러나 아직도 교육 현장의 교사와 학생들이 배달말 가르치기의 목표를 뚜렷이 의식한 가운데 활동하는 것에는 온전히 이르지는 못하고 있다. 그것은 목표 자체를 올바로 세우지 못한 탓도 크지만, 교과서를 비롯한 교재가 제대로 꾸며지지 못한 때문이기도 하고, 무엇보다도 교사들이 제대로 양성되지 못하는 때문이라 하겠다. 그

99_ 전국국어교사모임에서 만들어 낸 국어 교과서 《우리말 우리글》은 7학년(중학교 1학년)에서 10학년(고등학교 1학년)까지 사 년 치에 지나지 않는 것이었다. 그러나 거기 담긴 철학과 의지는 만만하지 않아서, 배달말 가르치기의 목표와 내용과 방법을 두루 비판하고 있었을 뿐 아니라 교과서의 학기별 분책과 국정 제도 자체까지도 뿌리에서부터 뒤흔들어 놓았다.

러나 현장 교사들이 온 나라에서 일어나 스스로 교육과정을 마련하고 교과서를 만들고 교사 지침서를 만들었다는 사실은 우리네 배달말 가르치기의 역사에서 커다란 고비임이 틀림없다. 이제는 더 이상 배달말 가르치기를 정부에서만 틀어쥐고 좌우할 수 없고, 현장과 동떨어진 학자들의 책상에서만 시비할 수도 없고, 교육 활동의 임자인 학생과 교사가 겪으며 살아가는 경험을 앞세우는 세상으로 들어서 버렸기 때문이다.

3. 바람직한 과녁

그런데 우리네 교육과정이 지금 내세워 놓은 배달말 가르치기의 과녁이 흐릿하지만 올바르고 바람직한 쪽으로는 가는 것인가? 나로서는 올바르지도 바람직하지도 않다고 생각한다. 무엇이 잘못인가? 잘못은 무엇보다도 배달말 가르치기의 과녁이 '국어 생활' 또는 '국어 사용'에만 묶여 있다는 점이다. 이런 과녁은 앞에서도 이미 살핀 바와 같이 '교수요목' 뒤로 모든 교육과정이 줄기차게 지키고 맴돌았던 그것이다.

"국어는 일상생활에 필요한 말과 글을 익혀" (교수요목)

"국어 생활에의 향상을 꾀하는 데 있다" (제1차 교육과정)

"국어 생활에의 향상을 꾀하는 데 있고" (제2차 교육과정)

"언어생활을 원활히 할 수 있게 한다" (제3차 교육과정)

"일상의 국어 생활을 바르게 하고" (제4차 교육과정)

"국어 생활을 바르게 하고" (제5차 교육과정)

"국어 생활을 바르게 하고" (제6차 교육과정)

"국어를 정확하고 효과적으로 사용하며" (제7차 교육과정)

보다시피 배달말 가르치기란 일상 '생활' 안에서 국어를 '사용하는'[100] 능력을 키우는 데에만 그 목적이 있는 것으로 모든 교육과정들이 내세웠다. 그리고 그것은 결국 '교수요목' 으로부터 말미암았다는 사실도 뚜렷이 드러났다. 알다시피 '교수요목' 은 세계 대전에서 일본을 누르고 이긴 미국의 군인이 들어와서 군정청을 열고 거기서 미국의 학교 교육을 본보기로 삼아서 마련한 것이다. 우리의 문화 전통과 실정을 충분히 알아서 우리의 현실에 제대로 어울리는 것이 되기는 어려운 상황에서 서둘러 마련했다.

미국은 알다시피 토박이들이 대대로 살아온 바탕에서 이루어진 나라가 아니다. 영국에서 건너온 사람들이 토박이들은 쓸어내 버리고 저들 나름의 이상을 갖고 새롭게 세운 나라다. 영국뿐만 아니라 새로운 대륙을 찾아낸 유럽 여러 나라의 모험가와 이상주의자들이 두루 몰려들어 만들어 낸 나라다. 나라를 세우고 아직 삼백 년에도 미치지 못하는 역사를 가진 풋내기 나라다. 요즘도 온 세계 곳곳으로부터 끊임없이 몰려드는 사람들이 국민으로 파고들어 와 언제나

100_ "국어를 사용한다."라는 말을 교육과정이 앞장서 퍼뜨렸다. 국어를 '사용'한다는 말에는 국어를 인식하는 남다른 철학이 뒷받침해 있다. 국어를 사람 바깥에 있는 삶의 도구로 여기는 철학이다. 국어가 참으로 사람 바깥에 따로 떨어져 있는 도구인가? 말은 사람의 마음과 골 안에 감추어진 능력(촘스키)이고 랑그(소쉬르)임을 언어학이 밝혀서 이미 상식이 되었다. 우리 겨레도 예로부터 돈을 쓰고 도끼를 쓰지만(돈이나 도끼는 도구이므로 '쓴다'고 한다.) 말은 도구가 아니므로 쓴다고 하지 않고 '한다'고 했다. 뒤로 가면 알겠지만, 나는 '국어의 삶' 이니 '국어를 산다' 느니 하는데 그렇게 말하는 까닭이 바로 여기 있다.

소용돌이치고 있는 나라다. 그러니 미국의 '국어' 는 우리의 배달말과는 너무나도 다른 사정의 말이다. 세계 곳곳에서 저마다 다른 모국어를 쓰던 사람들이 어지럽게 몰려와 뒤섞여 살아가야 하는 나라의 국어라는 남다른 사정을 지니고 있다. 이런 나라에서 국어 교육을 하자면 가장 다급하고 절실한 발등의 불이 우선 공용의 나라말로써 나날의 '삶' 을 제대로 살게 하는 일이 아닐 수 없다. 떠나온 제 모국어를 제쳐 두고 미국이라는 나라의 국민으로서 '일상의 국어 생활' 을 제대로 할 수 있도록 도와주는 일을 국어 교육의 과녁으로 삼지 않을 수 없다. 온 세계에서 날마다 국어(미국말)로 의사소통을 할 수 없는 사람들이 끊이지 않고 밀려들어 국민으로서 살아가야 하는 나라의 국어 교육이 '일상생활에 필요한 말과 글' 을 가르쳐 주는 일을 과녁으로 삼지 않고 달리 무슨 길이 있겠는가?

그러나 알다시피 우리는 저들과 너무나 다른 역사와 전통 속에서 살아왔고 또 살아간다. 아득한 옛날부터 동북아 넓은 벌판과 반도에 흩어져 커다란 문명을 이끌며 살아왔고, 청동기 말엽부터는 뚜렷한 하나의 겨레를 이루어 같은 말을 쓰면서 핏줄로도 깊이 묶여 살아오고 있다. 따라서 우리 사회에서는 '일상의 국어 생활' 이라는 것이 저들처럼 발등불일 수가 없다. 우리처럼 오랜 세월에 걸쳐 하나의 겨레를 이루어 살아온 사람끼리는 일상의 의사소통에서 말이란 오히려 거추장스러울 수도 있다. 말이라는 것을 굳이 빌리지 않아도 기침 소리나 입맛 다심이나 얼굴빛이나 눈빛으로도 의사소통이 이루어질 수 있다는 사실을 우리는 일상의 경험으로 잘 알고 있다. 적잖은 의사소통에서 말이란 것은 차라리 부질없다는 경험까지 하면서 입을 다물어 버리기도 한다. 이런 우리네 사정은 미국이니 캐나다니 호주니 하는 신생국은 말할 나위도 없고, 서유럽 여러 나라들까지도 짐작하기 어려운 전통이며 현실이다. 우리네 현실과 전통을 깊이 헤아리면 우리는 말을 넘어서 짓이나 느낌이나 마음으로 주고받는 의사소통과 말로써 해야 하는 의사소통 사이의 문제를 배달말 가르치기의 다급한 일거리로 떠올려야 마땅할 것이다. 게다가 글말조차도 한글이 가장 뛰어난 음소글자이기 때문에 세계 어느 글자보다 쉬워서 구태여 학교 교육이 아니라도 마음만 먹으면 얼마든지 스스로 배워서 쓰고 읽을 수가 있다. 17세기 뒤로 19세기까지 아무도 가르쳐 주지 않았으나 한글을 스스로 깨쳐서 읽고 쓴 백성들이 얼마나 많았던가! 텔레비전의 광고나 만화를 보고 길거리의 간판이나 선전물을 보면서도 글자를 배우고 깨쳐서 유치원에 들어가는 너댓 살이면 웬만한 어린이들이 스스로 글을 읽고 쓰는 것이 우리네 실정이다.

이런 우리의 문화와 실정을 살피지 못하고 '일상생활에 필요한 말과 글'을 익히고 '국어 생활'을 바르게 하는 것만을 배달말 가르치기의 목표로 삼은 '교수요목'의 잘못을 여태까지 제대로 비판하지 않고 이어 왔다는 사실이 문제의 알맹이다. 우리의 문화 전통과 실정에 맞지 않는 목표였던 까닭에 그사이 그것이 늘 교육과정 안에서만 공염불처럼 남아 겉돌고 교육의 실효를 거둘 수 없었던 것이다. 배우고 가르칠 것도 없는 것들을 내놓고 배우고 가르치라 하니까 학생이나 교사나 어처구니가 없고 어리둥절할 수밖에 없었다. '국어 생활'을 바르게 하도록 하고, 국어 생활을 더욱 잘하도록 하는 일이 배달말 가르치기의 과녁에서 빠져야 한다는 말은 물론 아니다. '일상생활에 필요한 말과 글'이라고 하든지 '일상의 국어 생활' 이라고 하든지 그것은 언제나 어디서나 사람의 삶에서 소중하기에 배달말 가르치기의 과녁으로 내세우는 것이 마땅하다. 그러나 미국 같은 나라에서는 그것만을 과녁으로 내세울 수밖에 없지만 우리는 사정이 그렇지 않다는 말이다. 그것 말고도 우리에게는 그보다 더 무겁고 다급한 배달말 가르치기의 과녁이 있다는 것이다. 우리가 배달말 가르치기에서 과녁으로 삼아야 할 또 다른 것, 그것은 바로 '말이란 무엇인가?' 를 제대로 알게 하는 일이라고 나는 뼈저리게 생각한다.

알다시피 오늘날 인류 문명의 원동력 노릇을 하는 서유럽 사람들은 수천 년을 두고 줄기차게 '말이란 무엇인가?' 하는 물음을 두고 그것을 알아보려고 무진 애를 썼다. "말이 바로 하느님이다." 하는 히브리 사람들의 전통과 "말은 지혜이며 창조의 힘이다." 하는 헬라 사람들의 생각이 뿌리가 되어 서양 문명을 이루면서 그런 전통이 자리 잡았다. 그래서 저들은 헬라말과 히브리말의 유산을 라틴말로 뒤쳐 내면서 로마 제국과 라틴 문명을 꽃피우고, 라틴말의 유산을 저마다 제 겨레말(vernacula)로 뒤쳐 내면서 르네상스와 근대 문명을 꽃피워 내었다. 그런 역사와 문화의 전통 안에서 모든 학문의 중심인 철학에 말의 문제가 한가운데 자리를 잡게 되었고, 근대 학문의 분화와 더불어 '언어학' 과 '문학 이론' 과 '수사학' 이 다투어 갈라지면서 뻗어 나간 것이다. 진실로 서양 문명의 뿌리와 바탕은 말에 대한 앎과 깨달음에서 말미암은 것이다.

그러나 우리는 안타깝게도 그런 전통을 갖지 못했다. '말이란 무엇인가?' 하는 의문을 갖지 않은 것은 아니었지만, 그 물음은 체제 유지에 매달려 중국의 한문에 집착한 지배 계층 사람들 때문에 제대로 풀려 나갈 수가 없었다. 남의 글말을 내세워 쓰려는 사람들이 참다운 말의 의미를 따지고 들 수는 없는 노릇인 까닭이다. 그래서 오늘날 국어학자와 국문학자가 적지 않고 배달말 가르치기 학자도 숱하지만 아직 우리에게는 '말이란 무엇인가?' 하는 물음에 제대로 된 대답을 할 수 있는 사람이 드물다. 부끄럽지만 우리 모두는 아직 '말'에 대해서 아는 것이 별로 없다고 고백해야 한다. 그것은 사람과 삶과 문명과 문화가 무엇인지를 제대로 알지 못하고 있다는 소리와 다를 바가 없다. 그러므로 이제부터라도 우리네 배달말 가르치기에서는 '말이란 무엇인가?' 하는 물음을 묻고, 그 물음에 올바른 해답을 찾아보도록 하는 일이 절실히 필요하다. 모든 국민이 '말'이 무엇이며 '국어'가 무엇인지를 깊이 깨달은 다음이라야 국어 생활을 올바로 하자는 말이 먹혀들어 갈 수 있을 것이기도 하다.

그러면 우리네 배달말 가르치기는 과녁을 어디에다 두어야 마땅한가? 우리는 '왜' 국어를 교육해야 한다는 말인가? 대답부터 하고 보자면, 국어를 '더욱 잘 알도록' 하고, 국어를 '더욱 잘 살도록' 하는 것, 이 두 가지가 배달말 가르치기의 과녁일 수밖에 없다고 생각한다. 배달말이 우리에게 도대체 무엇인가를 할 수 있는 데까지 깊고 넓게 알도록 하고, 그렇게 아는 바탕에서 서로의 마음을 주고받는 배달말의 삶을 더욱 잘 꽃피워 가도록 하는 것, 이 두 가지가 배달말 가르치기의 과녁이 되어야 마땅하다. 아는 것과 사는 것, 이것은 둘이 아니라 하나지만 아는 것을 빼어 버리고 사는 것만으로는 제대로 살 수가 없다. 알아야 살 수 있고, 아는 것만큼 살 수밖에 없으며, 잘 알면 잘 알수록 그만큼 더욱 잘 살 수가 있는 것이다. 그런데 우리는 여태 사는 것에만 매달려서 아는 것을 빼내 버린 배달말 가르치기에 매달려 있었기 때문에 당연히 사는 것조차 제대로 가르칠 수가 없었던 것이다.

'잘 알도록' 하고 '잘 살도록' 하는 것은 사실 모든 교과목이 그렇게 잡을 수밖에 없는 더없이 평범한 목표에 지나지 않는다. 물론 잘 알도록 하는 것만으로 만족하는 교과목도 있고, 잘 살도록 하는 것만으로 넉넉한 교과목도 있다. 그러나 거의 모든 교과목은 알도록 하는 것과 살도록 하는 것의 두 가지로 목표를 삼을 수밖에 없는 것이다. 다만 교과목마다 그것의 무게 중심이 다를 뿐이다. 과학 교육은 알도록 하는 것에 치우칠 수 있다면, 예술 교육은 살도록 하는 것에 중심을 두어야 한다. 그런 쪽에서 볼 때, 배달말 가르치기는 둘을 잘 아울러야 하는 교과목으로서 알도록 하는 것과 살도록 하는 것을 가지런히 다루어야 한다. 과학과 예술 교육이 서로 다른 쪽으로 치우치는 것과는 달리 배달말 가르치기는 두 쪽을 아우르며 가지런히 다루어야 하는 교과목이다. 배달말 가르치기는 과학에 치우치는 배달말과 예술에 치우치는 배달말꽃을 아울러 다루어야 하기 때문이다. 다만, 앞세우고 뒤세우는 것을 굳이 가려야 한다면 말할 나위도 없이 아는 쪽을 앞세우고 사는 쪽을 뒤따르게 해야 올바르다.

그러면 '배달말을 더욱 잘 알게' 한다는 것이 무엇인가? 아는 것은 지식이고 그것은 과학의 일이라 할 수 있다. 그러므로 배달말을 더욱 잘 알게 한다는 것은 배달말의 지식, 과학으로 밝혀낸 배달말의 앎을 더욱 넓게 하고 더욱 깊게 하는 것이라고 말할 수 있다. 그러나 모든 앎이 그렇듯이 배달말의 앎 또한 굳어져 있는 것이 아니다. 언제나 알아 나가는 길에 놓인 징검다리에 지나지 않고 새로운 물음을 불러일으키는 부싯돌에 지나지 않는 것들이다. 사람의 말을 과학의 불빛으로 밝혀낸 지는 이미 수백 년이 되었지만 날이 갈수록 밝혀야 할 것이 한없이 남았다는 사실만을 더욱 뚜렷이 알게 된다. 그러나 말의 과학이 나아가는 그만큼 사람은 말의 신비를 더 깊숙이 알아 가는 것이고 그것은 곧 사람이라는 제 스스로를 알아 가는 것임을 깨닫게 되었다. 말을 아는 것은 사람을 아는 것이기에 누군가 저의 말을 안다는 것은 저의 사람됨을 안다는 것이다. 그러므로 배달말을 더욱 잘 알게 한다는 것은 우리 스스로를 더욱 잘 알게 하는 일이고 같은 배달말로써 살아가는 우리 겨레를 더욱 잘 알게 하는 일이다. 무지의 어두움은 사람을 말할 수 없는 괴로움과 두려움에 빠뜨리지만, 앎의 밝음은 사람을 더없는 즐거움과 자유로움에로 불러낸다. 그런 뜻에서 '배달말을 더욱 잘 알게' 한다는 배달말 가르치기의 과녁은 인간 해방으로 나아가는 문의 열쇠인 셈이다. 어찌 생각하면 사람이 발버둥치는 모든 정신의 활동, 무엇보다도 학문이라는 것은 마침내 스스로를 알아서 자유와 해방으로 나아가게 하려는 몸부림이기도 하다.

'배달말을 더욱 잘 살게' 한다는 것은 무엇인가? 사람은 숨을 들이쉬고 내쉼으로써 목숨을 부치고 살아간다. 마찬가지로 사람은 말을 받아들이고 내어보냄으로써 사람답게 사람 노릇을 하며 살아간다. 사람이 숨을 멈추고는 잠시도 살아 있을 수 없듯이 말을 멈추고서도 살아 있을 수 없다. 사람들이 생각해 낸 형벌 가운데서 목숨을 빼앗아 버리는 것 다음으로 잔인한 것이 바로 말을 주고받지 못하도록 홀로 가두어 놓는 것이 아닌가? 말을 들을 수도 할 수도 없는 외로움보다 더 무서운 노릇은 사람에게 있을 수 없기 때문이다.

신라 경문왕의 귀가 당나귀 귀처럼 생겼는데 그것을 알고 있으면서도 말을 할 수 없었던 복두장이는 마침내 죽게 되더라는 이야기가 《삼국유사》[101]에 실려 있다. 사람이 말을 받아들이고 내어보낸다는 것은 그저 생각을 주고받는 이른바 의사소통일 뿐만 아니라 스스로를 뜯어고치고 바로잡아서 더 좋은 삶을 만들어 내는 거룩한 생명활동이다. 남의 말을 받아들인다는 것은 나에게 이미 마련되어 있던 마음과 생각의 틀을 허물어뜨리고 새롭고 나은 것으로 바꾸어 가는 일을 뜻한다. 그리고 내 말을 건네준다는 것은 붙잡을 수 없는 느낌과 생각과 뜻을 말이라는 그릇 안에 담아서 붙잡을 수 있는 무엇으로 만들어 내는 것, 이른바 창조하는 것을 뜻한다. 이러한 자기 변혁과 창조 행위는 참으로 누를 수 없는 본능의 욕구에 말미암은 것이므로 이를 마음껏 이루어 내게 하는 것은 조물주의 섭리에 발맞추는 좋음〔善〕이다. 거꾸로 그것을 억누르고 가로막는 것은 자연의 섭리를 거스르는 나쁨〔惡〕이다. 그러므로 사람은 누구나 그런 자기 변혁과 창조 행위를 마음껏 이루게 될 때에 더할 수 없는 즐거움을 맛보지만 거꾸로 그런 변혁과 창조의 행위를 뜻대로 이룰 수 없을 때에 말할 수 없는 괴로움을 맛보게 마련이다. 이런 뜻에서 배달말을 더욱 잘 받아들이고 내어보내게 하는 것, 곧 '배달말을 더욱 잘 살도록' 한다는 배달말 가르치기의 과녁은 사람을 온전함으로 나아가게 하는 거룩한 길인 셈이다.

'더욱 잘 알게' 하고 '더욱 잘 살게' 한다는 말에는 지나칠 수 없는 한 가지 속뜻이 깔려 있다. 거기에는 지금 '알고 있는 것' 과 지

101_ 일연, 《삼국유사》 권 제2, 기이 제2, 사십팔 경문대왕.

금 '살고 있는 것'을 터전과 바탕으로 삼는다는 속뜻이다. 지금 알고 있으며 지금 살고 있는 것을 바탕으로 삼을 적에만 '더욱 잘'이라는 말을 할 수 있다. 그런데 우리네 학교 교육은 지금 있는 자리, 지금 있는 터전, 지금 있는 능력, 지금 있는 지식을 업신여기며 돌보지 않는 쪽으로 길이 잡혀 있다. 교육이란 지금 없는 것을 채워 넣는 노릇이기도 하지만 그보다 먼저 지금 있는 것을 찾아내고 북돋우고 밝혀내고 키워 주는 노릇이라는 사실을 잊어버렸다. 초등학교에 들어오면 지금까지 집과 마을에서 자라며 배워서 알고 있고 살고 있는 것에서 공부를 시작해야 한다. 집 안에서 할아버지와 할머니와 언니와 누나와 주고받던 말, 마을에서 구멍가게 아주머니와 이발소 아저씨와 유치원 친구들과 주고받던 말로 배달말 공부를 시작해야 한다. 교사는 그것으로부터 무엇을 어떻게 도우면 '더욱 잘 알게' 하고 '더욱 잘 살게' 할 수 있을지를 살펴야 한다. 이것이 이른바 지역화 교육의 길이다.

4. 과녁에 닿는 걸음

배달말을 더욱 잘 '알게' 하고, 배달말을 더욱 잘 '살게' 하는 일을 배달말 가르치기의 과녁으로 잡는다 해도 그렇게만 잡고 넘어갈 수 없다. 그것은 멀고도 끝이 없는 과녁이기 때문이다. 그것을 좀 더 손에 잡히도록 내세우지 않으면 안 된다. 그래서 제5차 교육과정까지는 학교 급마다 학년의 목표를 만들어 해마다 닿아야 하는 과녁을 세우기도 했고, 제6차 교육과정부터는 학교마다 손에 닿는 교육의 길잡이(교육과정)를 마련하도록 하고 있다. 그러므로 이제 눈앞에 맞닿는 과녁을 가깝게 세워 놓고 교육하는 걸음에 따라 목표를 거듭 옮겨 놓도록 되었다. 이것은 학교와 교사의 몫이다. 이제까지도 교사들은 교과서에 맞추어 일 년 치, 한 학기 치, 한 달 치, 한 주간 치, 심지어는 한 시간 치의 목표를 세워서 교육하고 있었다. 이제부터는 좀 더 올바른 과녁을 세워서 교육을 하는 일이 남았을 따름이다.

그렇다면 나라에서 마련하는 교육의 길잡이에서는 손에 잡히는 과녁을 마련하지 않아도 좋다는 말인가? 그야 당연히 그렇지 않다. 좀 더 손에 잡히는 과녁을 가르칠 속살의 알맹이마다 마련해야 마땅하다. 마지막에 닿아야 하는 과녁이 아니라 누구나 거기까지는 닿아야 하는 가장 짧은 거리의 과녁을 마련하고, 모든 사람이 그것을 넘어서도록 교육하는 것이 마땅하다. 그런 본보기는 서유럽 여러 나라의 국가 수준 교육과정에서 얼마든지 얻어 볼 수 있다. 저들은 어느 나라에서나 몇 해 동안을 묶어서 단계를 만들고, 그들 단계를 넘어갈 때에는 누구나 적어도 닿아 있어야 할 과녁을 내용 영역마다 마련하고 있다.[102] 그리고 그런 과녁을 넘어서지 못하면 다음 단계로 들여보내지 않고, 반드시 그것을 넘어서도록 돕는 교육을 하고 있다.

그러나 우리는 당장 그것을 마련하기 어렵다. 이제까지 과녁은 물론이고 속살조차 제대로 붙들지 못했기 때문이다. 교육해야 할 속살의 알맹이를 제대로 붙들어야 그것 하나하나를 학생이 자라는 만큼에 맞추어 과녁으로 나아가는 걸음을 알뜰하게 찾아 베풀 수가

102_ 우리말교육연구소 엮음, 《외국의 국어 교육과정》 1-2, 나라말, 2003.

있기 때문이다.[103] 이제까지 우리는 그런 마련도 없는 채로 '학년 목표' 라는 것을 말만 그럴듯하게 내세웠을 뿐이었다. 그래서 교육과정이 내세운 목표가 언제나 헛된 공염불에 지나지 않았다. 한시바삐 배달말 가르치기에서 '무엇' 을 배우고 가르쳐야 하는지를 올바로 밝히고, 그런 '무엇' 의 속살과 알맹이를 샅샅이 붙들어서, 누구나 반드시 닿아야 할 과녁을 제대로 세우는 날이 하루빨리 와야겠다. 우리의 이야기도 다음에 오는 '무엇을 하는가?' 를 끝낸 다음에 다시 여기서 살핀 이야기로 돌아와서 생각을 가다듬어야 마땅할 것이다.

103_ 그러므로 다음에서 다룰 '무엇을 하는가?' 에서 내용 영역을 이야기하고 나면 여기서 이야기한 바를 돌이켜 다시 짐작해 볼 수가 있을 것이다.

무엇을 하는가?

배달말 가르치기에서는 무엇을 배우고 무엇을 가르치는가? 국어라는 교과목으로 이제까지 우리는 무엇을 배우고 가르쳤으며, 오늘 당장 무엇을 배우며 가르치고 있는가? 그리고 앞으로는 마땅히 무엇을 배우고 가르쳐야 할 것인가? 이제까지 우리는 배달말 가르치기를 해 오면서 이 물음을 알뜰하게 던져 보지 못했다. 버릇을 깨고 바람직한 배달말 가르치기의 길로 나아가려면 이제부터라도 우리는 이 물음에 마음을 열고 맞서 보아야 한다. 먼저 지난날 우리네 배달말 가르치기가 무엇을 배우고 가르쳤으며 오늘은 무엇을 배우고 가르치는가를 알아본 다음 앞으로 마땅히 배우고 가르쳐야 할 바를 밝혀 보는 것이 일의 차례다.

1. 교육과정에서는

배달말 가르치기에서 무엇을 배우고 가르치는가를 살피는 데에서 첫걸음은 우선 교육과정이다. 교육과정은 줄곧 학교 급에 따라, 그리고 학년 급에 따라 무엇을 배우고 가르치느냐 하는 교육의 속살을 어지러울 지경으로 내세워 놓고 있다. 그래서 번거롭지만 적어도 초·중·고등학교의 교육과정 정도는 견주어 살피지 않을 수 없다.[104_]

가-1) 국어는 읽기와 말하기와 듣기와 짓기와 쓰기로 나누어 가르친다.

가-2) 교수 사항은 아래와 같음.

읽기, 말하기, 짓기, 쓰기, 문법, 국문학사.

초등학교에서는 '읽기', '말하기', '듣기', '짓기', '쓰기'의 다섯 가지로 속살을 잡았다. 마지막 '짓기'와 '쓰기'가 요즘에는 '쓰기' 하나로 싸잡혔다. 처음에는 글말로 느낌과 생각을 드러내는 것(짓기)과 글자를 익히고 글씨를 쓰는 것(쓰기)을 따로 세운 것이다. 뒤의 것은 신식 학교 교육을 시작하던 때로부터 일제 침략 시대에 줄곧 '습자(習字)'라는 과목으로 남아 있었다. 그것이 사람됨을 가다듬는 노릇이 된다는 오랜 전통에서 말미암기도 했겠으나, 한글을

104_ 아래에서 교육과정을 따올 때에는 가-1), 나-2), 다-3) 따위의 기호를 붙이겠다. '가, 나, 다, 라, 마, 바, 사, 아'는 교육과정을 '교수요목'에서부터 차례대로 나타내고, '1, 2, 3'은 학교 급을 나타낸다. 일테면 '가-1)'은 교수요목의 초등학교, '나-2'면 제1차 교육과정의 중학교, '다-3'이면 제2차 교육과정의 고등학교 부분이라는 뜻이다.

쓰는 일에 익숙하지 않았던 그때의 형편에서 그럴 필요가 있었던 것으로도 받아들일 수 있다.

중학교[105]에서는 '듣기'가 사라지고, '문법'과 '국문학사'라는 두 가지가 들어왔다. '문법'은 오늘날 '언어'라는 것과 속뜻이 같고, '국문학사'는 우리의 말꽃 유산을 교육한다는 점에서 오늘날 '문학'과 다르지 않은 속뜻이다. '짓기'와 '쓰기'가 함께 중학교까지 남아 있는 것은 우리 글자인 한글을 쓰는 일이 모두에게 새로운 과제였다는 사실을 보여 주는 것으로 보인다.

> 나-1) 초등학교 국어과의 영역
>
> …… 개인과 사회 생활에서 있을 수 있는 모든 국어 활동 및 체험의 주요한 것을 필요와 정도에 의하여 선택 배열될 것을 전제로 한다.
>
> (1) 언어 경험의 요소
>
> 음성 언어(말하기, 듣기)의 경험
>
> 1. 혼자 말하기 2. 서로 말하기 3. 회의 4. 극
>
> 문자 언어(읽기, 쓰기)[106]의 경험
>
> 1. 기록 2. 일기 3. 편지(전보) 4. 게시 5. 설명 6. 문학 7. 신문, 잡지 8. 참고서
>
> (2) 언어 경험의 기회('1. 조회, 주회' 등 13항목)
>
> (3) 기술면에서 본 학습 지도('1. 발음과 발성의 연습' 등 7항목)
>
> (4) 생활 지도로서의 학습 지도('1. 듣는 법' 등 13항목)

105_ 그때에는 중학교와 고등학교가 나뉘지 않았다.
106_ 여기 제1차 교육과정에 와서 '짓기'와 '쓰기'는 곧장 '쓰기' 하나로 싸잡혔다.

(5) 국어과 읽기의 주요한 주제('1. 일상생활의 여러 가지 경험' 등 18항목)

나-2)

1. 기초적인 언어 능력

(ㄱ) 언어 소재의 면

a. 발음 b. 문자 c. 어휘 d. 어법 e. 문학

(ㄴ) 언어의 운용의 면

a. 말하는 힘 b. 듣는 힘 c. 쓰는 힘 d. 읽는 힘 e. 감상하는 힘

2. 언어 사용의 기술

(ㄱ) 말하기, 듣기를 주로 하는 기술

a. 음성 언어에 의한 발표 및 전달(보고, 강연, 연설) b. 인사 및 소개 c. 문답 d. 회의 및 좌담 e. 방송 f. 전화 g. 연극, 영화

(ㄴ) 쓰기를 주로 하는 기술

a. 기록, 노트 b. 문자 언어에 의한 발표 및 전달 c. 편지 d. 일기 e. 서식 f. 편집

(ㄷ) 읽기를 주로 하는 기술

a. 신문, 잡지 b. 편지 c. 규약, 게시, 공고 d. 독서 e. 사전, 참고서 f. 도서관의 이용

3. 언어 문화의 체험과 창조

(ㄱ) 문학 및 예술

a. 시가류 b. 소설류 c. 일기, 전기, 기록 d. 수필류 e. 논설류 f. 희곡 및 극영화 f. 현대 문학(세계 문학) h. 고전 문학

(ㄴ) 언어 과학

a. 국어의 본질 b. 국어의 순화, 발전

나-3)[107]

· 말하기('1. 논지가 분명한 이야기를 예절 바르게 말할 수 있다.' 등 9항목)

· 듣기('1. 긴 이야기의 내용을 바르게 요약할 수 있다.' 등 6항목)

· 쓰기('1. 자기의 생각을 분명히 드러낸 글을 쓰게 된다.' 등 7항목)

· 읽기('1. 독서에 관한 여러 가지 기술을 체험한다.' 등 5항목)

보다시피 제1차 교육과정에서는 초·중·고등학교의 속살이 크게 달리 잡혔다. 초등학교에서는 '모든 국어 활동 및 체험의 주요한 것'을 '필요와 정도'에 따라 선택하려고 했으니 졸가리가 제대로 잡히기 어려웠다. 중학교는 거기 견주면 훨씬 조리를 세웠다. '1. 언어 능력'과 '2. 언어 사용'과 '3. 언어 문화'라는 세 갈래를 잡은 것이 그렇다. 그리고 그들 갈래 안에 담은 속살들도 나름대로의 졸가리를 세운 것으로 보인다. 고등학교에서는 또 다른 질서로 더욱 또렷하게 '말하기', '듣기', '쓰기', '읽기'라는 네 가지를 잡았다. 물론 이것들은 초등학교의 교육과정에서도 '각 학년의 지도 목표'

107_ 고등학교의 '국어' 교과는 제1차 교육과정에서부터 오늘까지 줄곧 모든 고등학교에 공통으로 교육하는 '국어 I'과 인문계열 학생에게만 교육하는 '국어II'의 둘로 갈라져 있다. 그런데 그것을 제5차 교육과정에 와서는 '공통 필수(곧 국어 I)'와 '과정별 선택(곧 국어II)'이라는 이름의 둘로 갈랐다가 다시 제6차 교육과정에 와서는 '공통 필수(국어 I)'와 '과정별 필수(국어II)'라는 이름으로 갈랐고, 다시 제7차 교육과정에서는 '국민 공통 기본 교과(국어)'와 '일반 선택 과목(국어생활)'과 '심화 선택 과목(화법, 독서, 작문, 문법, 문학)'으로 갈랐다. 그거야 어쨌거나 여기서는 모든 고등학교에서 공통으로 교육하는 '공통 필수(국어 I)'만을 문제로 삼는다. 물론 아래에서도 마찬가지다.

에 그대로 나타나 있고, 중학교의 속살 가운데 '언어 사용의 기술' 안에도 그렇게 나타나 있었다.

다-1) 지도 내용

…… 개인과 사회 생활에서 얻을 수 있는 모든 국어 활동 및 체험의 주요한 것을 필요와 정도에 의하여 선택 배열함을 전제로 한다.

(1) 언어 경험의 요소('나-1' 의 그것과 모두 같음)

(2) 언어 경험의 기회('나-1' 의 그것과 모두 같음)

(3) 기술면에서 본 학습 지도('나-1' 의 그것과 모두 같음)

(4) 생활 지도로서의 학습 지도('나-1' 의 그것과 같으나 마지막에 14. 학급 문고 및 도서관의 이용' 이라는 한 항목이 덧붙여졌음)

(5) 국어과 읽기의 주요한 주제('나-1' 의 그것과 같으나 14항 다음에 '15. 사회 생활의 개선에 기여하는 이야기 16. 산업 개발에 관한 이야기 17. 국방 사상을 고취하는 이야기' 의 3항목이 추가되어 모두 21항목으로 늘었음)

다-2) 지도 내용

국어과의 학습 내용은 말하기, 듣기, 읽기, 쓰기로 나누어질 것이다. 이를 기초적인 언어 능력, 언어 사용의 기술, 언어 문화의 체험, 창조 면에서 보면 다음과 같다.

1. 기초적인 언어 능력('나-2' 의 그것과 모두 같음)
2. 언어 사용의 기술('나-2' 의 그것과 모두 같음)
3. 언어 문화의 체험과 창조('나-2' 의 그것과 모두 같음)

다-3) 지도 내용

고등학교 국어 교육의 내용을 학생의 언어생활을 중심으로 하여 생각해 보면 아래와 같다.

· 말하기

ㄱ. 독화(3항목) ㄴ. 낭독 ㄷ. 대담(2항목) ㄹ. 회화(3항목)

ㅁ. 토의 토론(3항목)

· 듣기 (6항목)

· 읽기

ㄱ. 독서 기술(8항목) ㄴ. 문학의 이해 및 감상(7항목)

· 쓰기 (3항목)

보는 바와 같이 제2차 교육과정의 속살은 제1차 교육과정의 그것에서 달라진 것이 거의 없다. 작은 부분에 손질이 있었으나 문제 삼을 만한 것들이 아니다.

라-1) 내용

〔지도 사항 및 형식〕

각 학년별로 '(1) 말하기, (2) 듣기, (3) 읽기, (4) 쓰기' 의 네 영역으로 나누고,

각각 '(가) 지도 사항, (나) 주요 형식' 으로 나누어 베풀어 두었다.

라-2) 내용

〔지도 사항 및 형식〕

각 학년별로 '(1) 말하기, (2) 듣기, (3) 읽기, (4) 쓰기' 의 네 영역으

로 나누고,

각각 '(가) 지도 사항, (나) 주요 형식' 으로 나누어 베풀어 두었다.

라-3) 내용

가. 지도 사항과 주요 형식

'말하기' (1) 지도 사항(7항목) (2) 주요 형식(8항목)

'듣 기' (1) 지도 사항(4항목) (2) 주요 형식(9항목)

'읽 기' (1) 지도 사항(11항목) (2) 주요 형식(8항목)

'쓰 기' (1) 지도 사항(7항목) (2) 주요 형식(10항목)

보다시피 제3차 교육과정에서는 교육 내용을 아주 새롭게 간추렸다. 얽혀 있던 여러 이야기들을 모조리 추려 버리고 '말하기', '듣기', '읽기', '쓰기' 의 네 가지로만 잡았다. 그것들에다 '지도 사항' 과 '주요 형식' 이라는 것을 가지런히 두어 학년별로 항목들을 베풀었다. 그런 틀은 학교 급에 따라서도 달라지지 않고 한결같다.

마-1) 2. 내용

가) 표현·이해

말하기, 듣기, 읽기, 쓰기

나) 언어

다) 문학

마-2) 2. 내용

(위의 초등학교 내용과 꼭 같은 짜임새로 되어 있다.)

마-3) 나. 내용

(위의 것들과 꼭 같은 짜임새로 되어 있다.)

제4차 교육과정에서는 다시 배달말 가르치기의 속살을 새롭게 내놓았다. 보다시피 '표현·이해' 라는 것으로 제3차 교육과정에서 베풀었던 속살을 모두 싸잡고, 전혀 새롭게 '언어' 와 '문학' 이라는 두 가지를 마련하였다. 배달말 가르치기가 '무엇' 을 배우고 가르쳐야 하는가에 아주 새로운 눈을 떴다고 보아야겠다. 속살을 베푸는 틀이 학교 급에 따라 달라지지 않고 한결같게 한 것은 제3차 교육과정을 따른 셈이다.

바-1) 2. 내용

말하기, 듣기, 읽기, 쓰기, 언어, 문학

바-2) 2. 내용

(위의 초등학교 내용과 꼭 같은 짜임새로 되어 있다.)

바-3) 나. 내용

(위의 것들과 꼭 같은 내용 영역으로 짜였다.)

보다시피 제5차 교육과정에서는 속살을 또 다른 짜임새로 베풀었다. 얼핏 보면 제4차 교육과정의 틀을 조금 펼쳐 놓은 것인 듯하다. 제4차 교육과정에서 '표현·이해' 라는 영역 안에 묶여 있던 네 가지를 다시 풀어 놓은 것으로 보이기 때문이다. 그러니까 속살은 제4차 교육과정에서 달라진 것이 없다고 여길 수도 있다는 말이다. 그러나 그렇게만 볼 수는 없다. 속살을 세 가지로 베풀면 저마다 삼분의 일을 차지하지만 여섯 가지로 베풀면 저마다 육분의 일을 차지해서 무게가 아주 달라지기 때문이다. 제4차 교육과정에서 속살의 삼분의 일씩 차지했던 '언어'와 '문학'은 저마다 육분의 일씩으로 가벼워지고 삼분의 일이던 '표현·이해'는 육분의 사, 곧 삼분의 이로 무거워졌다. 이런 계산은 아주 초보 산술의 장난 같지만 속내는 이보다 훨씬 심각하다. 이것은 배달말 가르치기의 속살을 알아보는 눈이 엄청나게 달라진 것이기 때문이다. 이런 이야기는 뒤에서 다시 다루어야 마땅할 것이다.

사-1) 가. 내용 체계

영역	내용		
말하기	1. 말하기의 본질	2. 말하기의 원리	3. 말하기의 실제
듣기	1. 듣기의 본질	2. 듣기의 원리	3. 듣기의 실제
읽기	1. 읽기의 본질	2. 읽기의 원리	3. 읽기의 실제
쓰기	1. 쓰기의 본질	2. 쓰기의 원리	3. 쓰기의 실제
언어	1. 언어의 본질	2. 국어의 이해	3. 국어의 사용
문학	1. 문학의 본질	2. 문학 작품의 이해	3. 문학 작품 감상의 실제

사-2) 가. 내용 체계

(위의 초등학교 것과 꼭 같은데, 다만 '언어' 영역의 내용 3이 '국어의 사용'이 아니라 '국어 사용의 실제'로 바뀌었다.)

사-3) 가. 내용 체계

(위의 초등학교 것과 꼭 같은데, 다만 '영역' 에서 말하기, 듣기, 읽기, 쓰기의 넷을 '언어 사용 기능' 이라는 상위 영역을 두어 묶어 놓았다.)

제6차 교육과정의 속살은 제5차의 그것을 고스란히 물려받았으나 본질, 원리, 실제라는 세 층위로 복잡한 체계를 잡았다는 점이 다르다. 이것은 '말하기', '듣기', '쓰기', '읽기' 의 속살을 좀 더 깊고 넓고 튼튼하게 붙들어 보겠다는 뜻에서 마련한 것으로 보이지만 과연 뜻대로 이루어졌다고는 보기 어렵다. 오히려 '말의 행위(표현과 이해)' 와 '언어', '문학' 이 같은 내용으로 나란히 설 수 없는 것이라는 사실을 더욱 또렷하게 확인한 셈이 되었다. '언어' 는 원리가 아니라 '이해' 이며 실제가 아니라 '사용' 이라 하고, '문학' 은 원리가 아니라 '작품의 이해' 이며, 실제가 아니라 '작품 감상의 실제' 라고 할 수밖에 없었기 때문이다. 체계가 궁색하거나 영역 구분이 불합리하거나 둘 가운데 하나임을 드러낸 셈이 되었다. 그런 체계가 내용의 속살을 드러내는 데에 어떤 도움이 되었는가? 도대체 '말하기' 와 '듣기' 와 '쓰기' 와 '읽기' 라는 행위에서 본질은 무엇이며, 원리는 무엇이며, 실제는 무엇인가? 누가 그런 체계를 밝혔으며 그런 체계를 어떻게 가려서 교육할 수 있다는 말인가?

그리고 '사-3)', 곧 고등학교 것에서는 말하기와 듣기와 읽기와 쓰기를 '언어 사용 기능' 으로 묶어 놓았다. 그렇다면 내용 체계는 '언어 사용 기능' 과 '언어' 와 '문학' 의 셋으로 서는 셈이다. 이것은 바로 제4차 교육과정의 내용 영역으로 되돌아간 것이고, 여섯 가지를 가지런히 세워서 그것들이 '언어' 와 '문학' 과 함께 나란히 세우

기 어렵다는 사실을 깨달은 것일 수도 있는 것이다.[108]

아) 가. 내용 체계

영역	내용		
듣기	듣기의 본질	듣기의 원리	듣기의 태도
	듣기의 실제		
말하기	말하기의 본질	말하기의 원리	말하기의 태도
	말하기의 실제		
읽기	읽기의 본질	읽기의 원리	읽기의 태도
	읽기의 실제		
쓰기	쓰기의 본질	쓰기의 원리	쓰기의 태도
	쓰기의 실제		
국어 지식	국어의 본질	국어의 이해와 탐구	국어에 대한 태도
	국어의 실제		
문학	문학의 본질	문학의 수용과 창작	문학에 대한 태도
	작품의 수용과 창작의 실제		

제7차 교육과정에서는 학교 급을 없애고 초등학교 1학년에서 고등학교 1학년까지를 10학년으로 잡아 '국민 공통 기본 교육과정' 이라 했다. 배달말 가르치기의 속살도 10학년 동안의 '국민 공통 기본 교육과정' 을 하나로 묶어서 베풀었다. 그러고는 보다시피 제6차 교육과정의 체계를 거의 그대로 이어받아서 궁색함과 불합리도 바로잡지 못했다. 그러나 꼼꼼하게 보면 몇 가지 달라진 것이 있으니,

108_ 그러나 이런 낌새는 제7차 교육과정에 와서 다시 사라져 버렸다. 그들 여섯 가지가 가지런히 설 수 없다는 사실을 깨달았던 것이 아니라는 말이다.

첫째는 체계의 층위에다 '태도'를 보탠 것이고, 둘째는 '언어'를 '국어 지식'으로 이름을 바꾼 것이고, 셋째는 '문학'에다 '창작'을 새롭게 넣은 것이다.

이들 세 가지에서 셋째 것은 체계의 불합리를 제쳐 두면 아주 잘한 일이다. 창작이 없는 문학 교육은 본디 문학 교육이라 할 수 없는 것이기 때문이다. 말꽃으로 제 스스로를 드러내지는 않고 남이 만들어 놓은 것만 받아들이는 것은 앉은뱅이 교육이기 때문이다. 그 밖에 나머지 둘은 모두가 잘한 일이 아니다. '태도'는 교육의 과녁(목표)이지 속살(내용)일 수 없기 때문이고,[109] '언어'를 '국어 지식'으로 바꾸면 '문학' 또한 그냥 둘 수 없는 것이기 때문이다.[110]

이제까지 광복 뒤 반세기 남짓에 바뀌어 온 여덟 가지 교육과정에서 그 속살을 거칠게 살펴보았다. 배달말 가르치기의 속살을 두고 나름대로는 끊임없이 고민했다는 사실을 확인할 수 있었다고 본다. 그러나 안타깝게도 그 고민과 노력이 바람직한 대답에 이르지 못하고 개미 쳇바퀴 도는 격이 되고 말았다는 사실도 알았다. 왜냐

109_ 서양 근대 교육학에서는 어떤 영역에서든 교육의 과녁(목표)을 '지식'을 넓히고 깊게 하는 일, '능력'을 북돋우고 키우는 일, '태도'를 고치고 바로잡는 일, 이렇게 잡아야 한다고 보았다. 그리고 이것은 아직 아무도 그렇지 않다고 하지 못하는 것이다.

110_ '언어'를 '국어 지식'으로 바꾼 까닭은 쉽게 짐작할 수 있다. '언어'는 너무 넓은 뜻을 지녀서 배달말 가르치기의 속살 한 가지를 뜻할 수 없다고 보았을 것이다. 좁혀서 '국어'로 하자 해도 교과목 전체를 뜻해서 거북했을 것이다. 그래서 결국 '국어 지식'으로 했는데 참으로 바람직하지 못하다. '언어'에서 다루어야 할 것은 '국어'만도 아니고 더구나 '지식'이라고 하면 너무 좁고 딱딱하기 때문이다. 게다가 '언어'와 바로 곁에 나란히 있는 '문학'은 어떤가? '문학'도 '언어'와 마찬가지로 넓고 깊은 뜻을 지녔지만 배달말 가르치기의 속살 한 가지임이 틀림없다. '국문학'이면 오히려 배달말 가르치기에서 다루어야 할 것을 모두 싸잡지 못한다. 배달말 가르치기는 본디 그만큼 넓고 깊은 '언어'와 '문학'을 다루어야 하는 것이다.

하면 5~7차 교육과정에 자리 잡은 속살이 결국은 교수요목의 그것에서 더 나아간 것이 거의 없기 때문이다. 앞에서 본 바와 같이 미군정 시기의 중학교 교수요목에서 내놓은 '읽기', '말하기', '짓기', '쓰기', '문법', '국문학사'가 말만 조금씩 바뀌고 그대로 오늘까지 내려왔다. '짓기'와 '쓰기'는 오늘날 '쓰기'로 합쳐졌고, '문법'이 바로 오늘날의 '언어'와 같은 것이고, '국문학사'는 오늘의 '문학' 그것과 다름이 없었다. 그래서 5~7차 교육과정에 굳건히 자리 잡은 '말하기', '듣기', '읽기', '쓰기', '언어', '문학'이라는 것은 교수요목에서 내놓은 것에다 다만 '듣기' 하나를 새로 보탠 것일 뿐이다.

이처럼 제자리로 돌아와 버린 발자취를 잠시 더듬어 보면 크게 네 차례의 바뀜이 있었음을 알 수 있다. 제1차, 제3차, 제4차, 제5차가 그것이다. 제1차는 비록 겨레가 갈라져 싸우며 커다란 아픔을 겪었으나 광복하여 새롭게 태어난 나라로서 넘치는 교육 의욕을 남김없이 드러내고 있다. '개인과 사회생활에서 있을 수 있는 모든 국어 활동 및 체험의 주요한 것'을 배달말 가르치기의 내용으로 삼는다고 했다. 다만 그것이 이론으로 소화되지 않아서 논리의 줄가리를 얻지 못한 상태에 머물러 있었다. 제3차 교육과정에 와서는 골치 아픈 논리도 체계의 혼란도 훨훨 털어 버리고 초·중·고등학교를 통틀어 '말하기', '듣기', '읽기', '쓰기'라는 네 가지로 배달말 가르치기의 속살을 잡았다. 이른바 유신이라고 부르던 체제를 밀어붙이던 정치 군인들의 모습이 눈에 선하지만 국어를 활동하는 삶으로만 보겠다는 철학[11]-이 뚜렷해진 때문이 아닌가 싶기도 하다. 그러나 그것은 결국 교수요목의 초등학교 내용으로 되돌아가고 만 것이었다.

제4차 교육과정에서 배달말 가르치기의 속살은 다시 커다란 굽이를 나타냈다. 제3차에서 배달말 가르치기의 모두라고 하던 '말하기', '듣기', '쓰기', '읽기'를 '표현·이해'라는 하나에다 묶어 버리고 그것과 맞먹는 두 가지 곧, '언어'와 '문학'을 새로 받아들여 세웠다. 이것은 아주 굉장한 굽이였다. 배달말 가르치기의 속살은 활동하는 삶만이 아니라 또 다른 두 가지 알맹이가 싸잡혀야 한다는 것이기 때문이다. 제5차에 와서는 '표현·이해'를 풀어서 다시 '말하기', '듣기', '읽기', '쓰기'가 되고 거기에 제4차에서 새로 들어온 '언어'와 '문학'을 나란히 세워 두었다. 제1차 교육과정 뒤로 짧지 않은 시간을 두고 고민하며 바뀌어 온 걸음을 여기서 다시 교수요목의 자리로 되돌려 놓고 말았다. 그리고 그것은 제6차를 거쳐 제7차까지 흔들리지 않고 굳건히 자리 잡고 있다. 부끄러운 노릇이다. 이처럼 그동안에 고민하며 바뀌어 온 일이 아무런 열매 없이 끝나버린 까닭은 뭘까? 그런 고민과 변화가 순수하고 진지하지 못했기 때문은 아닐까? 우리의 역사와 사회 안에서 배달말 가르치기가 짊어져야 할 몫이 무엇인지를 곰곰이 살피고 따지기보다는 손쉽게 일본이나 미국의 그것에다 꿰맞추려고만 한 탓이 아닐까? 배달말 가르치기를 현장에서 짊어진 교사들과 책상에서 연구하는 학자들이 스스로 겪으며 부딪치는 매듭을 떳떳하게 고민해서 바꾼 것이 아니라 정권을 거머쥔 사람들이 생색을 내려고 서두르는 바람에 거기 꿰맞춰 바꾼 탓이 아닐까? 그게 그건데 뭐 고민하고 따질 까닭이 있

111_ '말하기', '듣기', '쓰기', '읽기'는 그 이름만 보아도 활동하는 삶이라는 사실을 알 수 있다. 모두가 움직씨(동사) 낱말의 씨끝(어미)을 이름씨꼴(명사형)로 바꾸어 나타낸 것들이기 때문이다.

느냐고 하는 불감증 같은 것이 두루 퍼져 있는 우리네 정신 현상 탓인지도 모르겠다.

끝으로 '한자와 한문'을 잠깐 이야기하지 않을 수 없다. 제1차 교육과정에서부터 중학교와 고등학교의 국어과 교육과정에 '한자와 한문'이 싸잡혀 있었다. 다시 말하면 제1차 교육과정에서부터 한자와 한문의 교육을 배달말 가르치기의 내용 안에 싸잡아 넣었다는 말이다. 물론 그보다 앞부터, 그러니까 19세기 말엽에 신식 학교 교육을 시작하며 '국어'라는 교과목을 세운 때로부터 한자와 한문은 배달말 가르치기 안에 싸잡혀 있었다. 그러나 교수요목에 와서 적어도 교육과정으로는 그것이 배달말 가르치기의 내용으로 들어오지 못하고 쫓겨났다. 그런데 제1차 교육과정이 그것을 배달말 가르치기 안에 데려와서 다시 자리 잡게 했던 것이다. 그러나 제1차 교육과정에서는 중·고등학교에서 모두 국어과에 온전히 싸잡히지 못하고 이런저런 말도 없이 그냥 뒤에다 덧붙여 놓았다. 그러다가 제2차 교육과정에 와서, 중학교에서는 온전히 국어과 교육과정으로 들어와서 하나의 영역을 차지하였고, 고등학교에서는 '국어Ⅱ'에 '고전'과 더불어 한 과목으로 자리 잡았다.

그러다가 제3차 교육과정에 와서 '한자와 한문'은 배달말 가르치기에서 아주 떨어져 나갔다. 중학교에서나 고등학교에서나 다같이 한자와 한문 교육을 배달말 가르치기에서 떼 내고 '한문과'를 따로 세우기에 이른 것이다. 교육과정을 따로 마련했을 뿐만 아니라 교과서도 따로 만들고 시간 배정도 따로 했다. 그리고 이런 사실은 여태까지 다시는 바뀐 적이 없다. 이것은 배달말 가르치기의 역사에서 글자 그대로 하나의 커다란 고비라고 할 만한 것이고, 더없이 마땅한 것이었다. 그런데 그렇게 교육과정이 한자와 한문 교육을 배달말 가르치기와 다른 교과목으로 세워 둔 지가 이미 사반세기를 넘은 오늘에도 배달말 가르치기에 관심이 있다는 사람들조차 그런 줄을 제대로 깨닫지 못하고 있다. 그것은 아직도 배달말을 가르치자는 교과서의 바탕글에 한자를 내보인다든지 학습 활동에 한자와 한자말을 가르치도록 문제를 마련해 두는 것으로 드러나 있다. 배달말 가르치기에 마음을 쓴다는 사람들이 이러니 여느 국민들이야 말해 무엇하겠는가? 틈만 나면 배달말 가르치기에서 왜 한자와 한자말을 제대로 가르치지 않느냐고 아우성을 해대고 있다. 이런 일은 쓸모없는 입씨름을 오래 불러일으켜 온 것인지라 긴 말을 하고 싶지 않으나 '한문' 이라는 교과목을 따로 세운 교육과정의 정신에서 보거나 배달말 가르치기가 맡아야 할 일의 엄청난 무게로 보거나 한시바삐 정신을 차리고 바로잡아야 한다.

2. 교과서에서는

교육과정에서는 그처럼 줄기차게 '말하기·듣기' (입말)와 '읽기·쓰기' (글말)를 배달말 가르치기의 내용이라고 주장해 왔고, '언어' 와 '문학' 도 그 일부라고 했는데, 교과서에서는 그것을 어떻게 다루었던가? 배달말 가르치기 속살의 뼈대가 된다고 그처럼 한결같이 주장해 온 '말하기', '듣기', '읽기', '쓰기' 네 가지를 골고루 교육할 수 있도록 교과서를 만들어 현장에 내놓은 적이 있었던가? 오래도록 그렇지 못했다는 사실을 이제는 누구나 알고 있다. 교과서를 교육과정의 속살에 맞추어 마련하는 일은 제5차 교육과정에서 비로소 이루어졌다. 그런 점에서 보면 제5차 교육과정은 배달말 가르치기의 역사, 좀 더 좁게 말하여 국어 교과서의 역사에서 새로운 걸음을 떼어 놓았다 해도 좋을 것이다. 이처럼 제5차 교육과정을 고비로 하여 그 앞과 뒤의 교과서 속살은 크게 다른데, 그 실상을 잠시 더듬어 보면서 교과서에서는 배달말 가르치기의 내용을 무엇이라고 보았던 것인지 살펴보자.

뭉뚱그려서 제4차 교육과정까지 초·중·고등학교 배달말 가르치는 교과서는 읽기책(독본)에 지나지 않았다. 교육과정에서는 배달말 가르치기의 내용을 '말하기', '듣기', '읽기', '쓰기' 라고 하면서도 교과서에서는 언제나 '읽어 볼 만한' 글들을 가려 뽑아서 묶어 놓기만 했다. 할 수 있는 대로 낱말에서나 문장에서나 단락에서나 전체의 짜임에서나 흠이 적은 글, 속살과 주제가 교육에 도움 되는 것이라고 생각한 글들을 가려 뽑아 읽기책을 만들었다. 그렇게 가려 뽑힌 글들을 주제에 따라 또는 모습에 따라 또는 갈래에 따라 단원을 만들어 베풀어 놓았던 것이다. 그리하여 배달말 가르치는 교과서는 언제나 글들의 백화점이었고, 국어라는 교과는 으레 세상에 널려 있는 갖가지 글들의 모범을 배우고 가르치는 과목으로 알려지게 만들었다. 번거롭지만 그때의 국어 교과서 속살을 눈으로 볼 수 있도록 차례나마 드러내 보이기로 하겠다.

가) 교수요목 때(중등 국어 1)

一. 무궁화 / 二. 청년이여, 앞길을 바라보라 / 三. 친목과 경쟁 / 四. 복종, 나막신 / 五. 산림을 사랑하자 / 六. 순국의 소녀 / 七. 편지 두 쪽 / 八. 음악 / 九. 장날, 산수도 / 一0. 금강 / 一一. 원 터 / 一二. 청량리 / 一三. 첫 눈 / 一四. 고시조 / 一五. 성공 / 一六. 발명가 스티븐슨 / 一七. 사회의 조직 / 一八. 사회의 질서 / 一九. 이의립 / 二0. 감사 / 二一. 한 줌의 흙 / 二二. 풍속 몇 가지 / 二三. 수목 / 二四. 봄 / 二五. 서울의 봄 / 二六. 화단을 바라보면서 / 二七. 국어를 깨끗이 하자 / 二八. 설 처녀의 정절 / 二九. 의복과 색채 / 三0. 어린이와 꽃 / 三一. 궁복 / 三二. 네 개 화살 / 三三. 어머님 전 상사리 / 三四. 첫여름 / 三五. 벗들이여, 엄마야 누나야 / 三六. 어느 학생의 일기 / 三七. 안중근 / 三八. 향토기 / 三九. 우리 집 정원 / 四0. 소 / 四一. 바다, 가고파 / 四二. 비로봉을 오른다 / 四三. 인도양을 지내면서 / 四四. 해촌 일지 / 四五. 북악의 하룻 밤 / 四六. 베짱이 / 四七. 비 갠 여름 아침, 천마 산협 / 四八. 나팔꽃 / 四九. 개 / 五0. 팔월 십오일

이 책은 중학교 1학년 것인데, 보다시피 설명, 논설, 감상, 전기, 편지, 시, 수필, 소설, 시조, 기행, 일기 같은 온갖 글들을 두루 실었다. 그것들을 무슨 잣대에 따라 차례를 잡았는지 쉽게 가늠이 서지 않고, 지루하지 않도록 여러 가지 속살과 모습의 글들을 번갈아 가르치도록 차례를 잡은 듯하다. 글의 제목만 보아도 그 속살이 나라와 겨레를 사랑하는 마음을 키우려는 데 도움이 됨 직한 글들을 모았다는 사실을 짐작할 수 있다. 대단원은 없이 소단원만을 나란히 베풀어 놓았다는 것이 눈에 띄고, 학기에 따라 책을 나누지 않고 일 년 치를 한 책으로 묶었다는 사실도 알아볼 수 있겠다.

나-1) 제1차 교육과정 때(중학 국어 II-1)

Ⅰ. 시의 세계

1. 시 감상 / 2. 시 작법 / 3. 시조 감상 / 4. 시조 작법

Ⅱ. 기행문

1. 신라의 문화 / 2. 강서(江西)의 세 무덤 / 3. 금강행(金剛行) /

4. 기차는 원(圓)의 중심을 달린다 / 5. 영국에서 보고 느낀 것 /

6. 독일의 인상

Ⅲ. 전화와 방송

1. 전화 / 2. 모든 것을 소리로만 전하는 방송 /

3. 강가의 소년－방송극 / 4. 효과(效果)에 대하여

Ⅳ. 영화와 씨나리오

1. 영화 이야기 / 2. 씨나리오 〈예〉 / 3. 씨나리오를 읽는 법

Ⅴ. 전기(傳記)

1. 안골포(安骨浦) 대첩(大捷) / 2. 노량 충렬사 비문 /

3. 이 충무공 동상찬 / 4. 순국 소녀 유관순 추념사 /

5. 어두운 시절 / 6. 운명을 극복하는 정신

Ⅵ. 회의

1. 사회생활과 회의 / 2. 회의법 / 3. 회의의 예

나-2) 제1차 교육과정 때(중학 국어 II-2)

Ⅶ. 한글

1. 한글의 자랑 / 2. 훈민정음 / 3. 맞춤법의 기준 /

4. 표준말의 기준

Ⅷ. 효과적인 문자 표현

1. 생각과 글 / 2. 편지 / 3. 우리 겨레의 역사적 사명 / 4. 무궁화 /

5. 대동강의 추상

Ⅸ. 독서 생활의 길잡이

1. 삽과 곡괭이 / 2. 바른 독서 / 3. 도서관 / 4. 도서의 분류와 정리

Ⅹ. 신문과 잡지

1. 신문은 어떤 구실을 하는가 / 2. 신문이 되어 나오기까지 / 3. 학교 신문 만들기 / 4. 잡지에 대하여 / 5. 잡지 편집

〈부록〉 말본 및 맞춤법

우선 책의 모습이 많이 달라진 것을 쉽게 알아볼 수 있다. 일 년 치를 한 책으로 묶지 않고 학기로 나누어 두 책이 되게 한 것부터 크게 달라졌고, 대단원과 소단원으로 갈라서 속살에 따라 새로운 체제를 마련한 것이 또 그렇다. 겉모습뿐 아니라 책의 속살도 적잖이 달라진 것을 짐작할 만하다. 여러 가지 글들을 모아서 '읽기책'이 된 것은 마찬가지나 글의 제목만 보아도 나라와 겨레를 사랑하자는 윤리 쪽보다는 사회생활 쪽으로 훨씬 기울어졌다. 글이 사회 안에서 짊어진 몫과 해야 할 일을 잣대로 삼아 열 개의 대단원을 베풀고, 그런 대단원의 뜻을 제대로 살릴 수 있는 글을 소단원으로 묶었기에 속살이 훨씬 부피 있는 틀을 갖추게 되었다.

제1차 교육과정 때에 마련한 교과서의 이런 틀거리는 제4차 교육과정 때까지 거의 달라지지 않고 이어졌다. 달라진 것이 있다면 대단원을 베푸는 잣대뿐이었다. 제1차 때와 같이 글이 지니는 사회의 몫을 잣대로 대단원을 베푸는 방법은 제2차 교육과정 때까지는 그대로 바뀌지 않았다.

중학 국어 II-1

Ⅰ. 시를 벗 삼아 / Ⅱ. 나라를 사랑하는 마음 / Ⅲ. 보람 있는 생활 / Ⅳ. 오가는 정 / Ⅴ. 국어의 자랑

중학 국어 II-2

Ⅵ. 문학에의 길 / Ⅶ. 우리들의 생활 / Ⅷ. 영화와 시나리오 / Ⅸ. 신문과 교지 / Ⅹ. 우리 고전의 모습

이것이 제2차 교육과정 때 중학교 2학년 교과서의 대단원인데, 제목에 쓰인 말이 속살을 드러내는 쪽으로 부드럽게 다듬어지기는 했으나 제1차 때의 그것을 거의 그대로 따르고 있다. 그러나 제3차 교육과정 때에 와서는 대단원을 베푸는 잣대가 달라졌다. 글이 지닌 사회의 몫 쪽보다는 글이 담고 있는 주제에 따라 대단원을 베풀었기 때문이다. 중학교 2학년 국어 교과서 대단원 이름을 차례로 보이면 이렇다.

중학 국어 II-1

새로운 결의 / 삶의 보람 / 참 아름다움 / 스스로 지키려는 마음 / 문학 이야기 (2) / 〈부록〉 표준말의 기준

중학 국어 II-2

첫 가을 / 빛나는 강산 / 슬기로운 길 / 아름다운 우리말 / 어린 시절 / 〈부록〉 1. 학교 신문의 편집 2. 한문 교육용 기초 한자

제4차 교육과정 때에 오면 다시 대단원을 베푸는 잣대가 바뀐다. 이제는 글의 주제가 아니라 모습으로 드러나는 갈래에 따라 대단원을 베풀었다. 중학교 2학년 국어 교과서 대단원을 차례대로 보이면 이렇다.

중학 국어 II–1

1. 시 / 2. 논설문 / 3. 수필 / 4. 설명문 / 5. 소설 / 6. 전기 / 7. 희곡 / 8. 기행문 / 9. 일기와 편지 / 10. 국문학

중학 국어 II–2

1. 전기 / 2. 수필 / 3. 논설문 / 4. 시 / 5. 국어 이야기 / 6. 희곡 / 7. 설명문 / 8. 일기와 편지 / 9. 소설 / 10. 기행문

이처럼 그동안의 교과서는 틀거리와 모습을 조금씩 달리 하느라 애를 썼지만 결국 그것은 '읽기' 교육의 글감들을 모은 책이라는 점에서 한결같았다. 대단원의 잣대를 바꾸기도 하고, 실리는 글의 차례를 앞뒤로 바꾸어 보기도 하고, 실렸던 글을 빼기도 하고 새로 넣기도 했지만, 그것이 읽을 만한 글감들을 모아 단원별로 베풀어 놓은 '읽기책'이었다는 점에서는 언제나 달라진 것이 없었다. 그러니까 배달말 가르치기란 교과서에다 거울이 될 만한 글을 실어 놓고 교사와 학생이 '읽고' 풀이하는 것이라는 생각을 갖게 만들었다. 풀이를 되도록 알뜰하게 하려고 낱말과 어구와 문장과 단락을 헤집고 밝히는 일에 매달리는 것을 배달말 가르치기의 길로 여겼다. 교과서의 단원 끝에 '공부할 문제'니 '익힘 문제'니 하는 것들을 실

어 놓고, 거기서 더러 '말해 보라' 든지 '적어 보자' 든지 하는 주문들이 있었지만 그것에는 교사나 학생이나 이렇다 할 눈길을 돌리지 않았다.

그러다가 제5차 교육과정에 와서 교과서의 짜임새가 아주 달라졌다. 이제는 교육과정에서 배달말 가르치기의 속살이라고 내놓은 몫을 그대로 따라 교과서를 엮었다. 초등학교에서는 '말하기·듣기', '읽기', '쓰기' 라는 이름으로 세 가지 책을 학년과 학기에 따라 따로 엮었다. '언어' 와 '문학' 은 위의 세 책에 나누어 넣었는데, '언어' 는 거의 '쓰기' 책에 넣고, '문학' 은 거의 '읽기' 책에 넣었다. 중·고등학교에서는 초등학교에서처럼 몫에 따라 책을 만들지는 않고, 하나의 책 안에 대단원을 몫에 따라 베풀고 그것을 교과서에 밝혀 놓았다. 중학교 1학년 교과서의 속살을 차례로나마 보기로 하자.

다-1) 제5차 교육과정 때(중학교 국어 1-1)

1. 소개하기 (말하기·듣기)
2. 읽는 즐거움 (읽기)
   (1) 현이의 연극 / (2) 약손
3. 좋은 글을 쓰려면 (쓰기)
4. 단어의 갈래 (언어)
5. 시와 운율 (문학)
   엄마야 누나야 / 돌담에 속삭이는 햇발 / 물새알 산새알 / 풀잎 / 해바라기 / 시조
6. 주제와 소재 (읽기)
   (1) 제 잘못 / (2) 일회용 시대 / (3) 짚신짝 하나

7. 정확한 말 (말하기·듣기)

8. 글감 찾기 (쓰기)

9. 문장의 짜임 (언어)

10. 소설의 세계 (문학)

(1) 이해의 선물 / (2) 공양미 삼백 석 / (3) 요람기

11. 문학 이야기 (문학)

(1) 문학이란 무엇인가

12. 글의 짜임 (읽기)

(1) 단오 / (2) 우리의 미래

13. 자연스러운 대화 (말하기·듣기)

14. 주제 정하기 (쓰기)

15. 요약하여 읽기 (읽기)

(1) 언어에 대하여

16. 생활과 수필 (문학)

(1) 삶의 광택 / (2) 아버지의 뒷모습

17. 단어 공부 (읽기)

(1) 제주도 기행

다-2) 제5차 교육과정 때(중학교 국어 1-2)

1. 사실과 의견 (읽기)

(1) 언어와 생활 / (2) 신채호의 일편단심

2. 전달과 주장 (말하기·듣기)

3. 개요 작성하기 (쓰기)

4. 문장의 종결 (언어)

5. 문학 이야기 (문학)

(1) 좋은 문학 작품이란

6. 소설과 인물 (문학)

(1) 소나기 / (2) 나비

7. 판단하며 읽기 (읽기)

(1) 올바른 판단 / (2) 성공과 실패 / (3) 아름다움에 대하여

8. 이야기 만들기 (말하기·듣기)

9. 문단 쓰기 (쓰기)

10. 말의 소리 (언어)

11. 시의 종류 (문학)

언덕 / 저녁에 / 밀고 끌고 / 부자상

12. 설명과 묘사 (읽기)

(1) 까치 / (2) 울릉도

13. 글 다듬기 (쓰기)

14. 희곡과 연극 (문학)

(1) 원술랑

15. 상상하며 읽기 (읽기)

(1) 어머님께 / (2) 나의 발견 / (3) 돌 층계 / (4) 폴란드 소녀

보는 바와 같이 대단원마다 '말하기·듣기', '읽기', '쓰기', '언어', '문학'이라는 영역을 밝히고, 그것들을 대단원과 소단원으로 골고루 베풀어서 교과서를 엮었다. 이러한 틀거리는 제6차 교육과정 때에 와서도 바뀌지 않고 그대로 이어졌다.

중학교 국어 1–1

1. 시의 운율(문학) / 2. 글의 짜임(읽기) / 3. 말할 내용 선정하기(말하기·듣기) / 4. 표준어와 표준 발음(언어) / 5. 글과 주제(쓰기) / 6. 주제와 소재(읽기) / 7. 소설의 세계(문학) / 8. 말할 내용 조직하기(말하기·듣기) / 9. 글과 소재(쓰기) / 10. 내용의 요약(읽기) / 11. 글과 표현(쓰기) / 12. 글과 단어(읽기) / 13. 단어들의 의미 관계(언어) / 14. 희곡과 연극(문학) / 부록

중학교 국어 1–2

1. 효과적으로 말하기(말하기·듣기) / 2. 상상하며 읽기(읽기) / 3. 시의 화자(문학) / 4. 문단 쓰기(쓰기) / 5. 소설의 인물(문학) / 6. 단어의 갈래(언어) / 7. 사실과 의견(읽기) / 8. 글 다듬기(쓰기) / 9. 설명과 묘사(읽기) / 10. 바르게 듣기(말하기·듣기) / 11. 문학의 세계(문학) / 12. 단어의 형성(언어) / 13. 수필의 특징(문학) / 부록

제7차 교육과정에서도 속살에 따라 단원을 베푸는 틀은 바뀌지 않고 그대로 이어졌다. 그러나 중학교에서도 책을 두 가지로 나누어 묶어서 달라졌다. 문학과 읽기를 묶어서 '국어'라 하고, 말하기와 듣기와 쓰기와 국어 지식을 묶어서 '생활 국어'라 했다. 책을 두 가지로 나눈 까닭과 그것의 이름들이 옳고 그른 것을 따지지 않는다면, 중학교를 초등학교와 좀 더 가깝게 했다고 볼 수 있겠다.[112]

112_ 제7차 교육과정 때에 와서 초등학교 국어 교과서를 3학년까지는 이전처럼 '말하기·듣기'와 '쓰기'와 '읽기'의 세 책으로 하고, 4학년부터는 '말하기·듣기·쓰기'와 '읽기'의 두 책으로 했다. 무슨 까닭으로 이리 해야 했는지 가늠하기 어렵다.

중학교 국어 2–1

1. 감상하며 읽기(문학·읽기) / 2. 어떻게 읽을까(읽기) / 3. 우리 고전의 맛과 멋(문학) / 4. 삶과 문학(문학) / 5. 글과 사전(읽기) / 6. 작품 속의 말하는 이(문학) / 부록

중학교 생활국어 2–1

1. 즐거운 언어생활(듣기·말하기) / 2. 토론하여 내용 마련하기(말하기·쓰기) / 3. 국어의 언어적 특징과 음운(국어 지식) / 4. 내용 구성하며 쓰기(쓰기) / 5. 목적에 맞는 말과 글(듣기·말하기·쓰기) / 6. 바르게 쓰기(쓰기)

중학교 국어 2–2

1. 작가와 작품(문학) / 2. 이야기의 구조(읽기) / 3. 문학의 표현(문학) / 4. 교과서, 어떻게 공부할까(읽기) / 5. 창작의 즐거움(문학) / 부록

중학교 생활국어 2–2

1. 보조 자료 활용하기(말하기·쓰기) / 2. 낱말 형성법과 국어의 관용어(국어 지식) / 3. 재구성하며 말하기(듣기·말하기) / 4. 글쓰기와 다듬기(쓰기) / 5. 발화의 기능과 표현(국어 지식·말하기)

이처럼 교과서가 드러내는 배달말 가르치기의 속살은 제5차 교육과정을 고비로 아주 달라졌다. 교과서가 교육과정을 앞서 뛰어넘을 수는 없는 것이지만 오래도록 교육과정에 뒤떨어져 따라오지 못하다가 이제야 겨우 따라와서 마침내 교육과정과 교과서가 나란히

서게 되었다. 이처럼 교육과정에서 내세우는 교육의 속살을 교과서가 고스란히 담아내는 것은 더없이 마땅한 일이다. 이처럼 마땅한 일을 하는 곳까지 이르는 데 우리네 배달말 가르치기는 꼬박 사십 년이 걸렸다. 참으로 답답하게도 느린 발걸음이었다.

그런데 교과서가 교육과정이 내세우는 교육의 속살을 몫에 따라 기계처럼 쪼개서 단원이나 또는 책으로 베풀어 놓는 것이 바람직한가? 그것은 결코 그렇지 않다. 교과서는 교육과정이 내세운 교육의 속살을 고스란히 담아내야 하지만 반드시 배우고 가르치는 노릇에 가장 훌륭히 이바지할 수 있도록 차례와 뜨레를 새롭게 짜서 베풀어야 한다. 그러자면 교과서는 교육과정이 내놓은 속살의 몫을 헤치고 풀어서 나름대로 새로운 줄가리를 세워 다시 짜지 않을 수 없다. 교과서는 교육과정이 내놓는 순수한 논리를 배우고 가르치는 현장의 논리로 탈바꿈시켜야 하는 것이다. 무엇보다도 크고 무거운 것은 말을 말하기니 듣기니 읽기니 쓰기니 하는 몫에 따라 쪼개서 나누어 놓고는 가르칠 수 없다는 사실이다. 읽기만 가르친 다음에 쓰기를 가르치고, 듣기를 가르친 다음에 말하기를 가르치고, 그렇게 할 수가 없기 때문이다. 읽기와 쓰기와 듣기와 말하기는 함께 어우러지게 가르칠 수밖에 없는 것이다. 말(언어)과 말꽃(문학)조차도 따로 떼어 놓고 가르치는 것은 바람직하지 않다. 말로써 말꽃을 가르치고 말꽃으로 말을 가르치는 것이 가장 바람직하다. 마찬가지로 말로써 말하기와 듣기와 쓰기와 읽기와 말꽃을 가르치고, 말꽃으로 말하기와 듣기와 쓰기와 읽기와 말을 가르쳐야 하는 것이다.[113] 이

113_ 이런 이야기는 뒤(어떻게 하는가?)에서 좀 더 하지 않을 수 없을 것이다.

것이 배우고 가르치는 현장에서 겪어 보는 논리다. 또한 이것이 이제부터 배달말 가르치는 교과서가 풀어 나가야 할 발등의 불이다.

3. 바람직한 속살

앞에서 더듬어 본 바와 같이 지난 반세기에 걸쳐 끊임없이 배달말 가르치기의 속살을 두고 고민하였으나 이렇다 하게 달라진 것이 없었다. '말하기', '듣기', '읽기', '쓰기·짓기'와 '문법·언어', '국문학사·문학'이라는 여섯 가지를 두고 조금씩 드나들었으나 마침내 모두 싸잡는 것으로 끝내고 말았다. 반세기 동안 씨름하고 다다른 대답이니 더 생각해 볼 것 없이 그대로 바람직한가? 그렇다고 맞장구치며 손뼉 칠 수가 없다. 왜냐하면 우선 '말하기', '듣기', '읽기', '쓰기·짓기'라는 네 가지와 '언어·국어 지식', '문학'이라는 두 가지를 나란히 세울 논리가 없기 때문이다. 앞의 네 가지는 말살이의 '활동'을 '매체'와 '행동'이라는 두 잣대로 가른 것이고, 뒤의 두 가지는 말살이의 '내용'을 '쓰임새'라는 잣대로 가른 것이다. 그러니까 '말의 세계'라는 하나를 놓고 서로 다른 두 잣대로 나누어 얻은 여섯 가지를 한꺼번에 나란히 세운 것이다. 일테면, 사람이란 '나이'라는 잣대로 보면 '어른'과 '아이'로 갈라지고 '성별'이라는 잣대로 보면 '여자'와 '남자'로 갈라진다. 그런데 이것을 하나로 묶어서 사람이란 '어른', '아이', '남자', '여자'로 나누어진다고 말하는 것과 마찬가지다. 사람을 나이라는 잣대로 '어른'과 '아이'로 가른다면 거기에 싸잡히지 않고 남을 사람이 없듯이 말을 매체(소리, 글자)와 행동(주기, 받기)이라는 잣대로 '말하기', '듣기', '읽기',

'쓰기'로 나눈다면 거기에 싸잡히지 않고 남을 말이란 도무지 없다. 마찬가지로 사람을 성별이라는 잣대로 '남자'와 '여자'로 가르면 거기에 다른 아무것도 끼어들 수 없듯이 말을 쓰임새(실용, 예술)라는 잣대로 '말(언어)'과 '말꽃(문학)'으로 나누면 거기에 따로 끼어들 것은 없다. 그러므로 이들 두 잣대로 갈라지는 것을 하나로 나란히 세우면 결국 하나의 세계를 겹쳐서 거듭 포개 놓은 셈이 되어서 이치에 맞지 않는다. 배달말 가르치기의 속살을 이런 논리에서 찾자면 '말하기', '듣기', '쓰기', '읽기' 쪽과 '언어', '문학' 쪽에서 어느 한 쪽만을 골라잡을 수밖에 없다는 말이다.

그런데 이처럼 어긋나는 이치가 한 나라의 교육과정에 자리 잡고 있는 데에는 반드시 그럴 만한 말미가 있게 마련이다. 그것은 우리가 배달말 가르치기가 '무엇'을 교육해야 하는 것이냐 하는 문제를 우리의 힘으로 애써 따져 보려고 하지 못하고 손쉽게 남들이 하는 것을 본뜨려 한 탓이다. 경험이 없을 때에 앞서 경험한 사람들을 보고 배우거나 본뜨는 것은 개인에게나 집단에게나 더없이 마땅하고 옳은 일이다. 그러나 우리는 여러 가지 사정으로 미국과 일본의 국어 교육에서만 이론과 실제를 본뜨려고 한 까닭에 이런 잘못에 빠진 것이다.[114] 차라리 말에 대한 생각이 일찍부터 깨어 있었고, 국어 교육의 경험도 미국이나 일본보다는 훨씬 많은 유럽의 여러 나라들, 우리와 역사 문화의 사정이 비슷한 여러 나라들을 살피고 배

114_ 광복 직후의 '교수요목'을 미군정청에서 마련했기 때문에 미국의 것을 본떴다는 사실은 거듭 이야기한 바와 같다. 그 뒤로 제1차 교육과정부터는 번번이 일본의 교육과정(저들의 學習指導要領)에서 도움을 받으려고 애썼다는 사실은 두 나라의 그것을 꼼꼼히 견주어 보면 손쉽게 확인할 수 있다.

웠으면 나았을 것이다. 그보다 더욱 바람직한 길은 우리 역사를 깊이 살피고 우리 삶을 헤집고 꿰뚫어 보면서 우리 나름의 것을 찾으려고 애써 보는 것이었다.

이제라도 그런 마음을 먹고 배달말 가르치기가 '무엇'을 다루어야 하는지를 곰곰이 생각해 보면 어떨까? '국어'라는 교과에서는 '무엇'을 배우고 가르쳐야 할 것인가? 두 말할 나위도 없이 '배달말의 모든 것'을 배우고 가르쳐야 할 것이다. 배달말의 모든 것, '배달말 세계'를 골고루 빠짐없이 배우고 가르쳐야 할 것이다. 문제는 '배달말 세계'가 어떻게 이루어져 있는가 하는 물음이다. 이 물음은 실제로 몹시 까다로운 것으로서 올바른 해답을 찾기가 쉽지 않다. 그러나 이제까지 사람들은 말의 세계를 오랫동안 열심히 밝혀 왔고 그것은 우리의 물음에 넉넉한 해답을 주고도 남는다. 해야 할 일이 있다면 그것은 그렇게 밝혀 놓은 것들에서 우리네 목적, 배달말 가르치기의 속살을 제대로 잡아 보려는 과녁에 들어맞는 논리를 찾아 세우는 일일 뿐이다.

우선 첫째로 우리 교육과정이 가장 크게 기대고 있는 사분법 논리다. 말의 세계가 '말하기', '듣기', '쓰기', '읽기'로 이루어졌다는 논리다. 이것은 앞에서도 이야기한 바와 같이 말을 활동, 곧 삶뿐이라고 보는 논리다. 이런 논리를 그림표로 나타내 보면 이렇게 된다.

행동 / 매체	입말	글말
주기(표현)	말하기	쓰기
받기(이해)	듣기	읽기

이렇게 갈라 놓고 보면 마치 이들 네 영역이 하나씩 떨어질 수

있는 것인 양 잘못 보기 쉽다. 그래서 이것을 다음과 같은 동그라미 그림으로 나타내면 한결 알아보기 쉬울 듯하다.

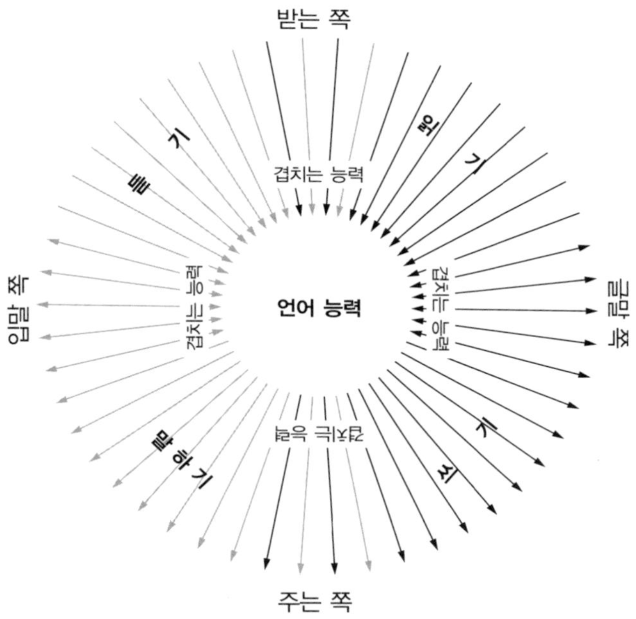

이 그림에는 따로 군말을 덧붙일 필요는 없을 듯하다. 다만 화살의 방향과 빛깔을 유심히 볼 필요가 있다. 가운데 동그라미가 나, 곧 말하는 임자라고 보면, 위쪽의 화살은 나를 보고 들어오는데 아래쪽의 화살들은 남을 보고 밖으로 나간다. 그리고 위와 아래가 나뉘는 어름에서는 화살의 방향이 들어오는 것과 나가는 것의 양쪽으로 그려져 있다. 말하자면 그 영역은 칼로 베듯이 갈라지는 것이 아니라 하나로 이어져 있으며 서로 겹쳐지고 있다는 뜻이다. 그것은 화살의 빛깔로서 나타내는 입말과 글말의 표시에서도 마찬가지다.

입말 쪽을 드러내는 왼쪽의 흰색 화살과 글말 쪽을 드러내는 오른쪽의 검정색 화살도 어름에서는 두 가지가 뒤섞여 있다. 이들 영역도 두부 자르듯이 갈라지는 것이 아니라 서로 겹쳐진다는 사실을 말해 주고 있다. 그러나 이런 사분법은 말의 감추어진 세계 곧 '능력' 을 돌보지 않아서 절름발이 논리다.

둘째로 꼽을 수 있는 것은 이분법의 논리다. 말을 '쓰임새' 라는 잣대에 따라 '말(언어, language)' 과 '말꽃(문학, literature)' 으로 나누는 논리다. 말의 세계를 말과 말꽃으로 나누는 이분법의 논리는 역사가 아주 깊다. 플라톤(B.C. 427?~347?)이니 아리스토텔레스(B.C. 384~322)니 하는 희랍 철학자들이 벌써 이런 가름으로 깊은 논의를 벌였고, 여태까지 수없이 많은 사람들이 그런 가름 위에서 갖가지 이야기를 계속하였다. 그러므로 이런 가름은 논리라기보다 차라리 사실이라 해야 마땅할 지경이 되었다. 그런데도 배달말 가르치기의 속살을 어떻게 잡아야 할 것인가를 고민하는 우리 교육과정에서는 여기에 한 번도 눈길을 주지 않았으니 참으로 알 수 없는 일이다. 그러나 실제로 배달말 가르치기에서 속살을 '말(언어)' 과 '말꽃(문학)' 이라는 둘로만 나눈다면 그것도 바람직하지는 못하다. 왜냐하면 그렇게만 나누어서는 말의 세계에 담긴 속살이 제대로 드러나지 못하기 때문이다. 너무나 뭉뚱그린 나눔이기 때문에 안에 감추어진 속살의 세계가 드러나지 않아서 교육이 다루어야 할 알맹이를 제대로 가늠할 수가 없다. "배달말 가르치기의 속살은 말과 말꽃이다." 이렇게 말하는 것은 마치 "배달말 가르치기의 속살은 배달말이다." 이렇게 말하는 것과 크게 다르지 않다는 말이다.

셋째 논리는 삼분법이다. 그것은 앞에서 말의 세계를 활동이나 속살에 바탕을 두고 바라보던 것과는 달리 말은 쓰이기에 앞서 우선 존재하는 것이라고 보는 논리다. 말의 세계를 '존재'에다 바탕을 두는 이것은 마치 소쉬르(1857～1913)가 '있는 말(langue)'과 '쓰는 말(parole)'로 갈랐던 것과 비슷하다. 다만 '쓰는 말'을 다시 '일상에서 쓰는 말(언어)'과 '예술에서 쓰는 말꽃(문학)'으로 가른 것이 다를 뿐이다. 말하자면, 말의 세계란 '있는 말'과 '쓰는 말'로 우선 갈라지고, '쓰는 말'은 다시 '일상에서 쓰는 말'과 '예술에서 쓰는 말'로 갈라져서 결국은 '있는 말'과 '일상의 말'과 '예술의 말', 이렇게 세 쪽으로 나눌 수 있다고 보는 것이다. 제4차 교육과정에서 배달말 가르치기의 속살을 '표현·이해'와 '언어'와 '문학'으로 잡았을 때, 그 바탕에 깔린 논리가 바로 이 삼분법이다.[115] '언어'는 곧 '있는 말'을, '표현·이해'는 '일상의 말'을, '문학'은 '예술의 말'을 뜻하는 것이기 때문이다. 그러나 현실에서는 이런 논리가 발을 붙이지 못했다. 교육과정을 마련한 사람들이 바탕에 깔린 그런 논리를 온전히 깨달아서 펼쳐 놓지 못했고, 배달말 가르치기 학자들이나 교육자들이나 모두가 거기 깔린 이치를 알아보지 못했기 때문이다. 그러나 삼분법은 앞에서 살핀 이분법이나 사분법보다는 한결 바람직한 논리임이 틀림없다. 그러므로 이제까지 우리네 교육과정이 내놓은 여러 가지 가운데 가장 바람직한 것이었다고 보겠다.

말의 세계, 곧 배달말의 세계는 이들 세 가지 논리 가운데 어느

115_ 물론 제4차 교육과정을 만들었던 사람들이 이 논리를 제대로 깨닫고 있었던 것으로 보기는 어렵다. 그들이 그것을 제대로 깨달았더라면 제5차 교육과정으로 넘어오면서 그 체계를 그처럼 순순히 내버리지 않았을 터이기 때문이다.(김수업, 〈교육과정(국어과)의 내용·영역에 대하여〉, 《모국어교육 2》, 모국어교육학회, 1984)

것으로 바라보아도 무방하다. "배달말 가르치기의 속살은 '언어' 와 '문학' 이다." 하는 이분법도 좋고, "배달말 가르치기의 속살은 '표현·이해' 와 '언어' 와 '문학' 이다." 하는 삼분법도 좋고, "배달말 가르치기의 속살은 '말하기' 와 '듣기' 와 '쓰기' 와 '읽기' 다." 하는 사분법도 좋다. 이들 세 가지는 저마다 이치에 마땅한 논리를 지니고 있어서, 배달말 가르치기의 속살은 이들 세 가지 가운데서 하나를 골라잡아도 좋다.[116] 그러나 그것들은 저마다 다른 논리에 바탕을 두었기 때문에 어느 것을 골랐느냐에 따라 결과는 적잖이 달라지게 마련이다. 그러므로 우리는 배달말 가르치기를 무엇이라고 보는가 하는 철학을 따져 보고, 그것들이 거두는 열매를 슬기롭게 헤아려 마땅한 논리를 골라잡아야 한다.

배달말 가르치기의 속살을 철학과 열매로 가늠하여 골라잡는다고 할 때에 앞에 살핀 세 가지밖에 다른 길은 없는가? 나는 그 세 가지보다 좀 더 알아듣기 쉽고 바람직한 속살의 가름이 있다고 본다. 말의 세계를 가르는 가장 오랜 논리인 이분법을 바탕으로 삼은 다음 모든 교육이 한결같이 과녁으로 삼는 '삶(능력)' 과 '앎(지식)' 을 잣대로 세우면 한결 넓고 깊은 속살이 드러난다고 생각한다. 그래서 배달말 가르치기의 세계, 곧 배달말 가르치기의 속살은 다음과

	삶		앎	
	주기(표현)	받기(수용)	공시적 앎	통시적 앎
말(일상 국어)	말하기 · 쓰기	듣기 · 읽기	말의 이론	말의 역사
말꽃(예술 국어)	말하기 · 쓰기	듣기 · 읽기	말꽃의 이론	말꽃의 역사

116_ 말할 나위조차 없지만 제5차 교육과정부터 제7차 교육과정까지 흔들리지 않고 버티고 있는 육분법만은 받아들일 논리를 찾을 수 없는 짜깁기다.

같은 그림표로 나타낼 수 있다고 본다.

또는 아래와 같이 나타내는 것이 더욱 뚜렷하고 알아보기 쉬울 지도 모르겠다.

<table>
<tr><td rowspan="14">배달말
가르치기
속살</td><td rowspan="7">말
(일상 국어)</td><td rowspan="4">삶</td><td rowspan="2">주기</td><td>입말</td><td>말하기</td></tr>
<tr><td>글말</td><td>쓰기</td></tr>
<tr><td rowspan="2">받기</td><td>입말</td><td>듣기</td></tr>
<tr><td>글말</td><td>읽기</td></tr>
<tr><td rowspan="3">앎</td><td rowspan="2">시간 없이</td><td>존재</td><td>배달말 철학</td></tr>
<tr><td>모습</td><td>배달말 문법</td></tr>
<tr><td>시간 안에</td><td>변화</td><td>배달말 역사</td></tr>
<tr><td rowspan="7">말꽃
(예술 국어)</td><td rowspan="4">삶</td><td rowspan="2">주기</td><td>입말</td><td>말꽃 말하기</td></tr>
<tr><td>글말</td><td>말꽃 쓰기</td></tr>
<tr><td rowspan="2">받기</td><td>입말</td><td>말꽃 듣기</td></tr>
<tr><td>글말</td><td>말꽃 읽기</td></tr>
<tr><td rowspan="3">앎</td><td rowspan="2">시간 없이</td><td>존재</td><td>배달말꽃 원론</td></tr>
<tr><td>모습</td><td>배달말꽃 갈래</td></tr>
<tr><td>시간 안에</td><td>변화</td><td>배달말꽃 역사</td></tr>
</table>

이것이 배달말 가르치기에서 배우고 가르쳐야 할 속살이다. 새삼스러운 풀이를 더 할 것도 없을 듯하다. 배달말 가르치기의 속살을 이렇게 보는 것은 우리 배달말 가르치기가 이제까지 하던 바와는 크게 다르다. 무엇보다도 갖가지 글을 모아 그것을 읽고 풀이하는 일을 배달말 가르치기라고 여기던 지난날의 교과서는 말할 나위도 없고, 말을 주고받는 삶에만 매달려 온 이제까지의 교육과정과도 크게 다르다. 우선 배달말 가르치기의 터전이 엄청나게 넓어져서 이제까지는 다루지 않던 것들도 적잖이 들어왔다. 말의 앎과 말

꽃의 삶은 온통 이제까지 없었던 새로운 터전이 생긴 것이다.

그러나 이것으로 이야기를 끝낼 수 없는 것이 또 있다. 무엇보다도 지난 세기 백 년 사이에 새로운 말이 나타났기 때문이다. 애초에 말은 목소리를 몸으로 삼는 입말뿐이었다가 글자를 몸으로 삼아 글말이 나타났다. 이들 두 가지 몸을 따라 말을 '말하기', '듣기', '쓰기', '읽기'라는 네 쪽으로 나누었던 것이다. 그런데 20세기에 와서 '전자'를 몸으로 하는 전자말이 새로 나타나서 그런 사분법은 육분법으로 바뀌지 않을 수 없게 되었다. 서양에서는 벌써 몇몇 사람이 전자말로 주고받는 것을 '보이기'와 '보기'라 부르자는 의견을 내놓았고, 그것을 잽싸게 본받아 우리나라에서도 그렇게 쓰는 사람들이 더러 나타났다. 그러나 그런 이름을 받아들이자면 먼저 몇 가지를 따져 놓지 않을 수 없다. 알다시피 입말의 '말하기'와 '듣기'는 주고받는 사람이 서로 얼굴과 몸의 움직임까지 마주 '보이기'와 '보기'를 해야 하고, 글말의 '쓰기'와 '읽기'도 이미 눈으로 '보이기'와 '보기'를 하는 것이기 때문이다. 전자말은 소리와 글자를 함께 싸잡고 그림이나 모습까지 더불어 주고받으면서 새롭게 태어난 말이므로 말하기와 듣기와 쓰기와 읽기를 두루 하는 것이라 보아야 마땅하다. 입말을 '청각언어'라 하고 글말을 '시각언어'라 한다면 전자말은 '시청각언어'라 해야 마땅하다는 말이다. 그러니까 '보이기·보기'라고만 해서는 청각언어의 본질을 담아내지 못하므로 차라리 '말하며 쓰기·들으며 읽기'라고 해야 옳다는 뜻이다. 따지자면 이치가 그러하지만 그렇다고 '말하며 쓰기'니 '들으며 읽기'니 하는 말로 전자말의 주고받기를 나타내는 것은 너무도 옹색하다. 게다가 전자말이 입말과 글말을 싸잡으면서도 입말이나 글말과는 다른 저만의 몫은 아무래도 모습(그림, 영상)을 주고받는 것이라 하겠다. 그리고 모습을 주고받는 것이야말로 '보이기' 와 '보기' 라 할 수밖에 없는 것이다. 그래서 입말이 보이기와 보기를 지니고 있으면서도 말하기와 듣기라 하고, 글말도 보이기와 보기를 감추고 있으면서도 쓰기와 읽기라고만 했듯이 전자말도 '말하기와 쓰기' '듣기와 읽기' 를 감추고 있으면서도 새롭게 감당하는 몫을 드러내어 '보이기' 와 '보기' 로 해 볼 수도 있을 듯하다. 그렇다면 우리는 앞의 그림표를 아래와 같이 고쳐서 전자말을 받아들여 제대로 갖춘 배달말 가르치기의 속살을 드러내 보일 수가 있다.

<table>
<tr><td rowspan="18">배달말
가르치기
속살</td><td rowspan="9">말
(일상 국어)</td><td rowspan="6">삶</td><td rowspan="3">주기</td><td>입말</td><td>말하기</td></tr>
<tr><td>글말</td><td>쓰기</td></tr>
<tr><td>전자말</td><td>보이기</td></tr>
<tr><td rowspan="3">받기</td><td>입말</td><td>듣기</td></tr>
<tr><td>글말</td><td>읽기</td></tr>
<tr><td>전자말</td><td>보기</td></tr>
<tr><td rowspan="3">앎</td><td rowspan="2">시간 없이</td><td>존재</td><td>말의 철학</td></tr>
<tr><td>모습</td><td>말의 문법</td></tr>
<tr><td>시간 안에</td><td>변화</td><td>말의 역사</td></tr>
<tr><td rowspan="9">말꽃
(예술 국어)</td><td rowspan="6">삶</td><td rowspan="3">주기</td><td>입말</td><td>말꽃 말하기</td></tr>
<tr><td>글말</td><td>말꽃 쓰기</td></tr>
<tr><td>전자말</td><td>말꽃 보이기</td></tr>
<tr><td rowspan="3">받기</td><td>입말</td><td>말꽃 듣기</td></tr>
<tr><td>글말</td><td>말꽃 읽기</td></tr>
<tr><td>전자말</td><td>말꽃 보기</td></tr>
<tr><td rowspan="3">앎</td><td rowspan="2">시간 없이</td><td>존재</td><td>말꽃 원리</td></tr>
<tr><td>모습</td><td>말꽃 갈래</td></tr>
<tr><td>시간 안에</td><td>변화</td><td>말꽃 역사</td></tr>
</table>

4. 속살의 속내

배달말 가르치기의 속살을 앞에서 보인 여러 가지 그림표로 나타냈으니 누구나 들여다보면 그것들이 무엇을 담고 있는지 쉽게 알 수 있을 것이다. 그러나 내가 그것들에서 다루어야 한다고 생각하는 바는 여느 사람들이 생각하는 것과 다를 수도 있다. 왜냐하면 우리는 아직 이것들의 속내를 많이 이야기하지 못한 까닭이다. 그래서 아주 성글게나마 이들 속살에 담긴 속내를 잠시 이야기해 보고 싶다.

1) 말의 삶

'말의 삶'을 가르친다는 것은 '여느 삶에서 주고받는 배달말을 더욱 잘 살게' 하는 것이다. 그런데 '더욱 잘' 살게 한다는 것은 무엇인가? 여느 삶에서 주고받는 우리 배달말, 말하고 듣고 쓰고 읽고 보이고 보고 하는 것을 더욱 잘 산다는 것은 무엇인가? 이 물음에 대답부터 먼저 찾아 놓고 더 작은 갈래로 들어가 봐야 할 듯하다. 여느 삶에서 주고받는 배달말을 더욱 잘 산다는 것의 잣대를 나는 부끄럽게도 이백 년 전 베를린 아카데미에서 찾았던 해답[117]에서 빌려 오고자 한다. '또렷하기(정확성), 쉽기(평이성), 올바르기(합리성)'라는 세 가지가 해답이었고, '더욱 잘' 사는 말살이의 잣대로 이보다 마땅한 것을 찾기는 어렵기 때문이다. 사람의 말살이가 또렷하고 쉽고 올바를 때에 그 사람과 그 동아리의 모습이 어떠하겠으며, 사람의 말살이가 어름어름하고 까다롭고 뒤죽박죽일 때에 그

117_ 앞의 각주 81을 볼 것.

사람과 그 동아리의 모습이 어떠하겠는지를 헤아려 보면 쉽게 짐작할 수 있다. 게다가 일찍이 서양 사람들이 깨달은 말의 '아름답기(예술성)' 도 빠뜨릴 수 없다. 말의 소리가 아름답고, 말의 뜻이 그윽하고, 말의 씀씀이가 고와야 한다는 잣대다. 곱고 아름다운 말을 쓰는 사람과 그들의 동아리는 거칠고 거북스러운 말을 함부로 쓰는 사람과 그들의 동아리와는 견줄 수 없는 것이다. 누가 이것을 아니라고 하겠는가? 또렷하기, 쉽기, 올바르기, 아름답기에는 온전함이란 있을 수 없다. '더욱 또렷하게', '더욱 쉽게', '더욱 올바르게', '더욱 아름답게' 하는 온전함을 바라면서 애써 나가는 걸음이 있을 따름이다. 이백 년 전에 이미 세계어로서 유럽 사람들의 부러움을 받던 프랑스말도, 오늘날 세계어가 되어 세상을 주름잡는 미국말도, 이제야 발돋움을 준비하는 우리 배달말도 다같이 저마다의 말을 '더욱 잘' 살도록 바라고 되새길 따름이다. '말의 삶' 을 배우고 가르친다는 것은 사람들로 하여금 나날이 쓰는 말을 더욱 잘 살도록 해 주는 것이고, '더욱 잘 살도록' 한다는 것은 나날이 쓰는 말을 '더욱 또렷하게', '더욱 쉽게', '더욱 올바르게', '더욱 아름답게' 쓰도록 해 주는 것이다. 이를 더욱 다잡아서 말하면, '말하기' 와 '듣기' 와 '쓰기' 와 '읽기' 와 '보이기' 와 '보기' 라는 여느 삶의 말을 골고루 '더욱 또렷하고' '더욱 쉽고' '더욱 올바르고' '더욱 아름답게' 하도록 해 주는 것이 배달말 가르치기의 몫이라는 말이다.

(1) 말하기

사람에게 있어 말하기는 억누를 수 없는 목숨의 힘이다. 태어나서 첫돌이 채 되기도 전부터 말하기의 힘은 옹아리로 드러난다. 늙고 기진하여 아무도 상대해 주는 사람이 없더라도 혼자 중얼거리며 말하기의 힘을 드러낸다. 사람은 살아서 눈을 뜨고 있는 동안 끊임없이 말하기를 하지 않고는 못 배긴다. 들어 주는 사람이 있는 것이 바람직스럽지만 들어 주는 사람이 없다고 해서 말하기를 그치는 것은 아니다. 혼자서라도 사람은 끊임없이 말을 하고 꿈에서도 말을 하는 존재다. 말하기가 이처럼 사람에게 억누를 수 없는 본능이기 때문에 이를 마음껏 드러내게 하는 것은 그대로 선이다. 말을 마음껏 함으로써 사람은 존재를 드러내고 드높여 기쁨을 누리기 때문이다. 사람이 말을 마음껏 하지 못하면 개인이나 사회나 병들고 마침내 죽음에 떨어진다. 앞에서도 들었지만 신라 경문왕의 복두장이 이야기는 하고 싶은 말을 하지 못하게 된 사람이 어떻게 죽음으로 밀려가는가를 잘 보여 주는 보기다. 말이 자유스럽게 오고 가지 못하도록 말길을 막으면 그 동아리가 어떻게 죽어 가는지는 인류의 역사로써 얼마든지 경험할 수 있었다. 따라서 말하기를 더욱 잘하게 함으로써 사람의 삶을 드높이고 동아리의 문화를 북돋우는 것이 배달말 가르치기의 자랑스러운 몫이라는 사실은 두말할 나위가 없다.

말하기에는 말할이와 들을이가 어떠한가에 따라 몇 가지 갈래가 있다. 첫째는 말할이가 혼자서 말하는 갈래다. 이럴 때 들을이는 갖가지일 수 있다. 한 사람일 수도 있고, 몇 사람일 수도 있고, 수십 수천 또는 수만 명일 수도 있다. 요즘처럼 전자말이 널리 쓰이면서 헤아릴 수 없이 많은 들을이를 생각할 수도 있다. 연설, 강연, 설교 같은 말들은 '혼자 말하기' 에서 손꼽히는 것들이다. 둘째는 둘이 서로 주고받으며 말하는 갈래다. '대화' 라고 부르는 이것은 가장 오래

되고 바탕을 이루는 말하기가 아닌가 싶다. 거의 모든 사람이 이런 말하기로써 삶의 시간을 메우고 있기 때문이다. 셋째는 여럿이서 어우러져 말하는 갈래다. 사람이 본디 홀로 살지 못하고 동아리를 이루어 사는 존재이기에 이런 갈래의 말하기도 뿌리 깊은 역사를 지닌 것임이 틀림없다. '좌담', '토론', '토의', '회의' 같은 이름으로 나눌 만큼 여럿이 더불어 하는 말하기의 모습도 여러 가지다.

어느 갈래의 말하기든 말하기에서는 세 가지에 마음을 써야 한다. 첫째는 '소리'다. 말하기에서는 무엇보다도 소리의 교육이 바탕이고 소중하다. 소리는 똑똑하고 아름답게 들리도록 하려는 바탕 위에서 글말의 소리값(음소와 음절의 소리)을 제대로 내도록 가르쳐야 한다. 사람들이 모국어를 주고받을 때에는 흔히 문맥과 관련 상황에 많은 것을 내맡기는 까닭에 말소리를 가볍게 넘기기 쉽다. 실제로 여느 삶의 말하기에서는 말을 이루는 음운과 음절이 저마다 제 소리를 제대로 내지 못한 채 으깨어지고 덩이지는 경우를 적잖이 볼 수 있다. 배달말 가르치기에서는 이러한 입말의 자연 상태를 더욱 아름답고 또렷한 글말 같은 인공 상태로 끌어올리는 것까지 과녁으로 삼아야 한다. 말의 소리가 더욱 아름답고 또렷하게 되려면 발성 기관이 골고루 쓰이도록 음운 체계도 가꾸어야 한다. 세종대왕 때에 만든 한글의 음운 체계를 영영 손댈 수 없는 것으로 못박아 두는 것은 옳지 않다. 이미 쓸 수 없어 버린 자모도 있거니와 버릴 수 있었으면 새로 만들 수도 있어야 한다. 발성 기관의 활용 정도, 다시 말하면 얼마나 갖가지 소리를 또렷하게 낼 수 있느냐 하는 것이 곧 생명체의 진화와 비례한다는 동물학 이론에도 귀를 기울여야 한다. 우리 겨레의 음운 체계, 특히 글자로 만들어 놓은 자모의 체계가 발성 기관을 얼마나 골고루 부려 쓰고 있는지를 살펴보아야 한다. 그래서 제대로 쓰지 못하는 구석을 찾아 새로운 글자를 만들어 음운을 세우고 헷갈리는 소리를 간추려 또렷하게 가꾸어 나가야 한다. 음성학(phonetics)과 음운론(phonemics)이란 있는 소리를 설명하는 것뿐 아니라 있어야 할 소리를 밝히는 학문이기도 하다. 닿소리 가운데서 가장 아름다운 소리로 세상 사람이 모두 아는 'ㄹ(l, r)' 소리를 두음법칙이라는 규칙으로 일부러 가로막는 것은 옳지 않다. 말의 소리에서 얻어지는 아름다움을 찾아내고 드높이는 것은 배달말 가르치기가 힘써야 할 몫이라는 사실을 깨우쳐야 한다.

소리를 이야기하자면 빠뜨릴 수 없는 것이 소리의 결이다. 한때 학자들은 배달말의 소리결(성조)을 두고 크게 다툰 적이 있다. 배달말의 소리결 바탕이 길짧음(장단)이라는 쪽과 높낮이(고저)라는 쪽으로 갈려서 다투었던 것이다. 그리고 큰 흐름은 길짧음이라는 쪽으로 기우러진 듯하지만[118] 결판이 난 것은 아닌지라 아직도 높낮이임을 밝히려는 연구가 끊임없이 이어지고 있다.[119] 학자들이야 소리결의 바탕을 밝히려 다툰다 하더라도 가르치기에서는 또 다

118_ 내가 보기에 우리 배달말의 소리결은 백두대간을 따라 산세가 힘차게 내려오는 동쪽과 넓은 강물을 끼고 들판이 즐펀하게 펴져 있는 서쪽이 서로 다르다. 뫼와 골짜기에 모여 사는 동쪽 사람의 소리결은 높낮이가 두드러지고, 가람과 들판에 흩어져 사는 서쪽 사람의 소리결은 길짧음이 두드러진다. 그리고 이런 두 가지 소리결은 서로 얽혀서 한 쪽으로만 쏠릴 수가 없는 것이 아닌가 한다.

119_ 김영송, 《우리말 소리의 연구》, 과학사, 1981. / 김차균, 《나랏말과 겨레의 슬기에 바탕을 둔 음운학 강의》, 태학사, 1998. / 신지영·차재은, 《우리말 소리의 체계》, 한국문화사, 2003. / 김차균, 《영호남 방언 운율 비교》, 역락, 2002. / 김차균, 《영남 방언 성조 비교》, 역락, 2003.

른 몫이 있다. 배달말 소리결의 아름다움을 지키고 가꾸어야 하는 몫과 소리결이 흐트러져서 빚어지는 뜻가림의 헷갈림을 바로잡아야 하는 몫이다. 사실 지난 세기 백 년 동안 겨레의 삶과 더불어 배달말은 엄청나게 뒤흔들렸다. 거기서도 소리결의 뒤흔들림과 흐트러짐이 가장 두드러지지 않았을까 싶고, 그것은 두 가지 까닭으로 이야기할 수 있다. 하나는 한자말의 소리결이 흐트러진 것이고, 다른 하나는 토박이말의 소리결이 흐트러진 것이다. 한자말의 소리결은 본디 한자의 소리결(사성, 평측)에[120] 바탕을 두고 왕조 사회에서는 지배층에서 여간 마음을 써서 지키지 않았다. 그러나 왕조가 끝난 뒤로 한문 지배층이 사라지고 민주 사회로 넘어오자 한자말의 소리결은 지배층의 흩어짐과 마찬가지로 흐트러지기 시작해서 오늘까지 내려왔다. 한편 토박이말의 소리결은 일제 침략으로 지난날의 삶터가 무너지면서 뒤흔들리기 비롯했다. 기름진 논밭 침략자에게 빼앗기고 도시로 나가서 살길을 찾거나 만주로 넘어가 광복 운동에 뛰어들면서 겨레의 삶터는 무너져 내렸다. 광복을 하고서는 미·소 다툼에 얽혀 남북이 벌인 전쟁으로 겨레의 삶터가 온통 불바다가 되었고, '잘살아 보세' 한 소리에 곳곳이 새마을로 탈바꿈하면서 겨레의 삶터는 찾을 길 없게 바뀌었다. 이런 소용돌이가 백 년을 이어지면서 우리 배달말의 소리결은 삶터와 더불어 걷잡을 수 없이 흐트러지고 말았다. 이제는 서둘러 한자말을 쓸어내고 토박말을 불

120_ 알다시피 중국 한자는 본디 사성, 곧 낮은 소리(평성)와 높아지는 소리(상성)와 낮아지는 소리(거성)와 닫는 소리(입성)의 네 가지 소리결을 지니고 있는 것이다. 하지만 우리 겨레는 그런 소리결을 그대로 받아들이지 않고 낮은 소리(평성)와 높은 소리(측성)의 둘로만 가려내는 것으로 잡았다.

러내어 소리결을 되살리는 일에 온 힘과 마음을 쏟아야 할 때가 온 것이다.

말하기에서 마음을 써야 하는 둘째 것은 '알맹이' 다. 알맹이 없는 말은 사람 사이에 바람을 집어넣고 마침내 허물어뜨린다. 그런데 오늘날 우리 사회에는 알맹이 없이 껍데기뿐인 말이 너무 많이 활개를 친다. 알맹이 없는 말을 하지 말라는 뜻에서 서양에서는 "웅변은 은이요, 침묵은 금이다." 하는 격언이 생겨났을 것이다. 그러나 나는 알맹이 없는 말을 '하지 말라' 하기보다는 알맹이 있는 말을 '하라' 해야 한다고 본다. 말은 마치 쇠로 만든 연모와 같아서 쓰지 않고 버려두면 녹슬고 망가지게 마련이고 자주 쓰면 빛나고 날카로워진다. 말을 사랑하는 것은 곧 말을 많이 쓰는 일이고 이것을 부추기는 노릇이 배달말 가르치기다. 그러나 알맹이 없는 말을 쓰는 버릇이 들면 그 사람은 정신이 점점 쇠약해지고 병들게 될 뿐 아니라 그런 말을 듣는 사람은 실의와 허탈에 빠져서 마침내 그들의 인간관계가 무너져 내리고 만다.

어떻게 하면 알맹이 있는 말을 할 수 있는가? 거기에는 두 가지 길이 있다. 우선 하나는 남의 말을 귀담아듣는 일이다. 남이 하는 말을 귀담아듣는 사람은 저절로 자기의 말에 알맹이를 채울 수 있다. 이 점은 뒤에 '듣기' 에서 다시 이야기하기로 하자. 또 하나는 말하기에 앞서 먼저 생각을 하는 일이다. 여기서 생각한다는 것은 당장 하려는 말에 담을 정보를 정리하고 차례를 세우는 것을 이른 말이다. 이를 두고 '속말하기' 라 할 수 있을 것이다. 이것은 정신의 훈련이고 두뇌의 노동이므로 이런 훈련과 노동으로 사람은 정신과 두뇌를 갈고닦을 수 있다. 그러니까 알맹이 있는 말을 많이 하게 하는 것은 먼저 생각을 깊게 하여 정신과 두뇌를 갈고닦고, 남의 말을 귀담아듣게 하여 사람됨을 북돋울 뿐만 아니라 사람 사이를 튼튼하게 함으로써 동아리에 기쁨과 힘을 솟아나게 한다.

말하기에서 마음을 써야 하는 셋째 것은 '말의 윤리'다. 예로부터 우리 겨레는 말에 세 가지 잣대를 세워 가르쳐 왔다. 첫째는 '참말'과 '거짓말'이라는 잣대다. 참말은 해야 하고 거짓말은 하지 말아야 하는 것으로 늘 가르쳐 왔다. 무엇이 참말이고 무엇이 거짓말인가? 이것은 말과 사실 사이에서 판가름 난다. 하는 말과 사실이 들어맞으면 참말이고, 하는 말과 사실이 어긋나면 거짓말이다. 사실이란 사람 안의 마음에 있는 것과 사람 밖의 세상에 있는 것으로 나누어 볼 수 있다. 말은 이것들을 모두 담지만 있는 그대로 담기도 하고 있는 것과는 달리 담기도 한다. 거짓말이 한 사람과 동아리에 어떤 값을 치르게 하는지를 일찍이 이솝 우화(《소년과 늑대》)에서 가르쳐 준 바 있다. 거짓말에는 크게 보아 두 가지가 있다. 하나는 저를 지키려는 것이고, 하나는 남을 해치려는 것이다. 쪽(체면)을 깎이지 않고 힘(위세)을 얕보이지 않으려고 하는 거짓말과 남을 등치고 속여서 저만 잘 살아남으려고 하는 거짓말이 그것이다. 앞의 것은 겉으로 드러나지 않으나 하는 사람의 마음을 병들게 만들고, 뒤의 것은 하는 사람의 마음뿐만 아니라 겉으로 드러나 동아리를 해쳐 도덕과 법률로 다스린다. 어느 쪽이든 거짓말에는 반드시 하는 사람의 나쁜 마음이 숨어 있기 때문에 사람과 세상을 무너뜨리는 죄악이라 하지 않을 수 없다. 배달말 가르치기에서는 힘을 기울여 거짓말을 막고 참말을 북돋워야 마땅하다.

다음은 '옳은말'과 '그른말'이라는 잣대다. 이것은 말과 이치

사이에서 판가름 난다. '여기 사람이 있다.' 또는 '여기 사람이 없다.' 하는 말은 사실과 맞느냐 어긋나느냐에 따라 참말 또는 거짓말로 가려진다. 그러나 '이제 가야 한다.'와 '아직 가지 않아야 한다.' 하는 말은 여러 사정에 얽힌 이치를 살펴서 맞느냐 어긋나느냐에 따라 옳은말과 그른말로 가려진다. 이치는 사실보다 훨씬 슬기로운 잣대가 있어야 판가름할 수 있다. 사람이 어울려 살아가는 세상에는 갖가지 풀어 나가야 할 일이 얽히고 부딪히게 마련이고 그럴 때마다 사람들은 슬기를 모아 이치로 풀어 새로운 삶으로 나아간다. 이처럼 어려운 실타래를 풀려고 여럿이 모여 바람직한 실마리를 찾고 있을 때에 옳은말과 그른말이 두드러지게 드러난다. 맞닥뜨린 실타래를 깊이 꿰뚫어 보면서 풀어 갈 수 있는 실마리를 찾아내는 데 도움이 되는 말, 곧 옳은말을 하는 사람은 그 동아리에서 슬기로운 사람으로 존경을 받고 힘을 얻는다. 거꾸로 부딪힌 실타래에 아무런 도움도 주지 못하는 그른말만 자주 하는 사람은 어리석고 미련한 사람으로 점찍힐 수밖에 없다. 옳은말과 그른말을 뚜렷하게 가려내고, 그른말을 바로잡고 줄이는 일이야말로 사람됨과 세상을 드높이는 지름길로서 배달말 가르치기의 값진 몫이다.

마지막으로 '할말'과 '못할말'이라는 잣대다. 이것은 판가림이 아주 어려운 잣대다. 참말이나 옳은말이라고 해서 모두 할말이 되는 것도 아니고, 거짓말과 그른말이라고 해서 모조리 못할말일 수도 없다. 할말과 못할말을 제대로 가려서 말할 수 있는 사람이면 우리는 그를 훌륭한 말하기의 스승으로 삼을 수 있다. 할말과 못할말을 가리는 잣대는 과연 무엇인가? 그것은 사람들을 단단한 동아리가 되도록 묶어 주는 끈, 곧 '사랑'으로 판가름 난다. 아무리 사실에 맞는 참말이고 이치에 닿는 옳은말이라도 사람들 사이의 사랑을 깨뜨려 동아리를 갈라지게 하는 말은 못할말이다. 마찬가지로 비록 사실에 어긋나는 거짓말이거나 이치에 벗어나는 그른말일지라도 사람들 사이의 사랑을 북돋우고 깨어졌던 사랑을 되살려 동아리를 단단하게 묶어 줄 수 있으면 할말이다. 못할말로 사람을 갈라놓고 동아리를 깨어 놓는 사람은 미움에 사로잡혀 있고, 할말로 사람을 모아 놓고 동아리를 묶어 놓는 사람은 사랑에 사로잡혀 있다. 못할말은 돌멩이가 되기도 하고 칼날이 되기도 하여 듣는 사람의 가슴에 깊은 상처를 준다. 그러나 그런 말은 그보다 앞서 말한 이의 마음과 얼에 가장 깊숙이 커다란 상처를 먼저 준다는 사실을 우리는 알고 있다. 사랑을 깰 것인가, 사랑을 북돋울 것인가, 이것을 올바로 가려서 할말을 제대로 하는 노릇은 여간한 슬기가 아니면 이루어 내기 어렵다. 배달말 가르치기에서 말하기는 할말과 못할말을 제대로 가리는 곳까지 이끌어야 과녁에 닿았다고 할 수 있다.

광복 뒤로 우리네 배달말 가르치기에서는 이제나 저제나 말의 윤리를 아주 팽개쳐 버리고 돌보지 않았다. 교육 현장과 교과서는 말할 나위도 없고 교육과정에서조차 사람됨과 얼이 담긴 윤리 쪽은 돌아보지 않았다. 말을 한다는 것은 곧 마음을 소리라는 그릇에 담아 듣는 이에게 건네주는 노릇이다. 마음이란 경험이나 정보만일 수 없고, 경험과 정보에서 빚어진 느낌과 생각과 뜻이 뒤엉켜 만들어 낸 사람됨 바로 그것이다. 그런 사람됨의 심줄을 윤리라는 말로 쉽게 부른다면, 이런 윤리를 고려하지 않은 말하기란 얼은 달아나고 몸만 남은 주검 같은 말하기다. 우리는 이제까지 그런 주검 같은 말하기에 매달려 있었다. 참말과 거짓말, 옳은말과 그른말, 할

말과 못할말을 마음 써서 밝혀내고 이것들을 제대로 가르치는 길을 마련하는 것이야말로 말하기 교육에서 가장 서둘러야 할 일이라고 본다.

말하기 교육에서 짚어야 할 것이 하나 더 있다. 그것은 말하기조차 부끄럽지만 그냥 넘어갈 수 없는 것이다. 일상의 말하기에 상스러운 욕설이 너무나도 많이 쓰이고 있다는 사실이다. 학교 교육을 십이 년 넘게 받고 좁은 문을 뚫고 이름난 대학에 들어온 대학생들조차 그들이 주고받는 말을 마음 써서 듣고 있노라면 우리 배달말 가르치기에서 말하기 교육이 얼마나 잘못 이루어졌던가를 뼈아프게 깨달을 수 있다. 말 그대로의 뜻을 챙겨 보면 몸서리가 쳐지는 욕설들이 아무런 거리낌도 없이, 남녀 학생을 가리지 않고 거침없이 쏟아지고 있다. 그것이 입에 담기 부끄러운 욕설이라는 사실을 아예 모르는 것이 아닌가 싶을 때가 많다. 배달말 가르치기에서 가르치지 않았고, 가정이나 사회에서 가르치지 않았으니 알지 못하는 것이 오히려 당연할 것이다. 낯 뜨거운 욕설의 자취가 감추어질 수 있도록 바로잡아 가는 것도 말하기 교육의 중요한 몫이라는 사실을 짚어 두지 않을 수 없다.

(2) 듣기

조물주는 사람이 듣는 것을 거부하지 못하도록 마련하여 놓은 듯하다. 사람이 귀를 입이나 눈처럼 제 멋대로 닫을 수 없도록 만들어 놓았다. 귀는 코처럼 언제나 열려 있도록 마련했는데 그것은 듣는 것이 숨을 쉬는 것만큼이나 쉴 새 없이 이루어져야 한다는 조물주의 뜻을 담은 것이 아닐까 싶다. 말하자면 사람은 모든 것을 다들을 필요가 있고, 그 모든 것들을 잘 들으면 들을수록 그것은 사람에게 도움이 되기에 조물주가 그렇게 마련해 두었다고 생각한다. 그런 가운데서도 남의 말을 듣는 것은 사람을 온전하게 만드는 데에 가장 긴요한 길이다.

사람은 태어나면서 이미 받은 마음(정신)[121]의 어떤 틀(스키마)을 지니고 있다. 살면서 겪는 온갖 경험과 배움을 통하여 그 틀은 점점 자라고 바뀌고 가다듬어지면서 완성으로 나아가게 된다. 이런 마음의 틀을 우리는 인생관이니 철학이니 사상이니 하는 이름으로 부르기도 하는데, 더 넓은 뜻으로 '사람됨(인격)'이라고 말하기도 한다. 알다시피 사람됨은 태어날 때에 갖추어진 틀을 바탕으로 하면서 살아가는 사이에 얻는 경험과 배움으로 완성시켜 나가는 것이다. 그런데 살아가는 동안에 얻는 경험과 배움은 열에 셋을 넘게 귀로써 남의 말을 듣는 것으로 채워진다고 한다. 듣는 것의 값어치를 제대로 깨닫고 듣기를 갈고닦으면 들어서 배우고 경험하는 무게도 훨씬 커질 수 있을 것이다.

듣기는 이렇게 이미 마련되어 있는 마음의 틀을 바탕으로 하기 때문에 그 틀이 어떠한가에 따라 듣는 일의 판가름이 달라진다. 남의 말을 듣고 그것을 안다든지 받아들인다든지 하는 일은 우선 이미 마련되어 있는 틀의 그물망에 그 말의 속살이 걸려들어야 이루어진다. 머릿속에 있는 틀의 그물에 걸리지 않는 말은 그 소리가 비록 고막을 울릴지라도 그대로 흘러가 버리고 만다. 따라서 듣기를

121_ 마음이란 말은 뜻이 쉽게 잡히지 않아서 사람마다 서로 다른 뜻으로 쓰는 수가 적지 않다. 마음은 우선 '몸'과 함께 사람의 한 쪽이다. 사람에게서 몸을 빼고 남은 것이 마음이라는 말이다. 마음은 몸으로부터 느낌, 생각, 뜻, 얼까지 들어가는 깊은 물속과 같다.

잘하려면 무엇보다도 머릿속에 있는 틀의 그물을 촘촘히 짜서 부드럽게 받아들일 수 있도록 갖추어야 한다. 그 그물의 감각이 언제나 민감하게 살아 있도록 하는 것과 그래서 새로 들어온 정보에 따라 그 틀의 짜임새가 늘 부드럽게 바뀌고 자랄 수 있도록 가꾸는 것이 무엇보다도 요긴하다. 이것은 교육에 힘입어 이루어질 수 있는 일이다. 무엇보다도 듣기의 값어치를 깨닫고, 듣기를 잘하려는 뜻을 지니고, 듣기를 하면서 기쁨을 느끼고, 듣기를 올바르고 바람직하게 하는 버릇이 들도록 해야 한다.

듣기를 다스리는 마음의 틀이 살아 있는 그물로서 부드럽게 움직일 때 우리는 그 사람의 '마음이 열려 있다'고 말한다. 사람의 마음이 온전히 열리고 듣기의 틀이 솜털처럼 부드럽게 살아 움직이면서 밖에서 들려오는 사람들의 말을 귀담아듣게 되면 그 사람은 사람됨이 온전함에 다다른 것이다. 따라서 듣기란 제 마음에서 굳어지려는 틀을 끊임없이 흔들어 깨우는 싸움일 뿐 아니라 밖에서 밀려드는 온갖 소리들을 쉴 새 없이 간추리고 뿌리치는 싸움이기도 하다. 이런 싸움을 어떻게 쳐내느냐에 따라 그 사람의 사람됨과 삶이 판가름 나는 것이다. 동양의 성인이라는 공자는 마흔 살에 세상의 유혹에서 벗어나고, 쉰 살에 하늘의 뜻을 똑똑히 알게 되었다고 했는데, 그러고 나서도 다시 십 년이나 지난 다음에야 비로소 모든 사람들의 말을 제대로 들을 수 있도록 '귀가 순하게(耳順)' 되었다고 털어놓았다. 공자의 이와 같은 증언에서 우리는 듣기가 얼마나 높은 정신의 수련 다음에야 닿을 수 있는 것인가를 짐작하게 된다. 그뿐만 아니라 듣기가 사람됨의 완성에 얼마나 큰 자리를 차지하는 것인가를 깨달을 수 있다.

여기서 나는 완덕에 나아가고자 하는 어느 수도자가 노래하고 있는 시 한 마리를 소개하고 싶다. 이 수도자는 듣기야말로 보잘것 없는 삶과 사람됨을 완성시켜서 온전한 하느님의 사랑과 하나로 어우러지게 하는 길임을 깨닫고 있는 듯하기 때문이다.

듣게 하소서

주여, 나로 하여금
이웃의 말과 행동을
잘 듣는 사람이 되게 하소서

내 하루의 작은 여정에서
내가 만나는 모든 이의 말과 행동을
건성으로 들어 치우거나
귀찮아 하는 표정과 몸짓으로
가로막는 일이 없게 하소서

이웃을 잘 듣는 것이
곧 사랑하는 길임을
내가 성숙하는 길임을 알게 하소서

이기심의 포로가 되어
내가 듣고 싶은 말만 적당히 듣고
돌아서면 이내 잊어버리는 무심함에서

나를 구해 주소서

나의 도움을 필요로 하는 이에게
못 들은 척 귀 막아 버리고
그러면서도 '시간이 없으니까'
'잘 몰랐으니까' 하며 핑계를 둘러대는
적당한 편리주의, 얄미운 합리주의를
나무라게 하여 주소서

주여, 나로 하여금
주어진 상황과 사건을
잘 듣는 사람이 되게 하소서

앉아야 할 자리에 앉고
서야 할 자리에 서고
울어야 할 때에 울고
웃어야 할 때에 웃을 수 있는
민감하게 듣고 순응하는
삶의 지혜를 깨우치게 하소서

나를 잘 듣는 사람만이
남을 잘 들을 수 있음을
당신을 잘 들을 수 있음을
거듭 깨우치게 하소서

선한 것을 지향하는 마음의 소리를
잘 듣기 위해
침묵과 고독 속에
자신을 조용히 숨길 줄도 알게 하소서

나는 두 귀를 가졌지만
형편없는 귀머거리임을 몰랐습니다

사람과 사물을 제대로 듣지도 않고
말만 많이 했음을 용서하소서

들으려는 노력도 아니 하면서
당신과 이웃과 세상에 대해
멋대로 의심하고 불평했음을
지금은 뉘우칩니다

매일 매일의 내 작은 여정에서
내 생애의 큰 여정에서
잘 듣고 잘 말하는 이가 되도록
밝고 큰 귀와 입을 갖고 싶습니다

언제나 이웃을 위해
마음의 귀가 크게 열려 있는
성인들의 사랑을 본받고 싶습니다

발소리만 커지는 현대의 소음과
언어의 공해 속에서도
얼굴을 찡그리지 않고
겸손히 듣고 또 듣는
들어서 지혜를 깨우치는
삶의 수도자 되게 하소서

앞에서 이야기한 공자의 고백이나 이 수도자의 노래에서도 충분히 알 수 있는 바와 같이 '듣기(listening)'는 가만히 있어도 귀에 저절로 들어오는 '들리기(hearing)'가 아니다. 들리기는 가만히 있어도 열린 귀로 들어오는 것이지만 듣기는 일부러 마음을 열어 놓고 받아들이려는 뜻을 지니고 힘을 쓰는 동안에만 이루어진다. 마음을 열고 정신을 차려서 귀를 기울여야 비로소 듣기가 제대로 이루어질 수 있다.

듣기는 몸의 움직임으로 볼 때 세 걸음으로 이루어지는 것으로 알려졌다. 첫걸음에서는 소리가 '메아리 기억 창고'라 부르는 곳에 들어와서 들을이가 이미 지닌 마음의 틀에 따라 뜻있는 덩이로 만들어진다. 이 첫걸음, 곧 메아리 기억 창고에서 소리가 뜻있는 덩이로 만들어지면서 머무는 시간은 지극히 짧아서 겨우 일 초 정도에 지나지 않는다고 한다. 따라서 들을이의 마음은 여기서 들은 바를 제대로 간추릴 사이도 없이 잇따라 밀려오는 '소리의 흐름'을 새로운 덩이로 만드느라 겨를이 없다고 한다. 둘째 걸음에서는 메아리 기억 창고에서 넘어온 정보의 덩이를 '짧은 기억 창고'라고 부를 수 있는 곳에서 가다듬고 간추린다. 역시 이삼 초를 넘지 않는 아주 짧은 순간에 맡은 일을 처리해야 한다. 여기서는 낱말이나 낱말의 덩이들을 확인하고, 그들이 갖고 온 정보를 이미 들어와 있는 정보들과 견주어서 더 올바른 뜻으로 정리한다. 이렇게 뜻을 일단 정리하고 나면 낱말들은 곧바로 잊힌다. 여기서도 속도가 커다란 문제다. 들어온 정보의 덩이(chunk)를 처리하고 있는 동안에 처리해야 할 새로운 정보의 덩이가 '흐름' 이 되어 잇따라 밀려오기 때문이다. 앞덩이를 제대로 처리하기 전에 뒤 덩이가 밀려와 덮쳐 버리면 정보가 헝클어져서 알아듣지 못하게 되고 만다. 셋째 걸음에서는 들을이가 들은 말에서 뜻을 잡아 간추린 것(그 뜻은 말한 이가 뜻한 바일 수도 있고 아닐 수도 있다.)을 다음에 쓸 수 있도록 '긴 기억 창고' 로 옮겨 갈무리한다. 정보를 옮겨 갈무리하는 이 걸음에서는 본디 들은 바를 나름대로 간추리면서 탈바꿈시키고 새로운 모습으로 바꾸는 작업이 이루어지는 것이 틀림없다. 긴 기억 창고에서 들은 바를 다시 불러내려고 하면 반드시 들은 말 그대로가 아니라 간추려진 요점만 되돌아 나온다는 사실로 얼마든지 확인할 수 있다. 그러나 이 걸음에서 들은 바를 간추리며 탈바꿈시키는 과정은 아직 밝혀내지 못하는 비밀에 가려져 있다.

이처럼 듣기는 몸의 움직임으로 긴장하여 이어지는 눈부신 활동의 고리들임이 틀림없다. 게다가 또한 듣기는 마음으로도 짧은 순간에 내다보고(예측하고), 알아보고(확인하고), 가려내는(해석하는) 세 걸음의 놀라운 길로 이루어진다는 사실이 밝혀졌다. 그러므로 그냥 열려 있는 귀가 있으니 귀머거리가 아니면 누구나 잘 들을 수 있다고 여기는 것은 착각이거나 무지에 지나지 않는다. 잘 가다듬고 빈틈없이 짜인 길을 따라 바람직한 훈련을 거듭 되풀이하는 교육을 받지 않으면 아무도 온전하게 들을 수가 없는 것이다. 이것이 배달말 가르치기에서 맡아야 할 소중한 몫임은 두말할 나위조차 없다.

(3) 쓰기

사람이 쓰기를 하면서 겪은 바를 가다듬어 쌓고, 따라서 문명과 문화가 진보의 속도를 재촉하게 되었다는 사실은 거듭 말했다. 사람이 지구 위에 나타나고 흘러간 사백만 년의 세월에 견주어 글자를 만들어 쓰기를 해 온 수천 년의 시간은 짧은 한 순간에 지나지 않는다. 그러나 길고 짧은 그 두 기간에 이루어진 문명의 질량과 속도는 도저히 견주어 이야기할 수 없을 만큼 엄청나게 다르다. 사람들이 글자로 쓰기를 하면서 문명이 갈수록 놀랍게 뛰어올랐기 때문이다. 지난날 사람들이 살아온 자취를 살피면서 지구 위에는 네 개의 문명 발상지가 있다고 이야기한다. 그러나 그들 네 곳의 강가에서 사람들이 맨 먼저 글자를 만들어 쓰기를 하고 있었다고 해야 올바르다. 문명의 발상이란 곧 쓰기였다는 말이다. 쓰기로써 그들의 삶을 붙들어 쌓아 두고 뒷사람들에게 넘겨줄 수 있었기에 날이 갈수록 저들의 삶은 새로워질 수가 있었다. 뒷사람들로 하여금 끊임없이 앞사람들의 삶을 밝히고 따져서 더 좋은 삶으로 찾아가게 만들었다. 그것을 우리는 문명이니 문화니 하는 말로 부르는 것일 뿐이다. 그러니까 쉽게 말하자면 지난날의 문명이란 곧 쓰기에 지나지 않는 것이었다.

유프라테스와 티그리스, 인더스, 나일, 황하 유역이 아닌 다른 곳에서도 더 일찍이 문명을 일으키며 사람들이 살았을 가능성은 얼마든지 있다. 또 시간으로는 그보다 뒤진다 하더라도 세계 여러 곳에서 한때 찬란한 문명을 떨치며 사람들이 살았던 자취를 적잖이 보았다. 그러나 그처럼 숱한 문명과 문화가 글자로 쓰기를 하지 않았기 때문에 뒤로 이어지지 못하고 영영 사라진 것이다. 그리고 오늘날 그들 겨레의 후손들이 야만인으로 떨어지고 만 보기를 쉽게 찾을 수도 있다. 우리 겨레만 하더라도 저 옛날 환국(桓國)이나 단국(檀國)의 이른바 고조선 시절에 앞선 문화로 일본은 말할 나위도 없고 중국으로도 불과 농사와 글자까지 넘겨준 자취가 여러 가지 있지만 글자로 적어 놓은 것이 없으므로 하릴없이 파묻혀 버렸다. 빼어난 금속 활자를 세계에서 가장 일찍이 만들어 썼으나 쓰기를 퍼뜨리지 않아서 뒷날로 이어지지 않았다. 고구려, 백제, 신라가 저마다 훌륭한 문화를 일으키고 널리 문명을 주고받은 자취가 적지 않으나 쓰기로 남겨 놓은 기록이 없어 우리는 장님 코끼리 만지듯이 더듬고 있을 뿐이다. 경주 첨성대는 옛 모습 그대로 우뚝 서 있지만 우리는 보고 만지면서도 그것이 무엇인지 아무것도 모르고 살아갈 수밖에 없는 것이다.

쓰기는 마음 안에 들어 있는 사실, 뜻, 생각, 느낌을 밖으로 드러낸다는 것에서 말하기와 다를 것이 없다. 다만 그걸 드러낼 때에 쓰인 말의 몸이 다를 뿐이다. 그러므로 쓰기 교육에서 해야 할 일들은 말하기 교육의 그것과 거의 다르지 않다. 말하기 교육에서 첫째로 손꼽았던 '소리'는 몸이므로 쓰기 교육에서는 '글자'로 바뀌지 않을 수 없다. 그러니까 쓰기 교육에서 마음을 써야 할 것은 '글자'와 '알맹이'와 '윤리'라는 셋이 되는 셈이다.

쓰기란 본디 말하기와 하나이므로 언제나 말하기와 하나이고자 한다. 말하기를 고스란히 닮고자 하는 것이 쓰기의 본질이라는 말이다. 그것은 애초에 말하기를 그대로 붙들어서 시간과 공간을 뛰어넘으려고 태어난 것이니만큼 그럴 수밖에 없는 것이다. 쓰기의 이러한 본질, 곧 할 수 있는 데까지 말하기와 하나이고자 하는 성질을 두고 이른바 '입말과 글말은 하나(언문일치)' 라고 한다. 사람들이 글자를 만들고 가다듬어 온 역사를 들여다보면, 입말과 꼭 같은 글말이 되도록, 곧 언문일치가 이루어지도록 하려고 애써 온 자취를 역력하게 만날 수 있다. 그러나 앞[122]에서도 말한 바와 같이, 사람이 제 손으로 만들고 가다듬은 '글자' 는 조물주가 자연으로 선물한 '소리' 를 도저히 따라갈 수가 없다. '그림' 을 그려서 말이 담고 있는 뜻만을 대강 드러내다가, 그런 그림을 간추려서 이른바 '그림글자(상형문자)' 를 만들어 뜻을 좀 더 쉽고 또렷하게 담을 수 있었다. 그러나 그런 것으로는 입말이 담고 있는 '뜻' 을 겨우 드러내었을 뿐 '소리' 를 담을 수가 없었다. 마음 안에 있는 뜻이란 자연 안에 있는 온갖 사물과 현상보다 훨씬 복잡하고 많아서 그 모두를 나타내자면 거의 무진장한 글자를 만들어야 했다. 이래서 사람들은 긴 세월을 두고 입말의 소리를 담으려고 무진 애를 쓰게 되었다. 끝없는 노력 끝에야 소리 덩이를 붙들어 나타내는 글자를 마련하기에 이르렀으니 이른바 '음절글자' 다. 그러나 사람들이 쓰는 입말의 '음절' 도 그 수효가 엄청나서[123] 글자가 그 소리를 제대로 나타낼 수는 없었다. 사람의 슬기는 마침내 입말의 소리가 더 작은 조각으

122_ '말이란 무엇인가, 2. 말의 몸' 과 '배달말이란 무엇인가, 2. 세가지 몸' 에서 말했다.
123_ 요즘 들어 언어학자들은 사람의 입말에 쓰이는 음절이 이천에서 삼천 개 사이에 있다는 사실을 알아내었다.('말이란 무엇인가, 2. 말의 몸' 에서 말했다.)

로 나누어진다는 사실을 알아내고 그것을 글자로 나타내기에 이르렀다. 이것이 글자의 진화에서 마지막인 '음소글자' 다.[124]

그러나 제아무리 뛰어난 음소글자라도 그것이 입말의 소리를 온전히 붙들어 내지는 못한다. 그래서 온전하지 못한 매체(글자)로서 온전한 매체(소리)를 담아내려고 갖가지 약속과 규칙들을 마련하지 않을 수 없게 되는데, 이러한 약속과 규칙을 '맞춤법' 이라고 부른다. 맞춤법, 이것이 바로 쓰기 교육에서 넘어야 하는 첫째 고비다. 그것은 쓰기 교육에서, 있는 맞춤법을 올바로 지키게만 하라는 말이 아니라 맞춤법이라는 약속을 눈여겨 다루어야 한다는 말이다. 소리에 견주어 글자란 모자랄 수밖에 없다는 사실, 소리와 글자 사이에 가로놓인 틈 사이를 좁히려는 맞춤법이 쓰기에서 차지하는 몫이 매우 크다는 사실을 올바로 알게 해야 한다는 말이다. 그것은 글쓸이와 읽을이 모두를 도와주는 열쇠이기 때문에 맞춤법이 제 몫을 다하도록 하는 일은 쓰기 교육에서 다루어야 할 첫째 과제다.

다음으로 쓰기 교육에서 마음을 써야 하는 '말의 알맹이' 와 '말의 윤리' 는 그대로 말하기에서 이야기한 그것과 다르지 않다. 실제로 이들 두 가지는 말하기에서보다 쓰기에서 더욱 절실한 일이다. 왜냐하면 쓰기는 말하기보다 사람에게 훨씬 더 큰 영향을 미치기 때문이다. 알맹이 없는 말하기보다는 알맹이 없는 쓰기가 훨씬 더 큰 해로움을 사람에게 끼치고, 마찬가지로 알찬 말하기보다 알찬

124_ 사람의 입말에 쓰이는 음소의 수는 스물에서 서른 사이에 있다고 한다.('말이란 무엇인가, 2. 말의 몸' 에서 말했다.)

쓰기가 사람에게 훨씬 더 큰 도움을 끼친다. 거짓된 말하기보다는 거짓된 쓰기가 훨씬 더 많은 사람에게 나쁜 결과를 안겨 주고, 참된 말하기보다 참된 쓰기가 훨씬 더 많은 사람에게 좋은 열매를 안겨 준다. 쓰기가 시간과 공간을 뛰어넘어 말하기보다 훨씬 더 멀리, 훨씬 더 오래 사람에게 영향을 미칠 수 있기 때문이다. 말하기는 그것이 어쨌거나 순간적으로 그 자리에서 사라져 버리고 말지만 쓰기는 그 결과가 영원히 남아서 좋거나 나쁘거나 그 영향력을 발휘하기 때문이다. 그러므로 쓰기에서는 어디까지나 깊이 생각하고 넓게 살피는 정신의 성실함을 무엇보다도 무겁게 요구하는 것이다. 지난날 동양의 여러 겨레들이 지배 계층을 교육하는 과정에서 쓰기에 남다른 값어치를 두었던 까닭이 바로 여기 있었다.

이제까지 쓰기와 말하기가 뿌리에서 하나라는 이야기를 했으나 그러면서도 말하기와는 크게 달라진 쓰기의 한 가지 특성을 이야기하지 않을 수 없다. 뭐냐 하면, 말하기는 말과 더불어 여러 관련 상황에 도움을 받는 것이고, 쓰기는 오로지 쓰는 말에만 기댈 수밖에 없다는 사실이다. 말하기는 말하는 동안 여러 가지 수단들의 도움을 받을 뿐 아니라 틈틈이 덧보태고 고치고 되풀이하며 도막지울 수가 있다. 그러나 쓰기는 아무런 도움도 받을 수 없이 오직 글말로써만 건네주려는 속내를 드러내고 간추려서 담아내야 한다. 이것은 스스로의 능력과 외로운 싸움을 벌여야 하는 것이고 값지지만 괴로운 쓰기의 본질이라 하겠다. 대개는 흐릿하고 어렴풋한 채로 마음속에 자리 잡고 있거나 헝클어진 실타래처럼 뒤범벅이 되어 있기 일쑤인 마음의 속내를 어떻게 처음과 끝이 가지런하도록 실마리를 잡아서 간추리고 가다듬어 낼 수 있는가? 쓰기란 어렴풋하고 헝클어져 있어서 더없이 걷잡을 수 없는 소용돌이에 차례를 주어 그것들이 한 줄로 나란히 서게 하는 질서를 마련하는 노릇이라고 할 수 있다. 이런 작업은 가시처럼 괴로운 시련을 거쳐야 제대로 이루어지는 것이고, 그것 때문에 더할 나위 없는 정신 수련의 길이 되는 것임을 잊지 말아야 하겠다.

끝으로, 쓰기 교육이란 끊임없는 훈련을 쌓아서 쓰기를 곧장 저마다의 삶으로 여기는 버릇을 들이도록 해야 한다는 말을 굳이 하고 싶다. 우리 겨레는 오랜 문화를 이루며 살아왔으나 쓰기 없이 지나온 세월이 너무나 길었기 때문에 누구나 쓰기를 하지 않고 사는 것에 길들어 있다. 게다가 지난 이천여 년 동안 글말을 쓰는 사람은 모두 중국 글말을 쓰면서 너무나 많은 괴로움을 겪은 나머지 쓰기를 지나치게 우러러보고 두려워하게 되었다. 그래서 우리 겨레는 거의 모든 사람이 쓰기를 싫어하고 두려워한다는 사실을 숨기고 싶지 않다. 쓰기를 싫어하고 두려워하는 이런 문화를 이론과 실천으로 바로잡는 일이야말로 배달말 가르치기가 서둘러 이루어 내야 할 몫이다. 쓰기를 두려워하고 싫어하는 마음을 바로잡지 않으면 겨레의 앞날을 밝히기 어려울 터이기 때문이다. 온 겨레 모든 사람이 쓰기에 즐거움을 느끼고 삶의 알맹이를 저마다 마음을 다하여 적어 놓기 비롯하면 바로 우리의 삶이 새로워질 것이다. 쓰기 교육은 바로 이런 겨레의 새 날을 내다보고 앞당기려고 애쓰는 일이라는 사실을 잊지 말아야 할 것이다.

(4) 읽기

읽기는 말을 받아들이는 노릇이라는 면에서 듣기와 다를 것이 없다. 그러나 받아들이는 말의 몸(매체)이 소리가 아니라 글자라는 쪽에서 듣기와는 자못 다르다. 받아들이려는 말의 몸이 곧장 사라지는 소리가 아니라 언제나 그대로 못 박혀 기다리고 있는 글자이기 때문에 읽기는 듣기보다 한결 느긋하다. 따라서 요모조모 따지면서 그 말에 감추어진 속내를 훨씬 깊고 넓게 받아들일 수 있게 마련이다.

읽기는 크게 두 가지로 나눌 수 있다. 하나는 '소리읽기' 이고, 다른 하나는 '뜻읽기' 이다. 배달말 가르치기를 처음 받는 어린이, 곧 초등학교 낮은 학년에서는 소리읽기를 앞세워 무겁게 하고 뒤로 갈수록 뜻읽기에 더 많이 매달리는 것이 자연스러운 원칙이다. 이것은 소리읽기가 말의 겉 그릇인 소리에 더 많이 관심하는 것이고 뜻읽기가 그 속에 담긴 뜻에 더 마음을 쓴다는 점에서 바람직하다고 하겠다. 그러나 우리는 여기서 소리읽기와 뜻읽기의 참뜻이 무엇인지 좀 더 헤아려 보는 것이 좋겠다.

'소리읽기' 란 무엇인가? 한마디로 '글말을 입말로 바꾸는 노릇' 이다. 논리와 질서를 찾아 규칙에 맞추어 말해 놓은 '글말' 을 '입말' 로 바꾸어 드러내 보는 것이 바로 소리읽기다. 수많은 관련 상황들에 얽혀서 논리와 질서 또는 규칙에 마음이 없어 뒤죽박죽인 듯이 보일 수도 있는 입말을 짜임새와 졸가리에 알뜰한 글말에다가 맞추게 하는 작업이라는 말이다. 그런 뜻에서 그것은 또 '입말을 글말이 되게 하는 노릇' 이라고 할 수도 있는 것이다. 결국 소리읽기란 글말을 입말 되게 하면서 또한 입말을 글말 되게 하는 활동이라고 하겠다. 그리하여 어수선한 무질서로 보이는 그대로 남아 있어서 말살이를 어지럽힐 수도 있는 입말의 모습들을 논리와 질서로 간추리는 한편, 지나치게 논리와 규칙에 매달려 살아 숨 쉬는 느낌을 잃고 기계처럼 메마를 수 있는 글말의 모습들에 살아 움직이는 기운을 넣어 주는 효과를 얻게 되는 것이다. 이렇게 하여 글말은 입말같이 살아나고 입말은 글말같이 간추려지는 참다운 언문일치의 상태로 나아가는 것이 소리읽기라는 말이다. 소리읽기라는 것이 쓰인 글을 그저 입으로 소리 내어 읽는 것이 아니라 입말을 글말 되게 하고 글말을 입말 되게 함으로써 모든 사람의 말살이를 참다운 언문일치로 이끌어 간다면 그것은 초기 교육 몇 년 동안에만 이루어지고 끝낼 수는 없다. 다만 그 무게를 초기 교육에서는 무겁게 다루다가 뒤로 갈수록 조금씩 뜻읽기에 무게를 두게 한다는 것일 따름이다. 그래서 보통교육의 마지막 단계일지라도 소리읽기 교육을 전혀 없앤다는 것은 있을 수 없으며, 개인으로는 평생을 두고 저마다 말살이를 가꾸기 위하여 소리읽기에 마음을 기울여야 한다고 하겠다.

'뜻읽기'는 무엇인가? 그것은 글말을 입말로 바꾸는 걸음을 건너뛰고 눈에서 곧장 글말 속의 알맹이를 찾아 받아들이는 읽기이다. 소리읽기가 말하기와 듣기를 함께 이루어 가는 노릇이라 한다면, 뜻읽기는 곧바로 듣기만 하는 활동이라고 할 수 있다. 그러니까 이것은 아무나 쉽사리 할 수 있는 읽기가 아니라 꽤 많은 소리읽기를 해서 경험을 쌓아 길을 아는 사람이라야 할 수 있는 읽기다. 무엇보다도 글자와 맞춤법과 글월의 짜임 같은 글말의 모든 것들에 익숙한 사람이라야 제대로 할 수 있는 노릇이다. '글말 속의 알맹이를 눈으로 찾아 받아들이는' 뜻읽기란 무엇인가? 지난날 사람들은 읽기(뜻읽기)를 글말 안에 들어 있는 속뜻을 올바로 알아내는 일로 여겼다. 글말 안에는 글쓴이가 말하고자 한 속뜻이 감추어져 있고, 읽을이는 그것을 고스란히 알아내어야 하는 것이라고 생각했다. 책을 펴는 일을 마치 알 수 없는 물건들이 들어 있는 상자의 뚜껑을 여는 것과 비슷하게 여겼다. 뜻읽기 한다는 것은 상자 속에 들어 있는 보물을 하나하나 찾아서 이름이며 생김새며 크기며 쓰임새며 값어치 따위를 샅샅이 알아내는 일이라고 여겼다. 배달말 가르치기에서 하는 읽기 교육에서도 학생들이 글의 속뜻을 찾아내고 글쓴이의 의도를 제대로 맞추었는지를 교사가 가늠하고 도우려고 하였다. 글말 속에 감추어져 있다고 믿는 글쓴이의 속뜻을 올바로 알아내지 못했으면 읽기를 다시 하도록 했다. 교사는 학생들이 그 참뜻(?)을 찾아낼 때까지 길잡이를 하였다. 그보다 못한 교사들은 학생들로 하여금 알아내도록 하는 일조차 부질없다고 생각하고 자신이 앞서 속뜻을 찾아 학생들에게 건네주는 것으로 몫을 다했다. 학생들은 우두커니 앉아서 교사가 밝혀 주는 속뜻을 받아들이면 만족했다. 지난날 이런 뜻읽기에서는 어디까지나 '쓰인 글말'이 읽기의 한가운데 자리 잡았다. 쓰인 글말이란 단단하고 바뀌지 않는 세계로서 뚜렷이 존재하고 있는 권위요 주체인 것이다. 읽는 이는 그 주체가 만족하는 지경에 이를 때까지 그것을 알아보고 받아들이도록 부름을 받은 객체에 지나지 못했다. 이런 전통주의 뜻읽기가 요즘 들어 크게 흔들렸다. 이런 뜻읽기를 뒤흔든 사람들은 읽기의 중심을 글말에서 읽을이에게로 옮겨 놓았다. 새로운 뜻읽기에서는 쓰인 글말이 주체가 아니라 읽을이가 주체라고 한다. 쓰인 글말 안에 담긴 글쓴이의 속뜻이 어엿이 있다 하더라도 그것을 뜻읽기에서는 크게 마음 쓸 일이 아니라고 본다. 우선 읽을이가 그것을 손에 들고 읽어 주기까지, 쓰인 글말이란 한갓 잠자는 활자일 뿐이라고 생각한다. 읽을이가 그것을 손에 들고 눈으로 한 줄 한 줄 읽어 나갈 때에 비로소 그 활자는 살아나서 글쓴이의 말이 되는 것이라고 본다. 그러므로 뜻읽기에서 주체는 어디까지나 읽을이일 수밖에 없고, 글말이란 대상으로서 객체일 뿐이라는 것이다. 따라서 글말의 속뜻이란 굳은 알맹이로 글말 속에 버티고 있는 것이 아니라 읽을이의 능력과 정보에 따라 얼마든지 바뀔 수 있도록 흔들리는 것이라고 생각한다. 일테면, "아버지께서 오셨다." 하는 짤막한 글말을 다음과 같은 두 사람이 읽는다고 하자. 이때 참뜻이란 과연 무엇인가? 한 사람은 그의 아버지가 주정뱅이에 의처증 환자여서 집에 들어오기만 하면 늘 술에 취하여 어머니를 비롯한 가족을 못살게 굴기 때문에 엊그제 병원에 입원을 시켜 두고 있었고, 한 사람은 그의 아버지가 깊은 사랑을 지녀서 온 가족의 진정한 기둥인데 멀리 험난한 장삿길을 떠나 있었다. 이렇게 사정이 다른 두 사람이 "아버지께서 오셨다." 하는 글말의 쪽지를 대문에서 보았다면 결코 꼭 같은 속뜻으로 받아들일 수는 없다. 꼭 같은 글말이고 같은 정보를 지녔지만 한 사람에게는 긴장과 두려움을 불러일으키고 다른 사람에게는 환영과 반가움을 불러일으킨다. 같은 글말의 속살도 읽는 사람에 따라 다른 말이 된다. 글말에 담긴 속뜻이란 차라리 읽을이가 지닌 정보와 체험에서 판가름 난다고 보지 않을 수 없다. 이러한 생각은 참으로 마땅하고 옳은 것이다. 뜻읽기를 열린 생각으로 새롭게 바라보게 하면서 읽기의 본질을 훨씬 깊게 들여다보도록 했다.

그러나 지나치게 읽을이에게만 치우쳐 쓰인 글말을 가볍게 보면 또 하나의 새로운 잘못을 저지를 수도 있다. 그래서 뜻읽기를 하나의 '만남'으로 보는 것이 바람직하지 않을까 한다. 쓰인 글말과 읽을이가 서로 만나 두 쪽에서 겯고트는 노릇을 일으키는 것이야말로 뜻읽기의 참된 모습이다. 글말 쪽에서 보면 제가 지니고 있는 속살의 정보와 체험을 값진 것으로 알고 받아들일 수 있는 독자를 만났을 때에 비로소 그 값어치가 살아나는 것이고, 읽을이 쪽에서 보면 제 정보와 관심 안에 들어서 마음이 끌리는 글말을 만났을 때에만 뜻읽기가 제대로 이루어질 수 있는 것이다. 이럴 때 쓰인 글말은 값어치를 드러내고 읽을이의 마음은 자라고 바뀌는 것이다. 이런 만남이 제대로 이루어지지 않으면 뜻읽기는 올바로 되었다고 말할 수 없다. 그것은 마치 방송국에서 보내는 전파의 주파수와 라디오의 다이얼 채널이 맞아떨어지지 않으면 아무 소리도 들을 수 없는 것과 비슷하다. 라디오의 채널은 못 박혀 있으나 읽을이의 마음은 그의 노력으로 얼마든지 바뀌고 달라질 수가 있어서 읽기 교육은 이것들을 키우고 넓혀 가도록 끊임없이 부추기고 북돋우는 일을 맡아야 하는 것이다.

(5) 보이기

전자말의 삶은 요즘 들어서야 뚜렷하게 나타났다. 따지고 보면 이미 1884년에 뉴욕에서 런던으로 전신을 보내면서 나타났고, 지난 일백이십 년에 걸쳐 전신을 비롯하여 전화, 확성, 축음, 녹음, 영화, 라디오, 텔레비전, 비디오, 오디오 같은 이름으로 줄곧 뚜렷하게 자라났다. 그러나 1980년대를 넘어서 개인 컴퓨터가 퍼지고 누리그물(인터넷)과 손전화와 디엠비가 하루가 다르게 삶 안으로 파고들어 와서야 비로소 여느 사람들도 전자말이 놀라운 말로 나타났다는 사실에 두루 눈을 뜨게 되었다. 그래서 아직도 전자말의 주기(표현)를 제대로 이야기할 마련이 우리에게는 없다고 보는 것이 정직하다. 배달말 가르치기에서는 더욱 그렇다.[125]

그러나 전자말의 주기인 '보이기'라 해서 입말이나 글말의 주기와 아주 동떨어질 리는 없다. 입말과 글말이 지니지 않았던 전자말의 성질에만 마음을 쓰면 전자말의 보이기도 입말이나 글말의 주기와 크게 다를 까닭이 없기 때문이다. 그런데 전자말의 주기에서 마음을 쓰지 않을 수 없도록 하는 전자말의 성질이란 무엇인가? 그것은 한마디로 빠르기와 넓기다. 전자말의 주기인 보이기는 빠르기에서 입말보다 더 빠르고 넓기에서 글말보다 더 넓다. 입말은 주기에 걸리는 시간이 매우 빠르지만 닿을 수 있는 넓기는 아주 좁고, 글말은 주기로 닿을 수 있는 넓기는 아주 넓지만 걸리는 시간이 매우 느리다. 입말이 들을이에게 닿을 수 있는 넓기는 아무리 넓어도 반지름 몇백 미터의 동그라미 안에 지나지 않으나, 글말이 읽을이에게 닿을 수 있는 넓이는 끝이 없다. 입말이 들을이에게 가는 시간은 눈 깜박하는 사이지만, 글말이 읽을이에게 가는 시간은 아무리 빨라도 며칠은 걸리고 더러는 몇 달 몇 해, 어떤 글말은 몇십 년이나 몇백 년을 걸려서야 읽히는 수도 없지 않다. 그런데 전자말의 보이기에서는 입말의 빠르기와 글말의 넓기를 함께 갖추고, 오히려

125_ 일본 사람들이 쓰는 매체 교육이라는 말은 매체 언어 교육을 줄여서 쓰는 것이고, 그들이 쓰는 매체 언어라는 말은 다중 매체 언어(media language)를 줄여서 쓰는 것이다. 그러니까 일본 사람들이 쓰는 '매체 교육'이란 '다중 매체 언어 교육'을 줄인 셈이다. 일본 사람들은 그들의 말이 지닌 약점 때문에 말을 앞뒤로 끊어 내고 줄여서 줄이지 않은 본디의 뜻으로 아무렇지 않게 쓴다. 그러나 우리는 그런 말버릇이 아예 없어서 일본말을 함부로 끌어다 쓰면 웃음거리가 되는 것이다.

그보다 훨씬 빠르고 넓게 줄 수 있다. 입말의 빠르기가 소리의 빠르기라면 전자말의 빠르기는 빛의 빠르기고, 글말의 넓기가 끝이 없다면 전자말의 넓기는 더욱 끝이 없다. 빛의 빠르기로 사람이 있거나 없거나 세상 끝까지 줄 수 있는 전자말의 성질 때문에 전자말의 주기는 입말과 글말의 그것과는 적잖이 달라진다. 줄인 말을 만들어 사용하기도 하고, 여러 가지 느낌이나 생각을 글자로 써서 드러낼 시간을 아끼려고 간단한 부호를 찾아서 쓰기도 한다. 이런 모습을 가지고 글말의 규칙에 맞추어 맞춤법에 어긋난다고만 보는 것은 말할 나위도 없이 옳지 않다. 맞춤법이란 글말만을 겨냥한 규칙이기 때문이다. 전자말은 입말이나 글말과는 다른 저만의 성질에 알맞은 규칙에 따라 살고자 하는데, 우리는 그런 규칙을 아직 제대로 알아내지 못하고 있는 것이다.

이렇게 전자말이 이제까지 쓰던 입말이나 글말과는 다른 모습을 보이는 것을 모조리 옳다고만 받아들여야 하는가? 그건 물론 아니다. 입말과 글말의 규칙에서 지나치게 벗어나 이른바 외계어라 부르는 것에까지 나아가면 그것은 바람직한 것일 수가 없다. 그것은 말의 뿌리, 곧 사람들이 서로를 주고받으며 더불어 살아가도록 하는 말의 본디 몫을 뒤흔들어 버리는 노릇일 수도 있기 때문이다. 그것은 모든 사람과 두루 주고받을 수가 없이 몇몇 사람끼리 주고받으며 저들만의 담장을 쌓아 갇히기 때문이다. 입말이나 글말에서도 이른바 '숨어서 주고받는 말(은어)'이 있듯이 전자말도 그런 쪽으로 기울어질 수가 있다. 그러나 그것은 모든 사람이 서로의 느낌과 생각을 막힘없이 주고받으며 환히 밝게 열려 있는 세상으로 살아가는 길을 가로막는 걸림돌이다. 더구나 전자말은 새롭게 나타나는 말인지라 어른보다 젊은이와 어린이가 앞장서기 때문에 외계어 따위도 초·중·고등학생에게서 생겨나기 십상이다. 배달말 가르치기가 전자말 교육을 서둘러 어린이와 젊은이의 전자말살이를 제대로 이끌어야 한다는 말이다.

그리고 전자말의 주기인 '보이기'에서 또 하나 생각할 성질은 받을이가 누구인지를 모른다는 것이다. 입말의 주기에서는 들을이를 거의 눈앞에 두고 있으며, 글말의 주기에서는 읽을이가 바로 눈앞에는 없다 하더라도 대충이라도 누구일지를 알고 있다. 그러나 전자말에서는 거의가 받을이가 누구일지 짐작조차 하기 어렵다.[126] 온 세상에 널려 살아가는 온갖 사람들, 나이나 성별, 직업이나 지식, 재산이나 지위, 이런 갖가지 조건을 뛰어넘어 세상 모든 사람들 가운데 누구라도 받을이가 될 수 있기 때문이다. 누가 받을지를 모르고 주는 말, 온 세상 모든 사람을 받을이로 여기며 주어야 하는 말, 이것이 전자말이다. 그러므로 전자말의 주기는 매우 조심스러울 수밖에 없다. 누가 받아도 도움이 되는 말, 아니 적어도 해롭지는 않은 말을 주어야 하기 때문이다. 그러나 실제로는 누가 받을지 모르는 말이기 때문에, 눈앞에 받을 사람이 마주 보이지 않기 때문에 오히려 함부로 내던져 버리는 사람들이 적지 않다. 이런 사람을 줄여서 온 세상 사람들이 기쁘고 즐거운 전자말살이를 누릴 수 있도록 이끄는 것도 당연히 배달말 가르치기의 몫이다.

126_ 개인끼리 주고받는 전자편지, 남들에게는 닫아 놓고 동아리 사람끼리 주고받는 대화방, 이런 몇 가지에서는 받을이를 알고 준다.

(6) 보기

전자말의 받기인 '보기'는 입말의 듣기와 글말의 읽기를 보탠 것으로, 들으면서 읽는 것이라 할 수 있다. 전자말의 받기는 입말의 듣기와 글말의 읽기를 싸잡는 것이기에 그쪽에서 이야기한 것을 함께 아우르면 넉넉하다고 할 수도 있다. 그러나 반드시 그런 것만은 아니다. 무엇보다도 전자말에서 보기의 대상인 모니터는 글말에서 읽기의 대상인 종이와는 달리 살아서 흔들리고 있다는 점이다. 게다가 복잡한 그림(이미지와 영상)을 곁들여 보아야 하기 때문에 감각과 지각 능력을 훨씬 많이 써야 한다. 귀로 듣는 소리와 눈으로 보는 그림이 크게 자리 잡은 위에 눈으로 읽는 글자까지 싸잡아야 하기 때문에 감각과 지각 활동량이 굉장히 커진다는 뜻이다. 이런 사정은 전자말의 보기가 깊고 고요한 생각을 밀어내 버리고 가볍게 흔들리는 느낌을 앞장서게 만들어 준다. 그래서 깊이 생각하며 무겁게 행동하는 사람은 줄어지고 가볍게 느끼며 경솔하게 행동하는 사람이 늘어나는 세상을 만든다는 말이다. 전자말살이가 깊어질수록 배달말 가르치기가 글말 읽기를 더욱 무겁게 여기지 않을 수 없는 까닭이다.

그리고 나만을 겨냥하여 주는 전자말[127]-이 아닐 적에는 그것이 여러 사람, 또는 수많은 사람, 나아가 세상 모든 사람을 겨냥하여 주는 말이라는 사실을 마음에 두고 잘 헤아려서 받는 보기라야 한다는 점이다. 주는 사람의 모습이 보이고 목소리가 들린다 하더라도 그것은 전자 기계 속에 깊이 갇혀 있어서 사람됨이 살갗에 다가

127_ 전자편지나 대화방 같은 전자말을 이른다.

오지 않는다. 그러니까 서로를 묶어 주는 마음의 움직임보다 거기 담긴 정보와 사실만을 헤아려 받아들이는 것으로 만족하는 보기에 머물러야 한다는 말이다. 전자말살이가 깊어지면 깊어질수록 사람과 사람을 이어 주고 묶어 주는 입말과 글말의 몫이 더욱 무거워지는 까닭이 거기 있다.

2) 말의 앎

배달말 가르치기에서는 말이 무엇인지를 더욱 잘 알도록 해야 한다. 말을 더욱 잘 살게 하려면 먼저 더욱 잘 알게 해야 한다. 아는 것만큼 살 수 있고, 아는 것만큼 쓸 수 있기 때문이다. 호미나 낫처럼 단순한 도구라면 별로 알아야 할 것도 없이 누구나 웬만큼 쓸 수가 있지만 조금만 복잡한 기계, 곧 경운기나 트랙터 정도만 되어도 제법 공부를 하고 잘 알지 않으면 제대로 부려 쓸 수가 없다. 나는 최신 컴퓨터를 쓰지만 기계의 속내를 알지 못해서 기껏 글이나 쓰고 전자편지나 주고받고 가끔 인터넷에 들어가 얻고 싶은 정보와 자료나 찾아보는 것이 고작이다. 보배로운 도구를 거의 썩히고 사는 셈이다. 말을 사람이 쓰는 도구의 하나라고 한다면, 그것은 모든 도구 가운데서 가장 복잡하고 신비스러운 도구다. 그러니 이것을 제대로 부려 쓰자면 속에 감추어진 온갖 속살과 거기서 솟아날 수 있는 힘을 제대로 아는 일이 절실하다는 것은 말할 나위조차 없다.

서양에는 "앎은 힘이다." 하는 격언이 있듯이, 사람이 세계를 안다는 것은 그것이 무엇이든 결국 삶에 도움을 주기 마련이다. 그러나 말을 더욱 잘 알게 한다는 것은 그것을 더욱 잘 살도록 하는 일을 도우는 데에만 뜻이 있는 것이 아니다. 우리가 쓰고 있는 말,

곧 배달말은 그것으로서 하나의 신비한 세계다. 말이란 우주 자연 안에 있는 삼라만상의 실물 세계를 모두 담고 있을 뿐 아니라 눈에 보이지 않는 사람의 정신 안에 감추어져 있는 추상 세계까지 담고 있는 굉장한 상징의 체계다. 그것도 굳어진 채로 머물고 있는 체계가 아니라 쉬지 않고 바뀌면서 살아 움직이는 체계다. 그러기에 그것은 사람이 알아보고자 하는 본능을 자극하여 눈길을 끌고도 남는 대상이다. 그래서 실로 일찍부터 사람들은 그들이 쓰는 말의 실체와 비밀을 알아보려고 나름대로 갖가지 애를 써 온 것이기도 하다.

자연 삼라만상을 대상으로 잡고 그 실체와 비밀을 알아보고자 애쓰는 것(자연과학), 사람이 모여 살면서 빚어내는 온갖 현상의 비밀을 밝혀 보려고 애쓰는 것(사회과학), 사람이라는 별난 존재의 마음 안에 담긴 비밀을 찾아보자고 애쓰는 것(인문과학)이 모두 사람을 알아보고 싶어 하는 본능이 빚어낸 것일 뿐이다. 이 본능은 사람에게 절로 주어진 것인지라 까닭을 물을 수도 없고, 물리나 정신의 어떤 힘으로 막을 수도 없는 것이다. 말, 곧 배달말도 그런 본능의 욕구에 따라 알아보고 싶어지는 하나의 대상에서 벗어날 수 없다. 차라리 다른 그 어떤 것보다도 더욱 절실하게 알아보고 싶어지는 대상이라고 해야 할 것이다. 그런 맹목의 욕구 때문이라도 말을 '더욱 잘 알게' 하는 일이 배달말 가르치기의 한 몫으로 자리 잡지 않을 수 없다.

사실 배달말을 더욱 잘 알게 한다는 것은 바로 나 스스로를 더욱 잘 알게 한다는 뜻이다. 나 혼자뿐 아니라 같은 배달말을 쓰고 살아가는 커다란 나, 곧 겨레 동아리를 더욱 잘 알게 한다는 말이다. 사람이 저를 안다는 것은 뿌리칠 수 없는 본능의 욕구일 뿐만 아니라 저를 온전함으로 나아가게 하는 첫걸음이요, 디딤돌이요, 마침이라는 사실을 앞에서도 거듭 말했다. 어떤 면에서는 사람이 정신으로 찾아가고 있는 온갖 노력들, 일테면 철학을 비롯한 모든 학문들, 예술들, 갖가지 고급 종교들이 모두 마침내는 스스로를 더욱 잘 알아보려는 몸부림에 지나지 않는다고 할 수도 있다. 따라서 배달말 가르치기에서 배달말을 더욱 잘 알게 하는 일은 삶을 잘 살게 하는 데 도움을 주자는 것만이 아니라 그것 자체로 더없이 크고 높은 값어치가 있는 것이다. 이처럼 뚜렷하고 환한 일인데도 여태까지 우리네 배달말 가르치기에서는 배달말을 잘 알게 하는 교육을 너무나 가볍게 여기며 지내 왔다.

사람이 세상을 알고자 할 때에 예로부터 두 가지 길을 따랐음을 누구나 잘 안다. 하나는 시간 없이 가만히 머물고 있는 세상을 살피는 길이고, 다른 하나는 시간 안에 흘러가며 바뀌는 세상을 살피는 길이다. 이들 가운데 어느 한쪽만으로는 세상을 제대로 알 수 없기 때문에 반드시 두 길을 아울러야 온전한 앎에 이를 수 있는 것이다. 그런데 우리의 배달말 가르치기에서는 여태 그런 상식조차 제대로 받아들이지 못했다. 광복 뒤로 우리네 배달말 가르치기에서는 배달말을 알게 하려는 뜻에서 '문법'(제4차 교육과정부터는 '언어')을 교육과정에서나 교과서에서나 교실에서나 결코 가볍지 않게 다루었지만 알다시피 그것은 가만히 머물고 있는 배달말을 다루는 데만 매달려 있었다. 그러므로 배달말을 알게 하려면 시간 안에 흘러가며 바뀌는 모습을 살피는 교육을 서둘러 들여와야 한다. 다른 온갖 사물이나 사실과 마찬가지로 배달말 또한 머나먼 옛날로부터 오늘에 이르렀고 다시 멀고 먼 앞날을 바라고 나아갈 시간 안에 있는 것이기 때문이다. 일찍이 키케로(M. T. Cicero, 106∼43 BC)는 "태어나기 전에 있었던 일을 모르면 언제나 어린아이로 남아 있게 된다(De Oratore)."라고 했는데, 배달말이 걸어온 저 머나먼 지난날을 모르고서는 오늘의 배달말을 안다고 할 수가 없다. 지난날에 우리 배달말이 걸어온 가시밭길을 굽이굽이 모르면 앞으로 배달말에게 닥쳐올 아픔과 괴로움을 뚫고 나갈 길도 찾아내기 어렵다.

또한 배달말은 시간 안에서나 시간 밖에서나 드러나는 모습(현상)일 뿐만 아니라 언제나 드러나지 않고 속에 감추어진 얼(이념, idea)이기도 하다. 사람의 감각에 붙잡히는 자연물로 나타나는 것만이 아니라 감각 능력이 닿을 수 없는 저 너머 사람들의 정신 안에 머물고 있는 배달말이 또한 있다는 말이다. 소쉬르가 '이념의 말(langue)' 이라고 하고 촘스키가 '능력(competence)' 이라고 한 것이 바로 이것을 뜻하는 것이다. 배달말을 앎으로 잡아 배우고 가르치고자 할 때에 가장 마음 써야 할 대목이 바로 이런 얼의 배달말이다. 여태까지 우리의 배달말 가르치기에서는 여기에도 전혀 눈길을 주지 못했다.

'말의 앎' 에 싸잡혀야 할 속살은 앞(무엇을 하는가, 3. 바람직한 속살)에서 그림표로 밝힌 바 있다. 이것을 보고 철학이니 문법이니 역사니 하는 거창한 낱말들에 놀라 무슨 대학에서나 배우고 가르칠 내용으로 생각할까 두렵다. 그런 말을 흔히 쓰는 까닭에 나도 따라 쓴 것이지만 내용은 그저 '우리가 쓰는 배달말이라는 것이 무엇인가?', '우리가 쓰는 배달말이 어떤 모습을 하고 있는가?', '우리가 쓰는 배달말이 어떤 길을 걸어 오늘까지 왔는가?' 하는 것에 지나지 않는다. 따라서 이들 세 가지의 속살은 모든 국민이 마땅히 교육

받아야 하는 초등학교 과정에서도 우선 한 번은 온전하게 배우고 가르쳐야 한다. 그리고 중학교에서 다시 눈높이에 맞추어 한 차례 교육하고, 고등학교에서도 다시 눈높이를 높여 거듭 되풀이 배우고 가르칠 만한 일이다. 말하자면 속살을 하나씩 나누어 먼저 또는 나중에 가르치고 마는 것이 아니라 배달말의 철학과 문법과 역사를 하나의 유기체로 알고 더불어 가르치며 되풀이 가르쳐야 한다는 말이다. 이들 세 갈래의 앎을 어떻게 학교 급과 학년 급에 맞추어 제대로 간추리며 그것들을 어떻게 올바른 차례로 세워 교과서에 담아내고 교육할 것이냐 하는 것은 아주 긴요한 배달말 가르치기의 과제가 아닐 수 없다. 무게와 차례와 솜씨를 어떻게 세워 교과서에 담을 것인가 하는 길은 한 가지로만 잡혀 있는 것이 아니다. 교육 대상인 학생들의 상태에 따라 얼마든지 새롭고 알맞은 길을 찾아 마련할 수 있는 것이다. 이런 여러 문제를 생각하면서 중학교를 보기로 삼아, 세 해 동안에 걸쳐 가르쳐야 할 속살들을 내 나름으로 보이겠다. 이런 보기를 그대로 교과서의 단원으로 잡아도 좋으리라고 생각한다.

Ⅰ. 말이란

1. 의사소통

1) 동물의 의사소통

2) 몸으로 하는 의사소통

3) 기호로 하는 의사소통

4) 말로 하는 의사소통

2. 말의 모습

4. 이야기

1) 이야기의 짜임

2) 이야기의 갈래

3) 이야기와 뜻의 세계

Ⅲ. 배달말의 흐름

1. 입말의 시대

1) 겨레말의 형성

2) 배달말의 겨레

3) 입말살이와 겨레의 삶

2. 입말·글말의 시대

1) 벽화와 각자 시대

2) 갑골문자와 초문 시대

3) 차자와 한문 시대

4) 한글 시대

5) 글말살이와 겨레의 삶

3. 입말·글말·전자말의 시대

1) 들어온 전자말의 역사

2) 우리 전자 산업의 발달

3) 한글과 전자말살이

4) 전자말살이와 겨레의 삶

보다시피 크게 세 묶음으로 나누었다. 그것은 그냥 중학교 세 학년에 맞추느라고 한 것만은 아니다. 보는 바와 같이 Ⅰ은 말이 무엇인지를 알아보는 바탕이다. 배달말을 아는 바탕으로 국어 철학을 해 보도록 하자는 것이다. Ⅱ와 Ⅲ은 배달말을 좀 더 다잡아서 다루고 있다. Ⅱ는 배달말을 시간 밖에서 알아보는 것이고, Ⅲ은 그것을 시간 안에서 알아보는 것이다. Ⅱ는 '문법' 또는 '언어'라는 이름으로 이제까지 우리 배달말 가르치기에서 적잖이 다루었던 것과 크게 다르지 않지만, Ⅲ은 졸가리를 세워서 배우고 가르친 바가 거의 없는 것이다. 그러니까 Ⅰ과 Ⅲ은 이제까지 우리네 배달말 가르치기에서 건드리지도 못한 것인 셈이다.

Ⅰ은 다시 1, 2, 3으로 나누었다. 1(의사소통)은 말이 가장 눈에 띄게 드러나는 쓰임새를 다룬다. 이것은 말의 기본이며 바탕이기 때문에 그 속성이 사람뿐만 아니라 떼를 지어 사회를 이루고 사는 모든 동물과 식물에게까지 나누어져 있는 것이다. 동물의 의사소통에 눈을 뜨는 것은 곧 사람의 의사소통을 더욱 깊이 알게 하는 것일 뿐만 아니라 사람의 의사소통이 동물의 그것과 어떻게 다른가를 알아서 사람의 말을 더욱 깊이 깨닫는 길이 된다. 사람이 동물의 그것과는 견줄 수 없을 만큼 정밀하고 신비로운 의사소통을 하는 까닭에 만물의 영장이라는 존재로 떠올랐다. 뿐만 아니라 글말을 만들어 냄으로써 놀라운 문명의 진보를 이루어 가게 되었다. 따라서 우리 인간이 개인으로나 동아리로나 더욱 완전하고 드높은 삶으로 나아가려면 의사소통을 더욱 잘 이루도록 하는 것이 가장 지름길이 될 수밖에 없다. 그래서 사람은 더 좋은 의사소통의 길을 끈질기게 찾아 헤매고 갈고 다듬으면서 삶을 발전시켜 왔다. 그러므로 의사소통의 길도 갈수록 더욱 넓혀지고 빨라졌다. 이런 의사소통의 실상을 중학생의 눈높이에 맞추어 쉽게 풀어서 가르쳐야 한다.

2(말의 모습)는 말을 좀 더 헤집고 들어가서 속내를 살피게 하는 것이다. 여기서는 이른바 일반언어학이 몇백 년에 걸쳐 밝히고 있는 바를 우리 중학생에게 맞추어 쉽고 재미있게 가르치는 것이다. 우선 말의 바탕인 입말에서 비롯하여 소리와 음운이 겨레마다 어떻게 서로 다른지를 살핀다. 거기로부터 세상에 널려 있는 여러 갈래의 말들이 서로 신비롭게 다른 모습으로 드러내는 형태와 낱말, 통사와 말본을 살핀다. 그것으로 세상 사람들의 말이 몇 개의 커다란 겨레를 이루어 서로 얽혀 있다는 사실을 알게 한다. 그러고는 조물주의 선물인 입말에 만족하지 못한 사람들이 소리와는 달리 사라지지 않는 몸을 만들어 말의 모습을 바꾸어 온 역사를 살핀다. 사람들은 왜 글자를 만들려고 애썼으며, 글자를 만들어 온 길은 어떠했으며, 어떤 글자들이 어떤 변화를 거쳐 오늘에 이르게 되었는지, 글자를 지나 전자를 새로운 몸으로 만들어 쓰면서 일어난 온갖 놀라운 사실들을 알게 하는 것이다.

3(말과 사람)은 말과 사람의 관계를 살피자는 대목이다. 말과 사람의 정신, 말과 생각, 말과 삶, 말과 사람됨 같은 여러 가지 관계는 예로부터 사람들의 마음을 사로잡은 주제였다. 그러므로 수많은 주장이 나와 있지만 아직도 어느 주장이 참된 것인지를 가늠하기는 어렵다. 그만큼 손에 잡히기 어려운 구석이지만 밝혀진 바에 따라 말과 사람을 함께 올바로 알게 하는 것이다. 그리고 말과 사회의 성격, 말이 사람들의 집단에 어떤 영향을 미치며, 말과 집단의 삶 사이에는 어떤 관계가 있는지를 알게 한다. 말과 겨레의 삶, 어느 겨레의 문화 상태가 그 동아리가 쓰는 말의 상태와 어떤 상관이 있는지, 그런 문화와 문명의 운명이 그 겨레말의 운명과 어떤 관련을 맺

고 있는지, 이런 사실들을 알게 하는 것이다. 심리학, 심리언어학, 사회학, 사회언어학, 의사소통 이론, 인지과학, 인류언어학과 문명사 같은 여러 학문들이 거둔 앎의 열매를 중학생에 잘 맞추어 가르치는 것이다.

Ⅱ는 그야말로 우리 배달말을 시간 밖에서 살펴보는 대목이다. 말하자면 이제까지 우리네 배달말 가르치기에서 '문법(언어)' 이라는 이름으로 다루던 그것이라고 말할 수 있다. 그러나 앞에서도 말한 바와 같이 그 '문법' 과 여기 Ⅱ는 속살에서나 알맹이에서나 적잖이 다르다. 이제까지의 '문법' 이 배달말의 규칙을 굳어진 결과로서 내세우고 풀이하여 알려 주려는 데에 힘쓰고 있었다면 여기서는 결과로서의 규칙보다 속내와 까닭을 알려 주려는 것에 마음을 두어야 한다고 보기 때문이다. 있는 것을 꿰뚫고 뛰어넘어 알맹이를 찾고 까닭을 밝혀서 배달말의 신비를 깨닫도록 하자는 것이다. 그런 깨달음으로 배달말에게 마음에서 절로 우러나는 사랑을 느끼게 하는 데에 교육의 초점을 두어야 한다.

Ⅱ는 또 1, 2, 3, 4로 나누었다. 1(소리와 글자)에서는 국어음성론과 국어음운론이 찾아 밝혀낸 앎들과 국어문자론에서 밝혀낸 것들을 다루어야 한다. 솔직하게 말해서 우리 국어학에서는 국어음운론을 빼면 국어음성론과 국어문자론이 아직 제자리조차 잡지 못한 상태에 머물러 있다. 우리가 배달말을 소리로 만들어 낼 적에 가슴에서 목을 거쳐 입 안과 코까지 모든 공간에다 혀의 움직임으로 어떻게 공기를 부딪쳐 소리를 만드는지를 아직 제대로 살피고 밝히지도 못했다. 실제로 사람의 발성 기관은 거의 무한한 소리를 낼 수 있도록 마련되어 있으나 말을 만들면서 그 모든 소리를 다 내는 것

은 아니다. 더없이 제한된 일부의 소리만으로 말을 만들어 내고 그것도 겨레들에 따라 말을 만드는 소리의 체계가 서로 다르다. 그런데 사람들은 말소리의 체계로서 의식하는 소리만을 발음할 수 있는 소리의 전부라고 생각하고 말의 체계에 들지 않는 소리에 대해서는 의식조차 하지 않는 것이 예사다. 무한한 소리를 낼 수 있다는 사실을 깨닫고 있을 때 우리는 배달말의 소리에 대하여 새로운 관심을 지니게 되고, 더욱 아름답고 뚜렷한 소리를 찾아 음운의 체계까지도 바꿀 수 있다는 생각을 할 수 있는 것이다.

뿐만 아니라 우리가 모여 사는 땅은 비록 좁지만 산과 들, 강과 바다가 아기자기하여 환경 풍토가 곳곳이 다르다. 백두대간이 벋어내리는 동쪽은 대체로 산이 높고 험하여 좁은 골짜기에 사람이 모여 살고, 강이 넓어지고 벌판이 펼쳐진 서쪽은 대체로 산이 낮고 부드러워 너른 들녘에 사람이 흩어져 산다. 이러한 풍토와 생태는 그대로 사람의 말소리 결을 다르게 만든다. 크게 보아 산이 높고 투박한 동쪽 사람들의 말소리 결은 무뚝뚝하고 꺾어지며 높낮이가 두드러지지만, 산이 낮고 부드러운 서쪽 사람들의 말소리 결은 상냥하고 흔들리며 길짧이가 두드러진다. 게다가 뭍과 동떨어진 남쪽 바다에 떠 있는 제주 섬의 사람들 말소리 결은 투박하면서 부드럽고 꺾어지면서 흔들거린다. 자연 환경에 따라 이처럼 다른 소리결의 아름다움과 신비스러움을 섬세하게 밝혀내는 일은 배달말의 살아있는 모습을 알아내는 일이다. 말의 소리결은 사람의 마음결과 둘이 아니라 하나이므로 소리결의 아름다움과 신비스러움을 꼼꼼하게 밝혀내는 일은 곧 그렇게 소리 내며 살아가는 사람들의 마음을 알아내는 일이다. 소리결은 그저 소리만이 아니라 거기 담기는 뜻과 느낌의 결이기도 하므로 소리결을 밝혀내는 일은 또한 말의 뜻과 느낌을 알아내는 일이기도 하다. 우리네 국어학은 아직 이런 쪽에 연구를 힘쓰지 않아서 배달말 가르치기도 기댈 언덕이 없는 셈이다. 그러나 배달말 가르치기는 반드시 학문의 성과로만 이루어지는 것이 아니다. 삶 그것이 바로 교과서이기 때문이다. 그런 뜻에서 우리네 배달말 가르치기는 배달말의 소리결을 가르치는 일도 소중한 몫이라는 사실을 제대로 받아들여야 한다.

이러한 바탕 위에서 우리 한글의 자모를 살펴보아야 한다. 그것들을 입 안에서 소리를 부딪쳐 내는 자리를 정확하게 잡아 보고, 그 자리가 얼마나 골고루 또 어느 만큼 확실하게 자리 잡혔는지도 알아보고, 한글 자모의 체계가 어떤 원리에 따라 마련되었으며 그것이 발성 기관의 구조와는 얼마나 일치하고 있는지를 알아보아야 한다. 그러면 우리 한글의 자모가 얼마나 과학적인 관찰에 바탕하여 만들어진 글자이며, 얼마나 철저하게 발성 기관의 움직임을 본떠 만들어진 글자인가를 확인할 수 있게 된다. 그뿐 아니라 한글이 아무리 뛰어난 글자라 하지만 모자라는 점들도 있다는 사실을 스스로 알아낼 수 있을 것이다. 우리 한글의 자모에는 홀소리가 너무 많이 마련된 때문에 그 구분과 변별이 어려울 뿐 아니라 소리조차도 제대로 나지 않는 것이 있다는 사실도 발견하게 된다. 또한 닿소리는 오행이라는 동양 철학의 논리에 너무 의존한 탓에 발음의 실상보다 너무 단조롭게 마련되었음을 알게 된다. 게다가 본디 비슷하여 하나의 음운이라 할 수 있는 소리들에다 힘을 주게 하여 이중 또는 삼중의 글자를 집중시켜서 몹시 편중된 상태에 놓였음도 알 수 있을 것이다. 세상에서 가장 훌륭한 글자임을 유네스코까지 알기에 이른 한글이지만 참으로 글자 없는 여러 겨레조차 가져다 쓸 수 있는 글자로 노릇을 다하려면 우리가 먼저 모자람을 똑똑히 밝히고 가다듬고자 하는 마음을 지녀야 한다.

그뿐 아니라 우리 겨레는 수만 년을 입말로만 살다가 갑자기 세종대왕이 나타나서 한글을 만들어 낸 것이 결코 아니다. 울산의 반구대를 비롯하여 온 나라 곳곳에서 찾아볼 수 있는 신석기와 청동기 시대의 바위그림은 우리 겨레가 글자를 찾아 헤맨 첫걸음의 자취들이다. 그런 뒤로 신지문자니 가림토문자니 하는 것들은 제쳐두더라도 중국의 황하 유역에 상(은)나라를 세우고 초문이라 부르기도 하는 한자의 씨앗과 싹을 만들어 내기도 했으며,[128] 한자를 거꾸로 끌어들여 우리 입말을 적으려고 이두니 향찰이니 구결이니 하는 이름의 쓰임새를 만들면서 무진 애를 썼다. 이런 세월을 적어도 이천 년이 넘도록 지나면서 마침내 이 세상에서 가장 훌륭한 음소글자인 한글을 만들어 내기에 이른 것이다. 이런 자취를 제대로 밝히는 일은 우선 국어문자론의 다급한 몫이고, 이런 사실을 올바로 가르치는 것은 배달말 가르치기의 무겁고도 값진 몫이다.

글자는 입말의 소리를 붙들려고 발버둥치며 마침내 음소글자에 다다랐다. 그러나 가장 훌륭한 글자라는 한글조차도 입말의 소리를 고스란히 붙들어 적을 수는 없다. 어쩔 수 없이 벌어지는 틈, 아무리 해도 붙들리지 않는 사이, 말소리와 글자 사이의 이러한 틈바구니를 할 수 있는 데까지 좁혀서 삶에 어려움을 덜어 보자는 것이 배달말 가르치기에서 맡아야 할 소리와 글자의 규칙이라고 할 수 있

128_ 유창균, 《문자에 숨겨진 민족의 연원》, 집문당, 1999.

다. 그런데 우리네 글자 규칙인 '한글 맞춤법'은 1933년에 조선어학회가 마련하고 가르쳐서 제법 세월이 흘렀으나 소리 규칙인 '표준 발음법'은 1988년에 와서야 겨우 만들어졌다.[29-] 그러므로 맞춤법은 어설프게나마 배달말 가르치기 안에 들어와 어정거리고 있지만 소리 규칙인 발음법은 아직 배달말 가르치기 안에 발도 들여놓지 못했다. 교육 현장에만 발을 들여놓지 못한 것이 아니라 국어 교과서에도 들어가지 못하고 심지어 교육과정에도 아직 들어서지 못했다. 우리네 배달말 가르치기가 말의 앎을 얼마나 엉터리로 다루고 있는가를 가늠할 만한 일이다.

2(낱말)는 이른바 국어어휘론, 국어의미론, 국어조어론 같은 영역에서 탐구하는 내용들을 주로 다룬다. 소리에 어떻게 뜻이 담길 수 있으며, 소리가 달라지는 것에 따라 뜻이 어떻게 달라지며, 같은 뜻을 나타내는 소리가 어떻게 겨레마다 다르게 골라 잡히는지, 의태어라든지 의성어에서는 소리와 뜻 사이에 어떤 상관성이 있으며 그런 말들은 겨레에 따라서 어떻게 다른지 하는 것들을 더듬으면서 배달말의 소리와 뜻을 새롭게 알아보게 하는 것이다. 배달말의 낱말은 음절로서 볼 때 어떤 특성이 있는가? 현대어를 통계적으로 보면 서너 음절의 낱말이 절대 다수를 차지한다고 하겠는데, 토박이말도 과연 그러한가? 옛날에도 그러했던가? 시간이 지남에 따라 같은 뜻을 담는 낱말의 음절이 늘어나거나 또는 줄어들지는 않는가? 이런 따위의 물음에 해답을 찾아보아야 한다. 그래서 배달말의

129_ 표준어 규정은 제1부 '표준어 사정 원칙'과 제2부 '표준 발음법'으로 되어 있는데, 이 표준 발음법이 비록 어설프고 모자라지만 국어 정책의 역사에서 매우 뜻깊은 것이다.

낱말이 어떻게 생겨나는가(조어 규칙)를 알아내게 하는 일이 소중하다.

외국어를 배워 쓰는 사람과는 달라서 모국어를 쓰는 사람들에게는 낱말이 드러내는 뜻도 그 속내를 깊이 알아보게 해야 한다. 낱말 하나의 뜻 안에도 아득한 옛날부터 살아온 겨레의 삶이 속속들이 배어 있기 때문이다. 모국어를 쓰는 사람들에게는 토박이말의 낱말들이란 삶의 화석이며 역사의 박물관이기도 하다. 손쉬운 보기로 '서울' 이라는 땅 이름, '마누라' 라는 보통 명사, '사랑' 이라는 추상 명사, '밝다' 같은 형용사, '부랴부랴' 같은 부사만 하더라도 기나긴 역사 속의 정신을 소중하게 깃들이고 있는 말들이다. 어찌 이런 말들뿐이겠는가? '옳다' 는 것은 무엇을 뜻하며 '바르다' 는 것은 무엇을 뜻하는가? '기쁨' 과 '즐거움', '안' 과 '속', '틀리다' 와 '다르다' 같은 낱말들은 비슷하지만 아주 다르다. 그 다른 속살은 과연 무엇인가? '길다' 와 '길다랗다' 와 '길죽하다' 는 어떻게 다르며, '크다' 와 '커다랗다' 와 '큼직하다' 는 또 어떻게 다른가? 우리는 예나 이제나 '우리' 라는 말을 굉장히 자주 쓰고 널리 쓰는데 어째서 그럴까? '우리' 라는 말이 담고 있는 뜻에는 어떤 삶의 정신이 깃들어 있는가? 이처럼 사전에서는 밝히 적어 내기 어려운 낱말 뜻의 비밀은 배달말 가르치기에서 힘써 다루어야 할 것이다. 낱말의 모습과 그 속뜻을 깊이 밝혀 보는 일은 곧 우리 겨레의 얼을 더듬는 일이기에 더없이 뜻깊은 것인데도 우리의 배달말 가르치기가 여태 너무 돌보지 못했다.

낱말 가르치기에서 또 하나 빠뜨릴 수 없는 것은 들온말(외래어)이다. 들온말과 토박이말의 관계에는 무엇이 있으며, 들온말이 우리 동아리에 미친 영향은 무엇인지도 생각해 보고, 우리 배달말에는 어떤 겨레의 말들이 어느 정도로 들어왔던가도 알게 해야 한다. 무엇보다도 중국으로부터 들여온 한자어 때문에 배달말의 운명이 어떻게 뒤틀리게 되었으며, 일본 제국주의자들의 침략 시절에 강제된 일본말 때문에는 또 어떻게 되었는지도 알게 해야 한다. 오늘날 서양에서 들여오고 있는 말들과 일본에서 들여오는 한자말은 우리의 낱말에 어떤 운명을 강요하고 있는지를 알게 해야 한다. 그림씨와 어찌씨의 낱말은 더할 나위 없이 넉넉한 우리의 토박이말이 어째서 이름씨 낱말만은 지나치게 모자라고 중국과 일본에서 들여온 한자말로 채워졌는지 그 까닭에 대하여도 올바로 알게 해야 한다. 우리의 낱말밭에는 '소젖 〈 우유 〈 밀크', 〈 집 〈 건물 〈 빌딩' 과 같이 토박이말보다는 한자말, 한자말보다는 서양말을 더 좋은 것으로 여기는 삼층 구조를 이루고 있는 까닭을 알게 해야 한다. 그리고 이러한 말의 열등의식이 바로잡히지 않고서는 겨레의 자존심과 문화의 자주성을 되살리기 어렵다는 사실을 가르쳐야 한다. 의사소통으로 보아서도 물론 그렇지만 겨레의 정신 건강에서도 서양말이나 한자말보다는 토박이말을 먼저 자랑스럽게 부려 쓰려는 마음이 자리 잡도록 하는 일이야말로 배달말 가르치기의 소중한 몫임을 명심해야 한다.

3(월)은 이른바 국어문장론과 국어구문론, 국어문체론과 국어화용론이 두루 관련되는 영역이다. 말에 담긴 의미의 세계가 생명력을 가지고 활동할 수 있으려면 하나 이상의 낱말들이 차례를 갖추고 모여서 월을 이루어야 한다. 월은 사람의 정신세계가 복잡한 만큼 다양하고 복잡하기 마련이지만 거기에는 낱말의 차례를 갖추

는 엄연한 질서가 있는 것도 사실이다. 낱말들이 모여서 차례를 갖추어 월을 이루는 질서가 말의 겨레에 따라 서로 다르다. 어떤 말들은 말의 차례가 아주 엄격하여 뜻의 세계가 거의 그 차례에 매어 있는가 하면 어떤 말들은 낱말의 차례는 훨씬 자유스러운 반면 형태를 변화시킴으로써 뜻의 세계를 결정지으려 한다는 것은 다 아는 사실이다. 배달말은 월을 어떠한 원리로 차례를 세우고 질서 지우는가를 알게 하는 것이다. 간단하고 단순한 기본 월이 실제로 쓰일 때에 복잡하게 바뀌는 과정과 실상을 몸으로 겪어 보게 하면 말이 삶과 얼마나 긴밀하게 맺어지는가를 학생들이 깨달을 수 있게 된다. 무한히 많은 월들이 실제로 나타나지만 알고 보면 그것은 몇 가지의 갈래로 나누어지는 것이다. 그리고 그런 월의 갈래를 통하여 말과 삶이 맺고 있는 내밀한 관계를 알게 하고 그래서 우리 겨레의 정신을 향상시키고 일상의 말글살이를 낫게 하도록 월의 짜임과 쓰임에 마음을 쓰게 해야 한다. 무엇이 나쁜 월이며 어떤 월이 좋은 것인지를 깨닫게 함으로써 스스로 나쁜 월을 버리고 좋은 월을 찾아가도록 이끌 수도 있을 것이다.

이렇게 월로써 말의 실상과 쓰임을 체험하게 하려면 그 자료가 이제까지와 같이 글말에만 매이지 않아야 한다. 건잡을 수 없도록 갖가지라 어지럽기까지 한 입말의 월을 살아 있는 그대로 교육의 자료로서 활용하는 것이 절실하다. 지난날 '문법' 교육에서는 흔히 규칙을 설명하기 좋도록 꾸며 낸 말, 실제의 말글살이에서는 나타나지도 않는 월들을 만들어 교육하는 수도 있었으나 그것은 한시바삐 벗어나야 할 잘못이었다. 월이란 소리나 글자, 낱말과 같은 말의 요소가 아니라 의사소통의 마당에서 뜻의 세계를 담고 실제로 오고 가며 쓰이는 말의 현상이다. 그러므로 살아 움직이는 현상을 그대로 교육의 자료로 쓰지 않으면 '월' 교육은 헛되거나 거짓된 것으로 될 수밖에 없다. 따라서 월이 나타내는 뜻의 세계는 결코 낱말들이 지닌 뜻의 집합으로 끝나지 않는다. 그것은 훨씬 복잡한 관련 사항들에서 빚어지는 맥락의 세계를 드러내기 때문이다. 월이 빚어내는 맥락이란 구체적으로 어디에 연유되어 드러나는 것인지를 찾아보게 하는 것은 국어의 비밀을 알게 하는 데에 매우 소중한 몫이 된다고 생각한다.

4(이야기)는 언어학에서도 근래에 와서 새로 드러난 영역이다. 사람들의 지식 세계가 넓혀지고, 인식 능력이 높아지면서 말에 대해서도 더 넓고 깊게 살펴볼 수 있게 된 결과로 드러난 영역이다. 여러 월들이 모여서 그보다 훨씬 더 큰 말의 덩이를 이루게 되는데, 이를 '이야기(discourse)'라고 부르기로 한 것이다. 이야기는 무엇으로 이루어지며 어떻게 짜여지는지, 이야기는 어떤 모습들이 있으며 어떤 갈래로 나누어 볼 수 있는지를 알게 한다. 이야기는 어떻게 뜻을 드러내며, 이야기 속에서 월들은 어떤 뜻을 갖게 되는지, 이야기에 따라 월의 뜻은 어떻게 달라지는지 하는 것들을 알아보게 하는 것이다. 이야기 차원으로 말을 넓혀서 바라보면 비로소 그 뜻의 세계도 엄청나게 넓고 깊어진다. 말에 직접 담겨 드러나는 표면의 뜻, 앞뒤로 어우러지는 말들의 연결에서 드러나는 맥락의 뜻, 표면과 맥락에 두루 걸리며 숨어 있는 상황의 뜻이 모두 관심의 대상으로 떠오를 수 있기 때문이다. 말에 담긴 신비스러운 비밀과 놀라운 힘의 세계가 이야기를 통해서 훨씬 깊고 넓게 제 모습을 내보이게 되는 것이다.

Ⅲ은 배달말을 시간 안에서 알아보는 국어 역사다. 우주 안에 있는 모든 존재는 시간의 흐름에 따라 바뀌게 마련이고, 국어 또한 쉬지 않고 바뀌어 가는 시간 안의 실체다. 소리의 체계나 음운의 조직도 바뀌는 것이며, 소리에 대한 사람들의 반응과 의식도 달라지는 것이다. 소리가 바뀌면 거기 담긴 뜻도 물론 달라진다. 소리가 달라지기 때문에 뜻이 달라지기도 하고, 소리가 달라지지 않아도 뜻이 삶에 따라 달라지기도 한다. 이러한 소리와 뜻의 변화로 말미암아 널리 쓰이던 낱말이 사라져 버리기도 하고, 뜻이 바뀐 채로 또는 소리가 달라진 채로 쓰이기도 하고, 아주 없었던 낱말이 새로 생겨나서 부대끼며 자라기도 한다. 월의 짜임새와 체제와 질서 원리마저도 바뀐다. 말이란 결국 유기적 생명체와 같아서 싹터 자라나고 죽어 사라지는 변화 자체가 본질인 그 무엇이다. 이 또한 1, 2, 3의 세 부분으로 나누었다. 무엇보다도 말의 몸, 곧 매체가 시간 안에서 달라지며 말과 삶과 세상이 크게 달라졌기 때문이다.

1(입말의 시대)은 시간으로 보아 너무나 길다. 그러나 그 긴 세월에 쓰인 말의 모습을 알 수 있는 증거와 자료는 거의 남아 있지 않다. 입말은 쓰는 족족 모조리 사라져 버렸기 때문이다. 그러나 그렇다고 해서 입말 시대의 말에 관해서 우리가 아무것도 말할 것이 없느냐 하면 그렇지는 않다. 오늘 우리가 갖고 있는 뒷날의 증거와 자료로써 얼마간은 미루어 짐작할 수 있는 일이기 때문이다. 우리 겨레의 말, 곧 배달말은 어떤 길을 걸으면서 하나로 만들어진 것일까? 겨레가 씨족에서 부족으로, 부족에서 작은 나라로, 작은 나라에서 큰 나라로 그 동아리를 키워 온 길과 겨레말의 상태 사이에는 어떤 관계가 있을까? 신화·전설·민담과 같은 입말의 이야기말꽃들이

감추고 있는 정보를 캐면 이런 물음들을 밝혀 주는 어떤 빛을 찾을 수 있다. 그리고 우리 겨레와 이웃해 살아온 여러 겨레들의 말을 살피고, 그런 가운데서 배달말의 겨레를 밝힐 수 있다. 배달말의 형제와 자매와 일가와 친척들을 살피면 배달말의 모습을 한결 뚜렷하게 알아볼 수 있게 된다는 말이다. 언어계통론, 언어연대학 같은 학문들의 성과에 힘입어 이미 알려진 사실만이라도 제대로 알리는 것이 필요하다.

2(입말·글말의 시대)는 우리 겨레가 글말을 마련하려고 애쓰며 살아온 시대의 말과 삶을 살펴보는 대목이다. 여전히 입말을 쓰면서 살지만 입말이 묶여 있는 시간과 공간의 제약을 벗어나 보려고 애쓰던 시대의 말과 삶을 말한다. 무덤이나 동굴이나 암벽에 새겨진 그림들을 통하여 아득한 옛날 우리 선조들이 입말로 전할 수 있는 시간과 공간 너머에다 무엇을 말하려고 했는지를 알아볼 수 있다. 그런 그림들은 모두가 글말을 찾아가는 역사의 첫걸음이라는 관점에서도 살펴볼 값어치가 있는 것이다. 시간이 지나면서 그런 그림들을 추상화하고 단순화하여 글자에 한 걸음 더 가까이 나아간 것들도 있다. 이른바 '각자(刻字)' 라고 하는 이 자료가 우리에게 그리 흔치는 않으나 아주 없는 것도 아니다. 그러나 그런 각자가 자연스럽게 발전하여 우리의 글자로 자리 잡지는 못했다. 아마도 중국 글자가 들어왔기 때문이 아닐까 싶다. 이 모든 사정을 실제 자료와 증거들로써 학생들이 올바로 알도록 하는 것이 필요하다. 중국 글자는 우리에게 들어와서 두 가지로 쓰였다. 중국 글말인 한문으로 쓰인 것과 배달말을 적는 기호로써 이른바 차자(借字)로 쓰인 것이 그것이다. 한자가 배달말을 적는 기호로 쓰인 것은 여러 가지 방법

이 있었던 듯하지만 그 어느 것으로도 배달말을 온전히 적는 데에까지 나아가지는 못했다. 향찰(우리 글자)이라고 부르는 데에까지 나아가서 그것으로 상당한 기록을 남긴 듯하지만 오늘에 남은 것은 겨우 신라 노래 몇 마리에 지나지 않는다. 향찰이 배달말을 온전히 적을 수 있는 데로 더욱 발전하지 못했던 것은 향찰보다는 아예 중국 글말인 한문을 바로 쓰는 것이 바람직하다고 판단한 사람들, 곧 모화사상에 젖어든 사람들이 지배 계층 안에 많아졌기 때문이다. 그래서 한문은 왕조 체제와 신분 제도를 유지하는 데 크게 이바지하면서 긴 세월에 걸쳐 우리 상층 사회의 글말 노릇을 했다.

그러나 배달말을 온전히 글말로 적어야 하겠다는 겨레의 열망이 사라질 수는 없는 것이기에 마침내 우리는 한글을 만들어 내었다. 한문의 바다 가운데서 세운 훈민정음의 창제, 이것은 우리 겨레가 오랜 시련 끝에 이루어 낸 참으로 위대한 업적이다. 이로써 둘로 갈라졌던 겨레의 정신이 다시 하나로 뭉쳐질 수 있는 말미를 마련하고, 문화로부터 밀려났던 절대다수의 겨레 구성원들이 차차로 다시 문화의 울타리 안으로 들어올 수 있게 되었다. 한글을 만든 다음에 지난 오백 년의 세월을 제대로 살피면 글말에 몸담는 사람들의 비율이 어떻게 달라지는지, 글말에 몸담는 사람들이 늘어나는 것과 우리 겨레의 정신이 살아나는 것과 어떤 상관이 있는지, 그 동안에서도 한문과 한글 또는 한문을 쓰는 사람들과 한글을 쓰려는 사람들 사이에 빚어진 갈등은 어떠했는지, 이런 문제를 학생들이 관심을 갖고 공부하도록 하는 일이 얼마나 절실한가를 깨달을 수 있다.

한글을 만든 다음부터 우리는 진정한 글말 시대를 맞이하여 입말과 글말의 모습을 역사로서 살펴볼 수 있게 되었다. 배달말의 소리가 어떻게 바뀌었는지, 음운은 어떻게 바뀌었으며 낱말은 어떻게 바뀌었는지, 그리고 토와 씨끝은 어떻게 바뀌었는지를 한결 뚜렷하게 살펴볼 수 있게 된 것이다. 말의 뜻은 어떻게 바뀌어 왔으며 월의 짜임새는 어떻게 달라져 왔는지도 알아볼 수 있게 되었다. 참다운 뜻의 배달말 역사를 알아볼 수 있는 시대에 접어들었으므로 그 실상을 학생들이 제대로 알도록 하는 것이 어렵지 않다. 입말에 제대로 맞는 글말을 마련하려고 우리 겨레가 애써 온 길, 입말에 맞지 않는 한자로 글말을 적느라고 애쓰며 겪었던 괴로움의 발자취, 한글을 만들어서 달라지기 시작한 겨레의 말과 삶을 올바로 알게 하는 것이 배달말 가르치기의 중요한 몫이다.

3(입말·글말·전자말의 시대)에서는 우리가 살고 있는 바로 이 시대의 말을 살피는 것이다. 여전히 입말을 중심으로 살아가지만, 글말도 거의 모든 사람들이 자유스럽게 쓰면서 새로운 전자말을 쓰게 된 시대의 말과 삶을 말한다. 전자말이란 우리가 사는 바로 이 시대에 새롭게 비롯되는 말이다. 따라서 우리는 인류 역사 안에서 새로운 또 하나의 말이 나타나 아주 커다란 변화가 이루어지려는 시대에 살고 있는 것이다. 우리는 분명히 새로운 말의 시대를 여는 때에 살고 있기 때문에 그 사실을 말의 역사 안에서 제대로 알아야 한다.

입말은 귀로 듣는 시간의 말이고 글말은 눈으로 보는 공간의 말인데, 전자말은 귀로 들으면서 눈으로 볼 수 있는 시·공간의 말이다. 그뿐 아니라 간단한 기계의 조작으로 얼마든지 쉽게 거듭 되풀이해서 지나간 말을 돌아볼 수 있게 하는 기계의 말이다. 이 전자말은 애초에 입말을 그 소리 상태에서 붙잡아 두었다가 그대로 되살려 내는 녹음기로 출발하였으나, 머지않아 글말을 그대로 저장했다가 되살리는 기술과 말을 주고받는 상황의 모든 형상을 그림으로 붙들었다가 되살리는 녹화의 기술이 덧보태졌다. 게다가 최근에는 기계가 입말을 그대로 생산하는 기술도 상당한 수준까지 개발되어 있는 형편이다. 말하자면 사람이 쓰는 모든 말의 실상을 기계가 붙들어 두었다가 되살려 내고, 사람의 말이 가진 모든 제약을 벗어날 수 있도록 해 주게 되었다.

전자말은 우리가 사는 이 시대에 이제 막 나타난 것이지만 인류의 문명사에서 새롭고도 놀라운 셋째 말의 시대를 여는 것임이 틀림없다. 이로써 사람의 지식이 엄청나게 폭발하고 인류의 문화가 눈부시게 꽃피어나는 제삼의 문명으로 접어들게 될 것이다. 사람들이 전자말을 자유롭게 쓸 수 있도록 만들어 주는 기계와 매체를 제대로 알게 하고, 그것들이 얼마나 빠르게 개량되는가를 아는 것이 이제 배달말 가르치기의 내용이 되어야 한다. 전자말의 놀라운 힘을 살갗에 닿도록 깨닫고, 그래서 배달말의 앞날이 어떻게 달라지며 따라서 우리의 삶이 어떻게 달라질 것인지를 올바로 내다보게 하는 것이 배달말 가르치기의 중요한 몫이 되었다. 앞날을 미리 내다본다는 것은 어렵지만, 오늘 우리가 몸담고 있는 시대의 상황과 변화를 깊고 넓게 살피는 일은 학교 교육이 가볍게 여길 수 없는 일임이 틀림없다.

3) 말꽃의 삶

말꽃은 말과 다른 배달말이 아니다. 다 같은 하나의 배달말이지만 학자들이 이야기하기 쉽도록 나누어 놓았을 뿐이다. 말꽃이란 말에서 자라나고 피어난 꽃일 뿐이다. 말에도 언제나 말꽃이 배어들어 생기와 활력을 넣음으로써 삶을 기름지게 만들어 주고 있다. 일상의 말살이에 틈틈이 끼어들어 따분함을 깨뜨려 주고 웃음을 만들어 주는 우스개와 신소리, 위트와 유머라는 것들이 모두 그런 예술의 요소들이다. 말 안에 말꽃이 푸짐하게 배어 있으면 그것은 우리의 삶이 풍요롭고 기름지다는 사실을 드러낸다. 일상 국어 안에서 예술 요소를 잘 부려 쓰면 말하는 사람은 스스로 기쁨을 맛보고 듣는 사람들은 덩달아 즐거움을 느낀다. 그러나 말꽃은 말이 겨냥하는 바와 같은 정보 전달과는 적잖이 다른 의사소통을 겨냥하는 말이다. 그것은 실제보다 상상을, 정보보다 체험을, 사실보다 깨달음을, 앎보다 느낌을 겨냥하는 꽃다운 말이다. 사람의 정신을 죄고 풀면서 삶에다 기쁨과 용기, 평화와 위로를 주는 더 깊고 높은 아름다움의 말이다. 예술의 세계는 배를 채우고 육신을 살찌우는 실용과는 거리가 있지만 어떠한 실용의 것들보다 더 사람의 삶에 깊이 스며들어 있고, 없을 수 없으며, 값진 세계다. 그러므로 사람은 말꽃을 떠나서는 사람답게 살지 못한다 해도 지나치지 않을 것이다. 일상의 말과는 거의 동떨어진 말꽃만을 오롯하게 살려서 상상으로 꿈꾸는 세상을 만들어 내는 이것을 우리는 말꽃의 작품 활동이라 부를 수 있다. 나날의 말살이 안에 배어 있는 예술의 요소로부터 하나의 온전한 예술 작품에 이르기까지 사람의 삶에서 살아 숨 쉬는 말꽃은 지극히 미묘하고 복잡하다.

말꽃은 같은 배달말이면서도 말과는 다른 몫을 해낸다. 이런 몫을 두고 사람들은 갖가지 탐구를 오랜 세월에 걸쳐 이루었고, 그것이 감추고 있는 비밀을 어지간히 밝혀내었다. 그것은 결국 사람들을 새롭게 하는 작용이라고 말할 수 있을 것이다. 같은 배달말이면서도 그것이 말꽃으로 쓰일 때에는 일상의 말로서는 할 수 없는 일, 곧 사람들의 잠자던 감각을 깨우고, 가라앉은 감정과 정서를 불러일으키고, 쉬고 있던 상상력을 움직이게 하는 일을 해낸다. 말꽃은 사람됨의 세계 전체를 새롭게 만드는 신비로운 작용을 하는 것이다. 어떻게 하나의 배달말이면서 일상으로 쓰일 때에는 의사소통이라는 실용 작용을 하다가 그것이 예술로 쓰이면 이처럼 신비한 예술 작용을 하게 되는가? 적어도 지난 일백 년 동안 말의 과학과 말꽃의 과학이 이 물음에 매달렸다. 그리고 최근 들어 구조주의니 기호학이니 하는 이름으로 말의 과학과 말꽃의 과학이 한 마당에서 만나게 되기까지는 말이 말꽃으로 쓰이면서 빚어내는 신비한 작용들을 상당히 밝혀내는 성과를 올렸다. 그것은 결국 지난날 여러 가지를 싸잡아 넓은 뜻으로 '비유'라고 부르던 것과 '상징'이라 일컫던 것이지만 훨씬 더 알뜰하게 헤집고 밝혀서 풀이할 수 있게 된 그것들이 예술로서 생명을 불어넣는 것이다.

그러면 말꽃을 살게 한다는 것은 무엇인가? 그것은 결국 말꽃을 드러내고(표현하고), 받아들이는(수용하는) 것을 말한다. 드러내고 받아들일 적에는 반드시 말의 몸을 생각하지 않을 수 없으므로 소리를 몸으로 하는 입말꽃(oral literature, current literature), 글자를 몸으로 하는 글말꽃(written literature, fixed literature), 전자를 몸으로 하는 전자말꽃(electron literature)을 가리는 일도 빠뜨릴 수 없다.[130] 이들 세 갈래의 말꽃을 골고루 드러내고 받아들이는 것이 예술 국어를 살게 하는 것이다. 이것은 논리로서 뿐만 아니라 실제로도 지극히 마땅하고 옳은 말이다. 그러므로 말꽃을 더욱 잘 살게 하는 것, 곧 입말꽃과 글말꽃과 전자말꽃을 더욱 잘 드러내고 받아들이게 하는 노릇은 배달말 가르치기가 맡지 않을 수 없는 몫임이 틀림없다. 말의 삶은 그것이 곧 실용의 삶을 살게 한다는 뜻이지만, 말꽃의 삶은 상상의 삶을 살게 한다는 말이다. 말로써 상상의 세계를 만들고, 그 상상의 세계를 실재의 세계와 다름없는 것, 아니 실재보다 훨씬 더 완전한 현실로 체험하도록 하는 것이 말꽃이다. 체험한다는 것은 먼저 감각(sense)을 통한 반응을 전제로 하여, 생리에서 오는 변화와 더불어 일어나는 감정(feeling), 곧 기쁨이나 서글픔, 슬픔이나 아픔, 즐거움이나 두려움, 무서움이나 노여움, 괴로움이나 안타까움, 답답함이나 시원함, 얼떨떨함과 소름 끼침 같은 느낌을 거치고, 드디어는 우리 사람됨의 틀을 이루고 있는 정서(emotion)의 상태를 바꾸어 놓게 되는 곳까지 다다르는 모든 과정을 두고 하는 말이다. 말꽃을 살게 한다는 것은 그러니까 배달말로써 예술을 체험시킨다는 말이고, 이것은 곧 배달말을 예술로 말하고, 듣고, 쓰고, 읽고, 보이고, 봄으로써 감각의 반응을 거쳐 감정을 일으키고 정서를 변화시키게 한다는 말이다. 체험의 마지막 마당이라고 할 수 있는 정서는 사람됨의 틀을 이루는 중요한 바탕이므로 그것이 여위고 메마르면 사람이 딱딱하고 몰인정하여 이른바 '목석 같은 인간'에 머무르게 되고, 그것이 살지고 넉넉하면 사람이 부드럽고 다정하여 '참사람'이 되는 것이다. 말꽃을 살게 하는 체험 교육은 결국 배달말로써 감각 기관을 훈련하여 살아 있게 하고, 감정

130_ 김수업, 《배달말꽃》, 지식산업사, 2002, 28~34쪽.

을 건드려서 불러일으키게 하고, 정서를 건강하고 넉넉하게 함으로써 마침내 사람다운 사람이 되게 하는 것이다.

말꽃을 더욱 잘 살게 하는 노릇에서 한 가지 더 빠뜨릴 수 없는 것이 있다. 말꽃은 어디까지나 하나의 말꽃일 뿐이지만 오랜 세월에 걸쳐 수많은 사람들이 즐기면서 저절로 커다란 갈래로 갈라졌다. 이들 갈래라는 것은 예술을 만드는 말씨의 씀씀이에 따라 갈라져 나간 것이지만, 우리 겨레는 예로부터 '놀이', '노래', '이야기'라고 불렀다. 한 그루의 나무로 자라난 말꽃이지만 놀이말꽃과 노래말꽃과 이야기말꽃이라는 커다란 가지로 갈라져 나갔다[131]는 말이다. 말꽃을 더욱 잘 살도록 가르치려면 이런 갈래의 사정을 올바로 아는 것이 절실하다. 갈래를 지나치게 동떨어진 것으로 보아서도 안 되고, 그렇다고 갈래를 아주 없는 듯이 여겨서도 안 된다. 우리네 배달말 가르치기에서는 처음부터 이제까지 말꽃을 아주 동떨어진 듯이 갈래로 나누어 놓고 아예 다른 것인 양 잘못 가르쳤다. '문학'이 배달말 가르치기의 내용으로 자리를 잡은 제4차 교육과정에서부터 지금까지 모든 교육과정을 보면 그런 사실을 뚜렷이 알 수 있다. 초등학교 1학년에서 고등학교 3학년까지 12년 동안의 배달말 가르치기에서 말꽃은 반드시 시, 소설, 극본(희곡), 수필을 두고 이해시키는 것이라고 밝혀 놓았다. 말꽃이라고 하면 으레 '시, 소설, 극본(희곡), 수필'이라는 갈래를 떠올리게 만들어 놓았다. 이처럼 굳은 생각을 깨뜨리는 것이 우리 말꽃 가르치기에서는 매우 절실하다. 좀 더 힘주어 말하자면, 말꽃을 삶으로 살게 하려는 교육

131_ 김수업, 앞의 책, 34~61쪽.

에서는 갈래와 이론이라는 것이 도움을 주기보다 오히려 걸림돌이 되기 일쑤다. 애초에 말꽃이란 갈래 없이 하나였다고 보아야 진실에 가깝다. 말꽃을 살피고 알아보는 연구자들이 갈래를 나누고 특성을 가려내고 했지만, 예술로 삶을 만들어 내는 창작자들은 아무도 그런 틀에 자신의 예술 표현을 가두려 하지 않았다. 천재면 천재일수록 끊임없이 굳어진 틀을 깨고 자유스럽게 새로운 모습으로 창조의 틀을 만들어 가는 것이다. 그러므로 우리가 자세히 살피면 모든 예술 작품은 저마다 남다르고 새뜻한 모습의 세계를 나름대로 마련하여 존재하고 있다는 사실을 알게 된다. 게다가 우리는 다가오는 세상을 만들어 나갈 싱싱한 새싹들을 교육하려는 것이기 때문에 갈래를 틀로서 가르치는 것은 참으로 바람직하지 못하다. 아무런 거리낌도 없는 마음, 순수하게 자유스러운 정신의 상태에서 배달말을 자료 삼아 예술 체험을 엮어 나가는 것에만 마음을 쓰게 하는 것이 필요하다.

(1) 말꽃 말하기

말꽃을 놀이말꽃과 노래말꽃과 이야기말꽃으로 가르더라도 '말하기' 라면 그것은 입말꽃을 이야기하는 셈이다.[132] 요즘 우리나라에서도 이들 입말꽃을 아주 값지게 여겨 찾아 모으고 간추리고 알뜰하게 연구하는 사람들이 아주 많아졌으므로 여기서 구태여 입말꽃의 이론을 시끄럽게 떠들 까닭은 없을 듯하다. 다만 입말꽃을 '말한다' 는 것이 과연 무엇인가를 생각해 보는 것으로 넉넉하겠다.

132_ 김수업, 앞의 책, 20~34쪽.

입말꽃은 본디 배달말로써 동아리지는 겨레의 삶으로부터 생겨나서 더불어 자라고 흘러오는 유산이며 문화다. 무엇보다도 겨레 동아리 안에서도 실제로 몸을 움직여서만 살아갈 수 있는 백성들이 삶의 현장에서 노래하고 이야기하고 놀이하는 그것이다. 유산이라고 말했지만 그것은 결코 사물처럼 고정되어 있는 유물이 아니라 물려받는 사람들의 삶 안에서 끊임없이 다시 만들어지고 생겨나는 생명 현상 그것이다. 그러므로 입말꽃은 유산만이 아니라 오늘 우리의 삶이기도 하면서 그 존재 자체가 그대로 사는 것이라 할 수 있다.

그러니까 말꽃 말하기는 본래부터 살아오는 그것을 그대로 자연스럽게, 할 수 있다면 더욱 잘 말하게 하는 것일 뿐이다. 학생들이 놀이하면서 온몸으로 자기 삶의 아픔과 기쁨을 드러내며 놀아보도록 하는 기회를 마련해 주는 것이고, 노래하면서 자신들의 삶을 즐거워하거나 괴로워할 수 있도록 기회를 주고, 이야기하면서 자신들의 삶에 위로를 받거나 용기를 얻을 수 있도록 기회를 주는 것일 뿐이다. 어떤 이들은 오늘같이 글자를 모르는 사람이 거의 없고 갖가지 전자 매체들이 발달하여 사람들의 삶을 송두리째 사로잡고 있는 때에 어떻게 그런 입말꽃이 현대인의 생활 안에 끼어들 틈이 있겠느냐고 물을지 모른다. 얼핏 생각하면 그도 그럴 듯하지만 사실은 전혀 그렇지 않다. 글자가 아무리 쉬워지고 글자를 쓰는 절차가 더없이 간편하게 되었다 하더라도 역시 손발과 몸을 온통 움직여 살아가야 하는 사람들에게 그것은 여전히 까다롭고 힘겨운 노릇이다. 더구나 이런 사람들은 손발과 몸을 움직이며 일하고 있는 바로 그때에 입으로 놀이하고 노래하고 이야기해야 한다. 몸으로는 일하면서 마음 안에 솟아오르는 예술의 충동을 입말로 드러내는 것인데, 이는 글자로는 도저히 어떻게 해 볼 수 없는 것이다.

'참새 시리즈'니 '최불암 시리즈'니 '공주병 시리즈'니 '만득이 시리즈'니 하는 이름으로 젊은이들 사회에 널리 퍼져 나간 이야기들은 말할 필요도 없이 우리 시대에 살아 있는 새로운 입말 이야기말꽃이다. 대도시 아파트 단지에 여러 모습으로 떠다니는 '귀신 이야기(여고 괴담)' 또한 답답한 산업 사회의 도시 사람들이 즐기는 입말의 이야기말꽃임이 틀림없다. 그리고 라디오와 텔레비전에서 대중들의 인기를 모으며 벌어지는 우스개('코미디' 또는 '개그'라고 부른다.)라든지 '토크쇼'라 부르는 여러 가지 이야기들 가운데도 오늘날 변모하여 살아 있는 입말꽃의 모습이 적지 않다. 여러 방송국에서 다투어 마련하고 있는 서민들의 삶의 이야기 자리들 안에도 이 시대의 입말꽃들이 적잖이 나타난다. 한마디로 입말꽃은 농경 사회에만 있었던 유물이 아니라 어떠한 시대와 사회에서도 죽지 않고 살아 있는 말꽃의 본바탕인데도 그런 사실이 가려져 있다는 말이다.

배달말 가르치기가 이러한 입말꽃을 더욱 잘 살게 하는 일에 무관심했던 것은 우리가 미처 생각을 못했던 탓일 뿐이다. 이제 이것이 배달말 가르치기의 몫이라는 사실을 깨달을 수 있다면 그 교육을 좀 더 다잡아서 고민하고 풀어 나가야 마땅하다.[133] 입말꽃이 삶의 터전에서 아직 온전히 뿌리 뽑히지 않은 농어촌 학생들에게라면 그들이 이미 알고 있는 자기 고장의 놀이와 노래와 이야기를 찾아서 드러내도록 기회를 줄 수도 있을 것이다. 그러면 그들이 놀이하고 노래하고 이야기하는 그것이 바로 입말꽃 교육, 곧 입말꽃 창작 활동이다. 이것으로 그들은 입말꽃을 교실 안에서 사는 것이고, 그것이 가정이나 사회 안으로 번져 나갈 수 있도록 배달말 가르치기가 도와야 한다. 입말꽃이 삶의 터전에서 쫓겨나고 만 도시 학생들에게는 그처럼 자연스럽지는 않을지 모른다. 그러나 알고 보면 아스팔트 길 틈바구니를 비집고 올라온 오랑캐꽃처럼 삭막한 도시 안에도 입말꽃은 살아 숨 쉬고 있다. 사실 우리네 도시화는 지난 30년 사이에 갑자기 이루어졌고, 자연스럽지 못하게 서둘러 밀어붙인 산업화와 더불어 이루어진 것이므로 대도시의 주민일지라도 아직 입말꽃을 가슴속에 간직하고 있는 사람들이 적지 않다. 배달말 가르치기가 그들의 가슴속에 갇혀진 예술을 되살려 낼 수도 있을 것이고, 간신히 숨 쉬며 살아 있는 현대 도시의 입말꽃을 가꾸어 볼 수도 있을 것이다. 그조차 어렵다면 그사이 엄청난 예산과 노력으로 개인이나 단체나 기관에서 녹음하고 채록한 자료들을 얼마든지 배달말 가르치기의 자료로 끌어다 쓸 수 있을 것이다.

글말로 적어 놓은 입말꽃의 자료를 학생들이 듣고 기억하여 다시 놀이하고 노래하고 이야기하면 그것으로 충분히 그들의 감상과 창작 활동이 이루어질 수 있다. 입말꽃이란 글자로 적혔다고 해서 굳어진 작품으로 위세를 부리는 것이 아니라 언제나 새롭게 다시 태어나는 씨앗이 된다. 물론 먼저 채록한 자료를 들으며 받아들이는 것으로 출발한다 하더라도 학생들의 자유로운 창작력은 거기서

133_ 경상대학교 사범대학 국어교육과와 전국국어교사모임이 함께 벌이는 '전국학생이야기대회'는 이런 길을 열어 가는 본보기의 하나다. 이제 제법 길이 열려서 자리 잡히고 있으니 초등학생도 싸잡으며, 앞으로는 '전국학생놀이대회'와 '전국학생노래대회'까지도 벌일 수 있도록 마음을 써 볼 일이다.

다시 되살아날 수 있다는 말이다. 그들이 그런 감상과 창작 활동으로부터 기쁨을 맛보고 위로를 받고 삶의 뜻을 더욱 깊이 깨달을 수 있다면 그들로부터 입말꽃은 여러 사람의 삶 안으로 들어가서 살아나게 되는 것이다.

(2) 말꽃 듣기

말꽃 듣기는 말꽃 말하기의 판을 열어야 할 수 있다. 연극을 하는 연극판이 열려야 연극 듣기를 하고, 마당놀이를 하는 마당놀이판이 열려야 마당놀이 듣기를 하고, 탈춤을 추는 탈춤판이 열려야 탈춤 듣기를 할 수 있다. 놀이말꽃판, 노래말꽃판, 이야기말꽃판들이 열려야 그런 말꽃 듣기를 해 볼 수 있다. 그런데 알고 보면 그런 판은 이제 얼마든지 열리고 있다. 이제는 이런 말꽃 말하기 판이 도시와 시골을 가리지 않고 온 나라 곳곳에서 두루 열린다. 지방 자치시대로 깊숙이 들어서고 지역 발전이라는 말을 거스를 수 없는 세상으로 나아가면서 나라 곳곳에서 이런 판을 다투어 벌인다. 그러니 남은 것은 배달말 가르치기가 그것을 활용하려는 뜻이 있느냐 하는 것뿐이다. 그러나 그런 판이 두루 열린다고 하여 그것으로 마땅히 해야 할 배달말 가르치기의 말꽃 듣기를 제대로 할 수 있는 것은 아니다. 배달말 가르치기는 배달말 가르치기 나름대로 틀이 있고 때가 있기 때문이다. 학교 바깥에서 벌어지는 말꽃의 온갖 판이 배달말 가르치기의 틀과 때에 맞추어지면 그것은 그야말로 안성맞춤이다. 그러나 그것도 배달말 가르치기가 도움을 받는 보조 자료에 지나지 않고, 참된 배달말 가르치기의 말꽃 듣기는 학교 안에서 학생들이 스스로 말꽃 말하기를 하도록 하는 것에 짝지어져야 한다. 배달말 가르치기의 틀과 때에 맞추어 학생들이 스스로 말꽃 말하기 판을 벌이고 거기서 말꽃 듣기를 하도록 마련해야 한다는 말이다.

그런데 솔직히 말해서 아직 우리네 배달말 가르치기는 이런 마련에 아주 낯설다. 우선 국어 교사들이 그런 마련에 뜻을 지닐 수 있도록 양성하지 못했다. 게다가 갖가지 교육 제도와 관리 체제 또한 국어 교사가 스스로 그런 마련에 눈을 돌리지 못하도록 틀어쥐고 있다. 더구나 교육과정이나 교과서조차 그런 마련에 눈을 뜨지도 않고 칠월에 잣던 가락으로 머물러 있다. 뿐만 아니라 학생이나 학부모는 다가오는 앞날을 내다보지 못하고 눈앞에 있는 제도 안에서 좋은 대학에 들어가는 데만 온통 마음을 빼앗기고 있다. 그렇다고 이런 형편 타령만 하면서 가만히 뒷짐 지고 있을 수는 없다. 빠르게 다가오는 세상이 더없이 놀라운 데다 그런 세상에서 살아가야 할 우리 아이들의 삶이 너무나 소중하기 때문이다. 누군가 일어서서 이런 형편을 뚫으며 해야 마땅한 일을 하지 않을 수 없다. 일어서서 이런 형편을 뚫어야 할 누군가는 말할 나위도 없이 깨어 있는 국어 교사들이다. 그리고 기꺼이 이런 형편을 뚫고 마땅히 해야 할 일을 하려고 일어선 국어 교사들이 적지 않다. 그래서 우리 배달말 가르치기의 앞날이 어둡기만 한 것은 아니다.[134]

(3) 말꽃 쓰기

말꽃 쓰기는 곧 글말꽃을 살게 하는 일이다. 이것 또한 이제까지 우리가 해 온 배달말 가르치기, 곧 말꽃 교육에서 제대로 다루지 못했다. 이제까지 우리네 말꽃 교육은 전문가들이 만든 작품을 맛보고, 이해하는 것, 곧 읽기에만 매달렸다. 이름난 문인들의 시와 소설과 희곡과 수필을 교과서 안에 실어 놓고, 학생이 그것을 제대로 읽고 풀이하도록 하는 것을 말꽃 교육이라고 생각했다. 이름난 전문가의 말꽃 작품을 읽고 해석하면 그것으로 학생이 맛본다고 생각했고, 그런 해석과 감상으로 학생들에게 말꽃이 무엇인가를 이해시키려고 했다. 그리고 그런 감상과 이해야말로 말꽃 교육의 시작이요 끝이라고 알았다.

그러나 여기서 이야기하려는 글말꽃의 삶은 그런 것과는 아주 다르다. 글말꽃을 학생들이 스스로 살도록 하는 것을 말한다. 학생들이 글말꽃을 '살도록' 한다는 것은 무엇인가? 그것은 두말할 나위도 없이 몸으로 누리도록 한다는 것이다. 학생들이 글말꽃을 스스로 '쓰고', 스스로 쓴 글말꽃을 스스로 '읽고' 하는 것이다. 글말꽃을 '쓰면서' 즐기고 '읽으면서' 즐기게 하는 것이다. 말꽃의 체험은 밖으로 드러내는 것과 안으로 받아들이는 것으로 이루어진다는 데에는 누구도 딴소리를 할 수 없다. 이와 같은 상식이지만 배달말 가르치기에 들어오는 데에는 적지 않은 세월을 보내야 했다. 이제까지 우리네 배달말 가르치기가 말꽃 작품을 감상하고 수용하는 것에만 익숙하고 스스로 표현하고 창작하는 데에는 관심이 없었기 때문이다. 말꽃을 만드는 일은 하늘로부터 남다른 재능을 받은 사람만 할 수 있고 그들만 해야 하는 것으로 여기는 의식이 깔려 있었

134_ 앞에서 이야기한 이야기대회는 그런 마련의 하나다. 전국 대회를 치르기에 앞서 시·도 대회를 열어서 이야기꾼들을 뽑는 이야기판을 벌인다. 시·도 대회를 열기에 앞서 시·군 대회를 열어서 이야기판을 벌이면 더욱 좋을 것이다. 시·군 대회를 열기에 앞서 학교마다 이야기판을 벌여서 이야기말꽃 말하기와 듣기를 하도록 할 수도 얼마든지 있다.

다. 그래서 제7차 교육과정에 와서야 비로소 '창작'이 말꽃 교육 안에 들어올 수 있었다. 그러나 답답하고 어려운 교실 현장에서 그런 창작 활동을 해내는 것은 여간 아닌 공부를 하고 피땀을 흘리며 애쓰는 몇몇 교사들[135]-뿐이라 해도 지나치지 않다. 사실 말꽃 쓰기 교육은 다른 예술 교육, 일테면 음악이나 미술 또는 무용 같은 예술의 교육을 넘어다보면 너무나도 당연한 것임을 짐작할 수 있다. 미술 교육에서 학생들에게 손수 그림을 그리게 하고 조소를 빚게 하고 조각품을 다듬게 하는 일을 빼 버리면 무엇이 남겠는가? 그러한 자기표현의 창작 활동을 못하게 막아 놓고 미술 교육을 할 길이 있다고 생각하는 사람들이 있겠는가? 피리를 불고, 북을 치고, 바이올린을 켜고, 피아노를 두드리고, 노래를 부르게 하지 않고서 음악 교육을 하겠다는 사람이 있을 수 있는가? 팔을 들어 올리고, 다리를 뻗고, 걸음을 옮기고, 몸을 흔들거나 돌려 춤사위를 직접 만들게 하지 않고 남들이 추는 춤을 구경만 시키면서 무용 교육을 하겠다고 생각하는 사람이 있을 수 있는가? 배달말 가르치기에서 해야 하는 말꽃의 교육도 이런 것들과 꼭 같이 온전한 예술 교육이라는 사실을 확실히 인식해야 할 것이다.

그러나 한 가지 밝혀 둘 것이 있다. 그것은 이러한 말꽃의 표현과 창작 교육이 모든 학생을 예술가로 만들자는 것이 아니라는 사실이다. 누구에게나 주어져 있는 표현의 욕구와 창작의 능력을 드러내 보면서 기쁨과 즐거움을 맛보게 하고 그로써 한결 온전한 사

135_ 이들은 한 평생 초등학생을 가르치며 스스로 글쓰기에 몸바쳐 온 이오덕 선생의 뜻을 따라 '한국글쓰기연구회'(2004년부터 '한국글쓰기교육연구회'로 이름을 바꾸었다.)를 만들어 《우리 말과 삶을 가꾸는 글쓰기》라는 잡지를 펴낸 교사들이다.

람이 되도록 하자는 것일 뿐이다. 그것은 창작과 표현 교육에 힘을 기울이는 다른 모든 예술 교육에서도 마찬가지다. 음악 교육에서 노래 부르기를 배우다가 소질이 드러나서 가수가 되거나, 체육 교육 시간에 달리기를 배우다가 육상 선수로 발돋움하는 사람이 생기는 것과 마찬가지로, 말꽃 교육에서 말꽃 쓰기를 배우다가 소설가나 시인으로 자라나는 사람이 있을 수는 있다. 그러나 그들이 예술을 직업으로 삼아서 살아가도록 하는 것은 모든 국민에게 베푸는 학교 교육이 마음 쓸 수 없듯이[136] 배달말 가르치기에서도 문인을 만드는 일에까지 마음 쓸 까닭은 없다.

(4) 말꽃 읽기

말꽃 읽기는 우리네 배달말 가르치기가 가장 오랫동안 해 온 노릇이다. 이른바 말꽃 교육이라며 힘쓴 것은 따지고 보면 모두가 말꽃 읽기, 곧 말꽃 작품 감상 교육이었기 때문이다. 그러나 오랫동안 해 왔다고 해서 그만큼 잘하게 되었다고 말할 수는 없다. 아직도 말꽃 작품을 예술로 보지 못하고 여느 글처럼 지식과 정보를 찾으려 들고, 맛보고 느끼는 길을 몰라서 여전히 풀이하고 해석하려고만 하고, 복잡하게 열려 있는 삶의 깨달음인 줄을 몰라서 한 가지 정답을 찾으려 하는 것에서만 맴돌고 있다. 이런 사정은 말꽃이 무엇인가를 모르는 탓이라고 보아야 하기 때문에 하루아침에 풀어낼 단방

136_ 물론 창작 교육을 하는 가운데서 하늘이 내린 창작 재능을 더욱 일찍이 그리고 더욱 똑똑히 알아보고 그것을 가꾸며 북돋워서 천재를 썩히지 않게 도우는 기회를 얻으면 나쁠 것이 전혀 없다. 그러나 예술 창작에 삶을 던지는 천부의 예술가는 그의 예술 욕구가 여느 교육의 수준으로는 도저히 채워질 수 없는 것임을 깨닫는다. 그런 천재들의 예술 교육을 나는 아는 바가 거의 없거니와 여기서는 그런 이야기를 할 자리도 아니다.

약이 없다. 꾸준히 나아지고 있는 예술 교육을 믿으며, 그런 예술 교육의 터전 위에서 말꽃이 무엇인지를 알아 나가는 시간을 얼마간 기다리는 수밖에 없다.

그러나 말꽃 읽기에서 당장에 해야 할 한 가지 일은 여기서 짚어 두지 않을 수 없다. 어떤 작품을 읽힐 것인가 하는 물음의 대답이다. 우리 겨레라면 누구나 학생 시절에 맛보고 만져 보아야 할 말꽃 작품, 배달말 가르치기에서 반드시 맛보고 느껴 보게 해야 할 작품은 어느 것일까? 이 물음에 올바른 대답을 찾고 마땅한 작품을 골라서 학교 급과 학년 급에 따라 베풀어 두는 일은 발등의 불이다. 이런 준비는 배달말 가르치기의 말꽃 읽기에서 가장 첫걸음이 되는 것이므로 많은 사람들이 힘을 모아 마련해야 마땅하다. 서둘러 많은 사람들이 힘을 모아 마련하기를 바라면서 우선 나의 어리석은 생각을 여기 적어 두기로 한다.

첫째는 '배달말을 아름답게 부려 쓴 작품'이다. 배달말 가르치기에서 읽게 하는 작품이라면 반드시 배달말을 훌륭하게 부려서 아름다움을 드러내는 작품이라야 한다. 일찍이 홍명희(1888~1968)의 《임꺽정》이 나타나자 배달말을 뛰어나게 부려 쓴 점을 들어 여러 문인들이 놀라워한 바가 있지만, 그 밖에는 우리 말꽃 작품이 배달말을 어떻게 부려 썼는가 하는 문제를 두고 따지고 살핀 바를 많이 보지 못했다. 그만큼 우리는 말꽃 작품에서 배달말의 쓰임새를 유심히 살피고 이야기하는 일에 무심했던 것이다. 이제부터라도 배달말 가르치기가 앞장서 배달말을 아름답게 부려 쓴 작품을 찾아내고 학생이 자라는 눈높이에 맞추어 차례를 매기는 일을 해야 한다고 본다. 알다시피 우리는 겨레 사람들 모두가 맞장구칠 훌륭한 말꽃 작품의 목록도 갖추지 못하고 있다. 배달말을 겨레 동아리 모든 사람들이 품에 안고 사랑하며 말꽃 작품을 만들어 온 시간이 너무 짧아서 그럴 것으로 생각한다. 그러나 그런 형편 안에서도 겨레말을 훌륭하게 부려 쓴 작품이야 적잖이 있다. 다만 그것들을 교육한다는 사실에 맞추어 꼼꼼히 살펴서 가려내는 일을 해 보지 않았을 뿐이다. 하루빨리 훌륭한 배달말꽃 작품으로서 우리 겨레 모두에게 사랑받고 배달말 가르치기에서 맛보아야 마땅한 작품들을 가려내는 일을 해야 한다. 그리고 학생들에게 맛보게 하는 작품은 아름다운 배달말을 훌륭히 부려 쓴 것이어야 한다는 잣대를 단단히 세우는 일이 필요하다.

둘째는 '작품 속의 삶이 학생의 삶에 어우러지는 작품' 이다. 이것은 학생의 삶을 다루어야 한다거나 학생을 등장인물로 삼은 작품이라야 한다는 뜻이 아니다. 작품에서 다루고 있는 세계와 드러내고 있는 삶과 이야기하고 있는 주제가 학생들의 삶에 들어와서 무언가 뜻깊은 것을 물을 수 있어야 한다는 말이다. 명작이니 고전이니 하는 작품들은 시대와 인종을 넘어서 읽는 사람들에게 끊임없이 그들의 삶에 들어와서 뜻깊은 물음을 던져 주는 작품들이다. 그러나 모든 고전의 명작들이 청소년들에게 그런 작용을 반드시 하는 것은 아니기 때문에 학생들의 삶에 들어와서 작용할 수 있는 작품을 유심히 찾아야 하겠다는 말이다. 그리고 두말할 나위도 없이 '학생들' 이란 실제로 공간과 시간 안에 살아가고 있는 이들을 가리킨다. 작품을 읽고 맛보아야 할 초등학생, 중학생, 고등학생이라야 한다는 말이다. 영국의 학생도 아니고, 조선 시대의 학생도 아닌 바로 오늘, 영어 과외와 피아노 교습과 수능 시험과 본드에 시달리는 우리 사회의 학생들에게 어우러질 수 있는 수준과 성질의 작품이 아니면 안 된다는 것이다.

셋째는 '참된 사람과 값진 삶을 찾아가게 하는 작품' 이다. 참됨과 거짓, 빛과 어둠, 사랑과 미움의 다툼 같은 주제로 참다운 사람이 누구이며 참답게 사는 삶이 무엇인지를 스스로 찾아가게 하는 작품이라야 한다는 말이다. 물론 이러한 작품의 윤리가 성공한 예술 기법 안에 잘 감추어져 있어야 할 것은 두말할 나위도 없다. 우리는 인간의 미래에 흔들릴 수 없는 희망을 지니고 배달말 가르치기를 하는 것이고, 말꽃 교육을 위한 작품 또한 그런 바탕에서 윤리의 문제를 이야기하는 것이다. 그러나 이런 잣대는 인간의 보편 윤리를 이야기하지 않고 시대 윤리에만 얽매이면 오해와 논란을 일으킬 수 있다. 인간이 본래 불완전하기 때문에 아무리 보편 윤리를 세운다 하더라도 결국은 그것조차 제한된 시대 윤리에서 벗어나지 못하는 수가 자주 있다. 그렇더라도 오직 한 번 허락된 삶을 더욱 값지고 보람차게 살아갈 수 있도록 길을 찾는 학생들에게 빛이 될 수 있는 작품이라야 한다는 잣대는 지켜야 할 값어치가 있다고 본다. 이런 뜻에서 얼빠진 일제 앞잡이의 작품을 교과서에 싣지 말아야 한다는 소리가 높아지는 것은 자연스러운 일이다.

넷째는 '세상을 멀리 내다보고 삶을 깊이 들여다보게 하는 작품' 이다. 그러려면 작품의 세계가 시간과 공간으로도 멀고 넓게 열려 있어야 한다. 시간으로 지난날의 작품과 공간으로 먼 나라 작품도 읽히도록 문을 열어야 한다는 말이기도 하다. 물론 이것은 남의 겨레 작품이든 우리 옛 작품이든 원전을 읽게 하는 것이 아니라 오늘의 배달말로 뒤치는 것임은 두말할 나위조차 없다. 그리고 그들 작품도 앞에서 든 세 가지 요건에 들어맞아야 하는 것이어야 하겠다. 우리도 이제는 서양 여러 나라들과 마찬가지로 적어도 의무 교육인 초등학교나 중학교의 배달말 가르치기에서 맛보게 할 옛 작품과 외국 작품의 목록을 마련할 때가 왔다고 생각한다.

배달말 가르치기에서 가르쳐야 할 말꽃 작품의 잣대를 지루하게 이야기했다. 이런 바탕조차 마련하지 못한 우리네 현실이 안타까운 나머지 그랬다고 변명하면서, 말꽃 읽기가 제대로 이루어져서 학생들이 저마다의 느낌과 생각을 자유롭게 받아들일 수만 있다면 작품을 고르는 잣대란 크게 걱정할 일도 아니라는 사실을 말하지 않을 수 없다. 학생들에게 맛보이는 작품을 고르는 일에 마음을 곤두세우는 까닭은 교육 활동이 재래식으로만 이루어지기 때문이라는 말이다. 지난날의 교육이 그러했듯이 작품의 속살과 모습을 학생들에게 주입시키기만 한다면 작품의 속살과 모습이 어떠하냐는 것이 커다란 문제가 아닐 수 없다. 그것이 그대로 하나의 이념이 되어 학생들의 정신을 옭아매는 굴레 노릇을 할 수 있기 때문이다. 그러나 이제는 교육의 솜씨를 바꾸는 쪽에다 마음을 써야 할 때다. 작품의 속살이나 모습을 학생들에게 우겨 넣는 것이 아니라 학생들이 스스로 그것을 더듬고 밝히고 찾아내고 비판하고 평가하도록 해야 한다. 그래서 작품이 주체가 되어 학생들을 좌우하는 것이 아니라 학생이 주체가 되어서 작품을 주무르고 뜯어보게 만드는 것이다. 이렇게 할 때에는 작품의 속살과 모습이 좋으면 좋은 대로, 나쁘면 나쁜 대로 교육의 자료로 쓰이는 데에 크게 문제가 되지 않을 수 있는 것이다. 말꽃 작품을 맛보게 하는 교육의 솜씨가 제대로 되면, 재료로 쓰일 대상 작품의 상태와 성질은 한결 가볍게 다루어질 수 있다는 말이다. 교육의 솜씨를 그렇게 바꾸려면 교사의 능력을 바꾸어야 하고, 평가를 바꾸어야 하고, 결국 세상을 바꾸어야 하겠지만 말이다.

(5) 말꽃 보이기

말꽃 보이기는 전자말꽃을 드러내게 하는 일이다. 그런데 이런 일을 배달말 가르치기의 몫으로 여긴 적이 이제까지는 없었다. 그보다도 전자말꽃, 곧 전자말로 이루어진 말꽃이라는 것이 있다는 사실조차도 아직 제대로 알려지지 않았는지도 모르겠다.[137] 그러나 사실은 20세기 초엽에 이미 새로운 대중 예술의 갈래로 온 세상 사람들을 사로잡은 영화와 방송극은 틀림없는 전자말꽃들이다. 다만 이들 두 가지가 전자말꽃인 줄을 알아보기 훨씬 이전에 이미 커다란 대중 예술 갈래로 자리를 굳혀 버려서 이제 와서 전자말꽃이라 하면 긴가민가하게 되어 버렸을 뿐이다. 그러므로 배달말 가르치기는 이것을 대중 예술로 던져 버리고 못 본 체할 수가 없는 것이다. 국영, 민영, 교육 방송의 갖가지 방송극이 모두 말꽃 교육의 자료이고 온갖 갈래의 영화들도 마찬가지다. 요즘은 학교마다 방송실이 있어서 소리 방송은 물론이고 그림 방송도 어렵지 않으니 학생들이 스스로 영화와 방송을 만들어 보이기를 얼마든지 할 수 있고, 앞으로는 더욱 손쉽게 할 수 있도록 전자 기술이 길을 열어 줄 것이다.

이 밖에도 배달말 가르치기에서 말꽃 보이기로 부려 쓸 만한

137_ 우리 말꽃을 두루 다루는 이른바 '국문학개론'이나 '국문학사' 같은 책에서 전자말꽃, 곧 전자말로 이루어진 말꽃을 다룬 책은 아직까지 오직 하나뿐이다. 그것이 부끄럽지만 내가 쓴 《배달말꽃》(지식산업사, 2002)이다.

전자말꽃은 이미 적잖이 나타나 있다. 놀이말꽃에도 살아 숨 쉬는 그림, 플래시 무비, 전자놀이 같은 것이 있고,[138] 노래말꽃에도 사슬 시, 뛰어 읽는 시, 전자 소리꾼, 얼굴 없는 소리꾼 같은 것들이 있으며,[139] 이야기말꽃에도 만화 영화, 이어 쓰는 소설, 본뜬 소설, 뛰어 읽는 소설 같은 것들이 있다.[140] 이런 전자말꽃은 전자말 세상이 눈부시게 넓혀지는 것에 발맞추어 끊임없이 새로운 갈래들로서 생겨난다. 현실 세상이 아니면서 여러 가지 전자그림판(모니터)을 켜기만 하면 언제든지 현실과 다름없이 체험할 수 있는 전자말 세상의 삶을 누리게 하는 일은 배달말 가르치기가 마땅히 맡아야 할 몫이다.

알다시피 전자말 세상은 지금 비로소 열리고 있기 때문에 어린 학생들은 저절로 삶으로 받아들이지만 이미 나이를 먹어 버린 부모와 교사는 그들처럼 받아들이기 어렵다. 여간 마음을 먹고 힘쓰지 않으면 뒤떨어질 수밖에 없는 세상이다. 그러므로 전자말꽃 보이기 교육을 제대로 하자면 학교마다 전자 기계와 장비를 잘 갖추어야 하고, 앞으로 전자 기술이 발전하는 것에 발맞추어 손쉽게 모든 학생들이 이런 기계와 장비를 부릴 수 있도록 쉬지 않고 길을 열어 주어야 한다. 그러나 지금 당장이라도 국어 교사가 마음을 먹기만 한다면 학교 누리집에 국어과 누리방을 만들어 학생들이 교사와 더불어 스스로 여러 가지 전자말꽃 보이기를 하도록 마련할 수는 있을 것이다.

138_ 김수업, 《배달말꽃》, 지식산업사, 2002, 176~185쪽.
139_ 김수업, 앞의 책, 404~411쪽.
140_ 김수업, 앞의 책, 593~600쪽.

(6) 말꽃 보기

전자말꽃을 받아들이는 말꽃 보기는 전자말꽃을 드러내는 말꽃 보이기보다도 더욱 막막하다. 아이들은 학교에 들어오기 훨씬 이전부터 온갖 전자말꽃으로 말꽃 보기에 중독이 들 만큼 체험해 버렸기 때문이다. 배달말 가르치기가 전자말꽃을 돌아보지 않는 동안에도 세상에는 전자말꽃이 수없이 나타나 돌아다녔고, 아이들은 놓치지 않고 그것들을 받아들였던 것이다. 아이들은 말꽃 보기에 이골이 나고 중독이 되었는데도 배달말 가르치기는 전자말꽃을 다루어야 한다는 사실조차 깨닫지 못하고 오늘까지 왔으니 막막하지 않을 수가 없는 노릇이다.

그러나 이제부터라도 소매를 걷어붙이고 나서는 수밖에 다른 길은 없다. 아이들이 스스로 만든 전자말꽃은 아니고 어른들이 만든 것이라도 바람직한 것을 골라 말꽃 보기를 서두르는 길밖에 없다. 골라서 보기의 자료로 쓸 만한 전자말꽃은 얼마든지 있다. 수많은 영화, 방송극, 살아 숨 쉬는 그림(애니메이션), 만화 영화, 같은 것들이 손쉽게 볼 수 있는 비디오로 얼마든지 널려 있고, 누리그물로 들어가면 플래시 무비, 사슬 시, 이어 쓰는 소설을 비롯한 갖가지 전자말꽃이 수두룩하기 때문이다. 이런 것들을 주의 깊게 살펴서 학교 급과 학년 급에 맞추어 골라 말꽃 보기의 자료 목록을 마련할 필요도 있다. 이런 목록을 갖추어 올바른 보기를 할 수 있도록 길잡이 하는 일부터라도 서두르는 것이 당장 배달말 가르치기의 몫이다.

4) 말꽃의 앎

배달말 가르치기에서 다루어야 할 마지막 일은 말꽃을 '알게' 하는 것이다. 그러나 이것을 지식 체계로 조붓가려[141] 알게 하는 일은 결코 서두를 것이 아니다. 초등학교뿐만 아니라 중학교까지도 학생들이 말꽃을 지식의 감으로 여기지 않도록 하는 것이 좋다고 보기 때문이다. 그들의 사람됨이 아직 이성보다는 감성 쪽에서 자라고 있는 때에는 예술과 더불어 '살게' 함으로써 사람됨을 완성시키는 일에 힘써야 하겠기 때문이다. 그뿐 아니라 상상의 산물인 예술에 관한 앎, 곧 예술에 관한 지식이란 실재에 관한 지식보다는 훨씬 섬세하고 미묘하기 때문이다. 규칙이 어려운 고급 게임일수록 초보자는 우선 그 게임을 해 보아야 한다. 기술이 서투르고 규칙을 모르기 때문에 잘 못하는 수밖에 없더라도 거듭 해 보며 몸에 익히지 않을 수 없다. 어렵고 까다롭다고 해서 익히지 않고 뛰어넘어서 재미를 맛보는 길은 없다. 해 보지 않고 규칙을 규칙으로 먼저 배우는 길도 길이 아니다. 틀리고 잘못하면서 익히는 동안 한편으로는 즐거움과 다른 한편으로는 괴로움을 함께 맛보면서 미묘하고 복잡한 게임의 참맛을 깨우쳐 가는 것이다. 그러다가 얼마쯤 할 수 있게 되면 규칙과 원리를 알아보고 싶은 때가 온다. 그때에는 이론과 지식이 딱딱하기는커녕 게임을 하는 것보다 오히려 재미있고 또 유익

141_ '조붓가리다'는 낱말도 사전에 오르지 못한 것이지만 우리 고장에서는 예로부터 널리 쓰이는 말이다. 일본식 한자말로 하자면 '정리하다', '정돈하다', '안배하다', '단정히 하다' 같은 말들과 조금씩 비슷하나 꼭 같은 말은 없다. 토박이말로도 '간추리다'와 비슷하지만 적잖이 다르다. '간추리다'는 '가리다'와 '추리다'를 보탠 뜻이지만 '조붓가리다'에는 '가리다'는 뜻은 들어 있어도 '추리다'는 뜻은 없다. 흐트러지고 널려 있는 것들은 하나씩 '가려서' 모든 것이 제자리를 잡고 다소곳하게 있도록 한다는 뜻이다.

한 것이 될 수도 있다. 해 보는 것만으로는 도저히 깨달을 수 없는 비밀들을 규칙과 원리 안에서 새롭게 발견할 수 있는 까닭이다.

그렇다고 하여 말꽃의 앎을 그때에는 아주 덮어 두어야 한다는 말은 아니다. 예술을 삶으로 드러내고(표현, 창작) 받아들이는(수용, 감상) 일을 앞세우면서 자연스럽게 그런 세계의 비밀을 알아보게 하는 앎의 영역도 교육할 수 있다. 그러나 그때 딱딱한 학술의 낱말을 함부로 쓴다든지 지식을 위한 지식의 체계를 내세우는 것은 금물이다. 말꽃을 기쁘고 즐거운 삶의 감으로 여기면서 가깝게 누리며 살아갈 수 있도록 돕는 앎이어야 한다. 선부른 개념의 낱말이나 딱딱한 지식의 체계가 사랑스런 말꽃을 공연히 두려워하게 만들었다는 사실은 이제까지 우리네 배달말 가르치기에서 지나칠 만큼 경험한 바다. 그러나 고등학생이 되면(만 15세를 넘겼다면) 그들의 내면세계는 감성의 영역을 넘어서 이성의 작용에 따라 새로운 눈으로 세계를 바라보게 된다. 이제는 사물이나 현상에 대한 개념과 체계를 자연스럽게 알고 싶어 한다. 그러므로 예술이나 말꽃도 지식의 체계를 갖춘 앎으로써 다가가려는 마음이 생겨난다. 그러므로 고등학교에서는 말꽃도 지식의 체계에서 간추려진 앎으로 교육하는 것이 쓸모 있다. 문제는 앎의 속살을 우리 고등학생 눈높이에 제대로 어울리는 질량으로 조붓가리고 가다듬어 베푸는 일이다. 이것은 적잖은 시간을 바쳐 수많은 현장 연구를 거쳐서야 실마리를 찾을 수 있는 일이다. 이런 연구를 고대하면서 우선 시험 삼아 하나의 차례를 만들어 보기로 하겠다.

Ⅰ. 말꽃

1. 예술과 예술의 재료

2. 말의 예술인 말꽃과 말꽃의 재료

3. 말꽃의 작용

1) 주술 작용

2) 심리 작용

3) 사회 작용

4. 말꽃의 갈래

1) 놀이말꽃

2) 노래말꽃

3) 이야기말꽃

5. 말꽃의 흐름

1) 입말꽃의 흐름

2) 글말꽃의 흐름

3) 전자말꽃의 흐름

Ⅱ. 배달말꽃

1. 배달말과 배달말꽃

2. 배달말꽃과 한문 문학 · 일문 문학

3. 배달말꽃의 세계

1) 드러내기

2) 작품

3) 받아들이기

4. 배달말꽃의 갈래

1) 놀이말꽃

2) 노래말꽃

3) 이야기말꽃

5. 배달말꽃의 흐름

1) 입말꽃의 흐름

2) 글말꽃의 흐름

3) 전자말꽃의 흐름

크게 두 몫으로 나누었다. 먼저, 모든 말꽃이 지닌 속살을 알아보는 것이다. 말꽃이 예술이라는 것, 다른 예술과는 달리 재료가 '말' 이라는 것, 말꽃이 사람과 세상에 값진 작용을 한다는 것, 말꽃을 알려면 갈래를 나누어 살펴야 한다는 것, 말꽃도 시간과 더불어 끊임없이 달라지며 흘러왔다는 것을 알아보게 한다. 인류의 공동문화인 말꽃을 알아본 바탕 위에서 우리의 말꽃, 곧 우리 배달말꽃을 알아보는 데로 넘어가는 것이다.

Ⅰ(말꽃)은 다섯 가지로 다시 나누어 놓고 있으나 크게는 둘로 갈라진다. 앞에서는 말꽃이 예술이라는 사실을 확인하고 그것이 다른 갈래의 예술들과 구분되는 말미가 바로 재료인 말이라는 것을 다룬다. 말에는 입말과 글말과 전자말이 있으므로 그런 세 가지 말로 이루어지는 말꽃이 서로 어떻게 다른지, 또 말꽃이 사람과 그들의 사회에 어떤 작용을 하는지를 깨우치도록 한다. 그리고 뒤에서는 좀 더 다잡아서 말꽃이라는 예술 현상을 깊숙이 다룬다. 먼저 시간 바깥에서 '갈래' 를 따라 알게 하고, 다음은 시간 안에서 '흐름' 을 따라 알게 하는 것이 차례다.

1(예술과 예술의 재료)에서는 예술의 본질인 표현이란 재료로써

살아 있는 형식을 만들어 내는 노릇이라는 사실을 알게 한다. 재료가 제 본디 모습을 버리고 새로운 상상의 세계로 탈바꿈하여 드러나도록 하는 노릇과 그렇게 드러난 모습, 이것이 예술이다. 그러므로 예술 창작이 재료를 어떻게 바꾸어 제품이 아니라 예술품이 되게 하는지를 제대로 알게 하는 것이 소중하다. 그리고 재료라는 매체에 따라 예술품의 모습도 성질도 달라지고 순수성도 달라지는데, 이런 다름이 예술의 갈래를 만든다는 사실을 알게 한다. 말꽃이란 말을 재료로 하는 예술이며, 그 재료인 말의 본질 때문에 말꽃이 다른 예술과는 어떻게 다른지를 알게 하는 것이다.

2(말의 예술인 말꽃과 말꽃의 재료)에서는 말이 일상으로 쓰이면서 동시에 예술로도 쓰인다는 것, 일상으로 쓰이는 말이 글자 그대로(literal)라면 예술로 쓰이는 말은 넌지시 빗대는(figurative) 것임을 알게 한다. 비유로 쓰이는 예술의 말에서 상징과 은유와 환유가 어떻게 이루어지며, 그것들이 어떻게 작용하여 하나의 세계를 만들어 예술 효과를 뿜어내는지를 알게 한다. 이른바 신비평에서 비롯하여 오늘의 기호학에 이르기까지 말꽃 작품을 이루고 있는 말을 꼼꼼하게 들여다보며 읽으려고 애써 온 노력의 값어치를 깨닫게 한다. 무엇보다도 말꽃이 입말을 재료로 하여 기나긴 세월에 걸쳐 살아왔다는 사실, 지금도 여전히 입말의 말꽃은 살아서 사람들의 삶을 기름지게 하고 있다는 사실을 알게 한다. 세계의 여러 나라들에서 입말의 말꽃을 조사하고 연구한 성과를 알게 하고, 그들이 밝혀낸 입말꽃의 특성과 본질을 알게 한다. 말꽃이 글말을 재료로 하여 이루어진 다음에 달라진 사실, 곧 글말꽃의 본질과 특성을 알게 하고 세계 여러 겨레의 글말꽃 사정을 얕게나마 알도록 해야 한다. 지

난 20세기에 나타난 전자말이 말꽃의 재료가 되어 새로운 전자말꽃이 나타났다는 사실, 그런 전자말꽃이 입말꽃이나 글말꽃과 어떻게 같고 다른지를 알도록 해야 한다.

3(말꽃의 작용)에서는 말꽃이 사람과 사회에 어떤 작용을 하는지 알게 한다. 말꽃이 하는 작용에는 밝혀진 정보가 매우 많지만 크게 보아 셋으로 나누어 이해시킬 수 있다고 보았다. 첫째는 원시 고대로부터 예술이 삶에 두루 작용하던 시절에 말꽃이 감당한 작용을 '주술 작용' 이라는 말로 나타낼 수 있다고 본다. 자연과 초자연, 현상과 이념, 사람과 하느님, 상대 존재와 절대 존재 따위로 나누어질 때에 겪게 되는 불안과 두려움을 이길 수 있는 길을 사람들은 예술 안에서 찾았던 것이다. 둘째는 아리스토텔레스 뒤로 많은 사람들이 확인하고, 프로이트와 같은 정신·심리학자들이 밝히고자 한 예술의 작용이다. 예술이 사람의 마음과 얼 안에서 어떤 작용을 하는가를 알게 하므로 '심리 작용' 이라 할 수 있다. 셋째는 사람이란 개인으로 존재하지만 결코 개인으로 살 수 없고 처음부터 모둠을 지어 사회를 이룬 가운데 살았던 만큼 예술은 마땅히 그런 집단과 사회에 중요한 작용을 했다고 본다. 역사학이나 사회학이나 인류학에서 일찍부터 그런 쪽의 연구와 주장이 있었으나 특히 레닌 이래의 사회주의 이론에서 크게 자라난 것으로 '사회 작용' 이라 한다.

4(말꽃의 갈래)에서는 말꽃을 깊이 알아보려고 사람들이 애써 온 나머지 가장 바람직한 방안으로 인정하고 있는 갈래 이론을 알게 하려는 것이다. 갈래 이론은 말꽃을 시간의 흐름 바깥에서 알아보는 길이지만 단순히 현상을 아는 데 머무르지 않고 본질과 원리를 찾아 근원적으로 알자고 하는 노력이다. 게다가 말꽃의 갈래 자

체도 말꽃 작품들과 마찬가지로 사람과 사회가 달라지는 데에 따라 끊임없이 바뀌고 달라지는 역사의 성질과 맞물려 있는 것임을 알게 한다. 한없이 많은 갖가지 말꽃 활동, 헤아릴 수 없이 많은 말꽃 작품을 시간을 벗어나 갈라 보는 이론의 실상과 한계를 알게 하고, 그래서 나타난 갈래 이론의 불일치를 이해하게 한다. 가장 오래도록 두루 쓰이고 있는 세 갈래 이론에 따라 놀이(극)와 노래(시가)와 이야기(서사) 말꽃을 작품으로써 알아보게 한다.

5(말꽃의 흐름)에서는 말꽃의 실상을 시간의 흐름에 따라 알아보는 것이다. 크게 나누어 입말꽃의 흐름과 글말꽃의 흐름과 전자말꽃의 흐름이라는 셋으로 나누어 이야기할 수 있다. 시간으로만 볼 때 입말꽃의 흐름은 엄청나게 길고, 글말꽃의 흐름은 거기 견주어 아주 짧으나, 전자말꽃은 이제야 새롭게 시작하는 것에 지나지 않는다. 그러나 역사란 처음부터 글말로 적힌 것에서 비롯하기 때문에 입말꽃의 흐름은 거의가 시간의 어둠 속으로 사라져 버려서 알아보기 어렵다. 그러나 입말꽃의 재료 안에는 지난날의 자취를 화석처럼 간직하고 있어서 잃어버린 시간의 역사를 더듬어 적잖은 사실들이 밝혀지기도 한다. 어쨌거나 여기서 학생들은 인류의 말꽃을 역사의 눈으로 바라보게 되어야 한다. 글말꽃의 흐름은 훨씬 푸짐한 재료로써 알려 줄 수 있다. 그러나 우리나라에서는 아직 인류사회의 글말꽃에 대한 정보를 공정하게 다루지 못한다. 이웃인 중국과 일본, 그리고 영미를 중심으로 한 서유럽의 것들에만 치우쳐 얼마간 알고 있는 형편이다. 인도 대륙과 중동의 넓은 세계, 아프리카와 지중해 연안, 북부와 동부의 유럽, 중남미 대륙의 글말꽃에 대한 정보에 눈과 귀를 막고 있었다. 하루빨리 온 세계 사람들이 이루

어 낸 세계 말꽃(world literature)에 두루 눈을 돌려 올바른 이해를 갖고, 그것을 배달말 가르치기의 내용으로 받아들여야 하겠다. 전자말꽃의 흐름은 아직 출발점에 머물러 있으므로 알아보기 쉬울 듯하지만 그것에도 어려움은 없지 않다. 이제 막 생겨나는 것인지라 사람들이 그것을 말꽃의 새로운 갈래라는 사실조차 깨닫지 못하고 있기 때문이다. 그러나 어린이와 젊은이들은 이미 전자말꽃의 세계에 깊숙이 빠져서 저들의 삶으로 즐기고 있으니 배달말 가르치기는 서둘러 받아들이지 않을 수 없는 것이다.

Ⅱ(배달말꽃)는 우리 겨레의 배달말로 이루어진 예술을 알아보도록 마련하였다. 우리 겨레의 입말과 글말과 전자말로써 이루어진 말꽃의 실상은 과연 어떠한가? 이 또한 다섯 가지로 나누어 살피는 것이 바람직하다고 보았다. 1(배달말과 배달말꽃)에서는 우리 겨레의 말과 우리 겨레의 말꽃을 있는 그대로 확인시키려고 한다. 우선 우리 겨레의 말을 '한국어(한국말)' 또는 '조선어(조선말)' 라고 부르는 것이 바람직한가를 생각해 보고, 그것을 뛰어넘으려고 '배달말' 이라고 부르자는 제안을 생각해 보게 한다. 그리고 참다운 우리 겨레의 말꽃은 배달말을 재료로 하여 만들어진 배달말꽃이라는 사실을 제대로 깨닫게 한다. 알다시피 배달말에는 입말과 글말과 전자말이 있으니, 입말의 배달말꽃과 글말의 배달말꽃과 전자말의 배달말꽃을 따로 살피게 해야 마땅할 것이다. 또한 글말의 배달말꽃에는 향찰로 이루어진 향찰말꽃과 한글로 이루어진 한글말꽃이 있음을 알고, 향찰이 얼마나 까다로운 글말이고 한글이 얼마나 쉬운 글말인지를 살펴 알게 해야 한다. 한글을 만들어 참다운 글말꽃을 누리게 된 사정과 그것이 겨레의 삶을 어떻게 바꾸었는지를 깊이

깨닫게 해야 한다.

2(배달말꽃과 한문 문학·일문 문학)에서는 우리 겨레의 역사 안에서 중국의 글자를 빌려 와서 쓰게 된 말미와 내력을 제대로 알게 한다. 그리고 아예 중국 글말인 한문을 그대로 익혀서 표현의 도구로 삼은 까닭과 역사도 올바로 알게 해야 한다. 한문을 표현의 수단으로 삼게 되면서 입말의 배달말꽃과 글말의 한문 문학이 어떻게 싸웠는지를 제대로 알게 하는 것도 필요하다. 배달말꽃과 한문 문학으로 드러나는 작품의 모습이 어떻게 다르며, 배달말꽃과 한문 문학이 담고 있는 삶의 모습이 어떻게 다른지를 알게 해야 한다. 배달말꽃을 만들고 즐긴 사람들과 한문 문학을 만들고 누린 사람들이 어떤 사람들이며 얼마나 되었는지를 알게 하는 일도 중요하다. 한마디로, 배달말꽃과 한문 문학은 사회 문화의 역사 안에서 나름대로 어떤 역할을 떠맡아 왔는가를 알게 하는 일이 필요하다. 그리고 한문 문학 만큼 긴 세월에 걸쳐 살아 있지는 않았지만 일문 문학도 말없이 지나칠 수는 없는 것이다. 좋든 싫든 우리 겨레는 가장 부끄러웠던 시절에 반세기 가까이 일문 문학으로 삶을 담아내는 사람들이 적지 않았다. 이런 사실은 지울 수 없는 역사 현실이기에 그럴 뿐 아니라 기나긴 겨레의 역사 안에 또 다시 그런 부끄러움을 되풀이하지 않아야 한다는 뜻에서도 진실 그대로 배달말 가르치기에서 다루어야 마땅하다고 생각한다.

3(배달말꽃의 세계)에서는 우리 겨레의 말꽃 활동 세계를 살피자는 것이다. 말꽃을 알아보려는 사람들의 노력은 초점을 조금씩 옮겨 왔다. 처음에는 말꽃 작품이 만들어지는 표현의 비밀에 관심이 쏠렸다. 따라서 초점이 작품을 만들어 내는 창작자 쪽에 놓이게

마련이었다. 거기에 대한 앎이 쌓이자 관심의 초점은 창작자 쪽에서 작품에게로 옮겨 왔다. 작품의 재료인 말과 말로써 짜고 얽은 작품의 모습과 속살을 살펴서 그 속내를 알아보는 일에 힘을 쏟았다. 다시 거기에 관한 앎이 쌓이자 이제는 작품을 받아들이는 수용자에게로 관심의 초점을 옮겼다. 말꽃이란 받아들이는 사람이 어떻게 받아 주느냐에 따라 값어치가 달라지는 것이므로, 수용자를 보아야 말꽃을 안다는 생각이다. 이렇게 해서 이제 말꽃은 드러내기(표현), 작품, 받아들이기(수용)라는 세 쪽을 두루 싸잡지 않으면 온전하지 못하다는 사실을 알기에 이르렀다. 그러므로 우리 겨레의 말꽃도 그런 눈에서 살펴보는 일이 필요하다. 우리 겨레의 말꽃에서는 표현하는 사람들이 누구였는가, 무엇을 표현하려고 했는가, 어떻게 표현하려고 했는가를 알게 해야 한다. 우리의 배달말꽃은 어떤 모습의 작품을 싸잡고 있는가, 그 작품들은 무엇을 담고 있으며, 어떻게 담고 있는가를 살피도록 해야 한다. 그리고 우리의 배달말꽃에서는 누가 작품을 즐겼는가, 무엇을 즐겼으며, 어떻게 즐겼는가 하는 사실들을 알게 해야 하는 것이다.

4(배달말꽃의 갈래)에서는 우리 말꽃의 모두를 시간 흐름을 잠재워 두고 마땅한 질서에 맞추어 살펴보게 하려는 대목이다. 우리 겨레의 말꽃을 어떻게 갈래지어야 가장 이치에 마땅한지는 학계에서조차 아직 뜻이 모이지 않았다. 아니, 학계에서는 뜻이 모이지 않고 저마다 나름대로 마땅한 잣대를 마련하여 남다른 갈래를 짓는 것이 바람직하다. 배달말 가르치기에서도 우리 겨레의 말꽃을 한 가지 잣대의 갈래로만 가두어서 가르칠 일은 아니다. 중·고등학생들이라면 여러 가지 잣대로 나누는 갈래를 배우고 살피면서 새로운

생각과 열려진 눈으로 겨레의 말꽃을 바라볼 수 있어야 한다. 여러 학자들의 의견을 보여 주고 학생들도 그 문제를 따져 보게 하는 것이야말로 필요한 교육 방법이다. 어떤 갈래로 나누면 우리 말꽃의 전체 모습이 가장 실상에 가까우면서 깊고 넓게 보이는지를 따져 보게 하는 것이 바람직하다. 그러나 우선 온 세상에서 가장 널리 알려진 갈래 나누기에 따라 우리 말꽃의 실상을 알게 해야 한다. 갈래마다 가장 손꼽히는 작품들을 살펴서 알게 하고, 갈래의 가지를 따라 내려가면서 작품의 실상을 알게 해야 한다. 갈래마다 시대와 사회가 달라짐에 따라 작품들과 그것을 만들어 내고 받아들이는 사람들이 어떻게 달라지는지도 알게 하는 것이 필요하다.

5(배달말꽃의 흐름)에서는 우리 겨레의 말꽃을 시간의 흐름에 따라 알아보는 것이다. 우리 겨레의 말꽃을 삶의 변천인 역사의 자취와 더불어 알게 하자는 것이다. 참다운 우리 말꽃의 역사를 사실에 가깝게 살피려면 입말꽃의 역사와 글말꽃의 역사와 전자말꽃의 역사를 나누어 살피는 것은 불가피하다. 이제까지 학자들이 밝혀 놓은 배달말꽃의 흐름을 무시할 수는 없지만 그것은 거의가 글말꽃을 살펴서 밝힌 것에 지나지 않는다. 그러므로 배달말꽃의 바탕인 입말꽃의 흐름은 이제부터 밝혀야 할 숙제들로 가득하다. 입말꽃이란 말 그대로 입말과 함께 사라졌기 때문에 흐름을 밝혀 볼 자취를 찾아내기 어려운 까닭이다. 그러나 입말꽃도 모든 생명이 그렇듯이 유전자를 지니고 수많은 세대를 거치며 진화하였을 뿐인지라 꼼꼼히 들여다보면 아득한 옛 모습이 감추어져 있게 마련이다. 배달말 가르치기로 그런 자취를 보여 주며 자라는 어린이와 젊은이들의 호기심과 의욕을 불러일으키는 것도 훌륭한 몫이 될 수 있다. 전자말

꽃은 이제 비로소 싹이 나고 있는 셈이지만 시간의 흐름에 따라 달라지고 새로워지는 걸음이 너무나 빠르다. 그러므로 전자말꽃의 흐름은 시간의 길이로 가늠할 것이 아니라 바뀌며 새로워지는 모습을 겨냥하면 살피고 밝혀야 할 일들이 적지 않다. 비록 학자들의 업적이 거의 없지만 배달말 가르치기는 뒷짐 지고 가만히 기다릴 수 없다. 학자들의 성과를 사실대로 보여 주고 학생들이 비판하고 평가하도록 하면서 새로운 역사를 만들어 가는 힘을 키우게 하는 것이 배달말 가르치기의 몫이다.

진실만이 우리를 만족시킬 수 있고, 진실만이 우리의 자존심을 지켜 줄 수 있는 것이기 때문에 우리는 우리 자신을 바라보는 눈으로 우리의 말꽃을 바라볼 수 있어야 한다. 말꽃을 아는 것은 삶을 아는 것이고, 삶을 아는 것은 사람과 세계를 아는 것이다. 말꽃을 알아서 우리 자신을 안다는 것으로도 말꽃의 앎은 가볍게 다룰 수 없다.

어떻게 하는가?

이제 우리는 배달말 가르치기의 마지막 문제, 곧 배달말 가르치기를 '어떻게' 해야 할까 하는 '솜씨(방법)' 앞에 마주 섰다. 이것은 이론이 아니라 실천이기 때문에 국어 교사들 모두가 함께 정성을 다하여 실천으로 살아 주지 않으면 쓸모없는 이야기다. 사실 배달말 가르치기를 '왜 하는가', 배달말 가르치기는 '무엇을 하는가' 하는 문제는 몇몇 사람의 머리로도 또는 이론만으로도 해답을 찾을 수 있다. 그게 아니면 잘하고 있는 다른 나라들의 것을 살펴보고서도 얼마간의 길을 찾아낼 수 있다. 그러나 배달말 가르치기를 '어떻게 하는가' 하는 문제만은 사정이 다르다. 누군가가 '이러저러한 방법으로 하는 것이 좋다'고 길을 밝혀 놓는다 하더라도 그것이 배달말 가르치기를 실제로 고쳐 놓지는 못한다. 배달말 가르치기는 어디까지나 실천하는 일이기 때문에 모든 국어 교사들이 함께 마음을 다잡고 힘을 다하여 이루어 낼 때에만 비로소 살아 있는 것이다.

말을 바꾸면, 이제까지 우리가 이야기해 온 배달말 가르치기를 왜 하는가, 배달말 가르치기는 무엇을 하는가 하는 것은 결국 이제부터 이야기하려는 어떻게 하는가에 와서야 마무리된다는 말이다. 과녁(목표)과 속살(내용)이란 그것으로 그냥 가만히 존재할 수밖에 없는 것이고, 솜씨(방법)가 실천하는 힘으로 움직여 줄 때에만 비로소 모두가 살아난다. 그러니까 이미 살펴본 '왜' 와 '무엇을' 은 앞으로 살펴보려는 '어떻게' 로 가는 디딤돌이었다고 볼 수도 있는 것이고, 그래서 '어떻게' 는 우리의 이야기에서 마지막 마무리가 될 수 있는 것이다. 이야기의 마지막인 까닭에 이제는 이야기만으로 그치는 것이 아니라 실천으로 나타나야 하고, 솜씨가 실천으로 이루어지면 그때 비로소 속살도 거기서 소화되고 과녁도 거기서 이루어지는 것이다. 솜씨란 그만큼 현실로 나타나도록 이야기해야 마땅하다.

배달말 가르치기를 과연 어떻게 하면 제대로 하는가? 이 물음에 대답하려면 여러 가지를 나누어서 이야기할 수밖에 없다. 우선, 학생들과 더불어 교육 활동을 몸소 일구어 가야 할 교사, 학생과 교사가 만나서 활동을 할 수 있도록 맺어 주는 교육과정과 교재, 교사와 학생이 교재를 가지고 만들어 가야 하는 활동, 그리고 그런 활동을 되짚어 살피고 더 나은 길을 찾아가는 평가,[142] 이런 너댓 가지를 낱낱이 짚어 가며 이야기해야 한다. 이들 가운데서도 가장 소중한

142_ 흔히 '평가' 를 '방법' 에서 떼어 따로 세우지만 그것은 올바르지 않다. 평가가 방법 안에서 중요하기도 하고, 무엇보다도 우리 현실에서는 평가가 교육 전체를 옭아매고 있기도 하지만 그렇다고 평가가 방법을 벗어나 나란히 설 수 있는 것은 아니다.

것은 물론 활동과 평가라 하겠고, 거기서도 더욱 알맹이는 말할 나위도 없이 활동이다. 그렇다는 사실을 마음에 두면서 거칠게나마 차례대로 살펴보자.

1. 교사

교육 활동에 꼭 있어야 할 기본 요소로 교사와 학생과 교재라는 세 가지를 든다. 따라서 교육이 '어떻게' 이루어지는가를 이야기할 때에는 이들 세 가지를 이야기하지 않을 수 없다. 그러나 여기서는 학생을 다루지 않으려 한다. 왜냐하면 배달말 가르치기는 배울 학생이 어떠하든 그들 모두에게 올바른 가르침을 주어야 하기 때문이다. 학생은 있는 그대로 받아들여야 할 것일 뿐 우리가 따져서 바로잡아야 할 대상이 아니라는 말이다. 물론 있는 그대로의 학생이 저마다 다르기 때문에 교육 활동의 방법이 저마다 다른 학생들에게 제대로 맞추어야 한다는 사실은 잊지 말아야 한다. 그것은 교재, 활동, 평가를 이야기할 적에도 언제나 바탕에 깔려 있을 것이고, 학생을 따로 떼어서 다루어야 할 까닭은 없다.

우선 교사도 하나의 직업인이라는 사실을 짚어야겠다. 지난날 일제 침략자들이 교사에게 지나친 몫을 떠맡기며 쓸데없는 도덕의 값어치를 붙여서 '군사부일체' 니 하고 엉터리 같은 우상으로 추켜세웠다. 그리하여 그것이 마침내는 교사들에게 견디기 어려운 멍에가 되거나 위선의 가면이 되어서 오히려 교육자의 몫을 헷갈리게 하는 걸림돌이 되었다. 이제 우리가 사실을 사실대로 받아들이자면 교사도 하나의 전문 직업인이라는 점을 똑똑히 알아 둘 필요가 있다. 의사와 건축가와 법관과 항공기 조종사와 마찬가지로 교사도 아무나 하는 것이 아니라 합당한 능력을 갖추어야 할 수 있는 전문 직업인이다. 교사는 막연한 인간의 모범으로 학생들 앞에 서야 하는 것이 아니라, 학생을 가르치고 깨우치는 전문 작업을 철저한 계획 아래 다루는 사람이라는 사실을 좀 더 똑똑히 해 둘 필요가 있다. 전문 직업은 반드시 특수한 기술이나 능력을 필요로 하기 때문에 전문가는 거기 합당한 기술과 능력을 먼저 잘 갖추어야 한다. 그런데 우리는 이제까지 국어 교사가 갖추어야 할 능력이 무엇인지 그 규격과 기준을 제대로 밝혀 보지 못했다. 국어 교사와 외국어 교사의 능력이 어떻게 달라야 하며, 과학 교사와 예술 교사의 기술이 어떠해야 하는지에 대하여 우리는 아무도 제대로 알지 못하고 있다. 이것은 결코 작은 문제가 아니라고 생각하는데, 그렇게 된 연유가 바로 교사를 직업인으로 보지 않았던 데에 있었다고 생각한다. 교육이 사람됨을 만들어 가는 길에 깊은 영향을 미치는 활동임이 틀림없다면, 그것으로 겨레의 앞날과 나아가 인류의 장래가 좌우될 수 있는 것이라면, 그런 교육을 담당할 교사의 능력과 기술을 올바르고 똑똑하게 알고 있어야 마땅할 것이다. 교육학에서 이미 수없이 이야기해 온 여느 '교사론'이 아니라, 한결 더 또렷한 교과 교사가 전문가로서 갖추어야 하는 능력과 기술이 과연 무엇인지 철저하게 알아야 하겠다. 가만히 생각해 보면 그것은 현실의 삶에서 상식이 되어 있어야 할 과제일 뿐이다. 그런데도 우리는 이런 상식조차 여태 제대로 밝혀 놓지 못하고 살아가고 있는 것이다.

교사가 갖추어야 할 능력은 무엇인가? 그것은 세 가지 요소, 곧 '지식'과 '기술'과 '신념'이 어우러져서 만들어 내는 어떤 힘이라고 본다. 이들 세 요소를 잠시 살펴보기로 하자. 오늘날과 같이 여러 교과목으로 나누어 교육하고 있는 우리네 학교 교육에서 교사는 먼저 담당 교과목의 교육 내용에 대한 '지식'을 충분히 갖추어야 한다는 데에 무슨 딴말이 있을 수 없다. 지식을 위한 지식이 아니라 교과목의 교육 내용을 소화시켜 교실에서 이루어질 교육 활동에 충분히 활용할 수 있는 탄력과 신축성을 지닌 지식이 갖추어져 있어야 하겠다. 사실 그러한 실용의 탄력과 신축성은 그 지식의 깊이와 넓이에 전적으로 비례하는 것으로 보이기 때문에 질량으로 말한다면 교사의 지식이란 많으면 많을수록 좋을 것이다. 다음으로 교사에게는 교육의 '기술'이 필요하다. 지식만을 갖추었다면 우리는 그를 학자라고는 인정할 수 있어도 교사라고는 보기 어렵다. 교사는 지식을 전달하는 사람이 아니라 학생이 스스로 배우고 싶은 마음을 일으키고 힘써 배우는 버릇을 들이도록 이끄는 기술자다. 학생이 스스로 일어나서 지식을 찾고 깨닫도록 이끌 수 있는 기술이 있어야 비로소 교사일 수 있다. 뿐만 아니라 교육의 목표를 학생의 수준에 맞추어 겨냥하고, 교육의 내용을 학생의 실태에 맞추어 조정하고 적응시킬 수 있는 기술을 지녀야 한다. 실제로 교실에서 시간마다 이루어지는 교육이 교육답게 실현되어 가려면 말로써는 다 설명할 수 없는 복잡하고 미묘한 교사의 기술이 동원되고 활용되는 것이다. 기술 없이도 적당히 시간을 넘기고 교과의 진도를 나갈 수는 있을는지 모르겠으나 그것은 죄악일 뿐 교육은 아니다. 교사는 저마다 남다른 교육의 '신념'을 지녀야 한다. 교육의 신념이라기보다는 교육에 대한 신념, 또는 교육에 대한 믿음이나 열정이나 사랑이라는 표현이 한결 적절할는지 모를 그런 정신 자세가 필요하다. 교육으로서 실현하고자 하는 참된 인간의 완성과 진정한 인류의 진보를 애타게 바랄 뿐만 아니라 그 일에 자신의 생애를 거는 것을 기쁘게 생각하는 마음가짐이 교사에게는 필요하다. 그런 일이 다른 어떠한 직업보다 값지다는 것을 믿는 까닭에 삶을 두고 곁눈질하지 않을 수 있는 그런 마음가짐이 있어야 한다. 그런 신념은 타고난 정신의 체계에다 배워서 얻은 갖가지 정보가 어우러져 만들어 내는 인식을 바탕으로 삼아 이루어지는 것이기에 얼마든지 양성하고 단련할 수 있는 것임은 두말할 나위도 없다.

이제 이들 요소를 우리의 주제인 국어 교사에게로 옮겨 생각해 보기로 하자. 우선 국어 교사로서 갖추어야 할 지식은 어떠한 것인가? 그것은 대개 앞에서 살펴본 배달말 가르치기의 내용과 그것에 얽히는 이웃 학문의 성과들이라고 손쉽게 말할 수 있다. 다시 말하면, '말'과 '말꽃'이라는 두 영역의 지식과 그것에 얽혀지는 이웃 학문의 성과라는 말이다. 가깝게는 우리 '배달말'과 '배달말꽃'을 알맹이로 삼으며 모든 인류가 쓰고 즐기는 '말'과 '말꽃'에 관한 지식이 우선 그 첫째 대상이다. 그리고 그것들에 관련한 주변 학문의 세계가 다음 대상이 된다. 알다시피 배달말 가르치기의 내용은 '말'과 '말꽃'을 '삶'과 '앎'이라는 변수로 다시 나누어야 한다고 보았다. 따라서 말의 삶에 필요한 의사소통에 관한 지식과 말꽃의 삶에 필요한 수사학이나 창작 기법에 관한 지식도 마땅히 필요한 것이다. 그러나 아무래도 지식이 한결 절실하게 필요한 영역은 말과 말꽃의 앎에 관련한 부문임은 두말할 나위조차 없다. 실제로 이러한 앎의 영역 안에 드는 지식들을 교육에 활용할 수 있을 만큼 소화하려면 그에 관련한 주변 학문의 지식이 만만치 않다는 사실을 짐작하는 일은 어렵지 않다. 거기에는 결코 만족할 만한 한계를 그을 수 없고, 많으면 많을수록 더 좋다고 말할 수밖에 없을 것이다. 그러나 그렇게만 말하고 말면 무책임한 것이기에 국어 교사에게 필요한 최소한의 지식 세계가 무엇인지를 뒤(1. 양성)에서 다시 살펴보겠다.

그다음으로, 국어 교사로서 갖추어야 할 기술은 무엇인가? 광복 뒤로 교사들 스스로 기회 있을 때마다 교육은 전문직이라는 말을 서슴없이 해 왔고 모든 국민들이 그 말에 대하여 부인하지 못했다. 그러면서도 그 전문직에 마땅한 기술이 과연 무엇인지에 대해서는 제대로 대답하지 못했고 실제로 기술을 전혀 갖추지 않은 교사가 계속 배출되어 교단을 메웠다. 그러나 역시 교육은 전문 기술을 필요로 하는 일이고, 배달말 가르치기는 더욱 그렇다. 안과 의사가 갖추어야 할 기술, 자동차 정비사가 갖추어야 할 기술, 요리사가 갖추어야 할 기술이 있는 것과 마찬가지로 국어 교사가 갖추어야 할 기술이 엄연히 따로 있는 까닭이다. 배달말 가르치기에서 전문 기술이 아쉬운 곳은 앎 쪽보다 삶 쪽이다. 말을 더욱 잘 살게 하는 쪽과 말꽃을 더욱 잘 살게 하는 쪽에는 국어 교사만의 남다른 기술이 절실하다. 살게 하는 것은 이론이 아니라 실천이기 때문에 학생들에게 삶의 훈련을 시켜야 한다. 삶을 훈련시키려면 무엇보다도 먼저 교사가 삶을 잘 살아야 한다. 말하기를 훈련시키려면 교사가 먼저 말하기의 훌륭한 기술자가 되어 있어야 하고, 쓰기를 제대로 훈련시키려면 교사가 먼저 쓰기에 뛰어난 기술을 지니고 있어야 한다. 듣기와 읽기, 보이기와 보기도 물론 마찬가지다. 말꽃 말하기와 듣기, 말꽃 쓰기와 읽기, 말꽃 보이기와 보기 또한 다르지 않다. 학생이 겨우 이삼 분 동안 말하는 것을 듣고 그것을 되풀이하고, 분석하고, 바로잡고, 평가하려고만 해도 교사는 엄청나게 복잡한 듣기의 능력이 있어야 한다. 그저 제 귀에 들리는 대로만 알아들으면 그만인 여느 사람과는 달리, 우선 학생의 말을 그대로 고스란히 머리 속에 녹음할 수 있어야 하고, 어느 대목이라도 다시 되풀이하면서 끄집어낼 수 있어야 하고, 말의 모습인 소리와 속살인 뜻의 잘잘못을 올바르게 가려낼 수 있어야 하고, 말한 학생의 심리와 듣는 사람의 마음에 미치는 여러 영향들을 올바로 가늠할 수 있어야 말하기와 듣기를 제대로 교육할 수 있는 국어 교사가 된다. 이만한 정도의 능력만을 갖추려고 하더라도 짧지 않은 세월에 걸쳐 철저한 훈련을 거치지 않고서는 어림도 없는 노릇이다. 학생에게 말꽃을 살게 하는 교육을 하는 데 필요한 교사의 기술은 더욱 정교하고 복잡하다. 학생들이 말꽃을 만들 수 있도록 훈련시키려면 교사가 만들 수 있는 기술을 지녀야 하고, 학생들이 말꽃을 제대로 맛볼 수 있도록 훈련시키려면 먼저 교사가 맛보기에 뛰어난 기술을 익히고 있어야 한다. 누구나 알다시피 삶 안에서 체험하는 바, 느끼고 생각하고 행동하는 바를 감동을 불러일으킬 만한 예술의 맛이 나도록 말로써 드러낸다는 것은 대단한 훈련을 쌓지 않고는 이루어 내기 어렵다. 입말로서도 드러내고 글말로서도 드러내고 전자말로서도 드러내고, 놀이로서도 드러내고 노래로서도 드러내고 이야기로서도 드러내는 능력을 어느 정도 갖추자면 특별하게 마련한 과정을 거치지 않고서는 어렵다. 물론 국어 교사가 전문 예술가의 경지에 다다라야 한다는 뜻은 아니다. 여느 사람 누구에게나 있는 예술 감각을 말꽃으로 발휘할 수 있도록 이끄는 국어 교사를 말한다. 그만한 국어 교사의 기술을 갖추는 데에도 상당한 훈련을 체계적으로 쌓아야 한다는 말이다. 입말꽃이든 글말꽃이든 전자말꽃이든 그것을 학생들이 제대로 감상할 수 있게 하려면 이 또한 먼저 교사가 제대로 맛보는 능력을 넉넉히 갖추고 있어야 한다. 모든 예술의 실기 교육이 그렇듯이 말꽃의 실기 교육, 곧 삶의 교육도 교사가 실제로 잘 살 수 없으면 학생에게 교육할 수 없다. 삶 쪽을 교육할 때에 교사의 기술이 가장 절실하지만 앎 쪽을 교육할 때에도 기술이 쓸데없는 것은 아니다. "말이든 말꽃이든 그것의 지식을 알려 주려는 교육이라면 교사에게 특별한 기술이 필요한 것은 아니다. 지식이란 아는 만큼 가르칠 수 있는 것이므로 교사에게 필요한 것은 좋은 기술이 아니라 많은 지식이다." 이런 주장이 흔히 있고 그 말도 아주 그른 것은 아니다. 교사가 먼저 넉넉한 지식을 갖고 있지 않고서는 앎을 교육할 수 없기 때문이다. 그러나 지식을 넉넉히 갖고 있기만 하면 좋은 교육을 할 수 있는 것도 아니다. 학생이 마음을 먹고, 주의를 기울여, 재미를 느끼며, 지식을 스스로 찾아서 알아 가도록 도우려면 교사에게는 넉넉한 지식 위에 다시 갈고닦은 기술이 있어야 한다. 깊고 넓은 지식을 지니고 있으면서도 학생들 앞에서 쩔쩔매고 학생들을 불안하고 따분하게 만들고만 있는 교사를 우리는 현실에서 자주 볼 수 있다. 교육이 지난날처럼 지식만을 전달하지 않고 학생들로 하여금 스스로 찾고 밝히고 알아가도록 돕는 쪽으로 바뀔수록 교사의 기술은 더욱 절실해진다. "교육의 성패는 교사에게 달렸다."라는 말이 널리 퍼져 있지만, 그때의 교사란 '교사의 기술'을 뜻한다.

국어 교사가 지녀야 할 '신념'이란 배달말 가르치기로 사람과 세상을 바꿀 수 있다는 믿음이다. 우선 교육이 사람을 더욱 훌륭하게 만들고 훌륭한 사람이 세상을 더욱 살기 좋게 만든다는 믿음이고, 그런 교육에 일생을 기꺼이 걸고 기쁘게 던지겠다는 마음이다. 게다가 말이 사람과 세상의 모습을 새롭게 만든다는 믿음, 일상에서 남들과 어우러져 살아가려고 쓰는 말과 예술로서 영원한 세계를 바라고 꿈꾸면서 쓰는 말이 사람에게 더없이 값진 것이라는 믿음, 그런 말이 어떠한가에 따라 사람과 세상의 앞날이 달라진다는 믿음이다. 교육의 값어치를 믿고 말의 값어치를 믿는 것이다. 이런 믿음이 마련되어 있어야 배달말 가르치기에다 사랑과 열정을 쏟으며 스스로 복된 삶을 누릴 수 있다. 신념이란 가만히 두어도 저절로 피어오르는 것이 아니다. 무엇을 알고 있으며 어떻게 알고 있느냐에 따라서 피어나기도 하고 시들어 버리기도 하는 그런 마음의 힘이다. 따라서 교사를 양성하는 기관들이 그들을 교육하는 과정에서 무엇을 가르치고 어떻게 가르치느냐에 따라 신념을 세우게 할 수도 있고 버리게 할 수도 있는 것이다. 신념은 삶을 떠받쳐 주는 버팀목이기 때문에 사람이 무슨 일을 하면서 살아가든 신념을 가지고 있으면 스스로 거기서 늘 기쁨을 맛보며 지칠 줄을 모르고 다른 이들에게도 더없이 아름답게 보인다. 그런 삶은 자신에게만 축복일 뿐 아니라 이웃에게도 용기와 희망을 던져 주는 은혜와 빛이 된다.

충분한 지식과 능숙한 기술과 확고한 신념을 지닌 교사는 교육의 모든 것이라 하여도 지나친 말이 아니다. 말과 말꽃 그리고 배달말과 배달말꽃의 지식을 넉넉히 쌓고, 말하고 듣고 쓰고 읽고 보이고 보는 일의 기술이며 말꽃을 만들고 맛보는 기술을 훌륭히 갖추고, 배달말 가르치기에다 삶의 보람을 걸고 모든 것을 기쁘게 바치겠다는 신념을 지닌 교사가 있다면 배달말 가르치기는 걱정할 것이 없다. 그런 교사라면 학생이 나빠도, 교재가 마땅찮아도, 교육 여건이 엉망이라도 모든 어려움을 바로잡고 헤치면서 참된 교육의 길을 열어 나갈 수 있기 때문이다. 그런데 그러한 교사를 어디서 어떻게 얻을 수 있는가? 그런 교사를 얻으려면 우선 제대로 '양성' 하는 길이 있어야 하고, 양성한 가운데서 훌륭한 사람을 골라 '임용' 하는 잣대가 있어야 하고, 임용한 교사가 쉬지 않고 좋은 교육을 해 나가도록 '관리' 하는 제도가 있어야 한다. 국어 교사의 '양성' 과 '임용' 과 '관리' 를 두고 이야기하자면 짚어 보아야 할 문제가 너무도 많지만 바탕만 잠시 간추려 살펴보자.

1) 양성

교사의 양성은 능력의 요소인 지식과 기술과 신념을 골고루 키울 수 있도록 마련해야 한다. 그것은 크게 보아 두 가지 길로 이루어진다고 생각할 수 있다. 하나는 제도가 마련해 줄 수 있는 '훈련' 의 길이고, 다른 하나는 환경의 자극들에 힘입어 스스로 마련하는 '자기 발전' 의 길이다. 앞의 것은 양성의 주체인 학생보다 양성의 객체인 외부의 제도를 마련하여 밖에서 힘을 줌으로써 이루어지게 만드는 양성이다. 뒤의 것은 양성의 주체인 학생들이 스스로 다짐하고 찾아내고 깨달으면서 안으로부터 이루어 가는 양성이다. 이런 두 쪽의 양성 조건을 균형 있게 갖추지 않고서는 전문 능력을 지닌 교사를 길러 낼 수 없다. 아주 상식에 지나지 못하는 이런 사실만을 놓고도 우리의 양성 현실을 얼마든지 반성할 수 있다.[143]

우선 중·고등학교의 국어 교사는 들쭉날쭉한 여러 길에서 자격증을 주어서 내보낸다. 국립과 사립의 사범대학 국어교육과, 일반대학 교육계열 국어교육과, 일반대학 국어국문학과의 교직 과정,

교육대학원 국어교육 전공에서 자격증을 준다. 이들 여러 과정은 교육 기간과 내용과 방법이 모두 달라서 사범대학에서는 네 해 동안에 150학점을, 일반대학에서는 전공 학문(보통 140학점) 위에 교직 과정이라는 이름의 교육학 이론 20학점 안팎을, 교육대학원에서는 관련 학과를 졸업한 사람들이 교육학과 전공을 합쳐 30학점 안팎을 이수하고 자격증을 받는다. 이처럼 저마다 다른 길을 거치면서도 똑같은 중등학교 국어 교사의 자격증을 주는 것이 우리네 현실이다. 이처럼 불평등한 양성으로 자격증을 주고는 자격증을 지닌 사람들에게 평등권을 보장해야 한다면서 똑같은 문제를 주어서 임용 시험을 치게 한다. 국어 교사의 평등한 양성을 보장하도록 길을 찾는 일이야말로 배달말 가르치기에서 가장 다급한 발등불이다.

교사 양성을 제대로 하자면 갖추어야 할 일이 셋이다. 하나는 양성에 마땅한 교육과정이고, 둘은 양성을 맡을 사람(교수)이고, 셋은 양성에 마땅한 환경이다. 이들 셋의 현실을 들여다보면 한결같이 한심하다. 먼저 교육과정을 보면, 전국 모든 사범대학들이 국어 교사 양성에 관련되는 강좌로 '교과교육론', '교과지도법', '교과교재연구'라는 셋만을 개설하고 있다. 그나마 적잖은 곡절을 겪은 뒤에 교육부(당시 문교부)가 강제에 가까운 지시를 해서야 마지못해 개설한 것들이다. 나머지는 거의가 일반대학 국어국문학과에서 이수하는 것과 다를 바가 없다. 국어 교사를 양성하자는 사범대학이

143_ 초등학교 '국어 교사'는 교육대학에서 네 해에 걸쳐 양성한다. 그러나 초등학교의 교사는 교과목 전담이 아니므로 '국어 교사'라는 쪽에서 양성을 이야기하기는 어렵다. 그러므로 '국어' 교과목을 전담하는 중·고등학교의 국어 교사 양성을 생각하며 이야기하는 것임을 헤아려 주기 바란다.

라면 적어도 '배달말 가르치는 원리', '배달말 가르치는 목표', '배달말 가르치는 내용', '배달말 가르치는 방법' 이라는 네 갈래를 기본으로 잡고, 거기에 마땅한 강좌들로 교육과정을 짜야 한다. '원리' 와 '목표' 는 두어 강좌면 되겠으나 '내용' 과 '방법' 은 훈련의 중심이므로 훨씬 깊고 넓게 교육하지 않을 수 없다. 우선 '배달말 가르치는 내용' 은 크게 묶어 '말(언어)' 과 '말꽃(문학)' 으로 나누어지지만 거기에는 또 '앎' 과 '삶' 이라는 두 쪽으로 나뉘어 여러 학문들을 개설해야 한다.[144] '배달말 가르치는 방법' 에서도 여러 가지 강좌들이 필요하다. 우선 '교사', '교재', '활동', '평가' 의 네 계열을 기본으로 삼아야 하고, 무엇보다도 '활동' 쪽은 많으면 많을수록 좋을 것이다. 다음은 사범대학 교수다. 우선 사범대학 교수는 대학 사회에서 따돌림을 받는다. 다른 단과대학 교수보다 일은 힘들고 대우는 나쁘기 때문이다. 사범대학 교수는 일반 학문과 교과 교육을 겹으로 연구해야 하고, 주말이나 방학에도 교육대학원 강의와 연수교육으로 쉴 겨를이 없다. 주말과 방학까지 빼앗기므로 연구에 바칠 시간이 모자라 허덕이게 마련이고, 정부나 기업이 연구비를 지원할 적에 사범대학 교수는 끼어들기 어렵다. 사범대학 교수는 연구에 매달릴 시간이 없고 연구할 만한 시설을 갖추지 못한 사실을 정부나 기업들이 잘 알기 때문이다. 이런 현실이 사범대학 교수를 기회만 닿으면 다른 단과대학으로 옮기려고 안달하게 만든다. 사범대학 교수들이 실의에 빠지지 않고 오히려 다른 단과대학 교수들이

144_ 말과 말꽃의 앎과 삶에서 '말과 말꽃의 앎' 쪽은 인문대학 국어국문학과에서 공부하는 바와 같은 것이다.

부러워하도록 사정을 뒤집는 제도를 마련해야 한다. 그것은 국민의 일이고 정부의 일이다. 사범대학의 교사 양성 환경도 한심하다. 여태까지 우리네 사범대학에는 이렇다 할 훈련 시설이 없다. 일테면, 사범대학 생물교육과는 자연대학 생물학과와 전혀 다른 실험·실습 시설이 필요하다. 새로운 진실을 찾아내려는 학문 연구 시설뿐만 아니라 이미 찾아낸 사실을 중·고등학교 학생들에게 확인시키고 재발견시키도록 하는 교육 활동의 실험·실습 시설이 갖추어져야 하기 때문이다. 마찬가지로 국어 교사를 양성하는 사범대학 국어교육과에도 훈련에 마땅한 시설이 있어야 한다. 이제까지 우리네 사범대학 국어교육과에서는 모든 강의가 한결같이 교수의 입과 분필에만 맡겨져(chalk-talk method) 있었다. 세상은 엄청나게 바뀌었고 날이 갈수록 더욱 빠르게 바뀔 터인데 양성 과정에서 케케묵은 방법밖에 경험하지 못한 학생들이 졸업한 뒤 중·고등학교 교실에서는 새로운 시설과 장비를 활용하는 교육을 해 주려니 하고 바랄 수는 없는 노릇이다.[145] 오늘날 우리나라 대학들이 외국어 교육 때문에 갖추고 있는 '언어 실습실(language laboratory)'이라는 것이 사실은 서양에서 제 나라 국어 교육을 하면서 개발한 시설임을 생각한다면 사정을 짐작할 수 있으리라고 본다. 그러니까 국어 교사를 양성하는 기관에서 갖추어야 할 시설은 만만치 않은 것이다. 무엇보다도 컴퓨터와 거기 따르는 여러 장비는 앞으로 배달말 가르치기

145_ 요즘 각급 학교 현장에는 컴퓨터를 비롯하여 새로운 교육 장비들을 비싼 값으로 들여놓는다. 그러나 그것을 제대로 쓸 수 있는 교사가 없다. 수십 명의 교사 가운데 한 두 사람이 있으면 고작이다. 정부가 새로운 장비를 갖춘 교육을 해야 한다고 판단했다면 먼저 교사 양성 기관부터 그런 장비들을 갖추게 하여 교사부터 양성한 다음에 장비를 들여놓아야 일의 차례가 아닌가?

의 방법을 크게 바꾸어 놓을 것이기에 특별한 관심으로 모든 국어 교사가 마음대로 부려 쓸 수 있도록 준비시켜야 한다.

국립 사범대학의 교사 양성 실상조차 이처럼 현실과 이상 사이에 거리가 아득하다. 교육과정이나 교수나 시설이나 그 어느 것도 바람직한 교사를 양성할 수 있도록 갖추어지지 못하고 있다. 그러니 그 밖에 다른 양성 기관들이야 말할 나위조차 없다. 교육은 교사의 수준을 넘어설 수 없다고 말만 할 것이 아니라 우리네 교사 양성 현실을 제대로 들여다보고 과감하게 고쳐 가는 일을 실행하지 않으면 안 된다. 온 세상이 현대 사회의 모든 제도를 서유럽에서 본뜨듯이 우리도 서유럽과 미국과 일본에서 온갖 제도와 문물을 본뜨고 배웠다. 그래서 교사 양성 제도마저 저들을 본뜨고자 하는 이들이 많지만 교사 양성만은 그게 아니다. 저들은 근대 교육 이백 년 동안 보통교육을 바로잡아 왔기 때문에 교사를 특별히 양성하지 않아도 좋다. 이미 잘 가다듬어진 학교 교육을 제대로 거치고 대학까지 나온 사람이면 스스로 학교에서 배우며 체험했던 그대로를 되풀이해도 크게 모자라지 않기 때문이다. 그러나 우리는 아직 보통교육의 걸음이 왕조 시대의 한문 교육과 일제 침략 시대의 식민지 교육이 남긴 그릇된 유산의 가시밭을 벗어나지 못하고 있다. 그러므로 교사가 학교에 다닐 적에 배우며 경험한 그대로를 되풀이하는 것은 너무나도 끔찍한 죄악이 된다. 우리는 지금 하고 있는 보통교육의 모든 것을 한시바삐 바로잡아 새로운 교육의 전통을 세우며 올바른 길을 열어 나가지 않으면 안 된다. 그럴 수 있는 열쇠는 교사의 손에만 달렸고, 훌륭한 교사를 얻으려면 제대로 양성하는 길밖에 달리 도리가 없다. 적어도 교사 양성의 길만은 지금 서양의 선진국들에서 본받아 올 수 없는 노릇이다. 우리의 슬기로 우리의 길을 마련해야 한다.

2) 임용

교사의 임용도 초등학교 쪽에는 문제가 덜하다. 초등학교가 거의 모두 공립뿐인 데다가 초등 교사 양성은 교육대학이라는 국립 기관에서만 하기 때문이다. 초등학교의 교사는 전국적으로 한결같은 체제와 교육 수준에서 양성하고, 국가가 한결같이 공공연한 기준의 심사를 거쳐 임용해 주기 때문에 상대적으로 문제가 적다는 말이다. 중등학교의 교사 임용에는 심각한 문제가 계속 쌓여 왔다. 무엇보다도 우리나라 중등학교의 절반에 가까운 사립학교의 교사 임용이 정말 큰일이다. 알다시피 사립학교의 교사는 자격증을 가진 사람이면 재단에서 마음대로 골라 임용할 수 있다. 자격증이 제대로 양성된 사람에게만 주어진다면 그렇게 하더라도 나쁠 것이 없겠으나 중등학교의 교사 자격증이 전혀 양성되지도 않은 사람에게 마구 뿌려진 까닭에 문제가 크다. 1990년대 중반으로 보면 전체 중등 교사 자격증의 셋에서 둘은 사범대학 아닌 길에서 나왔다. 이런 형편에서 사학 재단은 지천으로 널려 있는 자격증 가운데서 능력과는 상관없는 교사를 임용해도 법적으로 문제가 되지 않는다. "나쁜 돈이 좋은 돈을 몰아낸다."라는 그레샴의 시장터 논리가 교사 양성 과정에 위세를 떨치면서 교단에 서는 교사의 자질은 떨어지기만 했다. 물론 이런 흙탕물 속에서도 유능한 교사를 임용하려고 애를 쓰고 또 좋은 교사를 찾아 모시는 사립학교가 없지 않으나 그것은 숭고한 정신을 지닌 소수의 예외에 지나지 않는다. 그러므로 사립 중등학교가 능력 있는 교사를 임용하지 않을 수 없도록 우선 마땅한 임용 제도를 법률로 마련하는 일이 다급하다.

사립학교에 견주면 나은 편이지만 공립학교의 교사 임용도 여간 큰일이 아니다. 자격증을 함부로 내준 탓에 자격증을 가진 사람이 지천으로 쌓이자 1990년대에 들어와 임용 시험을 쳤다. 쌓여 있는 교사를 올바로 줄이자면 양성의 질을 높이며 자격증을 함부로 줄 수 없도록 하고, 사립학교의 임용 제도를 공영으로 바로잡고, 학급 크기를 줄여서 교사 수요를 늘리는 길을 찾아야 한다. 이것은 세 살배기라도 알 만한 이치지만 법률로만 따지는 헌법재판소 판단을 빌미 삼아 정부는 서둘러 '임용 시험' 제도를 끌어들였다. 같은 자격증을 가진 사람에게 같은 기회를 주는 것이 '평등권'을 살리는 길이라고 헌법재판소는 판결했다. 그러나 평등권을 따지자면 같은 자격증이 같은 양성 과정을 거쳐야 한다는 것이 앞서야 한다. 같지 않은 양성 과정을 거치면서 같은 자격증을 주는 불평등은 문제 삼지 않고 자격증을 갖고 있는 사람의 대우가 불평등한 것만을 문제 삼은 것이야말로 불공정하다. 더구나 일의 속내를 알고 있는 정부가 문제의 매듭을 올바로 풀기보다는 재판소 판결을 빌미로 골치 아픈 문제에서 벗어나려고만 서둘렀다는 사실도 역사는 그냥 지나치지 않을 것이다.

임용 시험이 교사의 능력을 제대로 분별할 수 있다면 문제를 줄일 수도 있다. 그러나 지금의 임용 시험은 교사의 능력을 분별하는 것과는 동떨어져 그야말로 '말이 안 되는 짓'에 지나지 않는다. 다른 것은 모두 그만두더라도 시험이 다만 두어 시간에 끝난다는 사실[146]만으로도 '말이 안 되는 짓'임을 짐작할 수 있다. 사범대학 졸업자만을 두고 말한다면 저들은 아무리 적어도 네 해라는 긴 시간에 걸쳐 갖가지 강의를 듣고 토론과 자기 계발을 하며 양성된 사람들이다. 그들이 쌓은 지식과 닦은 기술과 가꾼 신념은 갖가지 요인으로 사람됨을 만들었기에 여간한 저울이 아니면 제대로 달아 내기 어렵다. 그러므로 교사 지망자의 능력을 올바로 가늠하자면 충분한 검증의 과정을 합당하게 거칠 수 있도록 짠 절차가 필요하다. 지식과 기술과 신념을 골고루 검증할 수 있도록 균형 잡힌 물음을 여러 가지 방법으로 주어야 하고, 지닌 능력을 어느 정도는 제대로 펼쳐 놓을 수 있도록 필요한 시간을 주어야 한다. 다만 두어 시간의 필답 시험으로 운명을 결정짓는 제도는 지난날 부실하게나마 이루어지던 양성조차 아주 팽개치도록 만들었다. 차근차근 쌓아 가던 여러 강의들은 임용 시험에 곧바로 써먹기 어려워 쓸모없는 것들로 여겨진다. 강의를 듣고, 토론을 하고, 재료를 찾고, 분석을 하고, 따지고, 밝히고 하는 양성 교육의 과정이 모조리 임용 시험에 곧바로 닿지 않으니 거추장스러운 시간 낭비에 지나지 않는 것으로 치부된다. 대학에서 참된 사실을 찾으려고 갖가지 물음을 던지며 새로운 생각으로 다가들던 경험은 오히려 걸림돌이 될 수밖에 없다. 부지런히 탐구하고 열심히 토론하며 새로운 사실을 찾아가는 훈련을 쌓으면 쌓을수록 확정된 지식이란 아직 아무것도 없다는 사실만을 깨닫게 되는 것이니 임용 시험에는 불리하기만 하다. 교사가 되자면 교단에 서야 하고, 교단에 서자면 임용 시험에 붙어야 하니 그 밖의

146_ 다만 두어 시간의 교과 전공 시험 밖에 40분의 교육학 시험이 있으나 그것은 '국어' 교사 능력에 관련된 것이 아니고, 논술과 구술 형식의 2차 시험이 있지만 그것은 1차 시험 합격자들에게만 주는 것이기에 뜻이 다르다.

것들은 모두 밀려날 수밖에 없다. 임용 시험에 붙자면 대학의 양성 교육은 그만두고 고시 학원에 가서 문제 푸는 요령이나 익히는 것이 훨씬 낫다고 한다. 이래서 조금씩 나아져 가던 사범대학의 양성 교육은 완전히 끝장이 나고 말았다.

당장은 임용 시험으로 교사를 뽑을 수밖에 없는 것이 현실이라면 우선 시험의 시간이라도 늘리는 것이 절실하다. 그래서 교과 교육의 원리, 목표, 내용, 방법을 골고루 묻는 시험을 치러야 한다. 시험의 형식도 필기시험과 구두시험을 두루 활용하고, 방법의 시험에는 실기시험도 반드시 곁들여야 한다. 이렇게라도 하여 임용 시험 때문에 양성을 못하게 만드는 요인을 줄이고, 나아가 올바로 하는 사범대학의 양성 과정을 부지런히 밟은 사람이 시험에서 좋은 평가를 받도록 해야 한다. 양성 과정에서 받은 평가와 임용 시험에서 받는 평가가 비슷한 경향을 보일 때에 비로소 양성 교육이 제 길을 찾아갈 수 있을 것이다. 임용 시험을 이렇게 바로잡자면 무엇보다도 정부가 그것의 중요성을 깊이 깨닫고 충분한 재정을 뒷받침하는 것이 필요하다. 출제와 감독과 채점에 드는 인력과 시간을 과감하게 늘려야 하는 까닭에 그것은 곧 재정을 늘리는 것으로 돌아온다. 나라 살림에 투자를 바라는 곳이 너무 많으니 교사 임용 시험에다 재정을 늘리는 일이 쉽지 않다고 하겠으나 유능한 교사를 교단에 세워 질 좋은 교육을 학생들에게 제공하는 것이 결코 투자의 순위에서 뒤떨어질 성질은 아니다. 결국 나라와 겨레의 앞날을 생각할 때 교육이 얼마나 중요한가를 우리 모두가 깨닫고, 교육을 잘하려고 할 때 교사의 중요성이 또 어떠한가를 국민 모두가 깊이 깨닫는 일이 아쉬울 뿐이다.

3) 관리

교사의 관리는 교사가 지식과 기술과 신념을 일생 동안 끊임없이 키우면서 있는 힘을 다하여 자신의 능력을 교육에 바칠 수 있도록 만들어 주는 데에 초점이 있다. 교사가 스스로 능력을 키우려 하지 않고, 있는 능력을 교육에다 쏟으려 하지 않는다면 그것은 관리에 문제가 있는 것이다. 이제까지 우리네 교육 현장에서는 교단에 서서 교육 활동에 몸 바치는 일을 자랑스럽게 여기지 않는다. 그런 사람을 '평교사'라고 부르면서 은근히 얕잡아 보는 풍토가 퍼져 있고, 평교사보다는 장학사, 교감, 교장 같은 관리직으로 떠나는 사람을 우러러본다. 교단을 떠나 행정으로 옮긴 사람은 경쟁에서 승리한 사람으로 여기고 교단에 남아 있는 사람은 경쟁에서 밀려난 사람으로 여기게 되었다. 교단에 있는 교사는 월급도 적고, 수당도 적고, 휴식도 적고, 발언권마저도 적도록 제도가 운영되기 때문이다. 이런 제도와 운영은 행정으로 교육을 감독하던 일제 침략 교육에서 비롯하였으나 광복 뒤의 여러 정권들도 교육을 통제하는 데만 힘을 쓰는 바람에 이런 악습을 바로잡지 않았다.

이런 교사 관리는 제도부터 바로잡아야 하는데 길은 빤하다. 학교 교육의 제도 안에는 세 갈래의 사람이 있으니 학생, 교사, 행정이다. 본디 교육 활동은 배우는 학생과 가르치는 교사라는 두 갈래의 사람만으로 이루어지는 것이지만, 학교라는 제도가 커다란 조직으로 자라면서 학생과 교사 사이에 벌어지는 교육 활동을 더욱 잘 하도록 북돋우는 행정이 생겨났다. 그러니 교육 활동에 참여하는 세 갈래에서도 학생과 교사는 첫째 구성원이고 행정은 둘째 구성원이다. 이런 역사를 돌이켜 보아도 행정이 학생과 교사의 교육 활동

위에 올라선다는 것은 꿈도 꿀 수 없는 일이다. 학교 교육이 학생을 훌륭하게 키우려는 활동이고 학생에게 국가와 사회가 봉사하는 활동일진대, 학생에게 가장 가까이서 봉사하고 키우는 교사가 가장 존경받는 제도를 만들고 운영해야 한다. 능력과 자질과 관심사의 차이에 따라 교단에서 직접 교육하고 싶은 사람은 교사가 되고, 교단에 서기보다는 그것을 뒷바라지하는 일에 뜻이 있는 사람은 행정을 맡을 수 있다. 애초부터 행정으로 나설 수도 있을 것이지만 교사로 나섰다가 행정에 어울려서 장학사나 교감이나 교장으로 교단을 떠날 수도 있다. 그러나 그런 사람은 어디까지나 학생과 교사가 교육하는 일에 도움을 주고 뒷바라지를 하는 사람이라는 사실에서 모든 제도가 돌아가야 한다. 교단을 떠나지 않는 이른바 '평교사'가 끊임없이 지식과 기술과 신념을 키우면서 신명나게 있는 힘을 다하여 평생토록 교육 활동에 몸 바치는 것을 자랑스럽게 여기도록 제도가 뒷받침해야 한다. 교직 경력이 같다면 장학사나 교감이나 교장이 된 사람보다는 평교사로 교단에 남아 교육 활동에 몸 바치는 사람이 봉급도 더 많이 받고, 수당도 더 많이 받고, 연금도 더 많이 받고, 휴가도 더 많이 받고, 발언권도 더 세게 갖도록 하는 것이 교사 관리 제도의 원칙이며 방향이다.

그래서 마침내 평교사로서 정년을 맞이하여 교단을 떠나는 사람이 세상 사람들로부터 가장 높은 존경을 받아야 한다. 교장이나 교육장으로 정년을 하면 높은 훈장을 받고, 교감이나 장학사로 정년을 맞으면 낮은 훈장을 받고, 평교사로 정년을 하면 수고했다는 말조차 제대로 듣지 못하는 현실에서는 교사가 신명을 다하여 교단에 서 있을 수가 없다. 유능한 교사만이 평교사로 정년할 수 있고,

평교사로 남는 교사라야 훈장도 받고 칭송도 들을 수 있을 때에 비로소 교사 관리가 제자리를 잡은 것이다. 교사가 교단을 자랑스럽게 여기며 지킬 수 있는 제도를 마련한 뒤라야 교사가 자신의 지식과 기술과 신념을 어떻게 끊임없이 키우고 북돋워야 하는지를 이야기할 수 있다. 교사가 양성 기관에서 아무리 좋은 교육을 받았다 하더라도 그것만으로 평생을 버틸 수는 없다. 지식이란 시간을 다투어 쌓이고, 교육 기술은 하루가 다르게 새로워지고, 신념도 시간이 지나면 흔들리기 때문이다. 교사가 교단을 떠나는 마지막 날까지 쉬지 않고 지식을 찾아 얻고, 기술을 배워 익히고, 신념을 가다듬어 세우게 하는 실제의 방안이 마련되어 있어야 한다. 이것이 교사 관리의 핵심이다.

2. 교육과정

교육과정이라는 낱말은 무엇을 뜻하는 것인지 손에 잡히지 않는다. '교수요목' 에서 '교과과정' 을 거쳐 자리 잡은 낱말이지만 무슨 뜻인지 도무지 잡히지 않는다. 물론 우리말이 아니고 일본 사람들이 쓰다가 버린 말을 주워다 쓰는 것이기 때문이다. 대학 시절에 교육학을 배우면서 수없이 많은 풀이를 들으며 먼 옛날 그리스까지 들어가서야 그것이 '길' 이었다는 사실을 알았다. 본디는 사람이 다니는 길이었으나 라틴을 거쳐 서유럽으로 끌려 다니는 사이에 '가르치는 길' 로 뜻이 바뀌고, 다시 '가르치는 길잡이' 로 자리 잡은 것이다.

국어 교육과정의 발자취를 살펴보면 그것이 우리말 가르치는 길잡이 노릇을 제대로 하지 못했다. 처음에는 우리말 가르치는 교사들조차 그런 것이 있는 줄도 몰라 나라에서 일껏 만들어 학교까지 건네주어도 학교에 와서는 어디로 사라졌는지 자취를 감추었다. 교장실 장식용 책장 귀퉁이에 꽂히거나 도서실에라도 가서 숨어 있지만, 대개는 쓰레기에 싸잡혀 종이 공장으로 되돌아갔다. 그것이 어쩌다가 교사의 손까지 갔다 하더라도 그 뒤의 신세는 달라질 것이 없었다. 아무 짝에도 쓸모가 없었기 때문에 교사가 건사해 주지 않고 쓰레기통에 던져 버렸다. 이렇게 국어 교육과정이 공염불에 지나지 않던 세월은 1946년에 내놓은 '교수요목'에서 비롯하여 '제5차 교육과정'(1987~1988)이 나타날 때까지 그랬으니 꼬박 마흔 해 세월에 걸친다.

'제5차 교육과정'에 와서는 사정이 달라져 교사가 교육과정을 살펴보지 않을 수 없게 되었다. 학생들 손에 들린 교과서에 그러지 않을 수 없는 까닭이 있었기 때문이다. 교과서 안에 이제까지 보지 못하던 '말하기·듣기'니 '쓰기'니 하는 단원들이 나타났고, 심지어 초등학교에는 그런 이름으로 교과서를 만들어 놓았기 때문이다. 이제까지 여러 가지 글들로 가득 찬 교과서를 들고 뜻풀이를 하고 짜임새를 가르치다가 갑자기 '말하기와 듣기'를 가르치고 '쓰기'를 가르치지 않을 수가 없게 되어서 낭패를 만났기 때문이다. 그래서 국어 교육과정을 살펴보면 무슨 도움이라도 받지 않을까 하는 생각을 하기에 이른 것이다. 그런데 이때부터 국어 교육과정은 교사의 골치를 아프게 하는 문서로 떠올랐다. 지난날에는 교사들이 거들떠보지 않았으므로 골치를 썩일 까닭조차 없었으나 이제는 싫든 좋든 들여다보는 것이 되었는데, 무슨 소리인지 알아들을 수가 없어서 우선 골치가 아팠다. 알아들을 수가 없는 까닭은 첫째로 말들이 껍데기는 있는데 알맹이가 없었기 때문이다. 둘째로 배우는 아이들과 교실 현장에서 벌어지는 실제와 너무도 동떨어진 소리로 가득 찼기 때문이다. 셋째로 교과서 만드는 일도 틀어쥐고 배우고 가르치는 일도 틀어쥐고 온통 틀어쥐려는 것이기 때문이다. 게다가 학생들이 몸으로 살아왔고 살아가는 삶과는 아무런 상관도 없는 말로만 가득 차서 현실에 발을 딛고 서 있는 교사들이 알아들을 수가 없었다. 이른바 '책상 앞에서 떠드는 빈 소리(탁상공론)' 일 뿐이었기 때문에 나날이 살아 있는 학생들과 씨름을 해야 하는 교사들에게 골치만 아프게 하는 문서였다. '제6차 교육과정'(1992)에 와서는 교사를 더욱 난감하게 하였다. 나라에서 모든 일을 틀어쥐는 이른바 국가 수준의 국어 교육과정을 다 만들어 놓고 거기에 맞추어 교과서도 나라에서 빈틈없이 만들어 내놓고는, 게 등에 소금 흩듯이 시·도 교육청에서는 '편성·운영 지침'을 만들고, 학교에서는 '학교 교육과정'을 만들고, 교사는 '연간 교수·학습 계획'을 만들라고 했기 때문이다. 이른바 지역화 교육을 하자는 뜻이었지만 아무데도 들어갈 틈을 주지 않았으니 다리를 묶어 놓고 뛰라는 셈이었다. 교육부에서는 전국 시·도 교육청 학무국장을 불러 모아 교육을 하고, 시·도 교육청에서는 교장, 교감, 교무과장을 불러 모아 연수를 하고, 온통 야단법석을 했지만 실상은 모두가 눈 감고 아웅 하는 짓이었다. 눈 뜨고 시키는 대로 해냈다 하더라도 내용과 방법은 말할 나위 없고 교과서까지 나라에서 꽁꽁 틀어쥐고 만들어 안겨 주는 마당에 허탕이 되기는 마찬가지였을 것이다. '제7차 교육과정'(1999)에 와서도 그런 사정은 달라지지 않았다. 문서만 더욱 촘촘하고 까다롭게 만들어서 교사들이 골치를 그만큼 더 앓게 하였을 뿐이다. 가르칠 알맹이가 없기 때문에 잘 하고 잘못 하는 바를 가늠할 수가 없는데도 수준을 가려서 보충과 심화를 따로 하라니 땀을 뜯을 수밖에 없는 노릇이다. 교육과정이 교과서를 틀어쥐고 단원마다 보충과 심화를 베풀어 놓았기 때문에 이 또한 눈 감고 아웅 하듯이 흉내를 내는 도리밖에 없었다. 게다가 한 발짝도 나가지 않은 지역화 교육을 한 술 더 떠서 제6차 교육과정에서는 빠져 있던 지역(시·군) 교육청에서도 '장학 자료'를 마련하라고 해 놓았기 때문에 공염불이 더욱 거세지기만 했다.

어째서 우리네 국어 교육과정은 반세기를 넘기고 환갑이 되어도 교사들의 머리만 아프게 하는 공염불에서 벗어나지 못했을까? 한마디로, 배달말 가르치기 현장을 모르는 사람들이 만들었기 때문이다. 우리 겨레의 역사를 속속들이 모르고, 우리네 교육의 역사와 현실을 모르고, 배달말 가르치기 현장을 알지 못한 채로 서양 책만 읽고 미국과 일본만 본뜨면서 머리로만 만들었기 때문이다. 우리 겨레가 이 땅 위에 수만 년을 살아오면서 삶으로 일구어 얻은 우리 배달말을 속속들이 알지도 못하고, 무엇보다도 학생들이 나날이 주고받는 말을 알지 못하고, 교사가 우리 배달말을 가르치면서 겪는 어려움을 알지 못하는 사람들끼리 만들었기 때문이다. 그러나 '제6차 교육과정'과 '제7차 교육과정'에 와서 국어 교육과정은 스스로 저도 모르는 사이에 커다란 탈바꿈을 하고 말았다. 실제로는 나라에서 교육과정과 교과서를 아무도 건드릴 수 없도록 틀어쥐고 있었으면서도 말로는 시·도 교육청과 시·군 교육청과 마침내 모든 학교까지 끼어들어야 한다고 다그치고 있었기 때문이다. 이런 틈을 놓치지 않고 전국국어교사모임에서는 나름대로 새로운 교육과정을 만들고, 거기 기대어《우리말 우리글》이라는 교과서와 여러 가지 교재로 쓰일 책들을 만들었다. 그리고 이제부터는 국어 교육과정, 곧 우리말 가르치는 길잡이를 나라에서 틀어쥐고 있어서는 안 된다는 사실이 널리 알려졌다. 그리고 몸소 가르치는 교사가 나서서 가르치는 길잡이를 스스로 만들어야 한다는 사실을 두루 알려 버린 것이다.

이제 또 국가 수준의 교육과정을 고치고 바꾼다며 수많은 사람들이 시간과 머리를 바치고 있다. 바라건대 이번에야말로 탁상공론이 아닌 문서, 교사의 머리를 아프게 하지 않는 문서, 교사의 길잡이 노릇을 제대로 하는 문서, 한마디로 다가오는 세상에 마땅한 배달말 가르치는 길잡이로서 새롭게 태어나기를 간절히 바란다. 지구가족의 시대로 온전히 들어서서 세계를 이끄는 겨레로 일어서고 있는 우리가 이번에도 길잡이답지 못한 문서를 만들어 배달말을 제대로 가르치려는 교사들을 가로막게 해서는 안 된다. 그러나 그런 바람을 이루려면 반드시 한 가지 고리를 풀어야 한다. 그 고리는 지난날의 국어 교육과정을 잊어버리는 것이다. 무엇보다도 이제까지 국어 교육과정을 만들며 고생한 사람들과 그런 틀 안에서 삶터를 꾸려 온 사람들이 거기에 얽힌 미련을 용감하게 끊어 버리는 것이다. 지난날의 국어 교육과정에 힘을 쏟은 사람들이 우리말 가르치는 일이 진실로 무엇인지를 깊이 헤아려서 스스로 해 오던 일을 깊이 뉘우쳐야 한다. 우리말 가르치는 일에 국어 교육과정이 올바른 길잡이가 되기는커녕 얼마나 큰 걸림돌이 되었는지를 깊이 헤아려야 한다. 이것은 쉬운 일이 아니다. 그러나 이 한 가지

고리를 풀지 않으면 이번에도 적잖은 사람들이 시간과 머리를 바쳐서 달려들어도 국가 수준의 국어 교육과정을 탈바꿈시키기는 어려울 것이다.

국어 교육과정이 우리말 가르치는 길잡이로 온전히 탈바꿈하려면 또 국가 수준의 국어 교육과정이 스스로 틀어쥐고 있는 밧줄을 풀어 주어야 한다. 학교와 교사가 좀 더 자유롭게 뜻을 펼 수 있도록 넓은 길을 마련해 주고 스스로는 뒷짐 지고 물러나 주어야 한다. 그러잖아도 이번 국가 수준의 교육과정은 처음부터 '간략화'를 내세우고 있다 하니 그런 뜻이 반드시 현실로 이루어져야 한다. 그리고 우리말 가르치는 일에 몸 바친 교사들이 일어나 스스로 길잡이를 마련해야 한다. 같은 지역의 교사들이 함께 손잡고 '지역의 우리말 가르치는 길잡이'를 만들고, 같은 학교의 교사들이 함께 손잡고 '학교의 우리말 가르치는 길잡이'를 만들고, 마침내 교사 혼자 저마다 남다른 길의 '우리말 가르치는 길잡이'(이것은 '교안'이라는 이름으로 이제까지 해 온 그것과 다르지 않으나 온전히 새로운 틀로 바꾸어야 하는 것이다.)를 마련해야 한다. 그것이 국어 교육과정의 굴레를 벗어던지고 우리말 가르치는 길잡이로 탈바꿈시켜 내는 길이다.

물론 나라에서도 '배달말 가르치는 길잡이'를 내놓아야 마땅하다. 그러나 그것은 머리 아프게 옴니암니 하지 말고 아주 요긴한 뼈대만 내놓아야 한다. 아주 빠뜨릴 수 없는 뼈대만 누구나 쉽게 알아볼 수 있도록 잘 간추려 내놓고 나머지는 온 나라 모든 학교에서 교사들이 채우도록 남겨 주어야 한다. 그래야 온 나라에서 저마다 남다른 문화와 삶을 담아 나름대로 새롭고 색다른 가르침을 펼칠 자리와 길이 열릴 수가 있다. 나라에서 내놓는 길잡이가 반드시 챙겨야 할 것은 무엇인가? 첫째는 학생들이 가야 할 쪽(방향)이며 과녁(목적)이다. 온 나라 학교와 교사들이 아무도 엉뚱한 쪽으로 길을 벗어나 제멋대로 학생들을 데리고 내달리지 않도록 큰 길을 밝혀 주는 것이 나라에서 할 몫이다. 둘째는 학생들이 닿아야 할 곳(목표)이다. 온 나라의 교사들이 힘과 슬기를 다하여 모든 학생들이 닿아야 할 곳에 닿아야 할 때를 맞추어 닿을 수 있도록 가르칠 수 있게 해야 한다. 셋째는 학생들이 닿아야 할 곳에 닿았는지를 알아볼 잣대(평가 기준)를 내놓아야 한다. 이 잣대는 말할 나위도 없이 가야 할 쪽과 과녁, 그리고 닿아야 할 곳에 맞추어 찾을 수밖에 없는 것이다. 나라에서 내놓는 길잡이에서는 그것을 제대로 찾아서 내어놓고 교사가 그것으로 학생들이 어디까지 닿았는지를 올바로 가늠할 수 있도록 해 주어야 한다.

시·도와 시·군 교육청에서도 할 일이 없는 것은 아니다. 무엇보다도 시·도 교육청에서는 나라 길잡이에서 맡겨 준 '무엇(내용)' 가운데서 시·도 지역의 모든 학교가 반드시 다루어야 할 지역의 '말과 말꽃' 자료를 내놓아야 한다. 그리고 시·군 교육청에서는 또 시·군 지역의 모든 학교가 반드시 다루어야 할 자기 고을의 '말과 말꽃' 자료를 내놓아야 한다. 그러면 학교와 교사는 나라가 내놓은 길잡이를 바탕으로 삼고, 시·도와 시·군 교육청이 내놓은 자료를 받아서 저마다 학생의 사정에 알맞은 길잡이를 마련하여 마땅한 가르침을 자유롭게 베풀 수가 있을 것이다. 그러나 문제는 지금 당장 우리네 시·도와 시·군 교육청에서 그런 몫을 제대로 해낼 처지가 아니라는 사실이다. 사람이 없고 능력이 없고, 따라서 연구하고 찾아 놓은 자료가 없기 때문이다. 그러므로 앞으로 얼마 동안은 시·도와 시·군 교육청의 몫은 학교와 교사가 떠맡아서 하는 수밖에 없을 것이다. 그만큼 교사의 몫이 커지고 일이 많아진다는 뜻이지만, 한편으로는 학교와 교사의 보람과 값어치가 높아진다는 뜻이기도 하다. 어쩌면 본디부터 지역 교육청은 가르치는 길잡이를 마련하는 일에 끼어들 터수가 아닌지도 모른다. 내가 아는 유럽 여러 나라들도 나라에서 마련한 길잡이를 가늠으로 삼아서 학교와 교사가 마련하는 길잡이로 가르치는 것이었다.

이제는 학교가 달라져야 한다. 먼저 교장이 달라지고 다음에 교감이 달라지고 마침내 교사 모두가 달라져야 한다. 교육법 안에 죽은 글자로만 누워 있는 말 그대로 학교가 펄떡펄떡 살아 숨 쉬는 마당으로 바뀌어야 한다. 교육과정도 나라에서 보내 주고, 교과서도 나라에서 보내 주고, 참고서도 출판사에서 만들어 주고, 문제집도 출판사에서 만들어 주고, 학교는 그냥 집으로만 남아 있으면서 교사는 주는 대로 받아서 전달하면 그만인 그런 노릇을 이제는 그만두어야 한다. 그래서 교장과 교감과 부장들과 모든 교사들이 함께 손잡고 '우리 학교만의 남다른 교육'을 하려고 일어서서 학교 교육의 길잡이를 마련해야 한다. 이렇게 달라지는 학교 안에서 국어 교사들은 국어교사모임을 만들어야 한다. 그리고 나라에서 내놓은 우리말 가르치는 길잡이에서 학교 몫으로 남겨 둔 자리를 따라 학교 나름의 우리말 가르치는 길잡이를 만들어야 한다. 이 길잡이는 무엇보다도 학교가 자리 잡은 지역, 아니 학생과 그의 가족이 살아가는 삶터의 말과 말꽃을 알뜰하게 찾아서 우리말 가르치는 길잡이의 '무엇(내용, 자료)'으로 삼아야 한다. 이것이 사람을 살리고 세상을 살리는 배달말 가르치기의 길로 가는 것이다.

3. 교재

교재란 무엇인가? 글자 그대로 '교육을 하는 데 쓰이는 재료'다. 교육하려는 '무엇'을 담은 재료를 뜻하는 것이다. '교과서'라 부르는 책으로 대표된다. 그러나 교육을 하는 데 쓰이는 재료는 반드시 교육의 내용을 담은 재료만은 아니다. 문화가 진보하고 교육 경험이 쌓일수록 내용을 채우고 덧보태는 재료가 늘어나고, 활동을 도우려고 마련한 재료가 많아지게 되었다. 교육의 내용을 담은 재료인 교과서를 '주교재'라 하고, 교과서가 미처 담지 못한 내용을 채우거나 덧보태는 재료를 '부교재'라 하고, 교육의 내용보다도 그 활동을 도우려고 마련한 재료들을 '보조 교재'라 한다. 이들 교재는 그 어느 것이나 교육 활동의 두 주체인 학생과 교사가 함께 만나도록 하는 매개물이기 때문에 어느 한쪽에서만 활용하는 재료는 교재로 볼 수 없다. 일테면 교사가 교육 활동을 더욱 잘하려고 도움을 받는 여러 재료들, 곧 교사용 지침서라든지 각종 참고 서적이나 장비 같은 것들은 학생들이 활용하지 않으므로 교재가 아닌 셈이다. 마찬가지로 학생 쪽에서 교육 활동의 앞이나 뒤에 도움을 받는 이른바 참고서나 자습서나 문제집 같은 것들도 교재라 하기 어렵다.

1) 교과서

주교재인 교과서는 교육의 내용을 담은 그릇이라고 쉽게 말할 수 있다. 교과목의 교육 내용을 현장의 교육 활동에 맞추어 차례와 뜨레를 세워 실어 놓은 책이다. 학기별, 학년별로 나누어 엮는 것이 보통이지만 몇 학년 동안 계속 쓸 수 있도록 묶을 수도 물론 있다. 문제는 효과 있는 교육 활동을 제대로 이룰 수 있도록 알맞게 재료를 담아내는 일인데, 가장 어려운 일은 역시 교육의 내용을 잘 갈래지우고 차례와 뜨레에 맞게 베푸는 일이다. 교육해야 할 '무엇'이 잘 갈래지어지고 올바른 차례로 베풀어졌다면 그것을 어떻게 올바른 뜨레로 묶어 책에 담을 것인가 하는 것이 문제다. 이런 것들이 올바르게 잘 이루어지지 못하여 교육 내용에서 앞설 것과 뒤설 것, 가벼운 것과 무거운 것이 뒤섞여 있으면 교육이 제대로 이루어질 수 없다. 교육해야 할 내용도 아닌 것을 담으면서 중요한 내용을 빠뜨리거나, 참으로 소중한 것은 간단히 다루면서 대수롭지 않은 것을 굉장하게 취급하거나, 일찍이 교육해야 할 것을 뒤에서 다루고 따로따로 나누어서 교육할 것을 한 곳으로 모아 놓은 교과서로서는 아무리 능력 있는 교사라 하더라도 좋은 교육을 할 수가 없다.

교과서가 교육의 효율을 높이기 좋도록 그 내용을 잘 베풀어 놓은 교육 활동의 재료라는 말에는 덧붙여야 할 것이 있다. 동서양을 막론하고 지난날 교육에서는 교과서를 재료 이상으로 보았기 때문이다. 우리 겨레가 경험한 한문 교육, 고구려의 태학이나 신라의 국학 이래 고려와 조선 시대를 거쳐 서당 교육에 이르기까지 경험한 한문 교육에서는 물론 교과서가 재료 이상의 것이었다. 사회(엄밀하게는 지배 계층의 사회)가 나아가려는 이상 세계를 바라고, 그 세계가 갖추어야 한다고 생각하는 이념을 담은 신성한 경전이며 경전으로 가는 디딤돌이었다. 그것은 결코 비판이나 토론의 대상이 될 수 없고, 다만 충실하게 익혀서 마음에 새겨 두고, 나아가 삶 안에 실천해야 하는 거울이었다. 교과서는 권위를 떨치는 거룩한 책이었다. 교과서가 비판이나 토론을 넘어선 권위였던 사실은 일제 침략 교육에서 오히려 한술 더 떴다. 일제는 침략 통치를 뿌리까지 다지려고 학교 교육을 늘리고, 그런 학교 교육의 뜻을 굳건히 이루려고 교과서를 수단으로 썼기 때문이다. 이때 교실에서는 교과서의 내용을 비판하거나 토론할 수 없었을 뿐 아니라 질문마저 용납하지 않았다. 왕조 시대의 한문 교육이 마련한 권위주의 교과서관은 일제 침략 교육에서 더욱 굳혀졌으므로 광복한 지 반세기를 넘긴 요즘에도 적잖은 사람의 머리에는 그런 권위주의 교과서관이 남아 있는 것이다.

그러나 요즘 들어 교과서를 교육 활동의 재료에 지나지 않는 것으로 보는 사람들이 빠르게 늘어나고 있다. 교과서는 신성한 권위가 아니라 교사와 학생이 함께 비판하고 토론하면서 헤집고 뜯어보는 하나의 재료라고 여긴다. 교육의 내용이 담긴 그릇이라는 점에서는 바뀐 것이 없으나, 그 내용을 신성한 권위로 받들어야 할 문화 전통으로 보지 않고 토론과 비판을 거쳐 바로잡고 고칠 수 있는 활동의 도구라는 것으로 크게 바뀌었다. 도구주의 교과서관이 싹터 자라고 있다는 말이다. 교과서를 교육 활동의 도구로 본다면 거기 담아야 할 내용 또한 훨씬 자유스러울 수 있다. 지난날의 교과서는 신성한 권위로서 흠이 없는 본보기여야 했으나 교육 활동의 재료며 도구인 오늘날의 교과서는 본보기가 되기에는 모자라고 흠이 있어도 나쁠 것이 없게 되었다. 어쩌면 그런 모자람과 흠이 교육 활동을 더욱 생기 있게 하는 재료로 작용할 수도 있을지 모른다.

이런 교과서관을 바탕으로 삼으면 배달말 교과서는 어떻게 꾸며야 할까? 이 물음에 대답하기에 앞서 지금까지 우리네 국어 교과서를 잠시 살펴보는 것이 좋겠다. 앞에서도 말한 바와 같이 제4차 교육과정 때까지의 국어 교과서는 읽기 책에 지나지 못했으므로 이제 살펴볼 값어치조차 없다. 제5차 교육과정 때에 와서 비로소 국어 교과서는 교육과정의 내용을 제대로 담으려고 애썼고, 그것은 제7차 교육과정 때까지 그대로 이어졌다. 초등학교 교과서는 내용 영역에 따라 '말하기·듣기', '쓰기', '읽기' 라는 세 가지 책을 따로 마련하고,[147] 중등학교 교과서는 한 책 안에서 '말하기·듣기', '쓰기', '읽기', '언어', '문학' 을 단원으로 나누어 마련하고 있다. 이렇게 교육과정이 내세우는 교육 내용을 그대로 교과서에 담아야 한다는 깨달음은 더없이 마땅한 것이다. 우리 힘으로 배달말 가르치기를 하면서 애쓴 지 사십여 년 만의 제5차 교육과정에 와서야 그런 깨달음에 겨우 닿았던 것이다.

그러나 담아내는 솜씨는 참으로 어린애 같은 것이다. 우선, 교육과정 내용을 교과서에 담는다면서도 제대로 담지 못하고 헷갈렸다. 초등학교에서는 교육과정에 뚜렷한 영역으로 있는 '언어' 와 '문학' 을 내버리고 '말하기·듣기' 와 '읽기' 와 '쓰기' 라는 세 책만 마련해 놓았다. 그러고는 '언어' 는 '쓰기' 에, '문학' 은 '읽기' 에 끼워 놓았다. 중등학교는 한 책 안에 단원을 여섯 가지 내용에 따라 갈라 베풀었으나 거기서도 '언어' 와 '문학' 에 담긴 것이 '쓰기' 와 '읽기' 에 담긴 것과 적잖이 헷갈리고 겹쳐진다. 그런 헷갈림은 앞에

147_ 제7차 교육과정에 와서는 초등학교 4~6학년의 국어 교과서는 '말하기·듣기·쓰기' 와 '읽기' 두 가지 책으로 마련했다. 무슨 까닭으로 그렇게 했는지 알 수 없다.

서 거듭 짚었던 바와 같이 교육과정이 내용을 제대로 잡지 못한 탓이다. 교과서가 교육과정에서 내놓은 내용을 담아야 한다는 것을 깨닫고 보니 교육과정이 내용을 제대로 밝히지 못했다는 사실이 환히 드러나게 되었다는 말이다.

그뿐 아니다. '말하기', '듣기', '쓰기', '읽기' 네 가지를 교과서에서 공평하게 다루지 않는다. 초·중·고등학교 교과서에 두루 '말하기'와 '듣기'를 따로 다루지 않고 하나로 묶어서 '말하기·듣기'라 한다. 무슨 까닭으로 그리 하는가? '말하기'와 '듣기'는 함께 교육하지 않을 수 없다고 여긴 것이 아닐까? 그렇다면 바로 그것이 문제다. 알다시피 말하고, 듣고, 쓰고, 읽는 것은 본디 하나이면서 넷인 것이다. 그런데 매체라는 잣대에서 보면 '말하기·듣기'가 하나고 '쓰기·읽기'가 다른 하나다. 활동이라는 잣대에서 보면 '말하기·쓰기'가 하나고 '듣기·읽기'가 다른 하나다. 그러니까 이들 네 가지는 하나씩 저마다 따로 설 수도 있고, 둘씩 짝지어 네 쌍으로 따로 설 수도 있고, 그것들이 모두 뭉쳐 하나일 수도 있다. 거기서 어느 것만 남다른 값어치를 갖는 것은 없고, 똑같은 무게와 자리를 잡고 서로 얽혀 있을 따름이다. '쓰기'와 '읽기'를 따로 떼야 한다면 '말하기'와 '듣기'도 마땅히 따로 떼야 하고, '말하기·듣기'를 하나로 묶어야 한다면 '쓰기·읽기'도 마땅히 하나로 묶어야 한다. 네 영역을 모두 따로 떼어서 교육하는 것이 좋은지, 매체 또는 활동에 따라 둘씩 짝지어 교육하는 것이 좋은지, 아니면 네 영역을 모두 하나로 묶어 교육하는 것이 좋은지, 그것은 아직 아무도 장담할 수 없는 일이다. 그러나 또렷한 것은 네 가지 능력을 배달말 가르치기가 골고루 길러야 한다는 사실이다. 그런 이치에서 고등학교의 '과정별 필수 과목' 으로 마련한 '화법', '독서', '작문', '문법', '문학' 도 올바른 마련이 아니다. '화법(話法)' 은 말 그대로 '말하기', '독서' 는 '읽기', '작문' 은 '쓰기', '문법' 은 '언어', '문학' 은 '문학' 을 담을 것이니 '듣기' 만 유독 빠졌다. '말하기·듣기' 를 하나로 묶는 것처럼 '화법' 안에 '말하기' 와 '듣기' 를 모두 다루겠다는 뜻이겠지만 그것은 옳지 못하다. '화법' 이 있다면 '청법(聽法)' 도 얼마든지 있을 수 있는 것이고 또 마땅히 있어야 하는 것이다.

그럼 이제 배달말 교과서는 어떻게 꾸며야 할까? 그것은 두말할 나위도 없이 배달말 가르치기의 속살을 골고루 담아내도록 마련해야 한다. 그러나 그보다 먼저 바람직한 배달말 가르치기의 속살을 제대로 찾아 세워야 하는 것이고, 그런 이야기는 이미 앞에서[148] 길게 다루었다. 여기서는 내가 보는 대로 '말(언어)' 과 '말꽃(문학)' 이라는 두 가지에다 '앎' 과 '삶' 으로 나누는 내용을 고집하면서[149] 교과서 마련을 이야기해 보기로 한다. 그렇다면 교과서는 마땅히 네 가지 속살, 곧 '말의 앎', '말의 삶', '말꽃의 앎', '말꽃의 삶' 을 골고루 담아내야 한다. 그것도 아이들이 자라나는 걸음에 맞추어 차례와 뜨레를 제대로 가늠해서 담아내야 한다. 그러나 이런 차례와 뜨레를 제대로 가늠하는 일은 참으로 쉽지 않다. 경험을 쌓으면서 고민하고 연구하며 차차로 바로잡아 가는 수밖에 없는 일이기 때문이다. 이제부터 그런 연구를 일으키도록 마음을 다잡으면서 우선 그것들의 차례와 뜨레를 맞추어 보지 않을 수 없다. 먼저 차례에

148_ 앞의 '무엇을 하는가?'에서 다루었다.
149_ '고집한다' 는 말이 요즘은 아주 몹쓸 말로 쓰이지만 본디는 '좋은 것을 잘 가려서 그것을 끝까지 붙들고 놓치지 않는다.' 하는 뜻이었으므로 결코 몹쓸 말이 아니었다.

서 보면 '말'과 '말꽃'에서는 '말' 쪽을 앞세우고 '삶'과 '앎' 사이에서는 마땅히 '삶' 쪽을 앞세워야 할 것이다. 말꽃은 말에서 피어나고 앎은 삶에서 말미암기 때문이다. 너무 기계 같은 소리지만 '말의 삶', '말의 앎', '말꽃의 삶', '말꽃의 앎'의 차례로 베풀어야 하겠다는 말이다. 그리고 뜨레에서 보면 앞에서도 거듭 이야기한 바와 같이 우리처럼 오랜 역사를 지닌 한 겨레 나라에서는 '말의 삶'은 야단스럽게 다룰 까닭이 없다. 물론 '말의 삶'이란 배달말 가르치기에서 영원히 절실한 몫이지만 그것이 지금처럼 배달말 가르치기를 온통 차지하는 것은 옳지 않다. 지나침을 무릅쓰고 말한다면, '말의 삶'이란 배달말 가르치기만의 몫이라 하기도 어렵다. 어떤 교과목이라도 말하고, 듣고, 읽고, 쓰고, 보이고, 보는 노릇을 빼놓고는 교육 활동을 해 볼 수가 없는 것이기 때문이다. 배달말 가르치기가 맡지 않으면 어디서도 돌볼 수 없는 몫은 '말의 앎'이며 '말꽃의 삶'과 '말꽃의 앎'이라 해야 정직하고 정확하다. 미국과는 달리 나라의 역사가 깊고 배달말 가르치기의 경험도 오랜 서유럽 선진국들에서는 '말의 앎'을 기둥으로 세워 놓고 '말꽃의 삶'과 '말꽃의 앎'을 재료로 삼아 배달말 가르치기를 하는 전통이 아주 뚜렷하다.[150]

그러면 이들 네 가지 속살을 어떻게 교과서에 담는 것이 바람직한가? 우선 몇 가지 책으로 나누는 것이 좋은가? 내놓을 수 있는 길은 다음과 같다. 첫째는 네 가지를 한 책으로 묶는 것, 둘째는 '말'과 '말꽃'을 따로 묶어서 두 책으로 하는 것, 셋째는 네 가지를 모두

150_ 서유럽이라 했지만 나는 보고 들은 바가 좁아서 이탈리아와 프랑스밖에는 모른다. 그리고 그들 두 나라는 서유럽에서도 가장 뿌리가 깊은 나라들이다. 그러나 그 밖에 다른 서유럽 나라들에서도 그런 사실은 크게 다르지 않으리라고 생각한다.

따로 갈라서 네 책으로 만드는 것이다. 그 밖에도, '말의 삶' (말하기, 듣기, 쓰기, 읽기, 보이기, 보기)은 교과서 없이 다른 세 가지를 교육하는 길에서 그야말로 삶으로 이루어지도록 할 수도 있다. '말의 앎', '말꽃의 삶', '말꽃의 앎' 을 저마다 하나씩 책으로 묶고 그것을 교육하는 방법은 모두 '말의 삶' 으로 한다는 말이다. 이들 네 가지에서 가장 바람직한 것은 어느 것일까? 그것은 물을 나위도 없이 첫째 것이다. 말과 말꽃이나 앎과 삶이나 그것들은 본디 서로 떨어질 수 없는 하나의 '말' 에 어우러져 있는 것이고, 따로따로 떼어 놓고는 제대로 교육할 수가 없는 것이기 때문이다. 그러나 본디 하나에 어우러지는 것이라 하여 언제까지나 하나로만 다루어야 하는가? 그건 또 그럴 수가 없다. 그들 네 가지가 저마다 지니고 있는 속살을 깊숙이 다루려면 하나인 채로는 어떻게 해 볼 길이 없기 때문이다. 그러니까 학생이 자라면서 삶과 앎이 깊어지는 것에 발맞추어 조금씩 깊은 속살을 다룰 수 있도록 차차로 갈라 나가는 것이 마땅하다. 그렇다 하더라도 셋째나 넷째까지 갈라 나가는 것은 서로 떨어질 수 없는 하나임을 저버릴 수 있기 때문에 바람직하지 않다. 결국 말과 말꽃을 따로 갈라 묶어서 그것으로 앎과 삶을 함께 북돋우며 키우도록 하는 것에서 멈추어야 하는 것이 아닌가 한다.[151_]

교과서란 교육 활동에서 하나의 매개 재료에 지나지 않는다 해도 그것은 가장 보배로운 재료임이 틀림없다. 교과서의 속살과 짜임새가 교육의 질을 가장 크게 좌우할 수 있다는 말이다. 그러므로

151_ 이탈리아와 프랑스 같은 나라들에서는 이런 방법으로 교과서를 꾸미는 것이 커다란 흐름이다.

배달말 가르치기로 사람을 바꾸고 세상을 바꿀 수 있다는 신념에 사로잡힌 사람이라면 누구나 국어 교과서를 고치는 일에 무관심할 수는 없다. 세계화라는 거센 물결에 휩쓸려 우리도 이제는 국어 교과서를 '국정'이라는 굴레에 마냥 묶어 둘 수는 없게 되었다. 교과서를 자유롭게 꾸미고 골라 쓰는 세상이 열릴수록 먼저 교사의 의욕과 역량이 자라나 있어야 한다. 교과서는 나라에서 만들어 주고 교사는 그것을 받아서 부지런히 가르치면 그만이라고 생각하던 시대는 이제 지나갔다. 교과서가 도구요 매체며 재료라면 마땅히 그것을 손에 쥐고 부릴 임자인 교사가 만들고 고쳐 나가야 마땅하다. 그러려면 무엇보다도 먼저 교사들이 그만한 역량을 갖추고 있어야 하겠다.

2) 부교재

지금 우리 교육 현실에서는 배달말 가르치기에 쓰일 부교재를 생각해 볼 겨를이 없다. 아예 그런 여유를 주지 않았고 그럴 필요성도 없었다. 그러나 우리가 살고 있는 이 시대가 주교재인 교과서에만 의존하는 교육을 더 이상 용납하지 않는다는 사실을 똑바로 받아들이지 않을 수 없다. 그래서 이미 일부 국어 교사들은 스스로 그런 현실을 깨뜨리고 나름대로 새로운 배달말 가르치기를 해 보자는 뜻에서 갖가지 부교재를 만들어 내놓았다. 무엇보다도 전국국어교사모임이 《함께 여는 국어교육》이라는 잡지를 펴내고, 여러 가지 부교재를 만들었다. 《그림동화로 여는 국어수업》(초등)이니 《국어시간에 고전읽기》(중등)니 하는 책들을 비롯하여 녹음테이프, 녹화테이프, 시디롬 같은 여러 가지 매체로 만든 부교재가 이미 나와 있다.

일찍부터 서유럽에서 널리 쓰인 배달말 가르치기의 부교재로서 신문을 들 수 있다. 1981년에 나는 이탈리아에 가서 중학교 세 학년에 걸쳐 주마다 한 시간씩 신문을 배달말 가르치기의 몫으로 공부하는 것을 보았다. 저들은 1962년의 교육 개혁에서 중학교 과정이 의무교육으로 바뀐 다음부터 줄곧 신문을 배달말 가르치기의 부교재로 다루어 왔다는 것이었다. 신문의 겉모습과 짜임새, 편집의 특성과 편집자의 태도, 국내와 국외의 갖가지 정보를 놓고 토론하며 공부할 뿐만 아니라 말씨와 문장의 쓰임새와 시사 용어까지 공부하는 것이었다. 신문에는 보도 기사를 비롯하여 해설과 논평과 사설과 기고문 같은 여러 갈래의 글들이 실려 있고 갖가지 상품의 광고문이 두루 실려 있어서 글말 쓰임의 첨단을 경험할 수 있도록 하는 부교재로 안성맞춤이라고 생각한다. 글말로 이루어진 부교재가 가장 많아야 하는 영역은 아무래도 '말꽃의 삶' 쪽이다. 교과서는 어쩔 수 없이 말꽃 작품을 넉넉히 싣을 수가 없기 때문이다. 어느 작가의 작품을 공부할 때에 그의 또 다른 작품을 부교재로 쓸 수도 있고, 어떤 작품을 공부할 때에 그와 비슷하거나 아주 동떨어진 작품을 부교재로 써야 할 수도 있다. 무엇보다도 우리네 교과서에는 긴 작품의 한 도막을 잘라 실어 놓은 것이 적지 않은데, 이럴 때에는 나머지 부분을 부교재로 마련해서 볼 수 있도록 하는 일이 마땅하다.

오늘날 우리는 홍수와 같은 전자말의 시대에 살고 있어서 글말에만 얽매인 주교재의 모자람을 이들 전자말 재료들이 메울 수 있는 길이 넓게 열렸다. 입말을 담은 녹음테이프, 입말과 그림을 담은 비디오테이프, 입말과 글말과 그림을 함께 담은 시디롬과 같은 재료들이 교과서의 따분함을 뛰어넘어 새로운 세상의 부교재로 떠올라 있다. 이미 곳곳에서 교사들이 어려운 여건 속에서도 이런 전자말 재료들을 교실 현장에 끌어들여 새로운 배달말 가르치기를 열어 나가고 있다. 이미 쓰이고 있는 '우리 시·우리 가락·우리 노래' (전국국어교사모임)와 같은 여러 가지 녹음테이프 재료나 '전통문화 비디오 시리즈' (문체부 문화재관리국)와 같은 비디오테이프처럼 국어 교육의 부교재로 활용할 수 있는 재료가 적잖이 마련되어 있다. 컴퓨터로 만들어진 배달말 가르치기의 부교재 재료는 아직 이렇다 할 만한 것이 없으나 이미 '한국컴퓨터교사연구회(COCOS)' 라든지 '폐쇄이용자모임(CUG)' 같은 자리가 마련되어서 자리 잡고 있는 형편이다. 배달말 가르치기에서 활용할 수 있고 또 활용해야 할 부교재의 원천은 나날이 불어나고 있어서 국어 교사와 배달말 가르치기 학자들의 관심만이 문제로 남아 있는 셈이다.

3) 보조 교재

보조 교재란 주교재나 부교재를 더욱 쓸모 있게 하도록 돕는 재료를 말한다. 이런 보조 교재는 더 좋은 교육을 하려는 노력에서 교육 방법이 발달하는 정도에 발맞추어 많아지고 좋아졌다. 아마도 초기의 교육은 오랫동안 보조 교재 없이 이루어졌을 것이다. 그러나 우리는 오늘과 같은 학교 교육을 시작한 때가 19세기 말엽이었으므로 출발부터 칠판과 분필이라는 보조 교재를 쓸 수 있었다. 그리고 최근까지도 거의 모든 배달말 가르치기를 이들 칠판과 분필만의 도움으로 해 온 것이 사실이다. 그만큼 우리 배달말 가르치기는 더 좋은 교육을 바라는 보조 교재의 개량과 진보가 없었다는 말이다. 입시에만 매달리는 학교 교육의 구조와 풍토에다, 학교 교육의 시설 개선에 힘써야 한다는 깨침이 없는 정부의 무성의가 겹치고, 게다가 교육을 잘해 보려는 교사의 의욕과 열성이 부족했던 탓에 이런 결과가 빚어진 것이라 하겠다.

그러나 요즘 들어 학교 교육에서 보조 교재로 쓸 수 있는 재료를 새뜻하게 만들어 상품으로 내놓는 기업들이 갑자기 많아졌다. 그것에 힘입어 갖가지 보조 교재를 부려 쓰는 교육도 눈에 띄게 살아나고 있는 편이다. 걸개그림(괘도), 융판, 카드, 사진과 같이 평면에 붙박인 보조 교재는 일찍부터 초등학교에서 앞장서 쓰던 것이다. 요즘 들어서는 여러 가지 기계와 장비들이 교육의 보조 재료로 쓰일 수 있게 되면서 훨씬 살아 움직이는 보조 교재가 많아졌다. 무엇보다도 전자 공학의 빠른 발달이 온갖 시청각 기계들을 만들어 내었는데 여러 선진국에서는 이미 그것들을 배달말 가르치기의 보조 교재로 널리 쓰고 있다.

배달말 가르치기에 쓰일 갖가지 시설과 장비를 갖춘 '말 공부방(language laboratory)' 을 웬만한 선진국에서는 학교마다 잘 갖추고 있다. 그런 공부방에는 입말 공부에 쓰일 듣기(오디오)와 보기(비디오) 시설을 갖추는데, 듣기만 하는 시설(audio-passive)을 비롯하여, 듣고 따라 말할 수 있는 시설(audio-active monitor)도 있고, 듣고 말하고 녹음했다가 재생까지 할 수 있는 시설(audio-active-record monitor)도 있다. 입말 공부뿐만 아니라 글말 공부에 쓰일 '읽고 쓰기 공부방(reading & writing laboratory)' 도 마련하고 여러 가지 붙박이 또는 움직이는 재료를 갖추고 있는 데도 많다. 교육 활동에 알맞도록 만들어 낸 듣기(오디오)와 보기(비디오) 시설을 넉넉히 갖추어 학생들이 손쉽게 부려 써 보도록 하는 것이다. 요즘에는 하루가 다르게 갖가지 전자 시청각 재료가 새롭게 나타나는 까닭에 이런 공부방의 모습도 크게 달라지고 있다. 이른바 '모둠 능력 공부방(multi-skill laboratory)' 이라고 하여 말하기와 듣기, 쓰기와 읽기, 보이기와 보기 활동을 돕는 시설을 비롯하여 지난날 낱낱으로 쓰던 보조 교재들을 손쉽게 쓸 수 있도록 한 자리에다 갖추어 놓기도 한다. 거기에는 환등기나 OHP는 물론 축음기, 녹음기, 실물 화상기, 영사기 같은 것도 갖추어서 보조 교재로 쓰고 있는 것이다.

더구나 요즘은 컴퓨터가 국어 교육의 새로운 보조 교재로 나타났다. 선진국에서는 개인 컴퓨터(PC)가 개발되기도 전에 벌써 이것이 교육의 보조 교재로 쓰일 것임을 내다보고 여러 가지로 연구하고 준비했다. 이제는 우리도 개인 컴퓨터가 삶의 구석구석으로 파고들어 무서운 힘으로 삶을 바꾸고 있어서 파워 포인트를 비롯한 보조 교재가 날로 새롭게 나타나고 있다. 따라서 다른 모든 교과목과 마찬가지로 배달말 가르치기에서도 컴퓨터의 무서운 힘을 활용하는 일이야말로 당장 발등에 떨어진 불이 되었다. 배달말 가르치기가 컴퓨터의 가능성을 개발하고 활용하지 않으면 머지않아 시대에 뒤떨어지게 될 것은 불을 보듯이 빤한 노릇이기 때문이다. 그뿐 아니라 갖가지 일을 할 수 있는 손전화와 디지털사진기도 나타나서 세상 모든 것을 살아 움직이는 그대로 담아서 교재로 만들어 쓸 수 있게 해 준다. 눈부시게 발전하는 전자 기술 덕분에 배달말 가르치기를 새롭게 바꾸는 보조 교재도 하루가 다르게 나타나고 있다.

4. 활동

이제 실제로 교실에서 학생과 교사가 교재를 매개로 하여 서로 만나서 이루어 가는 교육 활동을 두고 생각해 볼 자리에 다다랐다. 여태까지 우리가 지루하게 이야기해 온 모든 것들이 어떤 뜻에서는 바로 이 교육 활동을 이야기하고 바로잡아 보자는 것이었다. 그러므로 우리의 이야기는 이제 막바지에 온 셈이지만 이야기하고자 한 속셈들은 이미 앞에서 자주 내비쳤던 것일 수밖에 없다. 그러므로 이미 이야기한 바들을 되새기고 간추리는 일에 지나지 않을는지도 모르겠다. 그러나 더러는 지난 이야기를 되풀이하더라도 여기서 좀 더 다잡아 실제 교실에서 이루어져야 하는 배달말 가르치기의 활동을 생각해 보기로 하겠다.

1) 바탕과 터전

(1) 배움을 앞세우고

교육이란 본디 배움과 가르침이 제대로 만나야 이루어지는 것이다. 그 만남은 언제나 배움이 앞장서고 애살스러울[152] 적에 바람직한 열매를 거둘 수 있다는 사실을 앞에서 이야기했다.[153] 그러나 오늘날의 학교 교육과 같이 교과목을 여러 가지로 갈라놓고 보면 더러는 그런 잣대를 고집하지 않아도 어느 만큼은 성과를 거둘 수

152_ 경상남도 지역에서 널리 쓰이던 토박이말인데 요즘에는 거의 사라져 가는 듯하다. '애살'(애를 쓰며 힘을 다하려는 마음가짐. 《표준국어대사전》에는 '샘'의 경남 지역 사투리라고 했으나 '샘' 또는 '시샘'과는 적잖이 다른 말이다.)이라는 이름씨로서 "애살이 좀 있어야지, 사람이 저렇게도 물러서야 무슨 일을 쳐내겠나!" 이렇게 썼다. 거기서 비롯하여 '애살받다' 또는 '애살스럽다' 하는 그림씨로도 두루 쓰였다.

153_ '교육이란 무엇이가?, 2. 배움과 가르침'에서 다루었다.

있는 과목도 있을 것이다. 하지만 국어라는 교과목은 학생의 배움을 앞장세우지 않고서는 바람직한 열매를 거둘 수 없다. 무슨 소리냐 하면, 이미 살펴본 바와 같이 배달말 가르치기의 속살은 절반이 '삶' 으로 이루어져 있는 까닭에 다른 어떤 교과목보다도 배움이 소중하다는 말이다. 국어의 삶을 올바로 살아가도록 하고, 더욱 잘 살아가도록 하려는 것이 과녁이며 속살이기 때문에 삶의 임자인 학생이 몸소 살아 보는 것이 아니면 열매를 거두기 어려운 것이 배달말 가르치기의 특성이다. 말하기를 입으로 말해 보지 않고 어떻게 교육하며, 듣기 교육을 귀로 들어 보는 일 없이 무슨 수로 교육할 수 있겠는가? 읽기나 쓰기나 보이기나 보기도 학생이 스스로 읽고 쓰고 보이고 보는 활동을 하지 않고서는 교육할 길이 없는 것들이다. 헤엄치기를 가장 잘 가르치는 길은 물에 뛰어들어 손발을 저으면서 헤엄을 쳐 보게 하는 것임을 우리는 잘 알고 있다. 마찬가지로, 일상이든 예술이든 국어의 삶은 입말이나 글말이나 전자말로써 드러내고(표현) 받아들이며(이해) 살아 보게 하지 않고서는 달리 교육할 길이 없다.

뿐만 아니라 국어 과목으로 교육하는 '앎' 의 영역도, 알게 한다는 것이 자연 현상이기보다는 인문 현상이기 때문에 그저 지식만의 문제가 아니다. 말과 말꽃을 안다는 것은 있는 것과 나타난 것을 찾아내고 알아보는 것에 머무르지 않고 그것에 감추어진 속내와 거기 얽힌 갖가지를 제 삶에 비추어 밝혀내는 데까지 나아가는 것을 뜻한다. 그것은 그냥 안다는 것이 아니라 하나의 깨달음이어야 하는 것이다. 몸소 살아 보고 얻은 깨달음으로서 느낌과 생각을 바꾸는 삶의 한 자락이 되지 않으면 말과 말꽃을 안다는 말은 뜻이 없는 것이기 때문이다. 그러므로 배달말 가르치기는 어디까지나 학생이 앞장서 배움으로 다가들지 않으면 제대로 이루어질 수 없는 것이다.

그러니까 교사는 학생의 배움에 불을 질러서 애살을 북돋우고 호기심을 불러일으키고 물음을 일깨우는 일에 전문가로서 기술을 발휘해야 한다. 슬기롭고 분별 있게 묻는 사람이 되어야 하고, 주의 깊고 세밀하게 듣는 사람이 되어야 하고, 너그럽고 참을성 있게 기다리는 사람이 되어야 한다. 경험 많은 농부처럼 씨 뿌릴 때와 거두어들일 때를 정확하게 판단할 줄 알아서 제때에 할 일을 힘쓰면서도 결코 이삭을 억지로 뽑아 올리는 어리석은 짓은 하지 않아야 한다. 칭찬과 꾸짖음, 포상과 징계를 남발하지 말아야 하고 어쩔 수 없어 꾸짖고 처벌하더라도 언제나 따뜻한 사랑을 바탕에 깔고 있어야 한다. 서두르지 않고 설치지 않으면서도 따뜻한 마음과 사랑 어린 눈빛으로 가르침의 촉수를 늘 긴장시키고 있어야 한다. 분별없는 열정과 자기도취에 빠져서 한 시간 내내 입에 침을 튀기며 지칠 줄 모르는 교사, 열의도 의욕도 없이 책임과 의무라는 고삐에 매여 근근이 시간만 메우는 교사, 교육이 뭘 하는 것인지 고민해 보는 바 없이 월급날이나 기다리며 참고서 따위를 칠판에 적는 것으로 소임을 다하는 교사는 국어를 교육할 수 없다. 바위처럼 가만히 있다가도 살짝 두드리기만 하면 굉장한 소리를 울려 내는 쇠북(종)처럼, 스위치만 넣으면 곧장 빛을 밝히는 전등처럼 국어 교사는 언제나 가르침의 준비를 갖춘 상태로 학생의 배움을 바라보고 열려 있어야 한다. 두드리지도 않았는데 울리는 쇠북, 스위치를 넣지도 않았는데 켜지는 전등은 사람들을 어지럽히고 귀찮게 할지언정 아무런 도움을 주지 못하는 것과 같이 학생의 배움을 움직이게 하지도 않고 혼자 가르침에 빠져 허우적거리는 교사는 배달말 가르치기를 훌륭히 감당하기 어렵다. 학생의 배움을 앞세워 그들이 스스로 문제를 찾아내고 문제를 풀어 가게 하여 배달말 가르치기다운 교육을 실천하려면 가르침을 베풀 교사의 능력이 예사롭지 않아야 한다. 막힘없는 지식과 흔들림 없는 신념과 빼어난 기술을 지닌 인격자가 아니면 제대로 실천할 수 없는 일이 배달말 가르치기다.

그러나 교사의 능력만으로 모든 것이 풀리는 것은 아니다. 배움을 앞세우는 교육을 실현하는 데에 반드시 갖추어야 할 조건이 또 있으니 그것은 학급 규모와 학습 자료다. 학생 한 사람 한 사람의 배움이 교사의 가르침과 서로 만날 수 있게 하려면 무엇보다도 가장 먼저 고쳐야 할 일은 교실 안의 학생 수와 학생이 찾아볼 학습 자료다. 학생의 배움을 걱정하지 않는 교육, 학생은 가만히 앉아서 듣기만 하고 교사가 가르침을 밀어 넣는 교육에서는 교실 안의 학생 수라는 것이 그렇게 커다란 문제가 될 것이 없었다. 교사의 목소리가 들리는 공간, 교사의 얼굴이 보이는 거리, 칠판의 글씨를 읽을 수 있는 정도까지는 학생을 넣어 놓고도 교육(그것이 교육인지 어떤지는 제쳐 놓고)할 수 있다. 그러나 교육다운 교육, 배달말 가르치기와 같이 학생의 배움이 앞장서야 하는 교육에서는 그럴 수가 없다. 한 사람의 교사가 한 자리에서 더불어 만날 수 있는 학생의 수는 열두 사람 정도가 가장 적절하다는 것이 이미 경험과 연구에서 밝히 드러난 바다. 스무 사람이 넘으면 한 사람으로서는 바로 만나기 어렵다고 하여 서양 여러 나라들의 학급은 스무 사람 안쪽으로 줄인지가 오래 되었다. 그런 정도로 작은 학급이라야 비로소 요즘 교육에서 말하는 이른바 '모둠 학습'[154]으로 우리도 배움을 앞세우는 배달말 가르치기를 할 수 있을 것이다. 정신의 깊은 속까지 움직여야 하는 심리의 세계이면서 또한 사람들 사이의 복잡한 부딪힘까지 싸잡아야 하는 사회의 세계이기도 한 말을 교육하는 배달말 가르치기는 학생이 배움을 앞세워 스스로 움직이는 '모둠 학습'이 아니면 이루고자 하는 바를 제대로 이룰 수 없는 교과이다.[155]

배움을 앞세우는 교육을 하자면 학생이 손쉽게 찾아볼 수 있는 온갖 학습 자료가 학교마다 넉넉히 갖추어져 있어야 한다. 학생이 혼자서나 모둠을 이루어 찾아보고, 살펴보고, 토론하고, 토의할 수 있는 재료와 시설이 마련되어야 있어야 비로소 배움을 앞세우는 교육이 이루어질 수 있다. 배달말 가르치기만을 두고 말하더라도 우선 갖가지 국어사전과 넉넉한 참고 서적을 갖춘 도서실을 비롯하여 여러 가지 정보 재료 시설이 갖추어져 있어야 한다. 말하고 듣고 읽고 쓰고 보이고 보는 훈련을 스스로 해 볼 수 있도록 자유롭게 열려 있는 말 공부방(L. L.)이 마련되어 있어야 한다.

두말할 나위도 없이, 학급의 크기를 바꾸고 필요한 자료실을 마

154_ '모둠 학습'이란 학생들이 작은 모둠을 만들어 스스로 역할을 나누어 조사하고, 토론하고, 협의하면서 공부하는 방법을 뜻한다. 서양에서는 STL(Student Team Learning), STAD(Student Team Achivement Division), TGT(Team Game Tournament), LT(Learning Together), Jigsaw Ⅰ·Ⅱ, GI(Group Investigation), SE(Science Experience) 같은 이름으로 여러 방법이 널리 알려져 있다. 이런 방법들에서 교사는 교육을 계획하고, 학생들의 학습 활동을 돕고, 결과를 평가하면서 교육을 관리하는 몫을 맡는 도움이로 머물고자 한다.

155_ 교육이 사람과 집안과 나라와 겨레의 앞날을 좌우한다는 사실을 깨닫고 대통령만 바뀌면 교육 개혁을 거듭 부르짖는다. 그러면서도 번번이 모임만 요란스러웠을 뿐 일의 실마리를 잡아 내지 못한 채 물거품이 되고 말았다. 실마리를 찾지 못했다기보다 오히려 뚜렷한 실마리를 애써 외면한 탓이 아닌가 싶다. 학급의 학생 수를 스무 사람 아래로 끌어내리는 것이 교육 개혁의 실마리라는 것을 수많은 사람들이 훤히 알고 있으면서도 그것은 붙잡지 않고 일부러 딴전을 피우는 것으로 보이기 때문이다.

련하자면 나라의 돈이 들어야 한다. 교실을 더 많이 지어야 하고, 교사를 더 많이 써야 하고, 여러 가지 자료를 사서 넣고 돌보아야 하기 때문이다. 나라의 살림을 돌보는 정부, 특히 나라의 돈을 주무르는 부처에서 이런 쪽에다 넉넉한 돈을 쓸 수 있도록 배정해 주어야 한다. 그런데 그럴 만한 돈이 나라에 없다는 이유로 정부는 거기에다 돈을 쓰려고 하지 않는다. 그러나 우리나라가 지금 돈이 없어서 그런 쪽에 투자할 수 없다는 말에 맞장구칠 수 없다.[156] 돈이 없다기보다는 거기보다 더 먼저 투자해야 할 데가 많다고 정부가 판단하는 까닭이다. 정부가 그렇게 판단하는 것은 교육이 그쪽보다 덜 다급하다고 보는 것이고, 그것은 곧 교육의 중요성이 그만큼 뒤로 밀려난다는 말일 뿐이다. 엄청나게 많은 돈이 부정과 부패로, 권력의 다툼으로, 사치와 낭비로 날아가고 있다는 사실이 언론 보도를 메우고 있는데도 돈이 없다는 핑계로 교육을 개혁하지 못하는 것은 참으로 가슴 아픈 일이다. 이처럼 교육을 가볍게 여기며 돈을 넣지 않다가는 반드시 더 무서운 값을 톡톡히 치루고 말 것이라는 두려움을 떨칠 수 없다. 그 값은 눈에 뜨이지 않는 사람의 심리나 정신 같은 것에 그치지 않고 개인이나 동아리가 모두 받아야 할 커다란 사회의 재앙일 수 있다고 생각한다. 어쩌면 우리는 이미 그 재앙의 기미를 맛보고 있는지도 모른다. 청소년 범죄가 날로 거세어지고, 저들의 마약 복용이 미국 청소년의 곱절을 넘고, 자살하는 청

156_ 우리나라는 지금 국민총생산(GNP)이 세계에서 열 손가락 안에 들 만큼 되고 국민 한 사람의 소득도 이만 달러에 가까워졌다고 한다. 그만하면 학급 크기를 스무 사람 안으로 줄이고도 남는다. 왜냐하면 서유럽의 여러 교육 선진국에서는 그 절반에도 미치지 않을 적에 벌써 학급의 크기를 그렇게 낮추었기 때문이다.

소년의 비율이 세계에서 가장 높아져 있는 오늘날의 사태가 바로 그 재앙의 조짐이 아닌가 싶기 때문이다.

(2) 제 삶과 삶터를 사랑하도록

우리의 배달말 가르치기에서 한 가지 더 힘써야 할 활동은 학생이 먼저 '제 삶과 삶터를 사랑하도록' 하는 것이다. 지난날 우리네 교육은 남을 부러워하면서 제 스스로를 업신여기게 하는 길에 매달려 긴 세월을 보냈다.

이런 교육의 역사에 말미암아 지난날 우리 겨레는 교육을 받은 시간과 분량만큼 자기로부터 멀리 떠나가게 되었다. 아주 못 배운 사람은 자기 고향에 주저앉아 살고, 조금 배운 사람은 고향에서 조금 떠나 살고, 많이 배운 사람은 고향으로부터 멀리 떠나 살게 되었던 것이다. 자기와 고향을 버리고 멀리 떠나는 것이야말로 사람답게 사는 길이며 존경을 받는 길이었고, 그것이 바로 교육을 받은 보람이었다. 교육이란 곧 시시하고 보잘것없는 삶(제 삶)을 벗어던지고 값지고 거룩한 삶(남의 삶)으로 나아가는 것이라고 생각하게 되었던 까닭이다. 참으로 부끄럽고 눈물겨운 이 풍조는 오늘의 우리 교육에도 크게 고쳐지지 않은 채 그대로 이어졌다. 몇십 년 들이께만 하더라도 소를 팔고 논을 팔아 대학 교육까지 마친 아들이 고향으로 돌아와 살려고 하면 부모는 눈물을 흘리며 탄식을 했다. 대학까지 교육을 받았으면 고향을 버리고 멀리 떠나서 뽐내며 살아야지 무엇 때문에 보잘것없는 고향으로 되돌아오느냐는 것이다. 이럴 바에야 무엇하자고 소 팔고 논 팔아 대학까지 보냈겠느냐는 것이다. 이런 풍경이 지난 일천수백 년 동안 우리 교육이 남긴 유산의 자취였다.

이제 우리 교육은 자기를 버리고 남에게로 가던 풍조를 바로잡고, 먼저 자기 스스로를 사랑하고 자랑스럽게 여기도록 방법을 바꾸어야 한다. 참으로 자기 스스로를 사랑하는 사람이라야 남을 사랑할 수 있고, 제 삶을 사랑하는 사람이라야 남의 삶을 사랑할 수 있고, 제 삶터를 사랑하는 사람이라야 남의 삶터를 사랑할 수 있다. 그런 사람이라야 자연을 사랑할 수 있고 세계를 사랑할 수 있다. 자기 스스로의 목숨을 아끼는 사람이라야 남의 목숨을 아낄 수 있고, 자기 스스로의 삶을 자랑스럽게 여기는 사람이라야 이웃 사람의 삶도 소중하게 여길 줄 안다. 우리네 학교 교육은 모든 면에서 이 점을 좀 더 깊이 고민하고 크게 깨달아야 한다. 무엇보다도 사람의 사람됨과 삶을 아울러 다루어야 하는 배달말 가르치기에서 먼저 이런 과녁을 뚜렷이 세우고 마땅한 길을 찾는 일에 힘써야 한다.

그런 쪽에서 제6차 교육과정에서 비롯하여 꾀하고 있는 바가 하나의 실마리가 아닌가 싶다. 제6차 교육과정은 이른바 '지역화 교육과정' 이라는 이름으로, 각급 학교마다 나름대로 자기 지역의 문화와 삶을 교육의 내용과 방법으로 활용해야 한다고 했다. 그래서 정부는 '국가 수준 교육과정' 을 만들고, 그것을 바탕으로 시·도 교육청은 저마다 제 시·도의 문화 전통과 삶의 현실에 맞는 '교육과정 편성과 운영 지침' 을 마련하고, 다시 그 두 가지를 바탕으로 모든 학교는 학교 나름의 '학교 교육과정' 을 만들고, 교사는 연간 교육 계획을 세우고 실천하도록 하자는 것이었다. 그럴 때에 '학교 교육과정' 은 마땅히 학교가 자리 잡은 그 고장의 문화 전통과 삶의 실정을 알맹이로 삼지 않을 수 없을 터이고, 그것은 곧 저 스스로와 제 삶과 제 삶터로 우리 모두의 눈을 돌리게 하는 말미가 되는 것이었다. 제7차 교육과정에서는 수준별 교육이라는 깃발을 보태기는 했지만 지역화 교육을 더욱 굳히는 것을 잊지 않았다. 제6차 교육과정에서는 미처 챙기지 못했던 지역(시·군) 교육청을 지역화 교육에 끌어넣어서 '지역 교육의 자료 목록' 을 마련해서 내놓아야 한다고 했다. 이런 일은 지난 일천수백 년 동안 내버렸던 '나' 를 비로소 찾아보자는 것이기 때문에, 우리네 교육의 역사에서 참으로 뜻깊고 놀라운 시작이었다. 너무나도 준비 없이 하루아침에 느닷없이 들고 나온 것이기는 했지만, 이제부터 우리 모두가 그것을 곱씹고 삭여서 교육의 방법으로 가다듬어 실천해 갈 필요가 충분한 것이라고 생각한다.

무엇보다도 먼저 배달말 가르치기에서 제 말을 자랑스럽게 여기도록 가르치는 길을 찾아야 하겠다. 앞에서 말한 바와 같이,[157] 지금 배달말에는 남의 말을 부러워하고 제 말을 업신여긴 상처가 그대로 남아 있고, 그런 마음가짐도 바로잡히지 않았다. '가람' 은 '강' 에게 밀려나고, '논밭' 은 '전답' 에게 잡아먹히고, '걱정스럽다' 는 '우려된다' 에게 쫓겨나고, '고맙다' 는 '감사하다' 에게 짓밟히는 일이 눈앞에서 벌어지고 있다. '손발과 수족' , '두엄과 퇴비' , '나무와 수목' , '해달과 일월' , 이런 이층 구조에서 토박이말은 예나 다름없이 천덕꾸러기로 업신여김을 받고 있다. 게다가 지난 세기 백 년 사이에 서양말이 한자말보다 한 층 더 위에 자리 잡고 위세를 부린다. 홍길동보다는 洪吉童이, 洪吉童보다는 Hong Kil-dong이 더

157_ '배달말이란 무엇인가?, 3. 토박이말과 들온말' 에서 이야기했다.

훌륭하게 보이는 것이 오늘 우리네 말살이 풍토다. 심지어 요즘 서울시를 비롯한 광역 지방자치단체들이 다투어 대문짝 같은 광고판에다 미국말을 아예 로마자로 "Hi Seoul"이니 "It's Daegeon"이니 하면서 보란 듯이 써서 내걸어 놓고 있다. 지난날 중국 한문을 자랑스럽게 쓰던 선조보다 더욱 부끄러운 짓을 온 세상 사람들 앞에서 내놓고 하고 있다. 이런 현실을 뒤집어서 토박이말과 한글을 자랑스럽게 아끼고 사랑하는 사람으로 올바로 가르쳐 키우는 일이야말로 배달말 가르치기에서 맡을 지역화 교육의 첫걸음이다.

그런데 이 일은 저마다 삶터에서 쓰는 사투리부터 사랑하는 일에서 비롯해야 한다. 제 말을 업신여기고 남의 말을 우러러보는 풍토는 저마다의 삶터에서 쓰는 사투리를 업신여기고 임금과 벼슬아치들이 모여 사는 서울말을 턱없이 부러워하는 것으로 퍼져 나갔기 때문이다. 외국어를 우러러보고 모국어를 업신여기는 마음가짐을 바로잡으려면 먼저 서울말을 우러러보고 사투리를 업신여기는 마음가짐부터 바꾸게 해야 한다는 말이다. 그러므로 배달말 가르치기 지역화는 먼저 자신의 말과 자기 고장의 말을 좀 더 다잡아 살펴서 알아보게 할 수 있어야겠다. 우선 제 고장의 땅 이름, 곧 마을 이름, 길 이름, 둑 이름, 뫼 이름, 가람 이름, 언덕 이름, 고개 이름, 들판 이름, 골짜기 이름, 바위 이름을 찾아보고 거기서도 토박이말 이름을 찾아보아야 한다. 무엇보다도 토박이말 이름을 어떻게 만들어 붙였는지 알아보면 거기에 우리 겨레가 이름씨 낱말을 만드는 비밀, 곧 사물을 말로 바꾸어 내는 정신의 비밀이 감추어져 있다. 마찬가지로 제 고장의 나무 이름, 풀 이름, 꽃 이름, 물고기 이름, 조개 이름, 벌레 이름, 짐승 이름을 찾아서 알아보고, 다른 고장의 그것들과 어떻게 다른지 견주어 보아야 한다. 그런 것으로 제 고장 사투리의 쓰임새, 곧 음운의 실상과 체계라든지 말소리의 특성이라든지 독특한 낱말의 쓰임 같은 것도 알게 하고 깨닫게 해야 한다. 고장의 말씨보다도 먼저 제 자신의 말씨와 제 가족의 말씨의 독특한 모습을 살펴서 알게 하는 공부가 앞서야 하겠다. 자기 자신의 말버릇을 살피고, 가족의 그것을 살피고, 벗들과 선생님의 그것을 살피게 해야 한다. 가족끼리 모여서 나누는 말과 친구들끼리 모여서 주고받는 말과 선생님 앞에서 하는 말이 어떻게 다른지도 살펴서 알아보게 할 수 있다. 이야기 동아리에 따라 달라지는 말 쓰임이 어떤 효과를 내는 것이며, 왜 그렇게 되는지를 살피고 밝히고 토론하는 것도 배달말 가르치기 지역화에서 쓸모 있는 하나의 길이다. 이웃에서는 어떤 사람들이 한자말이나 서양말을 즐겨 쓰는지를 살펴서 알아보게 하고, 그런 사람에게 이웃 사람들은 어떤 마음과 태도로 바라보는지를 알아보게 하는 것도 배달말 가르치기 지역화의 좋은 방법이 될 수 있다. 학생이 저마다 알아본 바를 학급에서 내어놓고 서로 견주면서 토론하는 방법은 유익하면서도 손쉬운 것이다. 자기 고장의 관공서에서 내보내는 여러 가지 문서, 표지판, 선전물을 비롯하여, 공공기관이나 공장이나 상점이나 회사에서 내다 건 간판, 돌리는 홍보물과 선전물에 쓰이는 한자말과 서양말 또는 아름다운 배달말을 찾아보고 토론하고 비판하는 것도 배달말 가르치기 지역화의 바람직한 방법이다.

제 말이 자랑스럽게 되도록 하는 배달말 가르치기는 일상의 말에서만 아니라 예술의 말에서도 이루어질 수 있다. 자기 고장 사람들이 즐겨 쓰는 속담과 수수께끼를 조사하여 발표하고 토론하는 것은 아주 손쉬운 방법일 것이다. 속담과 수수께끼는 말꽃 작품일 수 없지만 거기 쓰인 말법은 예술의 그것이기에 말꽃을 알고 깨닫게 하는 데에 아주 알맞은 감이다. 제 고장에서 즐기는 옛 놀이(민속놀이)를 찾아서 배우고, 들어 볼 수 있는 옛 노래(민요)와 옛 이야기(설화)를 찾아서 발표하고 토론하는 것도 빼놓을 수 없다. 자기 이웃에 옛 놀이를 잘하는 사람과 옛 노래를 잘 부르는 사람과 옛 이야기를 잘하는 사람이 누가 있는지 알아보고, 그런 놀이와 노래와 이야기를 녹음하고 녹화하고 채록하는 일도 배달말 가르치기 지역화의 방법으로 훌륭한 것이다. 학급의 벗들 가운데 만득이 이야기나 최불암 이야기나 귀신 이야기 같은 이야기를 아주 재미있게 하는 사람을 찾아 이야기를 듣고, 왜 그 사람의 이야기가 유달리 재미있는지 까닭을 찾아보고 토론하는 것도 좋은 방법이다. 입말꽃뿐 아니라 글말꽃과 전자말꽃도 물론 중요한 교육의 재료다. 제 고장에 어떤 사람이 시를 쓰고, 소설을 쓰고, 희곡을 쓰고, 수필을 쓰는지 알아보게 할 수 있다. 이미 작품만 남기고 세상을 떠난 분들도 있겠고, 벌써 이름 있는 문인으로 세상에 널리 알려진 사람도 있겠지만, 아직 알려지지 않은 사람도 있을 수 있다. 이들 모두가 배달말 가르치기 지역화의 보배로운 교재며 교과서다. 그런 사람의 작품을 찾아서 읽어 보고 토론하고 비평하는 것은 자신을 먼저 사랑하도록 하는 배달말 가르치기의 좋은 길임이 틀림없다.

이제 우리는 학교 교육에서 아이들이 자기 삶이 결코 부끄럽지 않다는 사실을 깨닫게 해야 한다. 제 삶이 남의 삶과 다른 것은 자연의 현상이며, 다르기 때문에 오히려 살아 있어야 할 값어치가 뚜렷해진다는 점을 깨닫게 해야 한다. 그래서 이제부터는 남다르게 자기 삶 안에만 있는 것의 정체가 무엇인지, 남에게는 없으나 나에게 있는 것의 참다움과 값어치가 무엇인지를 찾아내고 밝혀 보도록 힘쓰게 해야 한다. 마침내 제 삶이 떳떳하고 자랑스러워 아무에게도 주눅 들지 않도록 만드는 일에 배달말 가르치기가 앞장서 방법을 새롭게 찾아내고 실천해 가야 할 것이다. 국어를 더욱 잘 살게 한다는 과녁은 멀리 있는 것이 아니라 바로 학생 한 사람 한 사람이 제 말을 더욱 잘 살려고 애쓰도록 하는 거기에 있고, 국어를 더욱 잘 알게 한다는 과녁에 다다르려면 먼저 학생 한 사람 한 사람이 제 자신의 말을 더욱 잘 알려고 애쓰게 하는 거기서 출발해야 한다는 말이다. 이런 교육을 하는 사이에 학생들은 깨닫지도 못하면서 저절로 스스로를 소중하게 여기고 이웃을 사랑하게 될 수 있다. 이런 마음이 자라서 드디어 스스로 세상의 임자가 되는 사람, 나라와 겨레를 아끼고 사랑하여 목숨이라도 바칠 수 있는 사람이 될 수 있다. 이래서 학년 급과 학교 급이 높아지면서 삶터가 넓어지듯이 교과서인 대상과 영역도 차차로 넓혀 가는 것은 말할 나위도 없다. 나에게서 가족으로, 가족에서 이웃으로, 이웃에서 마을로, 마을에서 고을로, 고을에서 지역으로, 지역에서 나라로, 나라에서 세계로, 교육의 수준에 따라 삶터인 교과서의 영역을 넓혀 가게 하는 것이다. 너무도 당연하고 마땅한 이런 가늠이 우리네 배달말 가르치기에는 아직 아득히 먼 이야기로만 들려서 새삼스럽게 되짚지 않을 수 없다.

제 말을 자랑스럽게 여기도록 하는 배달말 가르치기를 하자면 다음과 같은 몇 가지 일들을 부지런히 연구해야 할 것으로 보인다. 첫째, 교육의 지방 자치가 이름에 걸맞도록 실현될 수 있게 하는 방안이다. 이것은 당연히 중앙 정부의 일이기도 하지만 먼저 나라 곳곳의 지역 사람들이 모두 힘을 모아 일어서야 한다. 누구보다도 교육의 임자로 자부하는 교육자들이 함께 손잡고 나서야 한다. 둘째, 모든 교과의 지역화 교육과정과 교재를 마련하기 위하여 사범대학과 교육대학의 교수들과 각급 학교의 교사들로 모임을 만들고 지원하는 방안이다. 학문 이론을 지닌 교수와 현실 경험을 쌓은 교사가 함께 발 벗고 나서야 지역화 교육과정과 교재를 제대로 마련할 수 있기 때문이다. 셋째, 모든 학교에서 나름대로 마땅하고 알맞은 교재를 골라 쓸 수 있도록 교과서 발행을 자유화하는 길이다. 국어 교과서의 국정 제도는 이미 제7차 교육과정 때에 전국국어교사모임의 《우리말 우리글》로써 뿌리부터 뒤흔들렸다. 정부는 국어 교과서 국정의 굴레를 벗겨 주는 것이야말로 다가오는 세상에서 살아갈 우리 아이들에게 앞길을 열어 주는 일임을 깊이 깨달아야 한다. 검인정 제도라는 것도 이제는 시대에 뒤떨어진 것이다. 나라에서 하나의 잣대로 되고 안 되고를 가늠한다는 것은 그야말로 뉴턴의 절대주의 세계관에서 하는 노릇이다. 지금처럼 아인슈타인의 상대주의를 넘어선 소용돌이 세계관에서는 그처럼 단순한 세계관으로 바람직한 교육을 할 수가 없다. 한없는 가능성과 창의성을 열어 놓고 되고 안 되고는 쓰는 교사와 학생이 가늠하도록 해야 한다. 이런 일들은 물론 단숨에 이룰 수도 없고, 이루어서도 안 될 일이기에 조급하게 서두를 것은 아니다. 올바른 쪽에다 과녁을 세우고, 이루고야 만다는 뜻을 굽히지 않고, 나아갈 수 있는 길을 부지런히 찾으며 침착하게 걸어가는 배달말 가르치기의 일꾼이 불어나야 한다. 그러면 마치 철이 바뀌듯이 소리 없이 어느 날에는 이루어져 있을 것이다. 그것이 사람과 세상을 참되고 올바르게 바꾸는 길이다.

(3) 동아리 활동도 곁들여서

배달말 가르치기의 활동은 살아 있어야 하고 재미나고 즐거워야 한다. 국어 교사의 삶은 아이들의 가슴속에 뿌리내려 살아 있어야 보람차다. 이런 배달말 가르치기의 활동과 국어 교사의 보람은 시간표에 박힌 국어 시간만으로는 이루어 내기 어렵다. 취미와 특기가 같은 아이들로 동아리를 만들어 마음이 끌리는 취미 활동을 수업 시간 밖에서 벌이려 하면 좋은 길이 열릴 것이다. 특별 활동이니 재량 활동이니 하는 이름으로 그럴 만한 시간은 이미 마련되어 있기도 하다. 이런 활동으로 교사와 학생은 사랑과 존경으로 하나가 되고 핏줄과 다름없는 끈으로 묶여서 참된 스승과 제자로 일생의 벗이 되어 살아갈 수도 있다. 이른바 인간 교육의 지름길이 되는 것이다. 그런 동아리를 만들어 볼 수 있는 주제는 배달말 가르치기 속살에 따라 아래와 같은 것들을 생각해 볼 수 있다.

① 말의 삶에서

동아리를 만들어 일상의 여느 말을 더욱 잘 살아가도록 훈련을 하는 것이다. 입말로서 연설동아리, 웅변동아리, 대화동아리, 토론동아리, 회의동아리, 글말로서 쓰기동아리, 읽기동아리, 만화동아리, 신문동아리, 잡지동아리, 광고동아리, 전자말로서 방송동아리, 통신동아리, 문서동아리, 편집동아리, 대화방동아리 같은 것을 꼽아 볼 수 있다.

② 말의 앎에서

여느 말을 찾아보고 살펴보고 알아보는 훈련을 하는 것이다. 입말로서 땅이름동아리, 풀이름동아리, 나무이름동아리, 짐승이름동아리, 벌레이름동아리, 물건이름동아리, 사투리동아리, 표준말동아리, 글말로서 공문동아리, 게시문동아리, 간판동아리, 문법동아리, 맞춤법동아리, 들온말동아리, 전자말로서 프로그램동아리, 글꼴동아리 같은 것을 꼽아 볼 수 있다.

③ 말꽃의 삶에서

말꽃을 스스로 만들어 보고 이미 만들어진 말꽃을 찾아 맛보는 것이다. 입말꽃으로 짓놀이동아리, 골목놀이동아리, 꼭두놀이동아리, 탈놀이동아리, 옛노래동아리, 요즘노래동아리, 판소리동아리, 시조동아리, 가곡동아리, 팝송동아리, 옛이야기동아리, 요즘이야기동아리, 마당놀이동아리, 글말꽃으로 연극동아리, 시동아리, 시조동아리, 소설동아리, 수필동아리, 비평동아리, 전자말꽃으로 방송극동아리, 영화동아리, 전자게임동아리, 전자이야기동아리, 전자노래동아리 같은 것을 꼽아 볼 수 있다.

④ 말꽃의 앎에서

말꽃의 앎, 곧 말꽃의 속살과 모습을 밝히고 알아보고 비판하는 노릇은 아무래도 고등학교에 가서나 해 볼 수 있을 듯하다. 그러므로 학생과 교사의 관심이나 능력에 따라서는 말꽃의 삶에서 해 볼 수 있는 것들보다 훨씬 더 잘게 쪼개서 해 볼 수도 있다. 그러나 여기서는 크게 묶어서 이야기동아리, 노래동아리, 놀이동아리, 신화동아리, 전설동아리, 민담동아리, 민요동아리, 탈놀이동아리, 인형놀이동아리, 영화동아리, 연극동아리 같은 것을 꼽아 보고 지나가기로 한다.

2) 속살에 어우러지도록

배달말 가르치기의 활동은 한 가지 길에만 매달릴 수 없다. 말하자면 아이들 하나하나 저마다 마땅한 길을 찾아야 하고, 시간마다 공부할 바에 따라 마땅한 길을 찾아야 하고, 단원마다 과녁에 따라 마땅한 길을 찾아야 하고, 학기마다 다르고 학년마다 다른 길을 찾아야 한다. 그러므로 배달말 가르치기의 활동을 어떻게 해야 할까 하는 물음에는 대답이 없는 셈이다. 한없는 길이 열려 있고 한없는 길을 바꾸면서 활동을 해 나갈 수밖에 없는 것이 배달말 가르치기기 때문이다. 교사가 시간마다 달라지는 교육의 속살과 과녁에 따라, 학생마다 다른 몸과 마음과 능력에 따라 여러 가지 길을 알맞게 찾아 활동을 하는 수밖에 없다는 말이 정답이다.

그러나 이렇게 말하면 더 할 말이 없다. 그렇다고 정답에 어울리는 모든 길을 이야기하자고 들면 그것은 또 끝이 없다. 그래서 어쩔 수 없이 배달말 가르치기가 다루어야 하는 속살, 곧 말과 말꽃을 삶과 앎으로 나누어서 네 가지 속살쯤으로 갈라놓고 처삼촌 벌초하듯이나마 이야기해 보기로 한다. 이렇게 크게 나누어 이야기해도 실제로 활동을 하는 자리에서는 함께 다루고 싸잡아 다루어야 하는 것은 말할 나위가 없다. 다만, 이야기를 하자니까 나누어서 이야기할 수밖에 다른 길이 없는 것이다. 속살을 나누어 놓고 이야기하는 것부터가 그렇지만 결국은 얼개만 이야기하고 변죽만 울리고 그만둔다는 점도 고백하지 않을 수가 없다. 읽으시는 분들이, 누구보다도 국어 교사들이 짐작하고 헤아려서 저마다의 길을 닦아 나가는 수밖에 없다는 뜻이다.

배달말을 가르치는 속살이 '말'과 '말꽃', 게다가 '삶'과 '앎', 이렇게 넷으로 나누어지는 것이라면 가르치는 활동도 거기 어우러지는 길을 찾아야 한다. 그러니까 '말의 삶'과 '말의 앎', '말꽃의 삶'과 '말꽃의 앎'이라는 네 가지 속살로 나누어 놓고, 거기 어우러지는 활동을 찾아야 마땅하다. 그런데 또 말은 입말과 글말과 전자말로 나누어지고, 말꽃은 입말꽃과 글말꽃과 전자말꽃으로 나누어지니까 이런 속살까지는 나누어 보지 않을 수가 없겠다.

(1) 말의 삶

말의 삶은 우리네 배달말 가르치기에서 줄곧 끌어안고 살아온 속살이다. 그만큼 말도 많고 탈도 많다. 말이 많은 것은 서점에 나와 있는 책이나 도서관에 쌓여 있는 논문을 훑어보면 대번에 알 수 있는 일이다. 그러나 그런 말은 많으면 많을수록 좋은 것이니 반가운 일이고, 문제는 탈이 많다는 것이다. 많은 탈은 알고 보면 하나에서 말미암는 것이다. 곧 배달말 가르치기가 줄곧 '말의 삶' 이것만 끌어안고 다른 것에는 눈을 감고 마음을 주지 않으려고 하는 것이다. 이 책을 읽으시는 사람들이 배달말 가르치기가 말의 삶뿐만 아니라 말의 앎과 말꽃의 삶과 말꽃의 앎도 함께 끌어안고 살아야 한다는 사실을 참으로 알게 되었으면 더 바랄 것이 없겠다.

① 입말의 삶(말하기와 듣기)

말의 삶은 거의 입말로 이루어지기 때문에 말이라면 곧장 입말을 떠올린다. 그러나 일찍이 손쉬운 글자를 만들어 많은 사람이 글말의 삶을 살아온 겨레는 입말의 자리가 그만큼 좁아져 있다. 그래서 지구 위에는 입말을 중심으로 사는 겨레와 글말을 중심으로 사는 겨레가 둘로 크게 나누어진다고 보기도 한다.[158] 그럴 때에 우리 겨레는 아무래도 말의 삶을 거의 입말에만 맡기고 사는 편이 아닌가 싶다. 그만큼 우리는 입말의 삶을 배달말 가르치기에서 무겁게 다루어야 한다는 논리가 생길 수 있다. 그래서 광복하고 배달말 가르치기를 시작하던 그때부터 줄곧 교육과정에서는 '말하기'와 '듣기'를 배달말 가르치기의 중심이라고 했는지도 모르겠다.

그러나 실제로 그것을 어떻게 교육할 것인지를 제대로 길잡이하지 못했던 까닭에 그런 주장은 늘 빈 소리에 지나지 않았다. 그러다가 제5차 교육과정 때에 와서 '말하기'와 '듣기'를 교과서에 집어넣었다. 초등학교에서는 책을 따로 만들고, 중등학교에서는 단원을 따로 마련했다. 그래서 이제 학생이나 교사나 '말하기'와 '듣기'를 공부해야 하는가 보다고 여기게는 되었다. 그런 지가 벌써 이십 년에 가까이 접어들고 있지만 교과서에 들었다고 해서 그것이 제대로 교육되는 것은 아니다. 교과서에 '말해 보자' 또는 '들어 보자' 하는 공부할 문제를 만들어 놓았다고 해서 교육이 이루어질 수는 없기 때문이다.

입말의 삶을 제대로 교육하자면 먼저 입말이 지닌 성질, 곧 소리라는 매체에 실려서 나타나자마자 사라지고 마는 말이라는 성질을 제대로 받아들이는 것에서 시작할 일이다. '아버지'라는 낱말을 입말로 드러내면 '아'를 드러낼 적에 '버지'는 아직 없으며, '버'를

158_ 옹, 앞에 나온 책.

드러낼 때에 '아'는 벌써 사라졌고 '지'는 아직 나타나지 않았으며, '지'를 드러낼 적에 '아버'는 벌써 사라져 버렸다. 나타나면서 사라지고 마는 것이 입말이므로 그것을 교육하려면 우선 붙들어 두는 노릇이 필요하다. 주고받은 입말의 모습을 사라지지 않도록 붙들어 놓은 다음이라야 잘되고 못된 점들을 짚으면서 교육 활동을 벌일 수 있기 때문이다. 입말을 드러낸 모습, 곧 말한 자취뿐만 아니라 그것을 받아들인 모습, 곧 들은 상태까지 붙들어 놓고서야 그것을 재료로 삼아 교육 활동을 벌일 수 있다.

입말의 삶을 교육하잘 때에 그것을 붙드는 길에서 가장 손쉬운 것은 우선 교사가 자신의 기억 장치 속에 담아 두는 듣기의 기술이다. 학생이 말하고(표현) 듣는(수용) 활동을 하도록 마련해 주고, 그 동안에 교사는 자신의 기억 장치 안에다 학생의 말을 고스란히 저장하는 것이다. 그러다가 때가 오면 기억 장치 안에 갈무리한 학생의 말을 본디 모습 그대로 꺼내서는 다시 들려주면서 학생들이 따지고, 고치고, 값을 매기는 따위의 교육 활동을 하도록 해야 하는 것이다. 말하기만 시키고 그것을 저장했다가 꺼내서 다시 살피게 하는 방법, 한 사람이 말한 것을 다른 학생이 듣기를 했다가 그것을 다시 꺼내게 하여 본디의 말과 되살린 말의 차이를 살피게 하는 방법, 모둠을 만들어 돌림말(좌담)을 하게 하고 그들의 이야기를 교사가 저장했다가 되살려서 살피게 하는 방법 같은 여러 길이 있을 것이다. 그러나 이만한 방법이라도 제대로 써 보자면 교사는 엄청난 듣기 능력을 지녀야 한다. 기억 장치 안에 저장하는 생리의 절차가 말의 모습을 고스란히 저장하려 하지 않고 값어치 있다고 판단한 뜻만을 간추려 저장하려고 하는 까닭에 듣는 그대로의 모습으로 저장하는 능력은 아주 고통스러운 훈련을 거치지 않으면 얻어지지 않는다. 그런데 교사에게 이만한 듣기의 능력이 갖추어져 있지 않으면 입말의 삶은 제대로 교육할 수가 없는 것이다.

그러나 요즘 들어서는 기계가 그처럼 어려운 일을 대신해 줄 수 있게 되었다. 아주 성능 좋은 녹음기를 얼마든지 구할 수 있기 때문이다. 좋은 녹음기 한 대만 있으면 학생들의 말하기 활동이 어떤 형태의 것이든지 그냥 그대로 붙들었다가 필요할 때에는 몇 번이라도 거듭 고스란히 되살려 낼 수 있다. 그러니 '말한 것' 이나 '말한 것을 듣고 들은 바를 되풀이한 것' 이나 모두 고스란히 갈무리했다가 필요할 때에 언제든지 다시 끄집어내어서는 따지고, 고치고, 값 매기며 살펴볼 수 있게 되었다. 소리를 붙드는 녹음뿐만 아니라 모습을 붙드는 녹화의 기술도 하루가 다르게 좋아지고 있다. 손 안에 쥐고 다니는 손전화 하나로도 그런 일을 모두 해낼 수 있어서 참으로 살아 있는 입말의 모습을 고스란히 교육의 재료로 삼을 수 있는 세상이 되었다. 그러니 이제 교사가 학생의 입말을 스스로 기억하느라 진땀을 빼는 일은 사라지게 된 셈이다. 그렇다고 해서 입말의 삶을 교육하는 자리에 교사의 몫이 줄었다고 보아서는 안 된다. 다만 교육의 재료를 다루는 여건이 좋아졌을 뿐이다. 재료를 제대로 부려서 학생의 입말살이, 곧 입말로 드러내고 받아들이는 일을 바로잡고 키우도록 북돋우는 일은 어디까지나 교사의 몫으로 남아 있다. 기계가 붙잡아 놓은 학생의 입말 재료를 올바로 진단하고, 제대로 치료하도록 도와주는 어렵고도 조심스러운 일은 교사가 맡지 않을 수 없는 것이다.

간추려 말하자면, 입말의 삶을 제대로 교육하자면 교과서만으로는 모자란다. 나타나면서 사라지는 입말의 모습을 그대로 붙잡아 교육의 재료로 활용할 수 있는 길을 열어야 한다. 그런 길로서 가장 첫손 꼽을 것은 말할 나위도 없이 높은 수준의 훈련을 거쳐 뛰어난 듣기 능력을 갖춘 교사를 기르는 것이다. 서양 선진국들에서는 지난날 오랫동안 이런 교사들의 기술에 기대어 입말의 삶을 교육한 전통을 갖고 있다. 다행히 요즘 들어 발달한 전자 기계의 녹음과 녹화 기술에 힘입어 입말살이의 교육은 새로운 시대를 맞이했다. 다만 편리한 녹음과 녹화 시설을 교육 현장에 갖추는 것이 우리에게는 아직 현실의 문제로 남아 있을 따름이다. 입말의 재료를 고스란히 붙드는 기계 시설을 갖추는 일, 그 재료를 제대로 다룰 수 있는 교육의 전문 기술을 갖춘 교사를 양성하는 일, 이 두 가지를 마련한다면 입말의 삶을 제대로 교육하는 것은 어렵지 않은 시대가 되었다.

② 글말의 삶(쓰기와 읽기)

쓰기와 읽기는 이제까지 우리 배달말 가르치기에서 가장 힘써 온 영역이다. 국어 교과서는 오래도록 읽기만의 교과서였다고 말할 수 있고, 쓰기를 위해서는 제1차 교육과정 때부터 '작문'이라는 이름의 교과서를 따로 만들어 가르치려고 애써 왔다. 그러나 우리 모두가 잘 알다시피 그런 배달말 가르치기가 우리 국민의 쓰기와 읽기 능력을 제대로 끌어올렸다고는 보기 어렵다. 그처럼 중요하게 여기고 힘써 다루었지만 성과가 없었던 까닭은 무엇인가? 여러 가지 까닭을 꼽을 수 있겠지만 교육의 '솜씨(방법)'가 서투른 것도 커다란 몫을 차지했다고 생각한다.

우선 쓰기와 읽기를 아주 떼어 놓고 교육했던 방법을 뉘우쳐야 한다. 말하기와 듣기를 하나로 교육하는 것이 낫다고 판단한다면 쓰기와 읽기도 하나로 교육해야 한다고 판단할 만하지만 전혀 그러지 못했다. 읽기 교육을 할 때에는 언제나 그것이 쓰기라는 일에서 만들어 낸 열매라는 사실을 잊지 않도록 해야 한다. 마찬가지로, 쓰기 교육을 할 때에는 그것이 읽는 사람에게 건너가서 받아들여져야 한다는 사실을 잊지 않도록 해야 한다. 이제까지 우리 배달말 가르치기의 읽기가 뜻풀이에만 매달렸던 것이 얼마나 잘못이었던가는 요즘 들어 서양에서 건너온 '수용 미학' 이니 '독자 반응' 이니 하는 이름의 읽기 방법에서 더러 밝혀졌다. 읽기가 글에 담긴 뜻을 찾는다 하더라도 그것을 자기가 쓰고 있는 것으로 바라보게 될 때에 가장 많은 속살을 올바로 찾을 수 있는 법이다. 그러니 배달말 가르치기에서는 읽기를 할 때에 쓰기를 생각하고, 쓰기를 할 때에 읽기를 생각하도록 하는 원리를 먼저 세워 두어야 한다.

다음으로, 쓰기는 결코 글로 적힌 이론만으로 교육할 수 없다는 원칙을 실천해야 한다. 많이 읽고, 많이 생각하고, 많이 쓰는 것이 쓰기 공부의 바른 길이라고 말한 옛 사람들의 가르침도 '많이 쓰는 것' 을 바탕으로 삼아서 나온 것이다. '많이 읽는 것' 이나 '많이 생각하는 것' 은 쓰기를 해 보고, 쓰기를 얼마만큼 알게 되고, 쓰기를 웬만큼 몸에 익혔을 적에야 보람이 생겨나는 일이다. 쓰기 교육의 방법은 우선 서투른 대로 그저 쓰기를 실천해 보도록 하는 것이 첫걸음이 되어야 한다. 목수 일을 배우려면 훌륭한 목수가 일하는 곳에 가서 우선 자귀나 톱을 들고 거친 나무의 가지나 공이들이라도 자르고 쪼아 내는 일부터 시작해 보는 것이 필요하듯이 쓰기도 우선 쓰기를 잘하는 교사와 함께 서툴게나마 쓰는 일을 시작해 보도록 해야 한다. 수영법의 책을 들고 책상에 앉아 이론 공부만 해서는 헤엄치기를 배울 수 없듯이 작문책을 들고 문장론과 수사법 이론을 익힌다고 해서 쓰기 능력이 자라는 것은 아니다.

쓰기 교육은 이른바 도제(徒弟) 교육 방법이라야 한다. 그러려면 교사가 먼저 유능한 기술을 갖추고 있어야 한다. 교사가 앞장서 글쓰기를 하고 학생들이 뒤따라 배우도록 해야 하는 까닭이다. 교사가 자신의 쓰기 능력을 상당한 수준에 이르도록 끌어올리려고 배우고 수련한 경험을 쌓아 있지 않고서는 학생들의 쓰기를 이끌어 줄 수 없다. 자신이 글쓰기를 배우면서 겪었던 아픔과 부딪혔던 어려움을 생생히 쌓아 가지고 있는 교사라야 학생들이 쓰기에 뛰어들 수 있도록 용기를 불어넣을 수 있다. 그리고 학생들이 굽이굽이 부딪히는 어려움을 제대로 풀어 가도록 올바로 도와줄 수 있다. 모든 삶의 교육은 자신이 몸소 그 삶에 부딪혀 아파 보지 않은 사람이 감당할 수 없는 것이지만 쓰기 교육이야말로 그런 보기의 대표가 아닐까 싶다.

쓰기와 읽기 교육은 스스로에게 하는 말인 일기에서 출발하는 것이 바람직하다. 그리고 제가 익히 아는 사람에게 하는 말인 편지가 더할 나위 없이 좋은 감이다. 일기와 편지, 이들 두 가지는 우리의 글말살이에서 바탕이 되고 가까운 것이기에 교육의 감으로도 가장 가까운 것이다. 사람끼리 주고받는 글말로서 쓰기와 읽기 교육에 알맞은 감으로 제문이 있다. 제문은 세상을 떠나 돌아가신 분에게 하는 말이라는 점에서 편지나 일기와 본질이 같은 글말이다. 제문은 안타깝고 슬픈 죽음을 앞에 두고 삶을 되새겨 보는 글말이기에 참삶을 깨닫는 교육의 효과도 적지 않다. 스스로에게 하는 말인 일기, 살아 있는 사람에게 하는 말인 편지, 돌아간 사람에게 하는 말인 제문은 가장 기초적인 삶의 글말로서 쓰기와 읽기 교육에서 활용하기 좋은 감이다. 그러나 쓰기와 읽기의 감으로는 일상에서 부딪히는 모든 글말이 싸잡혀야 한다. 살아가면서 보고, 듣고, 느끼고, 생각한 것이면 무엇이나 소재로 삼아야 한다. 농사짓고, 고기잡고, 장사하고, 사무 보고 하는 온갖 직업에 따르는 글말, 동창 모임, 낚시 모임, 독서 모임, 환경 모임 같은 온갖 모둠살이에 따르는 글말, 방문, 여행, 답사, 탐험 같은 온갖 활동과 경험에 따르는 글말, 생일, 결혼, 장례, 제사, 졸업, 퇴임 같은 갖가지 행사와 의식에 따르는 글말, 이런 여러 가지 글말이 모두 쓰기와 읽기 교육의 대상으로 들어와야 한다. 그래서 우리 국민들이 누구나 제 삶을 글말로 써서 남기고, 남들이 글말로 써서 남긴 삶을 두루 읽어서 받아들이게 되어야 한다. 그것이 바로 글말의 삶을 통해서 사람과 동아리를 완성시키는 배달말 가르치기의 길이다.

그런데 이런 삶의 교육은 차근차근 쌓아 가는 훈련으로 습관이 되도록 만들어야 한다. 그러므로 쉬지 않고 거듭하는 훈련을 체계 잡아 나갈 수 있도록 길을 찾아 마련하는 일이 긴요하다. 그것은 작문 시간을 따로 두거나, 쓰기 단원을 따로 잡는 이제까지의 방법을 벗어나야 한다. 단원마다 반드시 마땅하고 알맞은 쓰기를 하면서 나아가도록 바꾸어야 한다. 지난날 우리 겨레의 말살이는 입말에만 기대었던 까닭에 이제 온 겨레가 글말을 더 많이 부려 쓰도록 이끄는 일에 배달말 가르치기가 힘써야 한다. 입말 문화는 다정하고, 활기차고, 소박하고, 겸손하고, 자연스러워 좋은 면이 많지만, 너무 감정에 치우치고, 조급하고, 변덕스럽고, 거칠고, 가벼워서 나쁜 면도 적지 않다. 글말살이를 북돋우고 키워서 입말 쪽으로 치우쳤던 우리 겨레의 사람됨과 문화 풍토를 가지런히 바로잡도록 하는 것도 배달말 가르치기의 커다란 몫이다.

③ 전자말의 삶(보이기와 보기)

전신, 전화, 사진, 확성, 녹음(오디오), 녹화(비디오), 라디오, 영화, 텔레비전, 컴퓨터, 인터넷, 손전화로 이어져 온 전자말살이는 이제 삶의 한 켠이나 자락이 아니다. 입말과 글말에 못지않게 일상 안에서 어느새 깊고도 넓은 자리를 차지하고 있다. 뒤늦게 나타난 것일수록 손쉽고 편리한 도구로 새로워져서 손전화, 인터넷, 컴퓨터, 텔레비전 같은 것들은 참으로 놀라운 지경으로 삶 안에 파고들었다. 거기서도 우리는 지난 몇 해 사이에 손전화가 전자말살이의 가장 가까운 도구로 나타났음을 실감하며 살고 있다. 입말과 글말과 그림을 자유롭고도 손쉽게 주고받으며 마치 몸에 딸린 것인냥 가지고 다니며 쓰고 살아간다. 뛰어난 한글과 빼어난 전자 기술 덕분에 세계에서 가장 빠르게 전자말살이를 앞장서 열어 나가고 있는 것이다.

그런데도 우리네 배달말 가르치기는 이처럼 깊숙이 삶의 현실 안에 들어와 자리 잡은 전자말살이를 아직도 강 건너 불 보듯 하고 있을 뿐이다. 아이들과 더불어 부대끼는 현장의 교사들이 일찍부터 걱정에 싸이고 몸부림을 해 보지만 실마리가 제대로 잡히지 않았다. 그나마 이제는 몇 사람의 젊은 학자가 나타나 공부를 하고 글을 쓰지만 이름부터 선부르게 '매체 교육'이라 하여 엉뚱한 길로 들어

섰다. 그러나 목마른 현장의 교사들은 물에 빠진 사람이 지푸라기를 붙잡는 격으로 "매체 교육, 매체 교육" 하면서 그쪽으로 쫓아가고 있다. 말의 몸인 매체가 두드러지게 눈에 띄는 것이 전자말의 특징이기는 하지만 매체는 어디까지나 매체일 뿐이다. 매체라는 몸 안에 담긴 마음과 얼은 어쩌겠다는 것인가? 전자말을 인류 문화의 역사 안에 새롭게 나타난 셋째 말임을 제대로 알아보는 눈을 먼저 떠야 한다. 그래서 매체 교육이 아니라 전자말 교육으로 이름부터 바로잡아서 입말 교육, 글말 교육과 나란히 세우는 일부터 서둘러야 한다. 그러면서 '말하기', '듣기', '쓰기', '읽기'의 넷으로 갈라지던 영역도 '말하기', '듣기', '쓰기', '읽기', '보이기', '보기'의 여섯으로 갈라놓아야 한다. 그런 다음이라야 전자말살이를 온전하게 다루는 배달말 가르치기의 길을 찾아갈 수 있을 것이다.

전자말의 삶인 '보이기'와 '보기'에서는 교육으로 다루어야 할 일이 많다. 그것은 기계로 주고받는 말이기 때문에 우선 기계를 올바로 부리는 기술을 배우고 가르쳐야 한다. 무엇보다도 전자말살이의 노른자위인 컴퓨터와 인터넷과 손전화로 말을 주고받는 기술은 배달말 가르치기의 중요한 몫이 아닐 수 없다. 또한 전자말살이의 규칙을 찾아서 세우고 가르치는 일이 다급하다. 입말은 입말의 규칙이 있고, 글말은 글말의 규칙이 있고, 전자말은 전자말의 규칙이 있게 마련이지만 우리는 아직 전자말의 규칙을 알지 못하고 있다. 흔히 입말이나 글말의 규칙을 가지고 전자말살이를 비판하기 일쑤지만 그런 비판은 옳지도 않고 쓸모도 없다. 전자말의 규칙을 찾아 세우는 일은 학자들의 몫이라 하겠으나 학자만의 몫이기에 앞서 교사의 몫이기도 하다. 당장 학생들에게 올바로 가르쳐야 할 책임이 교사에게 있기 때문이다. 전자말살이의 교육에는 윤리(예절)도 커다란 과제다. 전자말은 여러 사람을 함께 싸잡아 말을 주고받기 일쑤고 얼굴을 맞대지 않고 기계를 맞대고 주고받기 일쑤기 때문에 사람 사이의 윤리를 종잡기가 어렵다. 그러므로 자칫하면 사람 사이를 벌어지거나 멀어지거나 심지어 찢어지게 만들기 쉽다. 기술, 규칙, 윤리, 이런 것들은 전자말살이 교육의 바탕에 지나지 않는 것이지만 우리는 아직 이런 마련조차 손을 쓰지 못하고 있다. 배달말 가르치기를 걱정하는 우리 모두가 슬기를 모아서 서둘러야 할 일이다.

(2) 말의 앎

우리네 배달말 가르치기에서는 이제까지 말의 앎을 다루지 않았다고 나는 감히 말하고 싶다. 그러면 당장 여러분이 일어서서 모르는 소리 집어치우라고 할 것이다. 광복하여 배달말 가르치기를 시작하는 첫걸음에서부터 '문법'을 소중하게 다루지 않았느냐고 할 것이다. 그런 문법은 지난 육십 년 동안 잠시도 배달말 가르치기 안에서 쫓겨 나간 적이 없었고, 지금도 '국어 지식'이라는 이름으로 번듯하게 자리를 잡고 있지 않느냐고 할 것이다. 그쯤은 나도 안다. 그뿐 아니라 문법이니 국어 지식이니 하면서 지난 육십 년 동안 그것으로 교실에서 무엇을 했는지도 나는 환히 안다. 오히려 그것을 너무 환히 알기 때문에 나는 말의 앎을 다루지 않았다고 말하고 싶은 것이다.

우선 우리는 '말'이 무엇인가를 아는 일부터 새로 서둘러야 한다고 생각한다. 이 일에는 로만 야콥슨(1896~1982)의 이야기가[159] 디딤돌이 된다. 그는 말이라는 것이 드러내 보내는 사람, 받아서 들이는 사람, 그들 사이에서 오가는 것, 이렇게 셋을 싸잡은 것이라고 말한다. 그래서 말이 무엇인가를 생각하자면 드러내 보내는 사람을 생각하고, 받아서 들이는 사람을 생각하고, 그들 사이에서 오가는 것을 생각하고, 이들 셋을 두루 싸잡아 생각해야 한다는 것이다. 이들 셋을 모두 싸잡아야 온전한 '말'이 된다. 그러니까 말에는 주고받는 두 사람도 있어야 하고, 건네주고 받아들이는 삶도 있어야 하고, 사람 사이를 오고가는 존재도 있어야 한다. 말에는 사람도 있고 삶도 있고 존재도 있다는 뜻이다. 다른 말로 하면 말은 사람이기도 하고 삶이기도 하고 존재이기도 하다는 것이다.

그런데 우리네 문법은 어떤가? 우선 드러내 보내는 사람과 받아서 들이는 사람은 거들떠도 보지 않는다. 건네주고 받아들이는 삶도 모른 체한다. 그러면 사람 사이에서 오가는 그것은 제대로 다루는가? 그것도 아니다. 야콥슨은 사이에서 오가는 것도 네 쪽으로 갈라서 몸(소리, 매체)과 만남, 마음(뜻, 메시지)과 언저리가 있다고 했다. 그런데 우리네 문법이 다루는 것은 이들 네 쪽에서 기껏 몸(매체)과 마음(메시지) 두 쪽에 지나지 않는다. 그나마 이것도 살아있는 것으로 다루지는 못하고 마치 해부학 교실에 놓인 주검을 다루듯이 하기 일쑤다. 학자들은 주검을 칼로 쪼개서 저마다 하나씩 들고 가서 누구는 염통만 보고, 누구는 쓸개만 보고, 누구는 허파만 보고, 이렇게 조각조각 들여다본다. 마찬가지로 국어학자들도 누구는 음운만 보고, 누구는 형태만 보고, 누구는 통사만 보고, 누구는 의미만 보고, 이렇게 말을 쪼개서 들여다본다. 학문이란 이렇게 쪼

159_ 야콥슨, 《입말 쪼개보기의 들머리(Preliminaries to Speech Analysis)》, 1952.

개서 보지 않고는 길이 없는 것이기 때문이다. 그러나 교육에서 다루는 앎은 쪼개서 들여다보는 것이 아니라 온전하게 살펴보는 것이어야 한다. 그런데도 배달말 가르치기에서는 학자들이 쪼개서 들여다본 이것들을 그대로 고스란히 끌어들여서 문법이니 국어 지식이니 하는 이름으로 다루려고만 했다. 그것은 배달말 가르치기에서 다루어야 마땅한 사람의 말, 삶의 말이 아니다. 배달말 가르치기에서 마땅히 가르쳐야 하는 말의 앎과는 거리가 멀다.

배달말 가르치기가 마땅히 다루어야 하는 말의 앎은 다만 지식의 부스러기가 아니라 사람과 삶을 알고 깨닫는 길이라야 한다. 그러므로 말을 보내는 사람과 말을 받아들이는 사람을 알아보지 않으면 안 된다. 그래서 먼저 말의 철학을 마련해야 하고, 사람 안에서 벌어지는 말의 심리를 알아보아야 하고, 사람과 사람 사이에서 벌어지는 말의 사회를 알아보아야 한다. 이처럼 언어철학, 언어심리, 언어사회를 바탕으로 삼은 위에서 언어학이 쪼개서 살펴본 것들을 다루어야 한다. 그것도 학자들이 하듯이 가닥가닥 쪼개서는 안 된다. 살아 숨 쉬는 말로 되돌려 놓고서 가르쳐야 한다는 사실을 잊지 말아야 한다. 그러므로 말의 앎을 다루는 교육의 길은 어쩔 수 없이 학생이 스스로 제 마음과 제 삶 안에서 찾아보고(탐구 학습) 만들어 가는(구성주의) 것이라야 한다. 교사가 앞장서 찾아 주고 만들어 주는 것도 아니고, 이미 삶과 동떨어진 채로 마련되어 있는 지식의 조각들을 교사가 주워 주고 앗아 주는 것은 더더욱 아니다.

① 입말의 앎

입말을 알면 말을 거의 다 아는 셈이다. 글말과 전자말은 입말의 속살을 그대로 지니고 다만 껍데기인 몸(매체)만 달라진 것들이기 때문이다. 그러나 여태 사람들은 입말을 제대로 알아보지 못했다. 말을 알아보려고 오랜 역사를 거치며 애를 태운 서유럽의 언어학에서조차 입말은 제대로 알아보지 못했다. 입말을 알아본다고 하면서도 언제나 글말을 들여다보는 수밖에 없었기 때문이다. 글자로 적혀서 사라지지 않고 가만히 있는 글말을 들여다보면서 입말을 알았다고 해 온 것이다. 그러나 그것은 글말을 알아본 것일 뿐 입말은 아니었다. 입말은 사라지는 동안에만 남아 있는 그런 말이기 때문에 도무지 들여다보고 살펴볼 길이 없었다.

그런데 지난 세기 중엽을 들어서면서 조금씩 입말의 모습을 붙들어 놓을 수 있었다. 전자 기술에 힘입어 입말의 몸인 소리를 붙들어 놓을 수 있는 녹음기가 나타났기 때문이다. 그로부터 소리를 만들어 내는 입 안의 움직임을 붙들어 놓을 수 있는 녹화 기술이 나타나고, 마침내 소리를 만들어 내기에 앞서 머릿속에서 골이 일하는 모습까지 살펴볼 수 있게 되었다. 머릿속 골에서 말의 얼과 몸을 만들어 신경으로 실어 보내며 소리를 만들도록 하여 마침내 가슴과 목과 입과 코를 움직이는 비밀을 눈으로 살펴보게 되었다. 그뿐 아니라 소리에 실린 말이 공기를 움직여 듣는 사람의 귀로 들어가서 신경에 실려 마침내 머릿속 골 안에 가서 갈무리되는 비밀까지 눈으로 살펴보게 되었다.[160] 그러나 이런 일은 컴퓨터의 능력이 커진 지난 세기의 끝 무렵에 와서야 비롯한 일이기 때문에 아직도 우리가 알고 있는 바는 신비 전모에 견주면 보잘것없는 것에 지나지 않

160_ Peter B. Denes, 고도홍 뒤침, 《음성언어의 이해》, 한신문화사, 1999.

는다. 그렇더라도 지난날 글말을 놓고 살펴서 입말을 알았다고 여겼던 것과는 아주 다른 참모습을 보게 되었음은 틀림없는 일이다.

이렇게 입말을 만들어 내고 또 그것을 받아들이는 동안에 몸에서 벌어지는 신비한 일들을 알아 가는 교육은 기계의 도움이 있어야 한다. 당장은 그런 기계를 교실마다 갖추기는커녕 학교마다 갖추기도 어려운 것이 실정이지만 머지않아 기계는 더욱 좋아지고 손쉬워질 것이다. 교실마다 기계를 갖추어 제대로 교육하는 날을 앞당기도록 힘쓰면서 이미 알아낸 비밀을 기계 없이 가르치는 길을 찾는 것이 일의 차례다. 아쉽지만 사진과 그림으로 머릿속 골(브로카와 베르니케 영역)이 정보를 만드는 일, 정보를 실어 나르는 신경 조직의 일, 정보를 소리로 만들어 내는 목과 코와 입 속의 일을 살펴볼 수는 있다. 마찬가지로 소리를 받아들이는 귀(바깥귀와 속귀)의 일, 소리를 정보로 바꾸는 일, 정보를 실어 나르는 신경 조직의 일, 정보를 받아서 간추리며 갈무리하는 일을 가르칠 수도 있다.

몸 안에서 입말을 만들어 내고 또 받아들이는 일보다 더욱 소중한 것은 입에서 나와 귀까지 가는 사이의 몸 밖에 나와 있는 그것이다. 그것은 소리라 부르는 공기의 흔들림일 뿐이지만 바로 그것이 (입)말이다. 그 소리를 기계로 붙들어 보면 그냥 소리일 뿐이겠지만 사람의 귀가 붙들면 곧장 소리가 아니라 뜻이다. 그래서 우리는 소리 안에 뜻이 담겨 있었다고 생각한다. 그러나 사실은 본디 머릿속 골에서 뜻을 신경에 실어 보내며 그것을 발성 기관(가슴과 목과 코와 입)이 소리로 바꾸도록 시킨 것이고, 그 소리를 귀가 받아들이면서 곧장 본디의 뜻으로 다시 바꾸어 머릿속 골까지 신경이 싣고 가는 것이다. 이렇게 뜻이 소리로 바뀌고 다시 소리가 뜻으로 바뀌며 오고 가는 이것, 소리로 담아내는 뜻의 무궁무진한 깊이와 넓이, 뜻을 담아내는 소리의 어마어마한 움직임과 빛깔, 뜻이 소리가 되고 소리가 뜻이 되게 하는 이 놀라운 얽힘, 이것을 제대로 알게 하는 것이 입말의 앎이다. 국어음성학, 국어음운론 따위 수십 가지의 학문으로 갈라진 국어학이 이런 앎을 채우려고 매달려 있었고, 매달려 있고 또 매달려 있을 것이다. 이들 학문에서 밝혀낸 모든 것을 학생들이 제대로 알아들을 수 있도록 가르치고,[161] 스스로 찾아보고 알아보도록 이끄는 일이 입말의 앎을 교육하는 노릇이다.

② 글말의 앎

입말을 제대로 알면 글말은 거의 알았다고 할 수 있다. 다만 입말의 몸인 소리만 글자로 바꿔어 글말이 된 것이기 때문이다. 그러므로 글말의 앎은 우선 글자를 아는 일을 첫걸음으로 삼아야 한다. 우리 겨레는 온 세상 사람들이 모두 놀라워하며 가장 훌륭한 글자로 꼽는 한글을 만들었다. 한글을 세종대왕의 빼어나신 슬기로 하루아침에 만들었다고 하면 사실과 다르다. 우리도 뛰어난 여러 겨레와 마찬가지도 일찍이 그림으로부터 글자를 만들려고 기나긴 세월에 걸쳐 피땀을 흘렸다. 울산 반구대를 비롯하여 나라 곳곳의 바위에 그린 그림과 글자들이[162] 흩어져 있고, 신지글자(녹도글자)[163] 니 가림다글자[164]니 하는 여러 글자의 자취가 있으며, 중국의 한자를 빌려서 배달말을 적은 이두와 향찰 같은 글자의 기록이 남아 있

161_ 이들 학문이 밝혀낸 것을 학생이 알아듣도록 가르치는 일을 생각하면서 펴낸 책이 요즘 들어 부쩍 늘어나고 있어서 반갑다. 《국어지식탐구》(김광해 외, 박이정, 1999), 《학교문법과 문법교육》(임지룡 외, 박이정, 2005) 같은 책을 꼽을 만하다.

다. 그뿐 아니라 중국의 한자로 가다듬어져 나간 갑골글자와 초문(금문)이라 부르는 글자를 우리 겨레가 만들었다는 사실도 밝혀지고 있다.[165] 그러나 우리네 배달말 가르치기는 아직 이런 자취를 도무지 돌보지 않아서 우리 입말이 글말로 넘어온 걸음을 거의 가르치지 못하고 있다. 이런 걸음을 제대로 가르쳐야 비로소 한글이 얼마나 값지고 고마운 글자이며 우리 글말살이가 얼마나 보배롭고 자랑스러운지를 알아볼 수가 있다.

입말을 알고서 글자만 알면 글말은 모두 안 것이라 했으나 그건 지나친 말이었다. 입말이 글자에 실려서 사라지지 않는 글말이 되면 많은 것이 달라진다. 우선 그 힘이 더욱 무서워진다. "입살이 보살이다." "말이 씨가 된다." "낮말은 새가 듣고 밤말은 쥐가 듣는다." 이런 속담이 말하듯이 입말의 힘도 무섭다. 입말이 노래가 되고 기도가 되고 주문이 되면 하늘을 움직이고 땅을 움직인다고 믿었다. 그러나 글말은 그보다 훨씬 더 무서운 힘을 드러낸다. 편지 한 장이 전쟁을 뒤집고, 책 한 권이 세상을 바꾼 일을 인류 역사 안에서 우리는 얼마든지 찾아볼 수 있다. 글말은 입말과 같은 힘을 입

162_ 경남 남해군 상주 양아리의 바위에 새겨진 그림글자. 고각(古刻), 암각화(岩刻畵) 또는 용서(龍書)라 하는 이것을 환단고기가 인용한 대변설 주에 "남해현 낭하리의 계곡 바위에 신시(神市)의 고각이 있다. 그 글에 '환웅천황께서 사냥 나왔다가 삼신께 제를 드린다.' 고 했다." 하는 말이 있다.

163_ 환웅천황이 신지(神誌) 혁덕(赫德)을 시켜 만들었다는 글자를 이르는데 이것으로 천부경(天符經)을 적었다고 한다. 신지 혁덕이 만들었다 하여 '신지글자' 라 부르고, 그가 처음에 사슴의 발자국을 본떠 만들었다 하여 '녹도(鹿圖)글자' 라 부르기도 한다.(환단고기, 삼성기, 태백일사, 규원사화)

164_ 삼대 단군 가륵(加勒) 이년에 삼랑을보륵(三郞乙普勒)이 정음 서른여덟 자를 만들어 이름을 '가림다(加臨多)' 라 한다 하였다. 또는 '가림토(加臨土)' 라고도 한다.(환단고기)

165_ 유창균, 앞의 책.

말처럼 당장에 드러내고 사라지는 것이 아니라 영원까지 남아서 줄곧 그런 힘을 드러내는 것이다. 모든 세계 종교는 글말로 적힌 경전에 힘입어 영원토록 사람의 얼을 깨우고 삶을 일으킨다. 오늘도 온 세상 나라가 글말로 적힌 것이면 무엇이나 찾아 모아 챙기느라 엄청난 도서관을 다투어 세우고 사람들에게 그것을 읽히려 안간힘을 다한다. 글말이 지닌 이런 힘을 제대로 가르치는 것, 글말의 힘이 사람과 세상을 쉬지 않고 바꾸어 놓는 사실을 제대로 가르치는 것이 글말의 앎에서 맡아야 하는 몫이다.

글말의 앎에서 가르쳐야 하는 것은 바로 앞에서도 이야기한 바와 같이 이제까지 온갖 언어학(국어학)이 매달려 밝혀서 적잖이 쌓여 있다. 한글을 만든 다음 그것을 풀이하는《훈민정음(해례)》에서 비롯하여《훈민정음운해》[166]-니《언문지》[167]-니 하는 글말의 앎이 왕조 시대에 이미 나타났다. 왕조가 무너질 무렵 주시경(1876~1914)이 나타나《국어문법》,《국어문전음학》,《말의 소리》같은 책을 펴내고 많은 제자들을 길러 글말의 앎을 일으키는 터전을 닦았다. 이런 터전에서 일제 침략을 무릅쓰고 '조선어학회'가 생겨서《우리말큰사전》도 만들었다. 나라를 되찾은 뒤로 지난 육십 년 동안 글말의 앎은 눈부시게 일어나서 헤아릴 수 없이 많은 논문과 책이 쌓였다. 그뿐 아니라 수사학이니 문장론이니 문체론이니 하는 학문들이 모두 글말의 모습과 거기 감추어진 비밀을 밝히려 안간힘을 다하고

166_ 신경준(申景濬, 1712~1781)이 1750(영조 26)년에 지은 책. 한글 자모의 소리를 한자의 소리를 적는 것에 맞추어 풀이한 책.

167_ 유희(柳僖, 1773~1837)가 1824(순조 24)년에 지은 책. 한글의 소리와 쓰임새를 한자의 소리를 적는 것에 맞추어 풀이한 책.

있다. 그러니까 글말의 속살과 모습은 배달말 가르치기가 다루기 벅찰 지경으로 이미 넉넉히 밝혀 놓았다는 말이다. 그런데 문제는 이것을 어떻게 가르칠 것인가 하는 것이다. 여태까지 우리네 배달말 가르치기에서는 문법, 언어, 국어 지식 같은 이름으로 이것을 가르치고자 했으나 도무지 뜻을 이루지 못했다. 학자들이 학문으로 밝혀 놓은 그대로를 가져와서 아이들에게 그냥 건네주려고 들었기 때문이다. 아이들은 따분해서 질색을 하고 손을 내저었지만 막무가내로 떠먹이면서 시험이라는 채찍으로 우겨 넣으려고만 했다.

나는 1981년 이탈리아에서 초등학교 1학년에게 말의 앎을 교육하는 수업을 구경한 적이 있다. 초등학교 1학년 코흘리개들에게 마치 놀이라도 하듯이 말의 몸인 소리와 글자, 낱말을 이루는 음절, 음절을 이루는 음소를 한 시간 안에 가르치는 것을 보았다.[168] 코흘리개들에게 어제 집에서 지낸 일을 돌아가며 이야기하도록 하면서 말하기와 듣기를 가르쳤다. 그러다가 아이들의 이야기에서 나온 낱말, 일테면 '하늘' 같은 낱말을 잡아서 그것의 낱자를 융판에 붙여 놓고 사라지는 소리를 사라지지 않는 글자로 붙들었음을 알아보게 했다. 그리고 그것을 '하' 와 '늘' 로 떼어 놓고 낱말이란 작은 소리덩이(음절)로 이루어진다는 사실을 가르쳤다. 그런 다음 다시 'ㅎ', 'ㅏ', 'ㄴ', 'ㅡ', 'ㄹ' 을 떼어 놓고 소리덩이가 소리조각(음소)으로 갈라진다는 사실도 가르쳤다. 그러다가 마침내 '하늘' 에서 'ㅎ' 을 떼어 내고 'ㅁ' 을 바꾸어 붙여 놓고 '마늘' 이라고 소리 내어 읽으며 아이들에게 따라 읽혔다. 소리조각 하나가 달라지면 뜻이 다른 낱

168_ 김수업, 《국어 교육의 바탕과 속살》, 휴머니스트, 2012, 18~21쪽.

말로 바뀐다는 사실을 가르쳤다. '바늘'도 '하늘'과 '마늘'과는 첫 소리만 달라졌지만 뜻은 아주 다른 낱말이 되었다. 이렇게 융판에다 낱자를 붙이고 떼는 놀이를 하면서 소리와 글자로 이루어지는 말의 신비를 깨치게 하고 있는 것을 보면서 나는 무척 놀랐다. 무슨 탐구 학습이니 구성주의니 할 까닭도 없는 것이고, 나날이 주고받으며 살아가는 말을 붙들고 살펴보고 알아보고 깨달을 수 있도록 하는 것이 말의 앎을 가르치는 길이다. 그런 길은 얼마든지 열려 있는데 다만 우리가 마음을 써서 찾아보지 않았을 따름이다.

③ 전자말의 앎

입말과 글말을 알았으면 전자말은 전자라는 몸(매체)만 알면 되는 셈이다. 전자는 글자보다 훨씬 더 무서운 힘을 지닌 말의 몸이다. 글자가 입말의 몸인 소리를 붙들어 사라지지 않고 영원히 살아 있게 함으로써 말의 힘을 엄청나게 불렸다. 그런데 이제 전자는 입말의 몸인 소리와 글말의 몸인 글자를 함께 싸잡고 게다가 주고받는 빠르기를 빛의 빠르기로 줄이고 주고받는 넓이를 무한까지 넓힘으로써 말의 힘을 말할 수 없이 놀랍도록 불렸다. 사실 전자는 그저 눈에 보이지 않는 물질의 작은 알맹이일 따름이지만 사람은 그것으로 기계를 움직여 말의 몸 노릇을 하도록 만든 것이다. 그러므로 전자말의 몸이란 전자라기보다 전자의 힘으로 움직이는 기계라고 하는 것이 올바를지 모른다. 전신기, 전화기, 축음기, 녹음기, 촬영기, 영사기, 송신기, 수신기, 컴퓨터, 인터넷, 손전화 같은 기계가 전자말의 몸인지도 모른다는 말이다. 이런 기계들이 입말도 고스란히 실어 나르고 글말도 그대로 실어 나르고 게다가 말하는 사람의 모

습과 말에 따른 온갖 세상의 모습까지 담아서 실어 나를 수 있게 되었다.[169]

그러므로 전자말의 앎은 말을 실어 나르는 전자 기계, 곧 전자말의 몸을 아는 것에서 시작해야 한다. 그런 기계들을 어떻게 만들었으며 기계들의 짜임새가 어떠한지를 알게 한다면 더욱 좋지만 적어도 그것들을 올바로 부려 쓰는 길이 무엇인지를 올바로 가르치는 일은 전자말의 앎에서 빼놓을 수 없는 첫걸음이다. 요즘 사정으로만 말하자면 적어도 텔레비전 수신기, 컴퓨터(인터넷), 손전화를 올바로 부려 쓰는 길은 제대로 가르쳐야 하겠다. 텔레비전 수신기라면 켜고 끄고 채널을 바꾸고 소리를 키우고 줄이는 것을 비롯하여 앉아서 보는 몸가짐과 수신기 화면의 크기에 따라 보는 거리 같은 것을 올바르게 가르쳐야 한다. 컴퓨터라면 무엇보다도 글자판을 열 손가락으로 제대로 두드리는 법을[170] 비롯하여 컴퓨터가 지닌 모든 힘을 부려 쓸 수 있는 길을 익히도록 해야 하고, 인터넷으로 사이버라는 또 하나의 세상에 들어가 새롭고도 엄청난 세계를 살아가는 길을 익히도록 해야 한다. 손전화라면 무엇보다도 먼저 몸에 가까이 지니고 다닐 적과 전화를 주고받을 적에 전자파를 조심하도록 잘 가르쳐야 한다. 나이 어린 사람일수록 전자파로 말미암아 몸이 느끼지 못하는 충격과 상처를 크게 받는다는 사실을 잊지 않아야 한다. 손전화의 쓰임새도 나날이 덧보태지고 새로워져서 모든 쓰임

169_ 이 마지막 일, 곧 말하는 사람의 모습과 말에 따른 온갖 세상의 모습까지 담아서 실어 나르는 일 때문에 전자말의 쓰임새(주고받기)를 '보이기'와 '보기'라 부르자는 것이다.

170_ 여기서도 윗몸을 반듯하게 등뼈를 곧추세워서 앉는 몸가짐과 눈높이와 거리를 올바로 하도록 가르치는 일부터 해야 한다. 그리고 글자판에 열 손가락을 제자리에 놓고 손가락마다 맡아야 할 단추를 두드리는 것부터 익히고, 차례차례 나아가도록 해야 한다.

새를 제대로 익히도록 하는 일이 만만하지 않지만 그것을 제대로 가르치는 일은 전자말의 앎에서 빼놓을 수 없는 몫이다.

전자 기계를 부려 쓰는 일은 전자말의 앎에서 껍데기에 지나지 않는다. 전자말의 앎에서 다루어야 할 몫의 알맹이는 전자말 바로 그것이다. 전자말의 속살과 겉모습, 그러니까 전자말의 철학과 윤리와 성격과 규칙과 역사 같은 것이다. 전자말이란 무엇인가? 전자말은 사람이 어떻게 부려 써야 마땅한가? 전자말은 세상에 어떤 몫을 하고 있는가? 전자말의 올바른 말본(문법)은 어떠한가? 전자말은 언제 비롯하여 이제까지 어떻게 흘러왔는가? 이런 물음을 풀어주는 것이야말로 전자말의 앎에서 다루어야 할 몫의 알맹이다. 그러나 우리는 아직 이런 물음과 풀이에 아무런 마련이 없다. 전신이 나타나면서 비롯한 전자말의 역사는 벌써 일백이십 년에 이르렀으나 아직도 쉬지 않고 새로운 기계가 나타나 전자말의 모습을 바꾸기 때문에 그런 마련이 쉽지 않다. 그보다도 사실은 전자말을 전자말로 알아보는 눈이 요즘에 와서야 겨우 뜨였다. 전신이 나타나고, 전화가 나타나고, 사진이 나타나고, 활동사진(영화)이 나타나고, 축음기가 나타나고, 녹음기가 나타나도 그것들이 전자말이라는 사실을 알아보지 못했다. 컴퓨터가 나타나고 인터넷이 나타나고 손전화가 나타나면서 비로소 이것들이 새로운 갈래의 말임을 알아보는 눈이 뜨이기 비롯한 것이다.

그러므로 전자말의 앎은 물음을 일으키는 일부터 하는 것이 차례다. 우리네 배달말 가르치기가 '전자말이란 무엇인가?' 하는 물음을 일으키고 교사와 학생이 함께 마땅한 대답을 찾아보는 것이다. 앞에서 일으킨 물음을 하나하나 배달말 가르치기 안에서 일으키고 학생과 교사가 슬기와 경험을 모아 마땅한 대답을 찾아보는 것이다. 이것은 전자말살이를 세상에서 가장 앞장서 해 나가는 우리가 남 먼저 맡아 하지 않을 수 없는 노릇이다. 그래서 뒤따라오는 온 세상 사람들에게 전자말살이의 길을 열어 주고 밝혀 주는 것이야말로 마땅하고도 자랑스러운 우리네 배달말 가르치기의 몫이다.

(3) 말꽃의 삶

무릇 모든 예술의 삶은 감각 기관을 통한 느낌을 바탕으로 이루어진다. 노래를 부르거나 음악을 듣고, 그림을 그리거나 미술 작품을 보고, 춤을 추거나 춤추기를 구경하는 것들은 모두 감각 기관의 운동을 거쳐 일어나는 느낌으로부터 기쁨을 맛보는 것이다. 말의 예술인 말꽃도 엄연한 예술인만큼 거기서 벗어날 수 없다. 말꽃을 드러내고 받아들이는 활동을 하면서 사람들은 감각을 거치면서 일어나는 감정과 정서, 곧 느낌을 섬세하게 확인하고 그로부터 오는 기쁨을 맛보는 것이다. 그러므로 말꽃을 살게 하려는 교육에서도 감각 기관의 운동을 거치며 얻는 느낌에 대하여 먼저 마음을 쓰지 않을 수 없다.

사람의 감각 능력은 훈련을 거쳐 북돋우고 키울 수 있다고 한다. 갖가지 금(선)과 빛깔과 모양들을 보면서 가려내고 알아내는 훈련, 여리고 세고 끊어지고 이어지는 소리들을 들으면서 알아내고 느끼는 훈련, 온몸의 살갗에 와서 닿는 바깥 세계를 알아내고 느끼는 훈련, 코에 닿는 냄새와 혀에 닿는 맛을 가리며 느끼는 훈련 따위는 감각 기관을 깨어 있게 하는 데에 아주 유효하다고 한다. 마찬가지로 말 예술인 말꽃을 드러내고 받아들이는 활동을 거치면서도 사람의 감각 능력은 길러지고 자라나게 마련이다. 소리와 이미지와 뜻과 비유와 상징이라는 복잡하고도 미묘한 감각 요소들로 이루어진 말을 부려 작품을 만들면서, 그리고 그렇게 이루어진 작품을 더 듣고 맛보면서 감성 세계는 길러지고 자라나는 것이다.

말꽃의 삶이라 해도 알다시피 거기에는 또 여러 작은 가지들이 있다. 말꽃도 입말과 글말과 전자말이라는 세 가지 몸으로 이루어지므로 입말꽃과 글말꽃과 전자말꽃이라는 세 가지로 나뉘고, 드러내고 받아들이는 두 가지 작용으로 이루어지는 까닭에 드러내는 삶과 받아들이는 삶이라는 두 가지로 나누어진다. 그래서 마침내 여기에도 입말꽃 드러내기, 입말꽃 받아들이기, 글말꽃 드러내기, 글말꽃 받아들이기, 전자말꽃 드러내기, 전자말꽃 받아들이기라는 여섯 가지가 자리 잡게 되는 셈이다. 그러나 여기서는 이야기하기 좋도록 입말꽃과 글말꽃과 전자말꽃으로만 나누어 생각해 보기로 하겠다.

① 입말꽃의 삶

우리는 여태까지 배달말 가르치기에서 이쪽을 아예 다루지 않았다. 배달말 가르치기에서만 다루지 않은 것이 아니라 입말꽃의 값어치를 깨닫고 연구하는 학자들조차도 그것이 오늘 우리네 삶 안에 살아 있다는 사실에는 눈을 돌리지 않았다. 그러므로 오늘 우리는 너나없이 입말꽃을 산다는 사실을 인정하는 일조차 쉽게 받아들일 수가 없는 형편이다. 그러니 입말꽃을 삶으로 국어 과목에서 교육해야 한다는 사실을 받아들이기 어렵다. 그만큼 이것을 교육한다는 생각은 새롭지만 두려운 것인지 모르겠다. 그러나 입말꽃의 삶은 소중한 배달말 가르치기의 한 몫임이 틀림없다. 그것은 배달말 가르치기의 속살을 마련하는 이치에서도 그렇지만 실제로 삶에서 벌어지는 현실에서도 그렇다.[171] 그러므로 우리에게는 그것을 어떻게 교육할 수 있을지 그 길을 찾는 일만이 아쉽고 바쁠 따름이다. 그런데 사실 길은 두루 열려 있는 것으로 보이고, 다만 우리가 입말꽃의 삶을 교육해야 한다는 사실을 깨닫지 못하고 있을 뿐인 듯하다. 오늘 우리네 배달말 가르치기가 학생에게 입말꽃을 살도록 해야 한다는 사실을 깨닫기만 하면 그 길은 쉽게 찾을 수 있겠다는 말이다.

입말꽃을 크게 보아 놀이말꽃과 노래말꽃과 이야기말꽃이라고 한다면 그것을 드러내는(표현) 교육은 학생들에게 놀이하고, 노래하고, 이야기할 수 있는 자리를 마련해 주면 길이 열린다. 놀이말꽃이라면 놀이할 수 있는 모둠을 만들어 주고, 탈춤놀이든 마당놀이든 연극 놀이든 방송극 놀이든 모둠끼리 함께 놀이해 보도록 이끌어 줄 수 있다. 교사가 이들 놀이를 몸소 할 수 있으면 더없이 좋겠지만 몸소 할 수 없어도 교육을 못하는 것은 아니다. 아이들은 스스로 놀이를 즐기고 싶은 본능을 지니고 있기 때문이다. 여러 교육 선진국에서 하듯이, 한 학기에 적어도 한 번쯤은 모둠에서 마련한 놀이를 발표하는 자리를 만들어 주면 더욱 좋을 것이다. 학생들이 서로 어우러져 놀이로 드러내고 받아들이는 경험을 겨루면서 즐거워할 수 있기 때문이다. 노래말꽃이라면 학생들이 스스로 제 삶을 입말로 말하고 그것에다 내키는 대로 곡조를 붙여서 신명에 따라 노

171_ '무엇을 하는가?, 4. 속살의 속내, 말꽃의 얆'에서 다루었다.

래 부르도록 기회를 마련해 주면 되는 것이다. 아직도 농어촌 시골에서는 지난날의 민요를 노래하면서 삶을 어루만지는 기회가 조금은 살아 있으니 그런 것들을 학생들이 찾아서 배우고 노래 부르게 할 수도 있다. 아니면 여러 사람들이 전국 곳곳에서 지난날의 민요를 그대로 녹음해 둔 재료가 얼마든지 있으니 학생들에게 그것을 들려주고 배워서 노래하도록 하는 것도 어렵지 않다. 그런 노래로 스스로를 드러낼 수 있도록 하는 단원을 교과서에 마련하고, 그런 교육의 길을 교사용 지도서에 설명해 두면, 별로 큰 어려움 없이 실현할 수 있는 일이다. 이야기말꽃도 마찬가지다. 우선 '최불암 시리즈' 도 좋고 '만득이 시리즈' 도 좋고 '귀신 이야기' 도 좋고 학생들이 저들의 삶에서 마음대로 만들어 낸 이야기를 돌아가며 이야기하고 들을 수 있는 자리를 배달말 가르치기 안에 마련하기만 하면 좋다. 옛날부터 흘러온 이야기들도 아직은 완전히 끊어진 것이 아니므로 학생들이 스스로 옛이야기를 잘하시는 분들을 찾아서 듣고 배워서 따라 하게 할 수도 있다. 그런 자리를 찾아가기 어려우면 녹음이나 녹화된 옛이야기 재료를 보고 듣고 배워서 따라 하게 할 수도 있고, 옛이야기를 입말 그대로 적어 놓은 재료조차 얼마든지 있으니 그걸 읽고 배워서 이야기하게 할 수도 있다.

입말꽃의 드러내기 교육에도 가장 중요한 것은 물론 교사의 기술이다. 무엇보다도 교사와 학생 사이에 장벽 없이 오고 가는 사랑이 있어야 한다. 글말의 드러내기와도 달라서 교사와 학생 사이에 마음이 열려 있지 않고 조그만 장벽이라도 가려져 있으면 학생들의 자유로운 입말꽃 드러내기는 이루어지기 어렵다. 교사와 학생 사이에 사랑으로 맺어진 믿음이 자리 잡아 있지 않으면 학생들은 스스로 자신들의 삶의 깊은 속을 입말로써 드러내려 하지 않는 까닭이다. 학생들이 아무 거리낌 없이 깊은 곳에 감추어진 삶의 속살을 제 입으로 드러내도록 마음을 열어 주는 교사의 기술, 이것이 입말꽃 드러내기 교육에서는 그 어느 영역에서보다도 더욱 절실하다.

입말꽃을 받아들이는 교육은 드러내는 교육과 더불어 이루어진다. 놀이나 노래나 이야기를 한 사람 또는 한 모둠이 드러낼 때에 학급의 나머지 학생들은 모두 청중이나 관중이 되어 받아들이는 활동을 할 터이기 때문이다. 그러나 받아들이는 교육은 학생들의 드러내기만을 재료로 삼을 일은 아니다. 앞에서도 말한 바와 같이 지난날부터 내려오는 우리의 입말꽃이 아주 완전히 끊어진 것은 아니기 때문에 도시의 경로당이나 시골의 마을 회관 같은 곳을 학생들이 찾아간다면 살아 있는 입말꽃을 만날 수도 없지 않다. 그러지 않더라도 이미 마련된 여러 가지 입말꽃의 재료를 써서 받아들이기 교육을 해 볼 수도 물론 있다. 여러 개인이나 기관에서 온 나라 구석구석을 두루 찾아 아름다운 놀이와 노래와 이야기를 녹음기나 녹화기에 담아 놓은 재료들이 매우 많이 있기 때문이다. 이처럼 넉넉한 재료들을 교사가 마음만 있으면 찾아서 받아들이기 교육에 쓸 수 있다. 그러나 그것은 상당히 번거롭고 힘이 드는 일이므로 교육개발원 같은 기관에서 배달말 가르치기에 맞추어 학년 급에 따른 재료 정리를 얼마든지 해서 쉽게 쓸 수 있도록 도와줄 수도 있는 일이다.

그리고 입말꽃 받아들이기 교육에서는 여러 가지 보조 교재를 써야 한다. 이미 널리 쓰이는 여러 가지 재료를 쓰려 해도 갖가지 시설과 장비가 있어야 하고, 또 그런 시설과 재료를 제대로 부릴 수 있는 교사의 능력이 갖추어져 있어야 한다. 그러나 이미 나와 있는 재료만으로는 모자라 교사가 스스로 만들어 써야 할 필요도 있다. 왜냐하면 교사가 손수 입말꽃의 재료를 찾아서 녹음·녹화할 수 있으면 학생들의 삶에 더욱 가까운 재료를 마련할 수 있기 때문이다. 학생들이 나날이 살고 있는 삶터와 그것에 가까운 지역에서 찾아 모은 놀이말꽃이나 노래말꽃이나 이야기말꽃은 모두가 값진 교육의 재료로 쓰일 수 있을 것이다. 학생들은 이런 재료에서 스스로와 스스로의 삶을 만날 수 있기 때문에 깊은 관심을 일으키며 좋아할 수 있다.

② 글말꽃의 삶

이제까지 우리네 글말꽃 교육은 받아들이는 쪽에만 치우쳐 있었다. 글말꽃의 삶 또한 드러내고 받아들이는 활동을 어울러야 하는 것인데도 우리는 여태까지 그 두 쪽을 아우르지 못했다. 말꽃 교육이 삶의 교육이라는 생각을 아예 하지 못했기 때문에 드러내는 교육을 떠올릴 수가 없었던 것이다. 말꽃 교육을 삶의 교육이 아니라 지식 교육이거나 교양 교육으로 여겼던 까닭에 기껏 받아들이기(감상 또는 이해) 교육으로 그쳤던 것이 아닌가 싶다. 그뿐 아니라 말꽃의 드러내기, 곧 창작 활동은 아무나 할 수 없는 것이라고 생각했던 것이다. '말꽃 작품을 만들어 내는 일은 아무나 하는 것이 아니다. 그것은 하늘이 내린 재능을 받은 사람들만 할 수 있는 일이다.' 이런 생각을 전문가들이 갖고 있었던 것이다. 그래서 '특수한 사람들만 하는' '특별한 일'을 모든 국민에게 베푸는 배달말 가르치기에서 어떻게 다룰 수 있느냐 하는 것이었다. "표현 활동은 특수

한 사람들이 하는 것이니 전문 문인들에게 맡겨 두고, 수용 활동은 아무나 할 수 있는 일이니 배달말 가르치기에서 맡아서 하자." 이래서 받아들이는 교육만 배달말 가르치기에서 다루어 온 것이라고 생각한다.

그러나 그것은 참으로 잘못된 생각이었다. 입말꽃이 그런 것과 마찬가지로 글말꽃 또한 누구나 다 같이 드러내고 받아들이며 즐길 수 있는 예술이다. 지난날 왕조 시대에는 한문이라는 글말 수단이 너무나 어려워 아무나 글말살이를 할 수 없었다. 한문으로 시를 짓고 소설을 쓰는 일에 어찌 아무나 끼어들 수 있겠는가? 그러나 이제 한글은 아무나 쉽게 부려 쓸 수 있는 도구다. 누구나 마음만 먹으면 제가 느낀 것, 생각한 것, 경험한 일을 글말로 드러낼 수 있고, 남들이 글말로 드러낸 말꽃을 아무라도 읽고 즐기며 받아들일 수 있다. 그리고 사람이면 누구나 그냥 잊어버리기가 아까운, 글로 적어서 남겨 두고 싶은, 할 수 있으면 많은 사람에게 알려 주고 싶은, 그런 느낌과 생각과 뜻과 경험을 갖기 마련이다. 이런 뜻과 생각과 느낌과 경험을 참되고 아름답게 글말로 드러내면 그것이 곧 글말꽃이다. 노래로 되면 시, 이야기로 되면 소설, 대화로 되면 희곡, 줄글로 되면 수필이다. 잊어버리기 아까운 값진 느낌이나 생각이나 경험을 얼마나 고스란히 담고 드러내서 읽는 사람의 마음을 움직이느냐 하는 것은 또 다른 표현의 기술이다. 모든 사람이 일상의 삶 안에서 말하고 글 쓰듯이 누구나 저마다의 삶을 말꽃으로 드러낼 자유와 권리를 누릴 수 있는 것이다. 한마디로, 말꽃으로 드러내는 활동도 받아들이는 활동과 마찬가지로 세상 모든 사람에게 골고루 열려 있다는 말이다.

그러나 배달말 가르치기에서 글말꽃의 드러내기 활동을 교육하자는 것이 온 국민을 시인이나 소설가나 극작가로 만들자는 뜻은 물론 아님을 앞에서도 이야기하였다. 국어 교과에서 시도 쓰고 소설도 쓰고 희곡도 쓰고 수필도 쓰는 교육을 받다가 더러는 그것에 끌려 말꽃 창작을 직업으로 삼을 수가 물론 있을 것이다. 그러나 그것이 말꽃 드러내기 교육의 목표일 수는 없다. 다만 모든 사람이 삶의 슬픔과 기쁨을 좀 더 잘 드러내어 보람과 즐거움을 맛보며 살아갈 수 있도록 능력을 키우자는 것일 뿐이다.

글말꽃의 삶을 교육하는 길에서 우리가 뉘우쳐야 할 또 한 가지가 있다. 그것은 다름 아니라 '갈래'를 다루는 일이다. 우리는 이제까지 말꽃 교육에서 받아들이는 쪽만 다루면서도 언제나 갈래를 따라서만 하는 것에 파묻혀 있었다. 말꽃은 으레 시(동시), 소설(동화 및 이야기), 희곡(극본), 수필로 갈래지는 것이라고 못 박아 놓고 교육과정의 내용, 교과서의 단원, 교육 현장의 길잡이인 교사용 지도서를 거기 맞추어 짜 놓았다. 말꽃을 앎으로 다루자면 갈래는 쓸모가 없지 않고 어쩌면 어쩔 수 없는 길일는지 모른다. 갈래라는 것이 본디 말꽃의 존재와 본질을 제대로 알아보려는 학문에서 비롯되고 발전한 것이기 때문이다. 그러나 말꽃 교육이 말꽃의 삶을 바라게 되면 갈래란 도움이 되기보다는 차라리 걸림돌이 되기 십상이다. 갈래가 지니는 까다로운 틀을 깔아 놓고 거기 맞추어 드러내기와 받아들이기를 하게 만드는 것은 말꽃이라는 예술이 갖는 넓고 깊은 자유를 크게 가로막는 것일 수밖에 없기 때문이다.

삶의 교육에서는 무엇보다도 '말꽃에는 갈래가 본디 없었다'는 진실에 훨씬 더 마음을 써야 한다고 본다. 아리스토텔레스가 그때의 그리스 말꽃을 '알아보자'고 애쓰면서 뛰어난 눈으로 감추어진 요인들을 찾아 갈래를 나누었다. 그런 뒤로 말꽃을 연구하는 사람들은 언제나 갈래 이론에서 자유스러울 수 없었다. 그러나 그것은 말꽃을 연구하는 이론가들의 몫일 뿐 말꽃 교육의 현장, 말꽃을 삶으로 몸에 익혀 스스로를 드러내고 받아들이게 하려는 현장에서는 그럴 일이 아니다. 여느 사람이 아니고 전문 창작자라 하더라도 드러내려는 욕구는 언제나 갈래를 뛰어넘고자 했던 것이 기나긴 말꽃 역사의 실상이었다. 드러내려는 욕구가 간절하면 할수록 있는 틀에 얽매이기를 싫어한다는 것은 말꽃 창작의 역사가 잘 말해 주고 있다. 받아들이기 또한 마찬가지다. 말꽃 작품을 맛보고(감상) 받아들일(수용) 적에 그 대상은 언제나 따로 떨어져 있는 하나의 작품이다. 하나의 작품과 만나는 받아들이기 현장에서는 그것들을 모아놓은 갈래가 도움을 줄 겨를도 없고 틈도 없다. 만나고 있는 작품이 드러내는 세계의 참됨과 깊이와 넓이에서 느끼고 맛보는 일에만 파묻혀야 하는 까닭이다.

글말꽃의 드러내기, 곧 예술 국어의 쓰기라고 하여 그것이 일상 국어, 곧 말의 쓰기와 아주 다른 것이라고 생각할 까닭은 없다. 지난날 우리는 서양의 이른바 순수말꽃(belles-lettres) 이론에만 매달려 그 창작 또한 아주 별난 솜씨를 터득하지 않으면 안 되는 것으로 여겼다. 그러나 우리네 문화 전통을 좀 더 잘 알게 된 오늘에 와서는 입말꽃과 마찬가지로 글말꽃도 그 속살이 매우 너그럽다는 사실을 알게 되었다. 일상의 삶에서 겪고, 생각하고, 느끼는 모든 일들을 거짓 없이, 눈에 보이듯이 드러내어 감동을 불러일으킬 수 있으면 그것을 말꽃이라고 받아들이는 것이 우리네 문화 전통임이 드러났다. 그러므로 손에 잡히는 일들에 매인 과녁을 뚜렷이 갖고 쓰는 실용의 글말을 얼마간 빼고 나면 그 밖의 많은 글말은 거의가 말꽃이 될 수 있는 것들이다. 곰곰이 따져 보면 사람들의 글말이란 뚜렷한 실용의 과녁을 갖고 쓰는 것보다는 그저 답답하고, 안타깝고, 알리고 싶고, 호소하고 싶어서 쓰는 것들이 훨씬 많다는 사실을 알 수 있다. 말꽃이 될 수 있는 글말을 여느 사람의 일상 안에서 뜻밖에도 많이 찾을 수 있다는 말이다. 그러므로 글말꽃을 드러내는 활동은 여느 말의 쓰기와 본질에서 다를 것이 없고, 거리 또한 멀지 않다. 글말꽃 드러내기는 남다른 소질을 지닌 문예반 학생들이나 하는 것이고 여느 학생들은 할 수 없는 일이라고 여겨 온 생각을 서둘러 바꾸어야 한다는 말이다. 실용의 쓰기도 잘하는 사람이 있고 못하는 사람이 있는 것처럼 예술의 쓰기 또한 잘하는 사람이 있고 못하는 사람이 있을 뿐이다. 실용 국어, 곧 여느 말의 쓰기도 그저 되는 것이 아니라 긴 시간을 바쳐 갈고닦아야 하는 것과 마찬가지로 예술 국어, 곧 말꽃의 쓰기도 그처럼 긴 시간을 바치고 정성 들인 교육과 수련을 거치면 누구나 얼마만큼은 할 수가 있는 것이다.

말꽃의 쓰기를 교육하면서 가장 먼저, 가장 크게 마음 써야 할 일은 그것이 눈에 보이지 않는 마음의 세계를 눈에 보이듯이 드러내어야 한다는 점이다. 그러려면 우선 거짓 없이 쓰도록 해야 한다. 드러내고자 하는 마음이 어떻게 해서 생겨나게 되었는지, 그 말미로부터 일어난 모든 사정을 참으로 정직하게 드러낼 수 있도록 교육해야 한다. 그렇게 하자면 저만 알고 남들에게는 감추어 놓았던 부끄럽고 쑥스러운 마음 깊은 곳의 비밀과 잘못까지 털어놓아야 할 때가 많다. 그런 잘못과 비밀을 정직하게 털어놓는다는 것은 상처를 도려내는 것과 같은 아픔을 더부르기 때문에 용기가 없이는 어려울 때도 있다. 그러나 그런 아픔과 부끄러움을 견디면서 있었던 그대로를 드러내지 않으면 눈에 보이듯 한 글말이 되지 않고, 마음을 움직이는 말꽃에 이를 수 없는 것이다. 아픔과 부끄러움을 무릅쓰면서 있었던 그대로 거짓 없이 드러낼 수 있으면 글말이 남에게 감동을 줄 수 있을 뿐만 아니라 쓰기를 하는 동안에 자신의 마음이 씻겨지고 바로잡히고 생채기가 나아지는 기쁨과 자유를 맛보게 된다.

어느 만큼의 교육이 이루어진 다음에 마음을 쓸 일이지만 글말꽃 드러내기 교육에서 빼놓을 수 없는 또 하나는 말을 아끼도록 하는 일이다. 마음속의 세계를 읽는 이들이 눈에 보듯이 살갗으로 느끼고 감동을 받게 하려면 읽는 이가 그만큼 글말 속에 파고들도록 만들어야 하는데, 그러려면 쓰는 사람이 말을 그만큼 아끼고 속뜻을 어느 만큼은 감추어 두어야 한다. 할 말을 남김없이 다 하면 글말이 느슨해서 오히려 드러내려는 마음의 세계가 죽어 버릴 뿐 아니라 읽는 이들이 눈을 비비며 파고들 필요를 느끼지 않는다. 쓸데없는 말은 할 수 있는 데까지 끊어내 버리고 말을 아낄 수 있는 데까지 아끼면 글이 팽팽해지고 살아나게 될 뿐 아니라 읽는 이들도 정신을 차리고 마음을 가다듬어 읽지 않을 수 없게 된다. 이런 쪽으로 가장 앞장서 나간 것이 노래말꽃이고 바로 오늘날 시(詩)라고 부르는 갈래다. 오늘날의 현대시란 할 말을 하지 않고 사뭇 건너뛰어 버리는 것을 예사로 하고 있다. 쓰다가 그만두고 줄을 바꾼다든지, 한 도막을 마치고는 줄을 건너뛴다든지 심지어는 제목만 내놓고 아무 말도 없는 것들은 모두 할 말을 아끼는 극단의 방법들이다. 현대

시가 아니더라도 읽는 이들에게 감동을 일으키려는 말꽃의 쓰기에서는 말을 아끼도록 하는 교육을 빼놓을 수 없다.

글말꽃 받아들이기, 곧 글말꽃의 읽기도 여느 글말의 읽기와 본질에서 다를 것이 없다. 말꽃 작품도 말들을 모아서 만들어 낸 말의 덩이라는 점에서 여느 글말과 다르지 않을 뿐 아니라 그 말들 또한 우리가 일상으로 쓰는 여느 말이기 때문이다. 다만 그것이 눈에 보이는 세계, 곧 있었던 사실을 써 놓은 것이 아니라 눈에 보이지 않는 마음속의 세계, 곧 있을 수 있는 사실을 써 놓은 것이라는 사실을 단단히 알고 읽도록 할 필요가 있다. 한마디로, 곰곰이 살피고 정신을 차려서 읽도록 해야 한다는 것이다. 그저 얼핏 겉으로 알아볼 수 있는 것뿐만 아니라 그 너머 또 다른 것을 말하고 있기가 십상인 것이 말꽃(예술)이라는 사실을 마음에 새기고 읽도록 해야 한다는 말이다. 글말에 담겨서 나타나 있는 것과 글말 너머에 숨어 있는 것, 글줄에 실려 드러난 세계와 글줄 사이에 감추어진 세계를 함께 찾아내서 읽어야 하는 것이 글말꽃 읽기다. 드러내 보여 주는 사건이나 장면뿐만 아니라 그 사건이나 장면들이 불러일으켜 빗대어 주는 또 다른 세계와 속뜻을 더듬어 찾으면서 읽어야 하는 것이 말꽃 작품의 읽기라는 점을 제대로 알고 읽도록 해야 한다.

쓰인 글말 너머에 숨겨지고 감추어진 세계, 비유와 상징으로 빗대어 드러내는 암시의 세계를 더듬어 찾아 읽도록 하는 말꽃 읽기 교육에서는 세 걸음을 거치는 방법을 하나의 바탕으로 써 볼 수 있을 것이다. 첫째 걸음은 학생이 혼자서 곰곰이 읽어 보는 단계다. 조용히 홀로 앉아 책장을 넘기며 눈으로 읽기만 하는 아주 손쓰기 어려운 단계다. 이때는 겉으로 보기에 몸이 가만히 있는 것과는 달리 감각으로부터 마음속 깊숙한 곳까지 정신은 소용돌이치는 활동을 하지 않을 수 없는 단계이다. 작품이 겉으로 드러내 말하고 있는 그것을 빠뜨리지 않고 꼼꼼히 찾아서 알아보고 그것이 암시하고 연상시키는 세계를 더듬어 살펴보면서 다가오는 느낌을 맛보려면 감각(感覺, sense)과 감정(感情, feeling)과 정서(情緖, emotion)는 물론이고 온갖 지식과 체험의 창고들을 뒤지고 꿰맞추는 일을 정신이 해내어야 하는 까닭이다. 이 걸음의 읽기는 교실에서 교사의 지도 아래 할 수도 있겠지만 집에서 학생 혼자 조용히 해 보도록 두어도 좋은 것이다. 다만 혼자서 조용히 읽었다는 자취만은 교사가 챙겨 볼 수 있어야 한다.

둘째 걸음은 첫째 걸음에서 체험하고 얻은 바를 학생들이 함께 모여 서로 나누어 보도록 하는 것이다. 작은 모둠으로 나누어서 할 수도 있고 학급이 다 함께 할 수도 있겠지만, 무엇보다도 스스로 찾아낸 세계와 속뜻을 서로 견주어 보면서 그것을 더욱 또렷하게 붙들고 푸짐하게 가꾸어서 한결 온전하게 하는 단계다. 찾아내고 체험한 바를 서로 나누려면 말로 나타내 보아야 하고 또 남들의 이야기를 들어야 하는 까닭에 이 걸음은 말하기와 듣기 교육이 자연스럽게 이루어지는 단계이기도 하다. 말하는 사람은 그렇게 말해 봄으로써 흐릿하고 어름했던 체험의 세계를 더욱 뚜렷하게 자기 것으로 만들 수 있고, 듣는 사람은 남들이 자기와 달리 체험한 바를 알게 되면서 자기 체험의 의미를 한결 새롭고도 깊게 깨달을 수 있다. 혼자서는 쉽사리 찾아내지도 체험하지도 못하는 말꽃의 속살과 속내를 훨씬 푸짐하고 넉넉하게 맛볼 수 있게 되는 것은 말할 나위도 없다.

마지막 셋째 걸음은 이제까지 두 걸음을 거쳐 겪으며 받아들인 모든 체험을 한 마리의 글말로 써 보는 단계다. 남의 작품 세계를 맛보며 체험하면서 스스로에게 일어난 정신의 모든 활동과 변화를 곰곰이 드러내는 쓰기 단계인 셈이다. 그것은 될 수 있는 대로 자신의 마음 깊은 세계를 드러내 보이는 말꽃 쓰기가 되는 것이 바람직하겠다. 그것이 논리와 지성에 치우치는 비평의 글이 되어도 좋고, 발견하고 체험한 바를 솔직하게 고백하는 수필의 글이 되어도 좋고, 느끼고 깨달은 바를 가다듬어 한 마리의 노래로 적어도 좋다. 물론 그런 과정을 극화하여 희곡으로 만들거나 자기를 하나의 가상적인 인물로 세워 소설로 만들어 보아도 무방하다. 어떤 형식과 갈래가 되었든 말꽃으로 쓰기를 하는 이 마지막 걸음에서 역설 같이 글말꽃 받아들이는 교육이 완성에 이른다고 보아도 좋지 않을까 싶다.

③ 전자말꽃의 삶

전자말의 본질은 말꽃과 말 사이의 울타리를 없애는 듯하다. 말이 말꽃에 가까워지고 말꽃이 말에 가까이 다가와서 둘 사이에 울타리가 흐릿해지는 것이다. 그것은 전자말이 입말의 본질을 크게 싸잡았기 때문으로 보인다. 본디 입말에서는 말과 말꽃이 둘이 아니고 하나였다. 말과 말꽃이 둘로 눈에 띄게 달라지기는 글말이 나타난 다음부터였다. 글말이 나타나면서 말꽃은 말에서 갈라져 나와 저만의 자리를 차지하고 마침내 말과 나란히 맞서는 자리까지 굳혔다.[172-] 그런데 이제 전자말이 나타나 입말과 글말을 하나로 아우르면서 말과 말꽃의 울타리도 다시 허물어뜨리고 있는 듯하다. 전자말꽃의 삶은 전자말의 삶과 둘이 아니라 하나라는 말이다. 그러므로 전자말의 삶에서 이야기한 그것을 전자말꽃의 삶에서 다시 이야기해도 모자랄 것이 별로 없다는 뜻이다.

그리고 요즘 우리네 삶에는 전자말꽃이 놀라운 모습으로 파고들었다. 무엇보다도 전자놀이말꽃이 눈부시게 피어서 한류라는 이름을 타고 나라 바깥으로까지 퍼져 나가 놀라움을 주고 있다. 이미 너무나 가까워진 영화와 텔레비전 방송극, 그리고 살아 숨 쉬는 그림(애니메이션)과 컴퓨터놀이(게임)가 그것들이다. 영화는 벌써 팔십 년의 역사를 쌓았으나 텔레비전 방송극이 나와서 지난 몇십 년 사이에 더불어 눈부시게 피어났다. 전자 기술의 능력, 무엇보다도 컴퓨터 그래픽의 기술 능력이 뛰어오르면서 얻어 낸 탈바꿈이다. 우리도 여러 영화제를 열어서 세계 영화와 당당하게 겨루고, 우리 영화가 세계에서 손꼽히는 영화제에서 자랑스러운 자리에 올라서는 데까지 이르렀다. 텔레비전 방송극도 일본과 중국을 비롯하여 아시아 전역의 안방으로 밀고 들어가고, 애니메이션과 컴퓨터놀이도 나날이 새로워지면서 머지않아 세계 사람들의 눈길을 끌게 되리라는 것은 틀림없는 일이다.

전자노래말꽃도 전자놀이말꽃에 못지않다. 라디오 방송이나 녹음기(축음기)로 노래말꽃을 즐긴 역사는 이미 팔십 년에 이르렀거니와 전자 녹음 기술이 나날이 새로워져서 이제는 주머니에 넣어

172_ 오늘도 우리는 '언어'와 '문학', 'language'와 'literature'라는 두 낱말을 나란히 마주 세워 놓고 쓰는 것을 자연스럽게 여긴다. 그러나 이런 습관은 그리스에서 비롯하여 로마를 거쳐 온 서유럽으로 퍼져 나간 서양의 글말 문명과 중국을 중심으로 한 동양의 글말 문명 안에서 만들어진 것일 뿐이다. 따지고 보면 말꽃은 말에 싸잡히는 것에 지나지 않는다.

다니는 녹음기로 언제 어디서나 온갖 전자노래말꽃을 마음껏 즐길 수 있게 되었다. 소리로만 노래말꽃을 즐기는 것이 아니라 손에 들고 다니는 녹음기 하나로 노래하는 사람(들)의 모습까지 함께 보면서 즐길 수도 있고, 눈으로는 책을 보거나 입으로는 다른 사람과 이야기를 나누면서도 귀에 꽂은 장치로 혼자 노래말꽃을 즐길 수가 있다. 방 안에서나, 자동차 안에서나, 배 안에서나, 비행기 안에서나, 귀에 꽂아서 혼자거나 열어 놓고 여럿이거나 언제든지 전자노래말꽃을 즐길 수가 있다. 그뿐 아니라 컴퓨터로 누리그물(인터넷)에 들어가면 세상의 온갖 노래말꽃을 들으며 즐길 수 있고, 갖가지 모습의 글말노래말꽃(시)들도 찾아서 즐길 수가 있다. 전자이야기말꽃도 나날이 새롭게 자라고 있다. 어린이가 들으며 즐길 수 있도록 입말이야기말꽃을 녹음한 것들도 많고, 컴퓨터로 누리그물 세상에 들어가면 글말이야기말꽃이 얼마든지 있다. 온갖 사람이 온갖 이야기를 말꽃으로 피워서 띄워 놓고 누구든지 와서 즐기자고 한다. 스스로 피워 낸 이야기말꽃은 말할 나위도 없고 지난날의 입말이야기나 글말이야기를 띄워 놓고 즐기는 사람에게서 돈을 받는 장사꾼들도 수없이 많다.

전자말꽃의 삶은 입말꽃의 삶이 그랬던 것처럼 글말꽃보다 훨씬 손쉽게 모든 사람이 저마다 드러내기를 할 수 있다. 누구든지 손쉽게 혼자서 스스로의 놀이나 노래나 이야기를 전자 기계에 실어 놓고 즐길 수 있고 그것을 남들에게 건네서 즐기게 할 수도 있다. 저마다 컴퓨터로 누리그물 세상에다 제 집(홈페이지)이나 방(카페)을 만들어서 스스로를 드러낸 갖가지 말꽃을 얼마든지 실어 놓을 수가 있다. 그러면 누리그물 세상을 마음대로 돌아다니는 사람이 누구든지 울도 담도 없는 그 집이나 방에 들어와서 함께 즐기다가 떠나갈 수 있다. 전자말꽃의 삶은 모든 사람을 말꽃의 임자가 될 수 있도록 불러내었다. 말꽃의 새로운 세상을 열어 준 것이다. 이런 전자말꽃을 여태까지 배달말 가르치기가 제대로 돌아보지 않았던 것은 오로지 우리네 배달말 가르치기가 전자말을 제대로 알아보지 못한 까닭이다. 한시바삐 전자말의 참된 뜻과 값어치를 깨닫고 입말과 글말과 나란히 배달말 가르치기 안에 자리를 잡게 해야 한다.

(4) 말꽃의 앎

말꽃의 앎은 말할 나위도 없이 말의 앎에 뒤따라야 올바르다. 말꽃은 말에서 피어난 꽃이기 때문이다. 삶에서도 말의 삶이 말꽃의 삶보다 앞서는 것이 마땅하지만 앎에서는 훨씬 더 두드러지게 말의 앎이 말꽃의 앎보다 앞서야 한다는 뜻이다. 말꽃을 알아보는 노릇은 말을 웬만큼 알아볼 수 있고 나서야 이루어 낼 수 있다는 말이다. 말에 감추어진 깊고 그윽한 신비, 곧 말의 힘과 말의 아름다움은 말꽃의 앎에 와서야 비로소 만날 수 있는 것이다. 말꽃을 알면 그제야 말을 온전히 아는 것이다. 그러므로 말꽃의 앎은 서두르지 말고 초등학교 중급 학년을 넘어서면서 조금씩 삶에 곁들여 가르치고 학년이 오를수록 늘려야 한다. 고등학교쯤에서 말꽃의 앎으로 배달말 가르치기의 자리를 온통 채울 수 있으면 그때에는 우리도 배달말 가르치기다운 배달말 가르치기를 하는 셈이 되지 않을까 한다.

① 입말꽃의 앎

입말이 말의 바탕이듯이 입말꽃은 말꽃의 바탕이다. 그러므로 말꽃의 앎은 모름지기 입말꽃의 앎을 바탕으로 삼아야 한다. 그러나 알다시피 아직도 우리네 입말꽃은 말꽃의 바탕으로서 제자리를 차지하지 못하고 글말꽃의 귀퉁이 한 자락에 겨우 끼어서 '구비문학' 이라는 부끄러운 이름을[173] 붙이고 드난살이에서 벗어나지 못하는 형편이다. 그러니까 입말꽃의 앎에서는 우선 입말꽃이 말꽃의 안방에 자리 잡게 하는 일부터 서둘러야 하지 않을까 싶다. 그런 일은 교육과정과 교과서에서 앞장을 서야 하는 일이지만 그보다 먼저 말꽃을 밝히느라 매달려 사는 학자와 말꽃을 가르치느라 매달려 사는 교사가 일어나 바로잡아야 마땅하다.[174]

입말꽃이 서러운 드난살이를 하는 사이에도 입말꽃을 남달리 사랑하는 학자들은 부지런히 찾아내고 일으켜 세웠다. 무엇보다도 지난 이삼십 년 사이에 이런 학자들의 피땀으로 우리 겨레의 입말꽃은 온 나라 곳곳에서 기지개를 켜고 일어나서 모습을 드러내었다.[175] 그리고 이런 입말꽃을 앞에 두고 속살과 모습을 더듬고 밝히는 일도 못지않게 이루어졌다. 아득한 옛날 저 멀리 옛조선(고조선)이 일어서기 이전부터 있었을 굿놀이와 굿노래와 서낭이야기(신화)

173_ '구비문학' 이란 영어 'oral literature' 를 일본 사람들이 저희네 한자말로 뒤친 것이다. 한자말이니 우리대로 풀이해 보면 '입에다 새겨 놓은 문학' 이라는 뜻이다. '문학' 이니 글자로 새겨야 한다는 생각을 단단히 깔고서 만들어 낸 말임이 드러나거니와 거기 깔린 생각이 참으로 볼품없다.

174_ 부끄럽지만 나는 그런 뜻으로 "문학 교육의 틀을 바꾸자"(전국국어교사모임 영남지역연수, 20xx년 8월)는 소리를 하고, 《배달말꽃》(지식산업사, 2002)이라는 책을 썼다.

175_ 여기에 불을 붙이고 길잡이 노릇을 해 준 것은 십 년에 걸쳐 조동일 교수가 앞장서고 온 나라 구비문학 학자들이 함께 거들면서 한국정신문화연구원이 만들어 낸 《한국구비문학대계》 여든두 책이다.

로부터 오늘날의 놀이말꽃과 노래말꽃과 이야기말꽃에 이르기까지 탐스러운 열매를 적잖이 거두어 놓았다.[176] 남은 일은 배달말 가르치기의 몫이다. 찾아 일으킨 입말꽃과 더듬어 밝혀 놓은 입말꽃의 앎을 어떻게 배달말 가르치기로 끌어들일 것이며, 어떻게 뜨레와 차례를 제대로 가려서 가르칠 것인가 하는 물음에 대답하는 몫은 배달말 가르치기의 것이다. 그러나 안타깝게도 배달말 가르치기 쪽에서는 아직 이런 일에 눈을 돌리는 사람이 너무 적다. 말꽃 가르치기를 두루 싸잡아 해야 할 일을 간추려 헤아리면서 가늠하는 사람은 거의 없다. 참으로 걱정스러운 노릇이다.

입말꽃의 앎에서 가르쳐야 할 것은 쉽게 말해서 세 가지다. 한 가지는 입말꽃이 어떻게 생겨났을까 하는 것이다. 입말꽃은 말할 나위도 없이 놀이하고 노래하고 이야기하는 사람들에게서 생겨났다. 한 사람이 아니라 반드시 여러 사람들에게서 생겨나는 것이 입말꽃이다. 그런 사람들이 어떤 사람들이며, 어느 곳에서 살았으며, 어떤 세상을 살았으며, 어째서 그런 입말꽃을 만들었을까를 가르쳐야 하는 것이다.[177] 또 한 가지는 입말꽃의 모습과 속살이 어떠한가 하는 것이다. 소리와 함께 사라지는 입말꽃이지만 그것은 입말로 이루어진 한 떨기의 꽃이다. 소리의 아름다움과 말씨의 짜임새에서 피어나는 이들 꽃떨기의 빛깔과 냄새와 모습을 가르쳐야 한다. 그런 빛깔과 냄새와 모습 안에 담긴 뜻이 무엇이며 힘이 어떠한지를 알도록 해야 한다. 입말을 어떻게 부려 써서 이런 빛깔을 내며 이런

176_ 젊은 학자들의 박사학위 논문에서 비롯하여 그것을 손질하고 보태서 펴낸 책들이 잇달아 나오고 있는데 여기서 낱낱이 이름을 적는 일은 번거로워 그만둔다.

177_ 이것은 이른바 발생론, 표현론, 심리학으로 다루어지지만 꿰뚫으면 문학사로 모인다.

냄새를 풍기며 이런 모습을 지닐 수 있게 되었을지 알아보게 해야 한다.[178] 마지막 한 가지는 입말꽃이 받아들이는 사람들에게로 가서 무엇을 할까 하는 것이다. 입말꽃은 말할 나위도 없이 듣는 사람을 즐겁게 해 준다. 즐거워서 함께 놀이하고 춤추고 노래하고 손뼉 치고 맞장구치며 웃음꽃을 피우게 만든다. 그러나 그것은 받아들이는 사람들의 겉모습에 지나지 않는다. 그런 겉모습 안에서 벌어지는 마음의 움직임을 알고 사람됨의 탈바꿈을 알게 해야 한다. 느낌의 흔들림, 생각의 뒤바뀜, 뜻의 일어섬을 알아서 마음의 열림과 사람됨과 삶의 걸음이 달라짐을 알아보도록 해야 한다.[179]

그러나 이런 세 가지를 가르친다고 해서 참으로 가르치려고만 들어서는 안 된다. 그 가르침은 그야말로 학생이 스스로 알아 가게 하는 가르침이라야 한다. 그러자니 먼저 입말꽃을 누리고 살아 보는 것부터 마련하지 않을 수가 없다. 어릴 적부터 갖가지 놀이를 몸소 해 보고 남들이 하는 놀이를 구경하게 하고, 어릴 적부터 갖가지 노래를 몸소 불러 보고 남들이 부르는 노래를 들어 보게 하고, 어릴 적부터 갖가지 이야기를 몸소 해 보고 남들이 하는 이야기를 들어 보게 하고, 그렇게 해서 몸과 마음이 제법 자란 다음이라야 앎을 가르칠 수 있다는 말이다. 학교에서도 초등학교에서는 입말꽃의 삶을 마음껏 누리며 즐기도록 한 다음에 중학교에 와서 비로소 조금씩 앎을 곁들여 나가는 것이 마땅하다. 중학교에 와서 비로소 조금씩 앎을 곁들일 적이라도 반드시 학생이 누리며 살아온 바를 되새기면

178_ 이것은 이른바 존재론, 형태주의, 구조주의로 다루어지지만 묶으면 갈래론으로 모인다.
179_ 이것은 이른바 소통론, 기능주의, 사회학으로 다루어지지만 묶으면 수용론으로 모인다.

서 스스로 깨달으며 알아 가도록 맡겨 주고 교사는 곁에서 부채질이나 하며 도와주는 것이 앎을 가르치는 올바른 길이다.

입말꽃의 앎은 입말꽃만으로는 채워지기 어렵다. 말꽃이란 본디 삶이며 삶에서 피어난 것이지만 입말꽃은 더더욱 삶과 떨어질 수 없는 것이다. 그러므로 입말꽃을 키워 낸 삶을 제대로 알지 않고는 입말꽃의 앎을 채울 길이 없다. 입말꽃이야말로 삶을 아는 것만큼만 앎을 채울 수 있는 것이다. 입말꽃을 키워 낸 삶을 아는 데 도움을 받을 수 있는 것이 다름 아닌 역사학과 민속학이다. 그런 가운데서도 민속학이야말로 입말꽃을 키워 낸 삶을 속살로 다루기 때문에 도움을 크게 받을 수 있다. 그런데 반갑게도 요즘 우리나라에는 삶의 터전을 고스란히 담아내고 삶 안에서 삶을 일으켜 세우는 이른바 실천민속학을 부르짖으며 팔을 걷어붙이고 일하는 학자들이 있다. 그들이 찾아내고 밝혀내는 우리네 삶의 모습은 입말꽃의 앎을 채워 가는 배달말 가르치기의 걸음에 다시없는 디딤돌이 될 만하다.

② 글말꽃의 앎

글말꽃의 앎은 적잖이 이루어져 쌓여 있다. 왕조 시대의 것도 없지는 않으나 거의가 왕조 사회가 무너진 다음 지난 일백 년 사이에 이루어진 것이다. 그러다 보니 부끄럽게도 일제 침략의 길잡이 노릇을 한 소창진평(小倉進平)이니 고교형(高橋亨)이니 하는 일본 학자의 것들이 앞장을 서서 두고두고 걸림돌이 되었다. 그러나 일제 침략 시절에도 겨레를 지키는 파수꾼의 마음으로 글말꽃을 찾아 밝히려는 사람이 잇따라 일어서서 걸림돌을 치워 내고 참된 앎을 찾는 일에 적잖은 열매를 거두었다. 나라를 되찾은 뒤로도 그런 흐름은 줄기차게 이어져 이제는 그야말로 배달말 가르치기에서 감당하기가 오히려 버거울 만큼 글말꽃의 앎이 쌓였다.

앎이 쌓인 일은 어느 모로 보나 반갑지만 가르치기는 또 다른 일이다. 앎이 많이 쌓였다고 앎을 가르치는 일이 절로 이루어지는 것도 아니고, 앎이 넉넉히 쌓였다고 앎을 가르치는 길이 열려지는 것도 아니다. 다만 앎을 가르칠 수 있는 터전이 마련되고 감이 갖추어졌을 따름이다. 이제부터 배달말 가르치기가 그렇게 쌓인 글말꽃의 앎을 제대로 가르칠 수 있는 길을 열어야 한다. 학자들이 쌓아 놓은 글말꽃의 앎을 그대로 끌어들여 전달해 주는 것은 제대로 가르치는 길이 결코 아니다. 학문에서 쌓은 앎의 질서를 모두 무너뜨려서 가르침에서 나아가야 할 앎의 질서로 새롭게 쌓아 올려야 한다. 학문에서 쌓는 앎의 질서는 앎 그것에 매여 있는 것이지만 가르침에서 나아가야 할 앎의 질서는 앎에서 삶으로 이어지는 것이라야 하기 때문에 짜임새가 아주 다르다. 이렇게 다른 짜임새의 질서로 글말꽃의 앎을 새롭게 쌓아 올리는 일, 이것이 이른바 문학교육학에서 짊어져야 하는 제 몫이라는 사실을 깊이 깨달아야 한다.

글말꽃의 앎에서 가르쳐야 할 것도 입말꽃의 앎에서 가르쳐야 할 것과 조금도 다를 바가 없다. 만드는 사람에게서 어떻게 생겨났을까 하는 이른바 표현론, 만들어진 말꽃의 모습과 속살이 어떠할까 하는 이른바 존재론, 받아들이는 사람에게 가서 무엇을 할까 하는 이른바 수용론으로 가르쳐야 하기 때문이다. 그러나 알다시피, 다 같은 표현론이고 존재론이고 수용론이라 하더라도 글말꽃의 그것은 입말꽃의 그것과 적잖이 다르다. 무엇보다도 입말꽃은 소리로서 곧장 사라지지만 글말꽃은 글자로서 영영 남아 있기 때문이다. 게다가 입말꽃은 수많은 사람이 기나긴 세월에 걸쳐 기억 속에 쌓아 가며 끊임없이 만들어 가는 것이지만 글말꽃은 거의가 오직 한 사람이 얼마 동안의 시간 안에서 한 차례 만들면 그만인 것이다. 그러니까 소리로서 곧장 사라지는 입말꽃은 표현과 존재와 수용이 한 순간에 함께 더불어 이루어지는 것이고, 글자로서 영영 남아 있는 글말꽃은 표현이 끝나면서 존재하고 존재하는 영원 안에서 두고두고 수용은 이루어질 수 있는 것이다. 이래서 입말꽃의 표현론과 글말꽃의 표현론이 다르고, 입말꽃의 존재론과 글말꽃의 존재론이 다르고, 입말꽃의 수용론과 글말꽃의 수용론이 다를 수밖에 없다.

글말꽃의 앎을 표현론에서 가르치고 존재론에서 가르치고 수용론에서 가르친다고 할 적에 가장 힘써야 할 것은 말할 나위도 없이 존재론이다. 사람들이 글말꽃의 앎을 찾아 걸어온 길을 돌아보면 동서양을 물을 것 없이 지난날에는 한결같이 표현론에 쏠려 있었다. 표현의 임자인 지은이의 죽살이와 사람됨과 삶과 집안, 나아가 그가 살던 시절과 세상을 밝혀 보는 일에서 작품을 만들어 낸 말미와 까닭과 뜻과 속셈을 알아보려고 애썼다. 무엇보다도 우리네 글말꽃 학자들은 너나없이 아직도 이런 풍토에 파묻혀 배우고 자라났고, 존재론과 수용론은 다같이 지난 세기에 와서야 두드러지게 나타난 것들이기에 우리에게는 아직도 낯설다. 게다가 존재론은 말꽃을 이루는 말을 먼저 깊이 알고서야 이야기할 수 있는 것인데, 우리네 글말꽃 학자들은 한결같이 말을 제대로 몰라서 존재론에 더욱 서투르고 어둡다. 소설 한 마리의 존재, 그것을 이루고 있는 말의 쓰임새와 짜임새에 씨와 날로 스며 있는 속살과 거기서 드러나는 속뜻을 제대로 가늠하지 못하면서 글말꽃의 학자로 살아가는 사람들이 적지 않다. 그래서 우리는 글말꽃의 앎에서 남달리 존재론에 힘을 기울이지 않을 수 없다고 말하는 것이다. 이런 형편을 뚫고 말꽃의 앎을 제대로 가르칠 수 있는 세상으로 나가는 길을 어찌 학자들에게만 맡기고 국어 교사들은 시내 건너 불 보듯 할 수 있을 것인가?

③ 전자말꽃의 앎

백 년 남짓한 전자말의 역사에서도 벌써 전자말꽃은 눈부시게 피었으나 전자말꽃의 앎은 거기 미치지 못한다. 전자말꽃에서 가장 먼저 태어나고 탐스럽게 피어난 떨기는 말할 것도 없이 영화라 하겠는데 영화의 앎은 알다시피 모자람 없이 쌓였다. 다만, 배달말 가르치기에서 제대로 다루어 주지 않았을 뿐이다. 이제부터라도 서둘러 영화의 앎을 배달말 가르치는 데로 맞아들여 모든 사람이 알도록 힘써야 하겠다. 영화와 같은 무렵에 태어난 또 하나의 전자말꽃인 방송극, 훨씬 뒤늦게 영화와 방송극을 접붙여서 태어났다 할 텔레비전 방송극도 제법 피어난 떨기지만 그것의 앎은 아직 크게 보잘 것이 없다. 그만큼 사람의 마음을 끄는 힘이 영화만 못하기 때문이 아닐까 싶다.

그 밖에 여러 가지 전자말꽃은 아직 떡잎에 지나지 않는 것들인지라 앎을 쌓을 겨를이 없어 이렇다 할 것이 없다. 그런 가운데서도 컴퓨터 누리그물 세상에서 이루어지는 갖가지 전자말꽃은 사이버문학이라[180] 부르면서 요즘 부지런히 앎을 쌓는 사람들이 늘어나고 있어서 눈에 띈다.[181] 다만 그것이 전자라는 새로운 몸(매체)을 입은 말, 곧 전자말로 이루어지는 말꽃이라는 사실을 문명의 역사나 말의 역사라는 바탕을 깔고 이야기하지 않아서 아쉬움이 있다. 전자말이라는 셋째 말이 나타나 새로운 문명을 열어 가며 피워 내는 전자말꽃을 온전하게 알아보면서 밝혀내는 앎이 아쉽다는 말이다.

이런저런 사정을 둘러보더라도 전자말꽃의 앎은 제대로 가르칠 마련이 너무도 모자란다. 오늘을 사는 국어 교사들이 학생들과 함께 전자말꽃의 앎을 쌓는 일에조차 소매를 걷고 나서지 않을 수 없다는 생각이 든다. 전자말꽃의 앎이 아직 가르치기에 넉넉할 만큼 쌓여 있지 않다는 것도 있지만, 새로운 문명이 동터 오는 새벽에 살아가는 국어 교사가 마땅히 짊어져야 할 몫이라는 것도 있어서 그럴 것이다.

5. 평가

교육에서 평가는 활동의 저울이고 가늠이다. 이미 지나간 활동을 저울질해서 무게를 달아 보면서 얼마나 알찬 활동을 했으며 얼마나 빈껍데기 활동을 했는가를 밝혀 보는 노릇이다. 그런 저울질은 곧장 앞으로 해야 할 활동을 내다보는 가늠자가 된다. 가벼운 쪽

180_ 사이버문학은 없으면서 있는(사이버) 세상인 누리그물 안에서 이루어지는 전자말꽃을 두루 싸잡아 뜻하는 말이다.(훨씬 좁혀서 사이버 세상 안에서 살아가는 사람들의 삶을 다루는 전자말꽃만을 뜻하는 사람들도 있다.) 같은 뜻으로 디지털문학, 인터넷문학, 통신문학, 가상공간문학, 미디어문학, 이런 이름들을 쓰기도 한다. 그만큼 아직은 뜻매김조차 제대로 이루어지지 않아서 이름 또한 여러 가지가 서로 다투며 쓰이고 있는 실정이다.

181_ 이용욱, 《사이버문학의 도전》, 토마토, 1996. / 이선이, 《사이버문학론》, 월인, 2001. / 김종회 · 최혜실, 《사이버문학의 이해》, 집문당, 2001. / 김재국, 《사이버리즘과 사이버소설》, 국학자료원, 2001. / 설성경 · 김교봉, 《미디어문학의 이해》, 새미, 2001. / 이용욱, 《문학 그 이상의 문학》, 역락, 2004. / 김종회, 《사이버문화 하이퍼텍스트문학》, 국학자료원, 2005.

에는 무게를 더 싣고 무거운 쪽에는 무게를 줄이면서 더 좋은 활동을 하도록 가늠자를 놓는 것이다. 알찬 열매를 거둔 활동은 쉬지 않고 나아가지만 빈껍데기를 거둔 활동은 고치거나 바꾸도록 가늠하는 것이다. 이런 평가는 배우고 가르치는 활동에 걸린 모든 요소에 두루 해야 마땅하다. 활동의 두 임자인 학생과 교사는 말할 나위조차 없고, 활동에 쓰이는 교과서를 비롯한 갖가지 교재며, 활동을 뒷받침하는 교육과정과 교육 환경까지도 평가에서 벗어날 수 없는 것이고, 심지어는 평가 바로 그것까지도 평가를 해야 하는 것이다. 이런 모든 것을 제대로 평가하지 않고는 교육의 알맹이인 활동이 나날이 새로워질 수가 없기 때문이다.

1) 우리 교육 평가

오늘날 우리네 학교 교육에서 바로잡지 않으면 안 될 일들이 많은데 그 가운데서도 바쁜 것이 바로 이 평가다. 우선 교육 활동에 얽히는 여러 가지는 모두 던져 버리고 오직 학생만 평가를 한다. 그것도 모든 교과의 평가를 점수로 나타내고 그 점수로 학생에게 차례를 매기는 것이 고작이다. 참된 지식을 얻고 쓸모 있는 능력을 키우려고 애쓰는 것이 아니라 오직 시험 점수를 많이 얻는 일에만 매달린다. 이 굴레를 벗겨 내지 않고서는 우리 교육을 올바로 살려 낼 길이 없겠다는 느낌조차 든다.[182] 그러나 어려운 문제가 모두 그렇듯이 이런 풍토 또한 뿌리가 깊고 얽혀 있다. 지난 이천 년 역사 안에서 왕조 시대의 신분 사회가 씨앗을 뿌리고 한문 교육과 과거 시험이 북돋우며 키워 온 뿌리다. 왕조 시대 신분 사회에서는 한 줌의 상류층 사람만 교육을 받았고, 교육이란 높은 자리에서 백성을 다스리는 한 가지 능력만을 기르는 것이었다. 그런 능력을 중국 한문으로 적힌 중국 고전을 읽고 쓰는 것으로 기른다고 믿었다. 그것으로 과거 시험을 치러 높은 점수를 받은 사람만 차례로 뽑아 벼슬길에 나가도록 했다. 이런 교육과 평가가 천 년이 넘도록 그런 세상은 바뀌지 않았고 세월이 흐를수록 굳혀지기만 했다.

그러다가 겨우 일백 년 전에서야 왕조와 더불어 신분 제도는 무너지고 누구든지 학교에 가서 글을 배울 수 있게 되었다. 그러니 너나없이 무슨 수가 나더라도 학교에는 가야 하고 만사를 제쳐 두고라도 글만은 읽어야 한다고 생각한다. 그러면서 교육이란 오직 글을 읽는 것이고, 글을 읽는 것은 벼슬자리를 잡아 손톱 밑에 흙 넣는 일을 하지 않는 것이고, 벼슬자리를 잡으면 돈과 힘과 영예를 모두 누릴 수 있다고 생각한다. 누가 무슨 소리를 해도 천 년 넘게 보고 살면서 배워 알게 된 사실이기에 내버릴 수가 없다. 천 년 넘도록 생업에 매달려 교육을 받을 수 없어 한이 맺힌 거의 모든 우리겨레 사람들에게 오늘의 교육은 일종의 집단 한풀이라 해도 지나치지 않다. 아무도 말릴 수 없을 만큼 글공부에 끌리는 부러움이 있고, 힘들이지 않고 편안히 살아가는 것에 대한 바람이 있는 것이다. 이렇게 우리는 거의 모두 더욱 많은 것을 누릴 수 있는 자리를 차지하려고 학교에 다닌다. 그런데 그런 자리는 모든 사람들에게 다 주어질 수가 없으니 겨루기로 자리에 맞추어 사람을 추리지 않을 수

182_ 오랫동안 이런 비판이 일어난 덕분에 초등학교에서나마 점수로 평가하고 차례를 매기는 방법은 크게 누그러졌다. 그러나 학급 크기를 줄이지 않은 채로 점수가 아닌 글말로 풀어 평가하는 것만으로는 눈 감고 아웅 하는 것이기 십상이다. 정부가 먼저 학급 크기를 줄여 놓고 이런 평가를 하도록 해야 하는 것이고, 초등학교뿐 아니라 중·고등학교의 평가도 한시바삐 그렇게 바꾸어야 한다.

없다. 자리에 맞추어 사람을 추려 내는 그물 노릇을 교육의 평가가 맡아 하게 된 것이다.

그러니까 우리는 '교육이 무엇인가?' 하는 물음부터 새로 던지지 않을 수 없다. 이것은 '삶이 무엇인가?' 하는 물음으로 곧장 이어진다. 사람의 삶이란 겨루어 남보다 앞서 가면 복된 것인가? 견주어 남보다 높이 오르면 값진 것이 사람의 삶인가? 사람의 삶은 남과 서로 견줄 수 없는 것이 아닌가? 저만이 남다르게 지니고 태어난 바를 가꾸어 꽃피우는 것이 복된 삶이 아닌가? 겨루고 다투어서 누구는 짓밟히고 누구는 뽐내는 세상을 굳히자고 교육을 하는가? 저마다 남다르게 지닌 값어치와 몫을 제대로 드러내며 사는 세상을 만들자고 교육을 하는가? 이런 물음에 매달려 올바른 대답을 찾아 함께 지니고 살아야 교육의 길이 바르게 드러날 것이고, 교육의 평가도 비로소 제자리를 찾을 수가 있을 것이다.

두말할 나위도 없이, 평가란 교육의 과녁(목적과 목표)에서 가늠을 잡아야 하는 것이다. 맞추어야 할 먼 과녁(목적)에다 쪽을 맞추고, 닿아야 할 가까운 과녁(목표)으로 나아가는 교육을 하다가, 알맞은 때가 되면 멈추어서 이제까지 나아온 길을 되살펴 보는 것이 교육의 평가다. 평가를 하면서 학생과 교사 양쪽이 모두 이제까지 이루어 온 바를 짚어 따져 보고, 잘못된 바를 찾아내고, 앞으로 해야 할 바를 올바로 잡아, 더 좋은 교육을 할 수 있는 지렛대로 삼자는 것이 평가다. 학생에게만 경쟁을 시켜서 잘하고 못하는 것을 가리고 그것으로 넘어가자는 것이 아니라, 교사와 학생이 함께 이루어 온 교육을 두루 되돌아보고 앞으로 이루어 갈 교육의 올바른 길을 찾자는 것이다. 우리네 학교 교육이 하루빨리 이런 본디 모습의 평가를 제대로 할 수 있도록 여러 가지 얽힌 것들을 바로잡는 일에 힘을 모아야 하겠다.

2) 배달말 가르치기의 평가

그렇다면 배달말 가르치기의 평가는 어떻게 해야 하는가? 말할 나위도 없이 가르치는 과녁(목적과 목표)에 올바로 맞추어야 한다. 배달말 가르치는 과녁이 '배달말을 더욱 잘 알도록' 하고 '배달말을 더욱 잘 살도록' 하는 것이면, 마땅히 배달말 가르치기의 평가는 '배달말을 얼마나 잘 알게 되었는가' 와 '배달말을 얼마나 잘 살게 되었는가' 하는 두 가지를 저울질할 일이다.

무엇을 '얼마나 잘 알게 되었나' 하는 것과 '얼마나 잘 살게 되었나' 하는 것은 꼭 같은 잣대로 평가할 수 없다. '아는 것' 은 앎(지식)의 문제지만 '사는 것' 은 삶(행동)의 문제기 때문이다. 지식은 입말이나 글말이나 전자말로 쏟아내 놓게 하고서 그것을 저울질할 수가 있다. 그러나 행동은 말만으로는 저울질을 하기 어렵고 삶을 눈여겨 살펴보는 것이 뒤따라야 한다. 그러므로 배달말 가르치기의 평가는 '앎' 은 지식을 저울질하는 방법으로, '삶' 은 행위를 가늠할 수 있는 방법으로 하지 않을 수 없다.

(1) 앎의 평가

우리는 예나 이제나 교육의 평가를 학생의 '앎' 을 가늠하는 일에만 매달려 왔다. 배달말 가르치기라고 거기서 벗어날 수 없었던 것은 말할 나위도 없다. 배달말 가르치기가 학생의 앎(지식)의 저울질에만 매달렸다고 했으니 그러면 이제 그 길도 어지간히 잘 닦여 있어야 마땅하다. 그러나 사실 우리네 배달말 가르치기에서는 아직도 앎의 평가조차 제대로 해 보았다고 할 수 없다. 앎을 저울질하려면 입말이든 글말이든 전자말이든 말로써 속에 있는 앎을 밖으로 쏟아내게 하고서 그것을 가늠하는 저울질을 해야 한다고 했으나 이제까지 우리가 해 온 것은 그런 길에 제대로 들어서지도 못했다.

이제까지 우리가 배달말 가르치기의 평가에서 쓴 것은 이른바 진위형, 완성형, 선택형 따위가 고작이었다. 알다시피 이것들은 평가하는 쪽에서 해답을 거의 만들어 주는 것이다. 평가를 받는 학생이 제 앎을 스스로 마음껏 드러내는 것이 아니라 주어진 답을 고르는 일에서 간신히 제 앎을 가늠해 보는 것에 머물 수밖에 없다. 이것으로는 속에 들어 있는 앎의 모두를 저울질할 수 없고, 우연히 맞닥뜨린 앎의 조각들을 흩어진 채로 달아 보는 정도에 그칠 수밖에 없다. 그러니 평가가 겨냥하는 본디 뜻에서 보면 더없이 나쁜 길임을 우리 모두가 잘 알고 있다. 더없이 나쁜 가늠인 줄 알면서도 그것에 얽매일 수밖에 없는 것이 우리네 학교 교육의 현실이다. 진위형, 완성형, 선택형 따위의 이른바 객관식 평가 방법은 결과를 점수로 나타내고, 그런 점수가 딴소리를 못하게 하는 성질을 가졌기 때문에 이제까지 여기 매달려 있었다. 죽기 살기로 하는 겨루기의 소용돌이에서 어쨌거나 차례를 가려야만 하니까 교육의 본디 뜻이나 평가의 참된 뜻을 찾기보다는 우선 말썽이 나지 않을 수 있는 길을 찾아 매달린 것이다. 알맹이는 팽개쳐 버리고 껍데기만 붙들고 공평하고 객관적이라는 말로 감싸면서 매달린 셈이다.

그러나 참으로 공평하고 객관적이려면 많이 아는 사람을 앎이 많다고 가늠하고 적게 아는 사람은 앎이 모자란다고 가늠할 수 있어야 한다. 앎이 있고 없음과 깊고 옅음을 제대로 가려내려면 속에 들어 있는 앎을 말(입말이든 글말이든 전자말이든)로 드러내게 하는 길밖에는 다른 길이 없다. 이것은 아득한 옛날부터 오늘까지 언제나 걸어온 길이고, 동서양을 물을 것 없이 어디서나 걸어온 길이다. 이것을 주관식이라고 부르는 것은 그르다 할 수 없지만 그것을 '믿을 수 없는' 길이라는 뜻으로 알아듣는 것은 옳지 않다. 주관식이라는 말은 저울질을 받는 사람이 이미 주어진 사정이나 제약에 얽매이지 않고 자유롭게 제 뜻을 마음껏 드러낼 수 있는 방식이라는 말이다. 제멋대로 하도록 버려 두고 제멋대로 가늠하는 방식이라는 말이 결코 아니다.

속에 들어 있는 앎을 말로 드러내는 길이 셋이다. 입말과 글말과 전자말로 드러내는 길이 있기 때문이다. 그러니까 우리가 배달말 가르치기를 하면서 평가를 하려고 할 적에는 마땅히 이들 세 가지를 골고루 써야 한다. 그런데 글말로 드러내는 평가만 겨우 우리에게 낯선 것이 아니다. 몰아치는 산업화와 경쟁주의 부채질이 있기까지는 그런 길이 얼마간 열려 있었기 때문이다. 요즘 다시 대학입시의 본고사에 '논술'이라는 것이 들어와 온통 세상을 시끄럽게 하고 있는데 이것도 글말로 드러내게 하는 저울질의 한 가지 보기에 지나지 않는다. 글말로 드러내는 길이 이제까지 매달렸던 객관식 평가보다는 훨씬 바람직한 것임이 틀림없지만 이것에만 갇혀 있을 수 없다. 속에 있는 앎을 입말로 드러내는 길과 전자말로 드러내는 길도 마땅히 더불어 써야 한다.

글말보다 오히려 입말로 드러내는 길을 앞세우는 것이 올바르고 바람직하다. 그러나 입말로 드러내게 하는 길은 우리에게 너무나 낯선 것이 되었다. 우리네 학교 교육에서는 본디부터 거의 쓰이지 않았고 대학 입시나 사원 채용 시험 같은 데서 아주 형식만 갖추어 치르는 이른바 구두시험이 고작이었기 때문이다. 그러나 서유럽 여러 나라에서는 배달말 가르치기에서도 첫손 꼽히는 평가의 길로 쓰였고 또 쓰인다. 무엇보다도 사람의 삶에서 말이 얼마나 소중한가를 깊이 깨달은 나라에서는 배달말 가르치기의 평가를 거의 이것으로 하고 있다. 어떠한 앎이라도 그것은 말로 드러내야 비로소 살아 있는 것이고, 같은 말이라도 입말로 드러내는 것이 글말로 드러내는 것보다 훨씬 앞서고 많이 쓰인다는 사실을 우리는 일상에서도 얼마든지 확인할 수 있다.

그렇지만 현실에서 입말로 드러내는 평가를 하려면 많은 것을 갖추어야 한다. 첫째는 시간이다. 입말로 드러내는 평가는 글말의 그것처럼 수많은 사람을 함께 평가할 수 없고 한 사람씩 따로 해야 하기 때문에 시간이 많이 든다. 그러나 적어도 말을 가르치는 교육에서는 그것을 크게 문제 삼지 말아야 한다. 입말로 드러내게 하고 그것을 평가하는 그것이 바로 가장 좋은 교육이며 훈련이기 때문이다. 그것이야말로 학생들이 저마다 있는 힘을 다하는 '말하기' 학습의 시간인 까닭이다. '말하기'로 평가를 받으면서 정보와 지식을 입말로 드러낼 수 있을 만큼 깊이 소화하지 않을 수 없기 때문에 참다운 앎에 이르는 학습이 이루어지는 것이기도 하다. 둘째는 교사의 듣기 능력이다. 입말로 드러내는 평가의 길을 제대로 쓰려면 교사가 온전히 듣고 똑바로 판단할 수 있어야 한다. 그저 내용을 알아듣거나 정보를 받아들이거나 의도를 꿰뚫어 듣는 것만 아니라, 그것을 속살(내용)과 겉모습(형식)으로 나누어 가려서 간추리고 가늠하여 평가할 수 있어야 한다. 이처럼 듣는 일은 굉장히 갈고닦은 듣기의 능력이 없고서는 할 수 없는 일이다. 아마도 국어 교사가 갖추어야 할 가장 어려운 기술이 바로 이 입말로 드러내게 하고서 평가하는 능력, 곧 정밀한 듣기의 기술과 능력이 아닐까 싶다.

그러나 사실은 우리 모두의 마음에 더 커다란 문제가 있다고 해야겠다. 일의 줄기와 거기 딸린 가지들, 이 둘 가운데 어느 것을 먼저 잡아야 하는가를 우리가 제대로 깨닫지 못했기 때문이다. 평가를 올바로 해야 한다는 것은 일의 줄기고, 그러자면 여러 가지 조건을 갖추어야 한다는 것은 가지들이다. 그런데 우리는 이제까지 줄기에 매달려 힘쓰기보다는 거기 딸린 가지들에 사로잡혀 핑계거리로 내세웠던 것이다. 언저리에 얽힌 여러 가지들이 모두 간추려져서 줄기를 드러낼 수 있는 때가 오리라는 기대는 하나의 착각일 수 있다. 사람이라는 존재가 온전하지 못한 한계를 지녔다면 언제나 줄기는 얽힌 가지들에 둘러싸여 있을 수밖에 없을는지 모른다. 그러므로 우리가 줄기를 먼저 붙들고 거기 매달려 얽힌 가지들을 헤쳐 나가야 한다는 깨달음을 갖는 것이 먼저다. 줄기를 먼저 붙들고 가지를 뒤에 간추린다는 마음을 지니고 문제에 달려든다면, 입말로 속에 든 앎을 드러내게 하는 평가를 먼저 쓰면서 교사의 듣기 능력을 비롯한 여러 가지 딸린 일을 바로잡아 가도록 하는 길을 찾는 것이 올바른 일의 차례라고 생각한다.

전자말로 드러내는 평가는 아직 꿈도 꾸지 않는 것이 우리네 사정이다. 전자말이 새로운 갈래의 말이라는 사실조차 제대로 받아들이지도 못하는 터수라 어쩔 수 없지만, 서둘러 전자말의 자리를 올바로 찾아 주고 전자말로 드러내게 하는 평가의 길도 찾아야 마땅하다. 그래서 학년이 낮을 적에는 입말로 드러내게 하는 길을 많이 쓰고 학년이 올라가면서 글말로 드러내는 길과 전자말로 드러내는 길을 늘려 나가는 것을 가늠으로 삼아 평가의 새 길을 닦아야 한다. 이것은 세 가지 말의 역사와 쓰임에서 저절로 드러나는 한갓 상식으로 하는 소리에 지나지 않는 것이지만 이런 자연의 질서를 거스르지 않는 것이 바른 교육의 길이다.

(2) 삶의 평가

배달말 가르치기에서 삶을 평가하는 일은 더욱 어렵다. 삶 그것을 몸소 살게 하고, 그렇게 살아가는 모습과 속살을 평가해야 하기 때문이다. 말하기는 말하는 노릇을 시켜서 평가하고, 듣기는 듣는 노릇을 시켜서 평가하고, 쓰기와 읽기와 보이기와 보기도 모두 저마다 노릇들을 하도록 마련해 주고 하는 바의 모습과 속살을 평가해야 하는 것이다. 말꽃의 삶을 평가하는 일도 물론 마찬가지다. 입말로나 글말로나 전자말로나 말꽃을 만들어 내고 맛보는 일을 하도록 마련해 놓고, 만들고 맛보는 노릇에서 좋고 나쁨을 평가해야 하는 것이다. 제7차 교육과정에 와서 요란스럽게 떠들어 댄 이른바 '수행 평가' 라는 것이 바로 이런 삶의 모습과 속살을 제때에 곧장 평가하도록 하자는 것이다.

그런데 밖으로 드러내는 삶, 곧 배달말을 말하고 쓰고 보이는 일과 배달말꽃을 말하고 쓰고 보이는 일은 드러내 놓은 것을 그대로 붙들어 평가할 수가 있을 것이다. 하지만 안으로 받아들이는 삶, 곧 배달말을 듣고 읽고 보는 일과 배달말꽃을 듣고 읽고 보는 일은 머리 안에서 일어나기 때문에 그대로는 도무지 평가할 길이 없다.

그래서 받아들이는 삶의 평가는 본디 제대로 이루어질 수 없는 것인지도 모르겠다. 그것은 어쩔 수 없이 받아들인 바를 다시 밖으로 드러내게 해서 평가하는 길밖에 없는 듯하다. 듣기를 평가할 때에는 들은 바를 다시 드러내게 해서 평가할 수밖에 없고, 읽기를 평가할 때에도 읽은 바를 다시 드러내게 해서 평가할 수밖에 없다는 말이다. 입말꽃의 들은 바를 평가하거나 글말꽃의 읽은 바를 평가하거나 전자말꽃의 본 바를 평가할 때에도 모두 그것을 입말이나 글말이나 전자말로 다시 드러내게 하고서야 비로소 평가할 수 있다. 그러므로 받아들이는 삶의 평가가 한결 어렵고, 그만큼 더욱 능숙한 교사의 평가 기술이 없고서는 이루어 내기 어려운 것이다.

이처럼 삶을 평가하는 일이 몹시 어렵고 힘들기는 하지만 그렇다고 아주 평가할 수 없는 것은 물론 아니다. 실제로는 그런 삶이 학년과 학기에 따라 훨씬 잘게 나누어지고, 더구나 단원마다 또는 시간마다 학습 목표가 세세하게 나누어지는 것이기 때문이다. 실제로 주별, 월별, 학기별로 평가할 때에 다루어야 하는 삶의 속살은 훨씬 단순하고 자잔한 일들에만 얽매이기 일쑤인 것이다. 그러니까 그런 평가 기간에 따른 평가의 속살만 제대로 간추려지면 평가는 여러 가지로 길이 생기게 되어 있다. 좀 더 다잡아 말한다면, 우리가 하고자 하는 것이 올바른 배달말 가르치기라면 어디까지나 학생들이 배움을 스스로 닦아 가는 것이기 때문에 교사는 옆에서 그들의 배움을 거들어 주면서 얼마든지 그들이 삶에서 자라나는 바를 평가할 여유를 가질 수 있는 것이다. 정해 놓은 시간에만 모아서 화닥닥 평가하는 것이 아니라 교육하는 시간 내내 학생들의 삶을 지켜보면서 삶이 자라고 바뀌는 바를 평가해 갈 수가 있다는 말이다.

이것이 이른바 수행 평가의 참 모습이다.

그리고 그럴 적에 평가의 알맹이와 잣대를 마땅하게 마련하는 일도 그렇게 어려울 것이 없다. 일테면, 초등학교의 1, 2학년 학생들에게 말하기와 듣기를 교육하면서 평가를 한다면 교사는 그 학기 또는 그 달 아니면 그 주간의 학습 목표를 미리 세워 놓고 있을 것이고, 그런 목표에 따라 학습 요소(곧 평가 요소)를 마련해 놓았을 것이다. 그런 학습(평가) 요소를 가령 다음과 같이 세웠다고 해 보자.(초급 학년이기 때문에 말의 뜻보다는 소리의 공부에 힘쓸 것이다.)

가. 자모의 소리값(음가)을 똑똑히 소리 내고 음절이 또렷이 드러나도록 한다.
나. 소리의 결(길짧기와 높낮이와 셈여림)을 자연스럽게 하도록 한다.
다. 말끝을 흐리지 않고 마지막 끝소리까지 뚜렷이 소리 내도록 한다.

교사는 학생들에게 여러 가지로 어울리는 속살을 두고 말하기를 시키면서 위의 세 요소마다 '상, 중, 하' 또는 '가, 나, 다' 또는 'O, X' 따위로 간단히 평가해 갈 수 있는 일람표를 만들 수 있을 것이다. 한 학생이 말하는 것을 교사는 들으면서 그 말하는 것을 평가하고, 곧바로 이어 다른 학생에게 앞에서 말한 학생의 말에 대하여 세 요소에 비추어 값을 매겨 보라고 시켜서, 그 학생의 듣는 힘을 평가할 수 있을 것이다. 소리값(음가)을 올바로 소리 내지 못한 데를 짚어 보도록 하고, 소리결(억양)이 자연스럽지 못했던 곳과 말끝이 흐려졌던 데를 집어내 보도록 하면, 그가 얼마나 주의 깊게 들었는가를 교사는 정확히 알 수 있을 것이다. 그러고는 그것을 듣기 평가 일람표에 기록해 갈 수 있을 것이다.[183]

교사가 교육으로 학생의 말살이를 끌어올리고, 그 삶을 올바로 평가해야겠다는 뜻만 뚜렷하면 남다르고 새뜻한 평가 기술은 얼마든지 마련해 갈 수 있을 것이다. 문제는 교사에게 그런 뜻이 얼마나 굳게 갖추어져 있느냐 하는 점인데, 잣대가 흔들리지 않도록 정신을 차려서 한결같은 평가를 하자면 교사가 갖추어야 할 솜씨(기술) 또한 여간이 아니어야 하겠다. 무엇보다도 나타나면서 사라지는 입말을 듣고 갈무리하여 되살려 낼 수 있는 기술이 없이는 말살이의 삶을 제대로 평가하기는 어렵다. 얼마나 많은 말을, 얼마나 제대로 들어서, 얼마나 오랫동안 갈무리했다가 다시 되살려 내어서 평가할 수 있는가 하는 기술이야말로 국어 교사에게 가장 긴요한 능력이 아닌가 싶다.

그러니까 제대로 되자면 교사를 양성하는 기관들에서 교육하는 과정 안에 그런 능력을 넉넉히 기를 수 있도록 갈고닦는 길이 마련되어 있어야 한다. 사범대학 국어교육과는 물론이고 교육대학에도 '듣기 훈련' 또는 '듣기 실습'과 같은 교과를 두어 차근차근 교육하고, 적어도 '평가 훈련'이나 '평가 실습' 같은 교과를 두어 내일의 교사들을 제대로 길러 내는 일이 다급하고 절실하다.

183_ 여기서 이야기하는 '듣기 평가 일람표'뿐만 아니라 배달말의 삶을 평가하려면 학생들의 말살이를 늘 지켜보면서 평가할 수 있는 길을 마련해야 하겠다. 말의 삶이나 말꽃의 삶을 시도 때도 없이 평가하려면 교사가 쉽게 쓸 수 있는 지도 수첩 또는 평가 수첩 같은 것을 잘 마련하는 일이 요긴하다.

마무리

"국민이 국어를 만들어 가는 것이라기보다는 오히려 국어가 국민을 만들어 가는 것이기 때문이다."

– 피히테, 〈독일 국민에게 고함〉, 제4강연

마무리

사람은 언제나 새로움에 마주치고 놀라움에 휩싸여 살았던 역사를 남기고 있다. 그 어느 시대를 물을 것 없이 사람들은 늘 새로운 정보에 놀라면서 거기에 맞추어 사는 일을 버거워했다. 그래서 일생토록 허덕이고 버둥거리며 살다가 마침내 천지의 무서움을 깨닫고 스스로 보잘것없음에 눈을 뜨면서 죽음을 맞이했던 듯하다. 그러나 그런 정도가 오늘날처럼 심각했던 때는 일찍이 없었던 것으로 보인다. 오늘 우리는 참으로 눈코 뜰 사이도 없는 세상을 살아간다. 날만 새면 새롭고 놀라운 일들이 벌어져서 온통 정신을 차릴 겨를이 없다. 지난날에는 "십 년이면 강산도 변한다." 하면서 머무르지 않고 바뀌는 세상을 안타까워했지만 오늘날에는 그야말로 '어제가 옛날' 이다. 무엇보다도 크게 놀라는 것은 우리 눈앞에서 '말' 이 예전과는 아주 다른 모습으로 쏜살같이 바뀌어 간다는 사실 때문이다.

오늘 우리는 사람이 지금까지 살아온 말살이와는 아주 다른 새로운 말살이를 시작하는 시대에 살고 있다. 사람은 태초부터 입으로 말하고 귀로 듣는 이른바 '입말'로 말살이를 해 왔다. 입말만으로 살았던 세월은 한없이 길어서 제대로 헤아릴 수도 없지만, 사람이 짐승들과 다른 삶을 살기 시작하던 그 처음부터 줄곧 입말로써 살았다. 그런 세월에 걸쳐 사람은 입말이 소리와 더불어 사라져 버리는 것을 안타까워하면서 온갖 애를 쓴 나머지 마침내 사라지지 않도록 붙드는 글자를 만들어 내기에 이르렀다. 글자가 입말을 얼마만큼 담아 '글말'이라고 부를 만한 것에 이른 때는 겨우 사오천 년을 지나지 못한 요즘의 일이다. 그러나 그 사오천 년 동안에 글말에다 삶을 담아 사라지지 않게 쌓아 놓을 수 있었던 사람의 삶은 눈부실 만큼 빠르게 달라졌다. 그런데 오늘 우리 시대에 와서 사람은 입말과 글말을 지나 새로운 '전자말'을 만들어 쓰는 세상으로 들어서고 있다. 귀로 듣는 입말과 눈으로 보는 글말을 하나로 아울러 귀로 들으면서 눈으로 볼 수도 있는 셋째 말이 나타난 것이다. 입말과 글말을 싸잡고 아우를 뿐만 아니라 삶의 모습까지 그대로 담아서 주고받을 수도 있게 되었다. 입말과 글말로는 꿈도 꾸지 못하던 노릇을 넉근히 해내는 전자말이 나타나서 우리의 삶을 어리둥절할 만큼 새롭게 만들어 가고 있다.

그런데 우리 배달말을 가르치는 일은 입말과 글말에서 해야 할 일조차 아직 주춧돌을 제대로 놓지 못한 채 허덕이고 있다. 이제까지 더듬어 본 바와 같이 과녁(목표)도 제대로 잡힌 것 같지 않고, 속살(내용)도 올바로 알아보지 못하고 있는 듯하고, 솜씨(방법)도 서툴기 짝이 없는 형편에 놓여 있다. 교사도 올바로 길러 내지 못하고, 교과서도 제대로 만들지 못하고 헤맨다. 우리가 쓰는 말이 우리의 마음을 만들고 삶을 이끈다는 사실을 깊이 깨닫고 있는 사람이 없다. 그래서 배달말 가르치기를 잘해야 우리가 모두 보람차게 산다고 부르짖으며 이끄는 지도자도 없다. 배달말을 가르치며 살아가는 교사가 수없이 많지만 하는 일이 무엇이며 어떻게 해야 하는지를 아는 사람이 많지 않다. 국어 교사를 길러 내면서 살아가는 교수도 수없이 많지만 국어 교사가 무엇하는 사람이며 어떻게 길러야 제대로 기르는 것인지를 아는 사람이 없다. 나라에는 교육부도 있고 지방에는 교육청도 있지만 부총리나 교육감이나 그 밖에 수많은 공무원이 있지만 배달말 가르치기를 어떻게 해야 하는 것인지를 밝혀 주는 사람이 없다. 사회 지도자, 국어 교사, 대학 교수, 이들 세 갈래의 사람들이 배달말과 가르치기를 제대로 알고 제 몫을 다해 주어야 얽힌 일들이 풀려 나갈 것이지만 사정은 그렇지 못하다. 이래서 우리는 아직 교육과정을 올바로 세우지도 못했고, 있어야 할 여러 교재들을 제대로 마련하지도 못했고, 쓸모 있는 교사를 제대로 길러 내지도 못했다. 언제 이런 일들이 바람직하게 이루어질 수 있을지 아득하기만 하다. 그러나 세상은 우리를 기다려 주지 않고 쏜살같이 달려가기만 한다. 배달말 가르치는 일을 걱정하는 사람의 마음이 새까맣게 타지 않을 수 없는 까닭이다.

그런 가운데서도 우리에게 희망을 지니게 하는 바가 아주 없는 것은 아니다. 그 희망의 바탕은 무엇보다도 저 옛날 동아시아 대륙을 주름잡던 우리 겨레의 힘, 지난 이천 년 동안 파묻혀 녹이 슬었던 우리 백성들의 정신 안에 감추어져 있는 힘이다. 지배 계층이 그처럼 오랫동안 중국에 깊이 빠져 있었지만 거기에 휩쓸리거나 물들지 않고 꿋꿋이 버텨서 겨레의 말과 삶을 지켜 온 백성들의 힘을 떠올리면 희망의 불을 끌 수는 없다. 지배 계층에서 그처럼 우러르던 한문의 숲 속을 헤치고 마침내 우리의 글자인 한글을 만들어 낸 원동력이 다름 아닌 우리 백성의 꿋꿋하고 뛰어난 정신의 힘이었다. 그리고 이 한글로 말미암아 오늘날 우리 겨레는 위아래 없이 모두가 마음껏 글말 살이에 뛰어들어 새로운 문화를 만들고 즐길 수 있는 때를 맞이하게 되었다. 이천 년 동안 쓰지 못하게 짓밟아서 시퍼렇게 녹이 슬어 있던 백성의 힘을 글말과 전자말에다 실어 마음껏 드날릴 수 있는 날이 온 것이다. 겨레 동아리 가운데 어느 누구도 문화에서 밀려나지 않을 수 있는 세상, 이런 세상을 오늘 우리가 맞이했다는 것이야말로 희망을 갖지 않을 수 없게 한다. 겨레 사람 모두가 너나없이 지니고 태어난 바를 마음껏 입말과 글말과 전자말로 펼쳐 내어 주고받으며 살아가는 세상을 만들어 갈 수 있다는 희망이야말로 우리가 배달말 가르치기에 몸과 마음을 다 바쳐도 아깝지 않은 까닭이다.

이런 희망의 바탕 위에서 과연 눈여겨볼 만한 조짐의 움들도 여러 가지 돋아나 있다. 우선 몇몇 사회 지도자들이 앞장서고 나라 안의 온 백성들이 푼푼이 돈을 모아 한글만으로 찍어 내는 커다란 신문사를 차린 사실을 들 수 있다. 돈 많은 재벌들만 신문사를 세워 한자를 버리면 큰일 난다는 사람들이 언론을 주무르던 세상에 이름 없는 백성들이 만든 신문이 나타나 한글 세상을 앞장서 만들어 가기 시작한 것이다. 한자를 버리고 한글만을 쓰면서 우리 토박이말본을 제대로 살려 쓰도록 힘쓰고 한글에 맞추어 가로쓰기 판으로 신문을 짜서 펴내는 것이다. 그래서 백성들이 세운 이 신문은 큰 재벌이 수십 년에 걸쳐 쌓아 올린 탑보다 더 높은 탑을 하루아침에 쌓아 올렸다. 신문을 사서 보는 독자의 수에 있어서도 온 나라의 모든 신문 가운데 다섯 손가락 안에 들만큼 큰 신문으로 떠오른 것이다. 이래서 한자와 세로판 안에서 마음 놓고 앉아 있던 여러 신문들이 놀라서 한글과 가로 판으로 바꾸는 일에 신경을 곤두세우지 않을 수 없도록 만들었다. 이 같은 일은 서양의 앞선 나라들에서조차 일찍이 꾀하지도 못하고 이루어 내지도 못했던 우리의 자랑거리가 아닌가 싶다.

다음으로는 배달말 가르치는 일을 맡은 교사들의 움직임도 꼽을 만하다. 고달프기 그지없는 현장의 교사들이 스스로 가르치는 일을 바로잡아 보겠다고 나서서 전국의 회원을 모아 커다란 조직을 만들어 내었기 때문이다. 사단법인의 조직을 갖추어 출판사와 연구소까지 곁들여서 안개 낀 앞길을 열어 가려고 온갖 애를 태우며 끊임없이 힘쓰고 있다. 배달말 가르치기 책만을 펴내는 출판사에서는 해마다 수십 가지의 책으로 교사와 학생의 길잡이 노릇을 하고, 배달말 가르치기 이론만을 찾으려는 연구소에서는 학회와 대학원을 세워서 현장 교사의 힘을 드높이려 안간힘을 다한다. 교과서를 꾸며서 국정 교과서의 철옹성을 뒤흔들기도 하고, 갖가지 보조 교재를 만들고 교안을 마련해서 새내기 교사들을 돕기도 하고, 방학이면 온 나라에서 함께 모여 토론하고 연구하는 자리도 갖는다. 애써 찾아내고 밝힌 바를 모아서 현장에 파고드는 잡지도 두 가지나 만들어 펴내고 있다. 한편에서는, 겨레의 삶을 살리자면 겨레의 말을 살려야 하고, 겨레의 말을 살리자면 글쓰기부터 제대로 해야 한다는 깨달음을 갖고 글쓰기 교육에 힘쓰는 교사들도 커다란 모임을 만들었다. 이들은 학교에서 맡아야 할 쓰기 교육을 학교 바깥세상까지 끌어내어 온 백성들에게로 넓혀 가려고 애쓴다. 이들도 방학이면 모여서 토론하고 연구하는 모임을 갖고, 실제로 글쓰기 교육으로 체험한 바를 모아 여러 가지 책으로 펴낼 뿐 아니라, 다달이 잡지를 만들어 펴내면서 회원을 불려 나가고 있다. 이들 모임의 교사들은 요즘 사람들이 매달리는 돈이나 출세를 돌보지 않고 깨끗한 마음으로 오직 겨레와 말과 아이들에게 사랑을 바치는 참된 교사로서 현장의 고달픔을 아랑곳하지 않는 사람들이다.

한글에다 배달말을 살려 쓰자는 신문을 만들어 사회를 이끄는 지도자들, 잘못된 배달말 가르치기를 스스로 바로잡아 보려고 현장에서 일어서 바위덩이 같은 현실과 싸우는 선생님들, 여기에다 배달말 가르치는 일을 학문으로 터를 닦고 주추를 놓아 주는 학자들만 나타난다면 더 바랄 것이 없겠다. 학자들이 이론의 빛으로 길을 밝히고, 교사들이 사랑의 힘으로 교육을 바로잡고, 사회 지도자들이 깨어 있는 정신으로 세상을 이끌게 되면 배달말 가르치기의 앞길은 훤히 뚫린 셈이기 때문이다. 그런데 요즘 몇 해 동안에 배달말 가르치기를 학문으로 세워 보겠다는 학자들이 늘어나면서 논문과 저서가 쏟아지고 있어서 반갑기 그지없다.[184] 배달말 가르치기를 뚜렷한 학문으로 자리 잡게 하고, 학문답게 실제로 요긴한 문제를 정직하게 풀어내어 보겠다는 학자들이 불어난다면 그보다 더 큰 기쁨은 없을 것이다.

우리 배달말 가르치기는 이처럼 지난날 잘못 되었던 역사가 남겨 놓은 짙은 어둠이 드리워져 있기도 하지만, 그 어둠을 머지않아

걷어 낼 수 있는 희망의 빛이 솟아오르고 있기도 하다. 새로 솟아나는 희망의 조짐들이 때를 다투며 어둠을 밀어내고 있다는 사실을 살갗으로 느끼면서 배달말 가르치기의 앞날을 이야기하고 싶었다. 배달말 가르치기는 그저 눈앞의 말살이를 잘하게 돕는 일일 뿐만 아니라 다가오는 앞날의 겨레말을 살려 내는 교육이기도 하다. 우리 겨레말을 살려 내면 우리 겨레의 삶이 살아나고, 우리 겨레의 삶이 살아나면 겨레가 지닌 힘을 제대로 풀어내게 된다. 우리 겨레가 제대로 힘을 풀어내면 바벨탑처럼 빛나고 아름다운 문화를 우리도 이룩할 수 있고, 우리 겨레가 빛나는 문화를 꽃피우면 그것으로 온 세상 사람과 함께 어우러져 평화로운 세상을 만들 수 있다. 이런 사실에 믿음을 두는 것이야말로 배달말 가르치기의 바탕이며, 주제넘기 짝이 없지만 보잘것없는 이 책을 쓰는 까닭도 바로 그런 믿음에서 말미암은 것이다.

그러나 마음만 앞서고 머리와 손이 따르지 못하여 보잘것없는 것이 되고 말았으니 안타깝고 부끄러울 따름이다. 무엇보다도 날로

184_ 그러나 이들 새로운 학자의 열성에는 걱정스러운 마음도 없지 않다. 무엇보다도 우리 현실에 터잡아 스스로의 체험을 바탕으로 고민하기보다는 우리와 문화 바탕이 다른 딴 나라 사람들의 이론과 정보에 너무 쉽게 매달리고 있기 때문이다. 사람의 얼을 담는 그릇, 정신이 깃들어 사는 집, 동아리의 삶을 죽이기도 하고 살리기도 하는 열쇠라고들 말하는 겨레말을 교육하는 일을 연구하자면 무엇보다도 우리 삶에 먼저 매달려야 한다. 그런데 이런 분들은 아직 이런 쪽에 아무런 깨달음이 없는 듯하다. 배달말은 우리 아닌 남들이 알 수 없는 세계라는 상식에다 정신을 못 박아 두고 나서는 자세가 우리 젊은 학자들에게 긴요하다. 다른 나라 사람들의 국어 교육에도 널리 눈과 귀를 기울여야 하겠지만 그것은 먼저 우리 사정을 깊이 고민한 바탕 위에서만 쓸모 있는 것이 된다. 부끄러운 근대사 안에서 뒤틀려 버린 우리 얼을 바로잡아 가는 일에 앞장서야 할 배달말 가르치기이고 보면 그것을 연구하는 학자들이 먼저 잃었던 겨레 정신을 찾아 붙드는 일에 게으를 수 없기 때문이다.

다급해지는 해외 교민과 교포에게 베풀 모국어 교육과 외국 사람에게 베풀 한국어 교육을 겨우 변죽만 울렸을 뿐 복판을 두드리지 못하고 이렇다 할 이야기를 해 보지 못했다. 그뿐 아니라 오늘 우리 겨레에게 가장 뼈아픈 응어리인 겨레의 통일을 내다보는 배달말 가르치기를 꺼내 보지도 못했다. 우리가 참으로 겨레가 다시 하나 되기를 바란다면 무엇보다도 먼저 이야기해야 할 것이 다름 아닌 배달말 가르치기인데도 나는 여기서 그것을 꺼내 보지 못하고 말았다. 북녘의 학교 교육을 두고는 이미 적잖은 연구가 쌓였는데도 가장 앞장서 이끌어야 마땅한 배달말 가르치기는 다루어 보지도 못했으니 참으로 아쉽고도 부끄러운 노릇이다. 부디 젊은 학자들이 뜻을 세우고 일어서서 눈앞에 다가오는 겨레의 통일을 앞당기는 배달말 가르치기의 길을 열어 주기 바랄 따름이다.

배달말 가르치기
고치고 더한 국어 교육의 길

지은이 | 김수업

초판 1쇄 발행일 2006년 4월 20일
개정판 1쇄 발행일 2012년 11월 26일

발행인 | 김학원
경영인 | 이상용
편집주간 | 위원석
편집장 | 정미영 최세정 황서현
기획 | 문성환 나희영 임은선 박민영 박상경 최윤영 조은화 전두현 최인영 정다이 이보람
디자인 | 김태형 유주현 구현석 최영철
마케팅 | 이한주 하석진 김창규 이선희
저자 · 독자 서비스 | 조다영 함주미(humanist@humanistbooks.com)
스캔 · 출력 | 이희수 com.
용지 | 화인페이퍼
인쇄 | 천일문화사
제본 | 정민문화사

발행처 | (주)휴머니스트 출판그룹
출판등록 | 제313-2007-000007호(2007년 1월 5일)
주소 | (121-869) 서울시 마포구 연남동 564-40
전화 | 02-335-4422 팩스 | 02-334-3427
홈페이지 | www.humanistbooks.com

ISBN 978-89-5862-559-9 03370

이 도서의 국립중앙도서관 출판시도서목록(CIP)은 e-CIP 홈페이지(http://www.nl.go.kr/ecip)와 국가자료공동목록시스템(http://www.nl.go.kr/kolisnet)에서 이용하실 수 있습니다. (CIP제어번호: CIP2012005295)

만든 사람들

편집장 | 황서현
기획 | 문성환(msh2001@humanistbooks.com) 박민영
편집 | 이영란
디자인 | 민진기디자인